政府性融资担保制度研究

Research on
the Law Systems of Governmental
Financing Guarantee

唐弋夫 著

法律出版社
LAW PRESS·CHINA
北京

图书在版编目(CIP)数据

政府性融资担保制度研究 / 唐弋夫著. -- 北京 :
法律出版社, 2023
ISBN 978 - 7 - 5197 - 7013 - 6

Ⅰ. ①政… Ⅱ. ①唐… Ⅲ. ①融资－担保制度－研究
－中国 Ⅳ. ①D923.24

中国版本图书馆 CIP 数据核字(2022)第 151313 号

政府性融资担保制度研究
ZHENGFU XING RONGZI DANBAO ZHIDU YANJIU

唐弋夫 著

策划编辑 陈 妮
责任编辑 陈 妮 黄 筝
装帧设计 李 瞻

出版发行 法律出版社
编辑统筹 法治与经济出版分社
责任校对 王 丰 郭艳萍
责任印制 吕亚莉
经 销 新华书店

开本 710 毫米×1000 毫米 1/16
印张 21.25 **字数** 410 千
版本 2023 年 3 月第 1 版
印次 2023 年 3 月第 1 次印刷
印刷 北京中科印刷有限公司

地址:北京市丰台区莲花池西里 7 号(100073)
网址:www.lawpress.com.cn
投稿邮箱:info@lawpress.com.cn
举报盗版邮箱:jbwq@lawpress.com.cn
销售电话:010 - 83938349
客服电话:010 - 83938350
咨询电话:010 - 63939796

书号:ISBN 978 - 7 - 5197 - 7013 - 6
定价:106.00 元
凡购买本社图书,如有印装错误,我社负责退换。电话:010 - 83938349

序

党的十九大明确指出,我国社会主要矛盾已经转化为人民日益增长的美好生活需要和不平衡不充分的发展之间的矛盾。中小微企业和“三农”主体融资难、融资贵矛盾问题长期困扰着大家,是发展不平衡、不充分的典型表现之一。对此,党和国家曾出台过不少制度,专家学者曾发表过不少论著,以期破解。

破解中小微型企业和“三农”主体融资难、融资贵矛盾问题,离不开体制机制的调适,离不开社会治理管理的优化,离不开财政金融政策的改革。政府性融资担保机构设立的初心使命,正是推动解决中小微型企业和“三农”主体融资难、融资贵问题。然而,由于种种原因,政府性融资担保通过增信来扩大资金融通,通过杠杆来提高金融效率等作用尚不够显著。同时,值得大家关注的是,由于国际国内经济社会的新形势、新变化,由于相关制度本身尚存在问题或不足,政府性融资担保不但未能实现制度设计初衷,而且累积和潜藏着较大金融风险。对此,探究如何更好构建完善政府性融资担保制度的问题,显得紧迫而极富现实意义。

党的二十大报告明确要求,转变政府职能,优化政府职责体系和组织结构,推进机构、职能、权限、程序、责任法定化,提高行政效率和公信力。新时代我国社会主要矛盾是人民日益增长的美好生活需要和不平衡不充分的发展之间的矛盾。不平衡,主要靠政府力量来协调解决;不充分,主要靠市场的机制来推动实现。科学完善的制度,可以使政府和市场互为补充,互相促进,相机发力,更好激发市场主体活力,更优配置社会资源,更高水平、更高质量持续发展。

本书遵循问题导向、价值导向,从制度理论、制度演进、制度绩效、制度规制、制度经验、制度完善等几方面,对政府性融资担保制度进行了比较深入而系统的研究,不少地方具有原创性,可供参考借鉴。

作者唐弋夫长期耕耘在经济金融领域，具有多岗位多层级工作经历，善于实践，善于思考，勇于创新，勤奋踏实，好学深研，是西南政法大学2021年经济法学博士优秀毕业生，是2021年度“重庆英才”，本书是在其主研的科研课题和博士毕业论文基础之上进行了较大修改完善而成的，编撰出版，意在抛砖引玉，探讨争鸣，相信对政府性融资担保行业的稳健发展，对融资担保促进经济社会高质量发展会起到积极作用。

付子堂*

2022年11月1日

---

* 西南政法大学校长，法学教授，博士生导师。

前　言

政府性融资担保制度是经济、金融、法律等制度在经济社会发展过程中的创造与实践。中国政府性融资担保已有30年发展历史。国家财政为构建政府性融资担保体系已投入资本金超1万亿元，旨在更好解决融资难、融资贵问题，提高金融服务效率和质量，进而促进中小微企业等弱势经济主体和“三农”、科技等重点行业及战略性新兴产业发展。2022年度中国担保行业市场前瞻与投资战略规划分析报告披露，虽然2022年年末全国融资担保机构在保余额超4万亿元，预计“十四五”期间融资担保规模可达15万亿元，但是长期以来，政府性融资担保机构的经济效益和社会效益不够高、运营风险较大、政策目标偏离、可持续发展能力不足等问题突出，有的甚至危及社会安全稳定。政府性融资担保制度在很大程度上对企业的治理和市场的发展质量具有重要影响。鉴于此，本书聚焦于政府性融资担保制度。通过经济、法律两个视角，系统开展政府性融资担保制度理论、演进、绩效、规制、规范、比较、完善研究，以期进一步丰富政府性融资担保理论，完善担保制度绩效评价体系，提高担保体系的科学性和现代治理管理体系的实效性，进而促进政府性融资担保机构提高融资担保金融服务质量效率，缓解融资难、融资贵问题，实现宏观调控资源优化配置，守住不发生系统性金融风险底线。

本书主要研究内容如下：

第一部分：从融资担保效率、效能、风险等方面对制度绩效开展研究，揭示该制度绩效不高的原因是“经济效益、社会效益、可持续发展”三者两两之间的效率和质量未能相互转化，“债权人、担保人、债务人”三者两两之间的信用和价值未能彼此互认。第二部分：通过文本分析、类型化分析等规范研究，发现既往《担保法》(已废止)、《物权法》(已废止)、[1]《中小企业促进法》、《民法典》等法律法规,以及财政部、工信部、原银监会等国家部委、省(市)政府出台的有关政策文件,主要围绕担保行为进行法律制度规制,而没有着重于政府性融资担保责任主体,没有对这个市场主体的权利义务和责任,及其在金融交易活动中的实质公平正义等予以有效规制,也没能对与之相关的财政税收、行业监管、风险防控、协同保障等作出相应规制和调整。第三部分:运用历史分析法,对政府性融资担保制度缘起、脉络、特征进行演进分析发现"市场主体虚位、风险监管缺位、行业主管越位、激励约束不到位"等问题突出。第四部分:运用价值分析法等,对国内外融资担保制度产生背景、价值目标、运行模式、作用效果、法律保障等进行研究分析表明,虽然各国信用体系、财政实力、法律制度不同,政府性融资担保制度应有不同,但营造"政策性导向、市场化经营、可持续发展"的政府性融资担保机构基本经营理念的融资担保制度是关键。第五部分:制度完善研究表明,亟待完善的政府性融资担保制度,要在中国特色社会主义制度总体框架之下,更好地规制政府性融资担保机构这个市场主体的权利义务和责任,维护经济金融市场运行中的实质公平正义,让政府管理职能与融资担保功能在市场机制作用下相互促进,相机发力,以期更好弥补市场失灵和政策失灵之缺陷。

本书主要结论归纳:(1)坚持"实质公平、信用创造、资源优化配置、现代化治理"等原则,围绕"缓解小微企业和'三农'融资难融资贵、促进弱质产业公平发展、畅通传导宏观调控政策、不发生系统性金融风险底线"等目标,处理好"政府、市场与机构""担保物权、价值发现与信用创造""社会效益、经济效益与持续发展"等关系,抓住法律规制对象与调整之重点,充分发挥政府职能,主动适应市场机制,提高融资担保金融服务质量效率,促进特定行业产业和经济社会高质量发展。(2)完善政府性融资担保的绩效考核,根据不同地区、不同经济社会条件、不同行业产业、不同时期、不同发展阶段、不同发展重点,动态确定经济效益、社会效益、风险管理、可持续发展等各项重点指标及其权重,并形成价值互认、利益转化的动态考核机制,以促进制度绩效的全面提升。要体现法律制度的价值目的意义,根据法律制度规制要求,更好地确立该制度的目标原则、思路方法、框架内容、协同保障机制等。(3)鉴于我国社会信用体系和征信制度有待完善,金融生态环境有待改善,须防止国家财政资金通过政府性

[1] 《民法典》于2020年5月28日在十三届全国人大三次会议审议通过,并已于2021年1月1日起正式施行。它包括"总则""物权""合同""人格权""婚姻家庭""继承""侵权责任"等七编,该法典实施后,《婚姻法》《继承法》《民法通则》《收养法》《担保法》《合同法》《物权法》《侵权责任法》《民法总则》同时废止,下文不再逐一说明。

融资担保促进特定行业产业发展之政策，被异化成“民政救济、财政直补”，应在金融服务“实质公平”方面作出制度安排。(4)鉴于我国金融业混业监管尚在探索之中，可以加快修订融资性担保业务部际联席会议制度，缩短由银监会牵头制定的相关制度的过渡期，建立自成一体的全国性融资担保监管体系，并能在“守住风险底线，实现高质量发展”方面及时作出融资担保监管制度安排。(5)鉴于我国政府性融资担保的宗旨使命和企业社会责任，其出资可以由政府安排和控制，但其属性和作用发挥应交由市场机制决定；其管理可委托专职部门负责，但部门利益倾向须有效防止；其目标考核可以是非盈利性，但融资担保机构高管及从业人员的逐利性操作须有效防止。(6)鉴于全球数字经济、互联网经济、产业经济飞速发展、迭代升级，可以抓住数智化转型的机遇，运用好现代科技手段，配置好经济社会资源，创新机制、重构模式、再造流程、拓宽渠道、优化产品，通过政府性融资担保制度的创新与完善，引导融资担保各方，有效对接多层次资本市场，从而更好盘活闲置资产、“沉睡”资产、信息资产，更优配置财政金融资源、经济社会资源、“三农”潜在资源，促进其在价值发现和信用创造等方面进一步发挥更大的政府性融资担保制度优势。

作为应用性较强的理论研究，本书得到了诸多专家学者、政府官员及金融专业人士的帮助与支持。最后，本书的出版得到了法律出版社的鼎力支持，为本书编辑、校对等作出了大量艰辛而富有成效的工作。在此，一并予以感谢！

政府性融资担保机构属新兴金融机构，是“市场机制”和“政府机制”协同发力，服务中小微企业、“三农”发展的重要载体工具。因此，开展政府性融资担保制度研究，要求制度经济学、金融管理学和治理学等多学科理论融合创新。尽管笔者竭尽全力，但受学科背景、学术能力等因素制约，本书仍存有不足乃至缺陷，在此敬请广大同仁、读者予以批评指正！

保品价值享有追索权是信贷合约达成的关键环节。而 Holmstromt 和 Tirole(1977 年)提出的融资能力学说指出,任何融资活动都面临着潜在的道德风险与有限约束,而增加抵押品、增加借款人违约成本则是解决这一障碍的药方。Georg Kanatas 和 Yuk-Shee Chan(1976 年)发现,信息不对称情景下担保具有信息传递作用,并据此提出信号传递与资信评价担保理论,该理论认为在借贷双方信息不对称时,担保的引入,能够有效提高贷款人对预期收益的信心与能力,进而作出对预期收益的评估维度调整的决定。同时该理论还认为,在理性预期信号传递环境中,担保的引入,能够督促借款者披露真实信息。

传统理论并不认可担保的功能作用,其中以 Fama(1978 年)等学者为代表。Fama 认为,假如公司的投资政策不变,抵押担保等债务担保形式都将难以对公司价值产生影响。因为公司的现金流不会因担保而改变,担保措施的改变只是现实的资源分配,而不会更多增加股东的利益。他们的后续研究,则大多支持债务担保措施能够通过降低信息不对称影响,降低代理成本,以及通过降低法律诉讼可能性等途径,改变现实的资源分配。Jensen 和 Meckling(1976 年)基于完全契约假设的代理成本理论研究发现,在现代企业制度下,贷款增加担保有利于降低代理成本。例如,降低股东与经理人之间、股东和债权人之间的代理成本。同时,该研究还发现,担保能有效降低债权人和负债企业之间的代理成本,有效降低破产清算成本。现代企业制度设计的有限责任规则,对股东有利而对债权人不利,使企业可能做出有损债权人利益的决策或行为,债权人倘若想避免利益的损害,则需要增加监督成本,担保则可以较好发挥监督作用。Scott(1977 年)指出,在考虑公司税务情况之下,债务担保还可以有效提升公司价值。在企业破产时,担保措施能够降低法律诉讼的概率,进而合法地增加股东价值。Ayotte 和 Gaon(2010 年)对资产担保证券进行了研究,发现在资产证券化过程中,与不加担保环节相比,加入担保环节,可以为贷款人提供"破产隔离",进而能够有效防止其权益被企业破产清偿削减。Bergman 和 Benmelech(2011 年)基于担保渠道之视域,分析研究了破产企业的外部性,研究发现某行业中某单个企业破产,可能会导致该行业内其他参与者的抵押品价值降低,进而使整个行业外部融资成本增高。

(三)有关中小微企业融资担保的研究

George A. Akerlof(1970 年)是新凯恩斯主义的代表人物之一,他在所编著的《柠檬市场:质量的不确定性和市场机制》一书中提出的"市场信息不对称"等理论,该理论已经成为现代微观经济学在研究信息不对称问题时经常运用的经典理论,亦被广泛运用在融资担保理论研究之中。Stigliz 和 Weiss(1981 年)认为,中小企业同银行两者之间,会存在严重的信息不对称问题,而加入担保机构,能够有效缓解二者之间所必然存在的信息不对称问题。英国国家发展署(2005 年)金融政策研究组对埃及、智利、印度和波兰四国的信用担保基金案例进行剖析后发现,担保能够有效促使银行增加中小企业金融服务的供给,同时还会增加银行利润,促进金融深化。

关于担保机构对中小企业融资的功能作用,Nagarajian 和 Meyer(1996 年)指出,担保可以作为一种手段,有效促使贷款人向中小企业提供贷款,当中小企业能够提供足够的担保措施时,贷款人便会更加有信心、有动力去推动担保贷款的实现。王真真(2006 年)提出中小企业"融资难"的重要原因在于其融资担保体系不够健全完善,并主张应着力完善中小企业融资担保体系。张胜利、狄娜(2001 年)也认为发展融资担保体系,是缓解中国中小企业融资难问题的现实选择。刘光明(2003 年)提出,虽然中小企业融资担保同时具有公共产品和私人产品的属性特征,但综合比较来看,公共产品属性特征更加明显、更具根本性。

对于如何建立健全中小企业融资担保体制机制,许明月、林全玲(2006 年)提出应完善以省级担保机构为主的再担保体系,建立有限补偿和激励补偿机制,大力促进互助担保机构的发展,制定规范中小企业融资担保的法律法规。刘源文(2019 年)则在研究中提出为中小企业增信,加强对中小企业的信用评级的建议。中国财政科学研究院融资成本调研组(2019 年)在研究报告中提出,为了降低中小微企业的融资成本,应该针对融资担保体系,建立起一套有效的风险补偿机制和风险分担机制。

当然,国内外部分学者对融资担保的机制和功能作用曾提出过不少质疑。如 J. D. Leeth 和 Scott(1989 年)、G. CoCo(1999 年)认为,融资担保可能增加贷款风险。Kivotaki 和 Moore(1977 年)认为,担保的放大机制会放大经济波动的影响。Vogel 和 Adams(1997 年)指出,融资担保的本质是财政补贴,而财政补贴将导致中小企业贷款信息不对称和交易成本的增加。Wenli Li(1998 年)更是提出,政策性担保仅仅是转移了信贷资源,而难以促进中小企业信贷市场效率的提升。林毅夫、李永军(2001 年)认为,中小企业信贷担保机制只是将风险从商业银行转移到担保机构。Chaney 和 Thakor(1985 年),付俊文、赵红(2004 年)认为,担保会带来借款人的逆向选择。Mishkin(1998 年)认为,政策性担保导致的偿债压力增加,可能引发政府信用危机问题。张杰(2000 年)则认为,政策性担保虽然短期内能够给中小企业带来融资便利,但长期看可能导致中小企业对政策产生刚性依赖,破坏其内生融资机制,损害经济发展。

(四)有关涉农融资担保的研究

作为低收益、高风险的弱质行业,融资难问题是涉农行业的突出问题。而担保作为增信机制，对涉农行业的重要性不言而喻，也正因如此，涉农担保的学术成果相对较丰富，它是典型的政策性担保，一定程度上也是政府性融资担保。林毅夫（2006 年）通过对几个县镇农信社的调研发现，农信社存贷比很低，涉农贷款主体借款难的原因并不是农村金融市场资金匮乏，其真正原因在于涉农主体缺乏有效抵押物（如机械设备、房产、商业门面）。如果担保机构也按照这个思路去寻找抵押物，出路只有一条，那就是找到那些银行等金融机构不认可、不受理的抵押物，如非传统意义的资产（“三农”资产权益、期权等）。孔荣等（2009 年）通过建立计量经济学模型并进行分析，发现超过 50% 的未获得贷款的涉农贷款主体没有抵押资产，由此指出抵押资产不足是导致涉农主体融资难的重要原因。马九杰、沈杰（2010 年）通过实地调查发现，因抵押品的缺乏而面临信贷约束的涉农主体的比例高达 70%。甚至缺乏合格的抵押品造成了农村金融发展缓慢的顽疾（周天芸、周彤，2012 年）。同时，农户抵押资产的不足，原因在于法律体系不健全，法律不认可涉农资产（如集体土地、宅基地、农村居民房屋、林权等），导致农户法律意义上的有效担保物不足；同时，服务农村市场的中介机构不足、产权交易不畅，进而使农村资产抵押权较难实现（朱明宣，2012 年；吴俊丽，2013 年），这一观点也得到了于丽红、兰庆高（2013 年）田野调查的佐证。

涉农担保困境会对多方面产生影响。既有的研究结论大多指向担保障碍将会导致涉农主体难以从金融机构获得贷款，存在可得性困境，即会产生严重的正规信贷抑制，一旦出现信贷抑制之后，相关方不得不依靠非正规金融解决融资需求。关于涉农担保困境之成因，李伟毅、胡士华（2006 年）认为，存在实际财产分布约束、产业弱质性约束、抵押品产权交易市场约束、担保手续的法律及相关服务约束四个方面制约因素。洪正、王万峰、周轶梅（2010 年）研究指出，信息不对称问题，加上抵押资产缺乏、法律不完善，使农村金融市场中涉农贷款拓展成本较高、风险较大，从而导致许多金融机构不愿意积极主动拓展涉农贷款业务。

关于涉农担保困境破解机制。丁解民（2009 年）指出，破解农民融资难、融资贵问题，首先是要切实解决农民贷款抵押担保难的问题，主要方向是推动抵押担保制度创新，具体举措是扩大农村有效抵押担保物范围，赋予农户家庭财产担保权能。洪正等（2010 年）提出，可通过健全农村土地制度和金融制度，扩大抵押物适用范围，进而提高农户资产担保效能。马九杰、沈杰（2010 年）提出，应当探索允许农户利用林权、水域滩涂使用权等作为抵押资产以及通过关系抵押向银行申请贷款的具体途径。洪正等（2010 年）、祝健和郭艳艳（2010 年）提出，作为金融供给的农村金融机构，应着力健全风险控制与风险分散转移机制,提高自身风险管控能力,进而提高农村金融产品供给。任朝江、谢宝等(2009 年)认为,应发挥保险业的风险转移分散功能,开展“保险 + 贷款”,推动农村金融发展,解决涉农主体融资难问题。曹风岐(2001 年)通过总结分析日韩融资担保发展经验,提出要充分发挥政府在涉农信贷担保体系中的特殊作用。熊诗忠(2009 年)认为,涉农主体融资难是农业信贷市场失灵的重要表现与客观结果,政府应鼓励涉农主体互助担保,并通过制度设计和财政支持,重点培育一批服务“三农”的信贷担保机构,以破解涉农主体有效抵押品不足的问题。左涛(2010 年)、顾海峰(2011 年)、宋冬梅(2011 年)认为,因涉农担保的客户群体弱、反担保措施有限、担保费率较低,应当建立以担保风险补偿和保费补贴为主的扶持机制。李宏伟(2012 年)指出,要从健全担保法律制度、监管体系、风险分散机制等方面,完善涉农融资担保制度。

(五)有关政策性担保功能的研究

以往研究理论认为,政策性担保是一种特殊的融资担保,其核心理念是风险的再分配,亦即融资担保项目一旦失败,借款人的期望损失变小,贷款人的期望收益不变或增加。政策性融资担保在涉农金融制度和中小微企业融资中发挥着关键性作用。

刘学忠、辛德树、兰澄世(2005 年)认为,把担保人引入金融机构与涉农借款人之间,可以利用担保人的知识(信息)优势降低交易成本。同时,担保人与涉农借款人之间的信息对称,能够有效降低道德风险发生的可能,增强契约的可履行性。洪正、王万峰、周轶海(2010 年)提出抵押品替代机制是农村融资机制设计的要点所在,可以通过有效组织、合规监督、分散经营来实现农村金融市场抵押品替代机制的有效运行。王玮、何广文、于丽先(2007 年)认为,涉农融资主要难在信息不对称、风险管控难度大,涉农融资担保的作用是改变信贷主体同银行等金融机构之间的信息不对称局面,实现交易成本的有效下降。同时提出,涉农融资担保可以促进交易信息甄别和减少逆向选择,从而通过信息传递降低道德风险。

肖兰华、金雪军(2010 年)认为,通过抵押可以减少融资行为中因信息不对称而形成“逆向选择”造成的损失,增加贷款违约成本,从而降低违约概率。

政策性担保必然会面临道德问题。Taslim(1995 年)提出,在法制水平低下、增信机构不健全的社会环境中,借款人恶意违约动机会明显提高,政策性贷款面临的违约风险更大。Merton 和 Bodie(1992 年)指出,政府担保会降低贷款人和项目发起人的监督效力。Eichengreen(1995 年)通过研究 19 世纪末欧洲基础设施政府担保贷款发现,由于缺少外部监督,贷款资金被投机者挪用,导致公众投资遭受损失,并将风险转嫁给政府机构。Uesugi、Sakait 和 Guy

(2008年)研究发现,在某些特定时期,政府为推动信贷资源流向中小微企业,降低对抵押反担保等风险容忍度,反而加剧了违约风险发生。

秦红松(2013年)认为,涉农信贷担保的产生,主要是为了解决债权人与债务人之间的信息不对称问题,通过债务人或第三方所提供的财产作保证,督促债务人在约定时间内履行还款义务。同时,此举有助于迫使借款人提供真实信息,确保金融机构贷前调查真实有效,风险控制措施落实到位,并辅以抵押物增强贷款资金安全。

(六)有关政策性担保有效性、必要性的研究

一些学者对政策性担保的有效性、必要性进行了研究,认为我国政策性担保在国民经济体系中占据着不容忽视的地位,发挥着极其重要的作用。刘睿(2007年)将典型的国家担保归纳为:为发生支付危机的国有银行提供紧急财政援助、国家向问题券商提供再贷款来偿还其挪用的客户保证金、在关闭合作基金会时由地方财政承担全部清偿责任,以及中央财政直接偿付被关闭金融机构的主权外债等。蒙剑、薄伟康(2007年)指出,我国隐性担保发生和发展之动力往往取决于成本收入比,只有当金融市场改革使隐性担保成本收支实现平衡之时,隐性担保才能实现合理退出。

政策性担保对缓解"三农"融资难的作用。陈希凤、巨丽丽(2008年),吴国华(2013年)认为,特别应在西部地区积极运用财政、经济和行政手段对"三农"融资进行干预。田秀娟、王玮(2010年)在29个省、自治区、直辖市展开了问卷调查,通过对调查数据的统计分析进行研究,发现涉农信贷担保能够让涉农企业和农户在正规金融机构贷款的入围资格显著提高,有助于解决涉农新型经营主体和涉农企业贷款难、贷款贵问题。研究过程中,他们将涉农担保机构分为三类:第一类是市场化运营的政府性融资担保机构;第二类是政府出资并运营的政策性融资担保机构;第三类是合作运营式的互助类融资担保机构。

梁鸿飞(2005年)通过建立垄断型信贷市场融资担保模型,专门围绕市场垄断和利率管制对民营中小企业融资的不利影响,以及担保对促进资金融通的积极作用等问题展开了分析论证。董裕平(2009年)对我国当前信用担保业内存在的四种运作模式(政策性模式、商业性模式、混合型模式、互助性模式)展开了比较和情景模拟试验,提出在我国担保行业发展实践当中,应以商业性模式为基础,探索政策性补偿机制、引入第四方分担企业违约风险、将融资担保与股权投资相结合等建议。一些学者以更加灵活的方法,更加开放的视角对政策性担保进行了研究。陈菲琼、殷志军、王寅(2010年)通过对浙江省内担保机构进行问卷调查,建立数量模型并进行分析,发现风险管理因素是影响担保机构运行效率的关键。殷志军、朱发仓(2011年)以浙江省内担保机

构为研究对象,实证分析了合作银行家数、人力资本大小、实收资本规模、主营业务占比、担保机构承担风险比例、担保对象中中小企业占比等因素对商业性、政策性、互助性等三类担保机构运行效率之影响方向和程度,探讨了三类担保机构运行效率之差异性。其中对商业性担保机构而言,实收资本规模、风险偏好、人才队伍质量、外部市场评级对该类机构的运行效率产生较大影响。

(七)有关政策性担保机构模式创新的研究

殷志军、金雪军、陈妹(2011 年)认为,担保机构在解决中小企业融资难问题之同时,自身发展面临亏损的困境,解决途径便是创新运行模式。通过对桥隧模式、路衢模式等新型担保模式中的担保合同性质、担保产品特征、担保贷款期限和规模、财政资金使用等要素进行分析,证明政策性担保机构运行模式创新可以提高担保效力,提升运营效率。文学舟、梅强(2011 年)在详细分析国外商业性担保机构、政策性担保机构和互助性担保机构的运行状况和特点的基础上,首次提出了"政府性担保机构"这一概念。

冉光和等(2009 年)建议进一步健全担保相关法律法规,完善担保机构的风险分担及补偿机制,切实加强对担保机构的资金扶持力度,促进担保行业稳健、安全、可持续发展。

钟士取(2011 年)在以浙江温州为例,对融资担保机构的发展困境及模式转化进行调查研究时,认为担保机构发展面临着诸多困境,即主营业务收益率低、资本金规模偏小、难以获得银行认可、抵御和控制风险能力较弱等。对此,他建议选择与建立有效融资担保模式时,考虑政府公信力与市场创造力的有机结合,考虑银保合作机制的有效改善,考虑各市场主体间信息不对称的有效缓解。这也许是较早对政府性融资担保机构的理论构想和模式设计。

王建威、何国钦(2011 年)认为,担保机构在初级发展阶段具有准公共产品之特征,亦即它们是由政府担任主角来推动发展的担保机构和担保业务。这样的担保机构是"区域特色性信用担保机构",即在新兴市场经济背景和社会环境中,它们是具有区域性信息优势、交易成本优势和监督管理优势的一种独具特色的信用担保模式,这种担保模式具有商业性、政策性和互助性特点之一,抑或三者的有机组合。

沈素素、杨光明(2017 年)认为,未来我国政府性融资担保业务的法律规制与完善可以从规范制度监管体系、多元化资本风险分担方式、完善立法规制三方面展开。张承惠(2019 年)认为,要调整政府补贴方式,建立可持续风险分担机制;坚持市场化专业化原则,完善融资担保体系;支持融资担保体系创新发展,利用现代科技实现资源的跨界融合。盛世杰、刘莉亚、周远游(2016 年)构建了银行、政策性担保和中小企业的三方理论模型,并通过设计期权组合来对冲违约风险。同时,他们还利用数值模拟方法,从情景分析和盈亏平衡点测算等方面对政策性担保机构为中小企业贷款提供担保的可行性展开分析研究,研究认为在加快推进担保行业市场化导向之基础上,借助基于期权组合机制下的政策性担保机构给中小企业贷款提供担保,进而促进解决中小企业融资难问题,该方法是行之有效的。

(八)有关再担保的研究

吕连生(2004年)在其专著《中小企业信用担保体系研究》中对建立担保体系,特别是再担保体系进行了理论构想和模式设计,提出了建立中央、省(市)、地方等多级再担保中心(机构)的政策建议。

李梅、马国建、赵梓杰等(2018年)基于演化经济学方法的担保机构和再担保机构之间的博弈模型展开分析研究,发现:当不守信收益比损失大时,博弈双方会选择不守信行为,系统会锁定"囚徒博弈"状态;当不守信损失足够大时,双方会选择守信,系统将演化为"理想"状态;当守信与不守信形成巨大的利益差,出现一方守信、另一方不守信时,系统演化将锁定于交替的"次优"状态。对此,他们建议,考虑再担保机构准公共产品属性,适当补偿再担保代偿风险,有利于引导再担保机构主动选择保本微利的经营模式,更加注重社会效益,避免再担保机构为了片面追逐经济利益,而使整个再担保体系陷入"囚徒博弈"困境。彭远汉(2019年)提出通过采取国家与地方相互配合的特殊的融资担保业务协作方式,建立国家融资担保基金体系,共同助力中小微企业发展。

(九)有关担保制度的研究

有关"担保、融资担保、政策性担保或信贷担保"等方面的学术论文、专著等学术成果不少,但关于"政府性融资担保、政府性融资担保机构、政府性融资担保制度"等方面的学术研究及成果实属鲜见。通过对知网等学术网站的文献进行检索可以发现,仅有个别专家学者在投融资管理、金融服务等学术论文中,于2013年提及过"政府性融资担保"这个名词术语,当时并没有赋予它特殊含义,没有界定其概念或对其进行专门论述,更没有对其理论基础,经济学、法学原理等开展分析研究。2015年,国务院《关于促进融资担保行业加快发展的意见》(国发〔2015〕43号,以下简称43号文)文件颁布之后,学术期刊论文中开始零星涉及政府性融资担保制度,但仍然没能对其进行深入分析和系统研究。例如,乔杰(2015年),周长旭、戴政(2018年),曾妮、赵涛、赵昕、杨远剑(2019年),韦茜、曹永辉、李永光(2020年)等学者在中小企业融资担保、金融支持政策等相关论文中提及过政府性融资担保。黄宗成(2016年),肖志明(2018年),陈红英(2019年),刘宝军、姜华东、曹永辉、陈虎(2020年)等学者在小微企业发展、支持产业扶贫等论文中论述过政府性融资担保机构的积极作用。沈素素(2017年)、许予朋(2020年)在政府性融资(再)担保制度的困境及对策研究中提出过一些建议。截至2021年年末,尚未发现相关博士学位论文,仅有巩婷婷(2010年),刘玉敏(2017年),戴政、周长旭(2018年),杨远剑(2019年),陈虎等(2020年)在硕士学位论文中对政府性融资担保公司经营风险控制、法律监管、融资担保体系建设等进行过研究。至于全面、深入、系统地研究政府性融资担保制度的学术期刊论文、专著,特别是博士学位论文实难检索阅见。仅有杨莹(2019年)在国际会议上对新时代下政府性融资担保机构助力中小微企业发展对策研究情况进行过介绍,尚没有发现国外学术论文涉及我国政府性融资担保制度。

(十)有关担保机构监管的研究

米文通(2011年)等将担保机构违规经营放在金融深化背景下进行分析,认为我国在金融有待进一步深化改革的情况下,对担保机构应严格监管、积极引导,并根据国内融资性担保和非融资性担保两种担保机构运行现状,从行业自律、市场监管和信息引导等方面提出相关建议。

二、现有研究留下的空间

总体来看,国内外专家学者从实践探索和理论完善角度,为融资担保行业健康发展提供了许多有益的研究和贡献,对政策性担保模式、机制等作出过许多研究探索。“政府性融资担保”同“政策性担保”两者之间绝不仅是文字表述上存在区别,而是涉及体制机制、运营模式以及法律制度构建等方面的差异。从这个意义上讲,学者在既往研究文献中对政策性担保津津乐道,但对于政府性融资担保的关注和研究尚显不够,抑或尚处于起步阶段。仅有的研究中,学者对政府性融资担保模式、担保作用机理、担保运行机制、担保业务监管等制度研究的各种观点之间还存在明显分歧。这个研究现状无法为政府性融资担保制度的完善提供充足依据,有待进一步拓展。担保风险形成原因、风险危害、风险防范治理以及政府性融资担保机构运营绩效等还有待进一步深化研究。在考察国外政府性融资担保制度经验时,应结合中国特色社会主义制度的底层逻辑和作用机理,但二者结合起来展开的研究还不够深入。具体体现在:

第一,对政府性融资担保改革发展目标理解不够深入系统。

政府性融资担保制度的改革源于实践创造。融资担保行业在2010年前后发展较猛,其间秩序较乱、风险较大、作用发挥不好,2011年后才以国务院文件、中央部委文件形式正式出台了一些指引、规范。到2015年8月,国务院正式提出加快发展政府性融资担保机构时,它已经成为“市场与政府”两只手相互协同,更好发挥作用的一次大胆尝试。它已经同推动供给侧结构性改革、深化金融改革、深化国企改革、转变政府职能、推进宏观调控政策、推进乡村振兴战略、遏制金融资本脱实向虚、防范金融风险、实现高质量发展等战略目标密切相关。国内现有研究文献中,有的就担保谈担保,有的直接借鉴国外担保制度经验,有的止于担保风险防范,有的限于政策性担保功能作用,对政府性融资担保改革发展关注度不高、研究能力不足、研究深度不够,且缺乏系统性研究的成果。

第二,对政府性融资担保机构关注有余,对支持服务对象和代理委托方关注不足。

国内现有研究中忽视了融资担保机构支持服务的中小微企业和“三农”主体属于弱势弱质群体,容易被其他金融机构排斥,具有特殊性。国内现有研究也忽视了融资担保机构出资主体非一般企业的出资主体,而是政府及其委托部门或国有企业,它具有特殊性。作为出资人,对于资本“保值增值”应赋予特殊含义;作为大股东,它不仅要追求经济效益,更要追求社会效益,要注重政策目标,要考虑价值创造。国内现有研究还忽视了融资担保机构及其股权代理委托方自身既具有现代企业的属性又具有政府职能的基因。总之,政府性融资担保机构是非常特殊的金融机构,是非常特殊的财政金融政策工具,在解决“两个失灵”过程中,必将发挥积极而特殊的作用。

第三,对政府性融资担保机构运营效益、运营风险等方面的问题,直接或间接地有所涉及,但对政府性融资担保制度绩效问题还需科学合理地评价。

对政府性融资担保制度绩效进行实证评价,可以印证政府性融资担保机构能否真正实现扶持弱势弱质产业,缓解小微企业和“三农”主体融资难、融资贵等政策性目标,能否更好管控金融风险,确保可持续发展等。然而,当前相关学者对这方面的研究尚显不足,留下了许多值得深入分析研究的空间。如果能在既往专家学者研究基础之上,对政府性融资担保制度绩效展开实证评价,找出问题及其影响因素,提出制度完善之建议,进而建立起科学有效的运营机制、协同保障机制,必将更加有效地促进融资担保行业稳健发展,有助于更好发挥政府性融资担保制度作用和优势。

三、本书研究问题的提出

担保最早出现在2000多年前的古罗马,融资担保业务和融资担保制度是在100多年前的发达国家先后出现和发展起来的,现代中国真正意义上的担保机构和担保业务始于1993年。自此,担保机构的实际效用已经让它成为无可争辩的金融杠杆、金融工具之一。前 20 年,国有、私营、混合所有制担保机构,政策性、商业性担保机构,信用担保、互助担保等机构都曾出现过,它们通过担保增信,在促进金融交易,促进资金融通、商品流通等方面曾发挥过特殊作用。

1999 年,原国家经贸委公开发布《关于建立中小企业信用担保体系试点的指导意见》(国经贸中小企〔1999〕540 号),初步确立了中国融资担保体系架构。然而,在随后改革发展历程中,国家层面的融资担保机构却未能建立,由各省(市)人民政府自主组建的担保或再担保机构,发展水平也参差不齐。在各级政府积极主动而有力的推动下,信用担保机构则呈现"爆发式"增长,融资担保体系逐渐演变为以商业性担保机构为主的发展格局,即便是国有控股的融资担保机构,也往往会直接或间接地参与商业性担保机构的商业化、市场化运营,努力追求经济利益最大化。

2010 年 3 月,工信部、银监会、人民银行、工商总局、财政部、商务部、发改委等七部委联合发布《融资性担保公司管理暂行办法》,该办法明确规定,融资担保公司应交由省(市)人民政府进行属地管理,还规定了融资担保公司的准入条件、业务范围、运营管理、经营规则以及风险控制等事项。然而,这些融资担保制度仍然没能遏制融资担保风险集中爆发的趋势。2011 年 6 月,针对担保行业基础薄弱、缺乏有效监督、资本不实、机构规模小、盈利能力弱、抵御风险能力不强等问题,以及一些担保机构存在非法集资、非法吸收存款和放高利贷等危害社会稳定的情况,国务院转发了银监会、财政部、发改委、人民银行等国家六部委《关于促进融资性担保行业规范发展的意见》(国办发〔2011〕30 号)。2011 年,部分省市连续出现担保公司资金链断裂、负责人失联、公司停业或倒闭破产等问题,融资担保成为新的社会不稳定因素和安全隐患,迫使相关政府频频出面强力整治。2012 年,全国融资担保行业结构性调整的同时,机构数量也达到峰值 8590 家,年均增速 36.6%。政策性融资担保机构数量和业务得以较快发展,民营担保机构因抗风险能力弱、管理不规范、银担合作不畅等原因逐渐萎缩。许多省市对融资担保模式、融资担保业务品种、业务操作流程等进行了大胆尝试和有益探索,逐渐产生了"安徽模式""浙江探索""重庆版本""广东创新"等融资担保新模式。在此期间,政府及社会各界都充分认识到融资担保有助于破解中小微企业和"三农"主体的融资难、融资贵、融资慢等长期困扰改革发展的矛盾问题,将其作为促进融资的重要手段和关键环节,对于稳增长、调结构、惠民生等高质量发展,具有积极而特殊的作用。为了适应新形势、新要求,进一步深化融资担保行业改革,促进融资担保行业转型升级,促进该行业快速稳健地发展,以利于该行业更好服务于经济社会发展之大局,国务院于2015年8月出台了43号文，明确提出要发挥政府支持作用，提高融资担保机构服务能力；要发挥政府主导作用，推进再担保体系建设；要落实财税支持促进政策，营造良好发展环境；要让"政、银、担"三方共同参与，构建可持续的银担融资业务合作新模式。该文件首次从官方角度提出了"政府性融资担保机构"这个概念，其含义可概括为：由政府及政府授权机构、中央企业或者国有企业出资，并要求其实际控股，以服务中小微企业和"三农"主体为主要经营目标的融资担保机构。

大家都期待政府性融资担保机构能够具有更高的运营绩效，更大的金融支持促进作用，更好地实现政策性目标。然而，放眼全国，各级政府虽然已经投入了大量财政资金用于组建、壮大政府性融资担保机构，但其经营效益、社会效益、风险控制、可持续发展能力等运营绩效整体表现并不佳，制度目标存在较大偏离。2017年8月之后，虽然国务院正式出台了《融资担保公司监督管理条例》(国务院令第683号，以下简称《监管条例》)，但政府性融资担保机构及其融资担保业务的发展仍然收效不大。截至2019年年末，全国融资担保行业法人机构5562家，实收资本11,745亿元，净资产12,629亿元，担保业务在保余额37,304亿元。其中，融资担保余额27,017亿元，担保业务收入719亿元，净资产利润率仅1.1%；小微企业融资担保在保余额11,776亿元，占43.6%，涉农融资担保在保余额3870亿元，占14.3%；全国融资担保放大倍数2.14倍；全国平均融资担保代偿率3.4%，连续5年在3%以上，全国代偿余额1972亿元，比上年同期上升7.2%。同一时期，全国财政投资6000多亿元组建的2646家政府性融资担保机构，在保余额近2万亿元。[1] 同时，部分机构的社会效益和经济效益较差，运营风险累积潜藏，内部管理弱化虚化，可持续经营能力不足，容易引发区域性金融风险，危及经济社会安全与稳定。

这些现象曾短暂引起过大家关注。2015年至2020年年初，针对政府性融资担保机构，从中央到地方频频出台过一些鼓励性、驱动性政策文件，助推其业务快速增长，试图借此破解小微企业和"三农"主体融资难、融资贵问题。然而少数省市级政府和主管部门、监管当局、担保机构则根据自身工作任务和职能需要，根据阶段性工作重点，比较盲目地、无奈地干预着这个特殊金融工具。有的甚至还把它变成小贷公司、投资公司、投融资平台、"钱袋子"，对由此累积和引发的金融风险和偏离政策性目标等问题却有意回避。不难发现，体制归属不清楚、主管部门不断变换、市场定位和功能定位模糊不定的融资担保行业，在实际运营中比较"另类""尴尬"，如何构建和完善相关政策制度，推动其

---

〔1〕 数据源于财政部、中国担保协会官方网站公开资料。

持续稳健发展,已成为亟待解决的重要问题。因此,对政府性融资担保制度演进规律特征进行分析研究,对其运营绩效展开实证研究,对原有制度进行规范研究,对国内外制度进行比较研究,然后有针对性地提出系列对策建议,无疑具有重要的理论价值和现实意义。

在理论学术界,吕连生(2004 年),许明月、林全玲(2005 年)等对担保体系建设问题曾进行过研究。狄娜、张胜利(2007 年)等对担保业务和担保机构经营管理问题进行了研究。林平、袁中红(2005 年)等对担保机构发展现状和存在的问题进行了研究,并针对担保体系建设和风险分担机制等现实问题提出了政策建议。黄庆安(2011 年),殷志军、朱发仓(2011 年)等对担保机构运行效率及其影响因素,乃至影响方向和程度等问题开展了实证研究;陈菲琼、殷志军、王寅(2010 年)对影响担保机构运行效率的风险因素进行了评估;殷志军、王寅(2010 年)基于信息不对称视角,对担保机构的信用增级和风险分散机理等问题展开了研究;王建威、何国钦(2011 年)通过对不同区域内担保机构的运行模式进行比较分析,提出了促进担保机构可持续发展的建议,但前述学者研究对象都是信用担保机构。巴曙松、尹竹青、马天骄(2006 年)等对中国担保业涉及监管的有关制度问题进行了研究。刘莉亚、盛世杰、周远游(2016 年)等通过构建政策性担保、中小企业和银行三方业务合作的理论模型,同时利用数值模拟方法,从经营主体盈亏平衡点测算以及业务合作情景分析等方面着手,针对政策性担保机构为小企业贷款提供担保之业务运行模式展开了可行性分析。李梅、赵梓杰、马建国(2018 年)等对再担保机构融资担保风险决策行为选择进行了研究。刘宝军、姜华东、曹永辉、陈虎(2020 年)等学者在小微企业发展、支持产业扶贫等论文中论述过政府性融资担保机构的积极作用。然而,真正意义上针对政府性融资担保机构及其问题的专门性理论学术研究目前较为匮乏。

近年来,专家学者在学术论文中曾经隐含提出过政府性融资担保机构这个概念,但综览理论学术成果,关于政府性担保机构建立和发展的多,关于融资担保风险防范的少;政策性目标定位和业务拓展的多,运营风险及可持续发展的少;担保风险分担和补偿的多,风险管理和转化的少。有的着重担保责任豁免,优惠政策、补偿政策之多寡问题,却未能把它放到财政金融宏观调控政策的政策语境、中国特色社会主义制度体系建立与完善的宏阔视野、更好地处理政府与市场关系中,放到推进供给侧结构性改革中,放到深化金融改革、加快金融创新、提高金融服务质量中,放到国家现代化治理等更高层面中去审视、分析、探究。未能充分运用制度经济学、经济法学、财政金融学、管理学、法学等理论方法,深入展开系统研究,进而提出制度构建、机制重塑、规制调整、制度完善等方面的合理建议。

就政府性融资担保制度而言,学术理论上确有诸多需要研究的问题。本书遵循问题导向、价值导向,针对其政策目标实现不佳、经营效益和社会效益不高、经营风险较大、可持续发展能力不强等现实问题,从制度理论、制度演进、制度绩效、制度规制、制度规范、制度经验、制度完善等方面展开深入研究。

这样选题的理论意义是可以实现市场决定作用与政府更好发挥作用相结合的理论创新,可以丰富和完善政府性融资担保理论、制度绩效评价理论、财政金融理论等,可以提升担保体系的科学性,实现政府性融资担保制度的优化升级。实践意义是有利于破解中小微企业和"三农"主体融资难、融资贵问题,有利于守住不发生系统性金融风险底线,有利于更好配置宏观调控资源,有利于促进财政金融改革深化,有利于评估检视既有政府性融资担保制度绩效,促进国有金融企业现代治理管理,推动经济社会高质量可持续发展。

需要说明的是,自 1993 年我国首家担保机构成立以来,凡国有性质的担保机构均属于"政府出资",一般都由"政府及其授权机构、国有企业实际控股",也一直有"以中小微型企业和'三农'为主要服务对象"的政策要求,有"促进金融交易,缓解融资难贵"的政策性目标。为了尊重事实和方便研究,凡是与政府性融资担保机构及其业务相关的条例、规章、指引、意见、办法等文件制度,都纳入本书政府性融资担保制度研究对象与范畴。

第二节　政府性融资担保的概念界定

一、担保与融资担保

(一)担保

目前,担保并未在立法上被明确界定(尹明,2017 年)。[1] 同时,学界从多种角度对担保进行过论述,但至今仍未达成一致意见。事实上,学界对担保的研究可以追溯到 20 世纪 70 年代,罗伯特·巴罗(1976 年)对担保的经济功能、交易成本以及其对利率和贷款规模的影响的研究正式开启了担保理论研究进程。此后,融资担保问题逐渐被学者广泛研究(马亚军,2005 年)。[2] 总体上,担保是为了保障债权实现的行为(杨云森,2010 年),[3] 无论是在工商业贷款

---

〔1〕 参见尹明:《论担保概念界定的价值、路径与方法》,载《河南教育学院学报(哲学社会科学版)》2017 年第 2 期。

〔2〕 参见马亚军:《国外融资担保理论研究综述》,载《经济社会体制比较》2005 年第 1 期。

〔3〕 参见杨云森:《融资担保公司担保项目风险评价及控制方法研究——以 S 融资担保公司担保项目为例》,云南大学 2010 年硕士学位论文,第 7 ~ 8 页。

中还是在小微企业贷款中都占据着重要地位。担保具有显性和隐性之分,二者在担保义务上存在差异,显性担保有明晰的担保责任和义务规定(黄紫彤,2020 年),[1]而隐性担保并未明晰担保义务,但隐性担保可以承担责任,包括担保能力与担保意愿(罗荣华等,2016 年)。[2] 不同国家的担保具有不同的内涵,中国于 1995 年颁布的《担保法》指出,担保包含保证、抵押、质押、留置和定金等方式,但是,该法可能意在对担保行为进行规范,却并未直接给出担保的概念;德国从开放性的角度对担保的类型进行了设定,主要包含提存、抵押、质押和保证等。大多数学者从以下三方面对担保进行了论述:第一,外延构造视角。如郭瑞明等(2008 年)认为,担保包括两种:一般担保与特殊担保;[3]叶金强(2002 年)指出,担保制度主要包含保证、抵押、质押、留置、定金以及其他非典型担保等种类。[4] 现阶段较流行的说法认为,担保包括人的担保、物的担保和金钱担保(尹明,2017 年)。第二,内涵构造视角。如邹海林等(2005 年)指出,债权担保是为了保障债权实现而设定的担保,具有附随性、补充性和相对独立性的特性。[5] 崔建远(2015 年)在《担保法》《物权法》的基础上,总结了担保的特性为从属性、补充性和保障债权的切实实现性。第三,担保的范畴。[6] 围绕这个主题展开研究论述的学者主要是从功能主义视角论述担保,如有的学者认为,担保功能将抵押权、土地债务等权利紧密连接(施蒂尔纳,2004 年);[7]斯普兰克林(2009 年)认为,虽然债务担保在美国不同地方有显著差异,但是其在功能上大同小异,主要表现为两方面:一是保障信用的供给量,二是保障借贷双方的对等性。[8] 总之,担保是一种投资决策,是介于债务人和债权人之间的一种"中介桥梁",是以法律范围的正当手段保障债权实现的行为。

(二)融资担保

相较而言,融资担保只是众多担保业务中的一种。总体上,融资担保是一种金融服务行为,主要是指资金需求方在获取借款的过程中,由第三方机构或个人(应该具有独立法人资格)提供担保保证,当资金需求方无力按约偿还借

---

〔1〕 参见黄紫彤:《地方政府隐性担保对城投债信用利差影响的研究》,上海外国语大学 2020 年硕士学位论文,第 9 ~ 12 页。

〔2〕 参见罗荣华、刘劲劲:《地方政府的隐性担保真的有效吗?——基于城投债发行定价的检验》,载《金融研究》2016 年第 4 期。

〔3〕 参见郭明瑞、房绍坤、张平华编著:《担保法》,中国政法大学出版社 2008 年版,第 28 ~ 35 页。

〔4〕 参见叶金强:《担保法原理》,科学出版社 2002 年版,第 8 ~ 11 页。

〔5〕 参见邹海林、常敏:《债权担保的理论与实务》,社会科学文献出版社 2005 年版,第 12 ~ 16 页。

〔6〕 参见崔建远:《"担保"辨——基于担保泛化弊端严重的思考》,载《政治与法律》2015 年第 12 期。

〔7〕 [德]鲍尔、施蒂尔纳:《德国物权法》(上册),张双根译,法律出版社 2004 年版,第 36 ~ 45 页。

〔8〕 [美]斯普兰克林:《美国财产法精解》,钟书峰译,北京大学出版社 2009 年版,第 113 ~ 168 页。

款时,担保机构则承担相应的债务清偿责任,从而降低资金出借方的金融风险。当前,学界和实务界对融资担保进行了广泛而深入的讨论和界定。如国务院在《监管条例》[1]中指出,融资担保是“担保人为被担保人借款、发行债券等债务融资提供担保的行为”。孙青(2019 年)指出,融资担保涉及为债务需求方提供信用担保且承担融资代偿义务等内容。[2] 李培佳(2020 年)指出,融资担保是为保障债权人实现债权,由第三方承担违约责任的经济行为。[3] 通常,融资担保可以分为银行融资担保和非银行融资担保两种类型(见图 1－1)。其中,银行融资类担保主要是通过某种特殊手段和方式帮助不满足融资条件的资金需求方最大限度地获取借款,这种类型的融资担保比重较大;而非银行融资担保主要是指因法律纠纷引起的诉讼保全担保、因工程施工所需的招投标担保、工程和项目实施过程中所需的合同履约担保等(李德刚,2014 年)。[4]

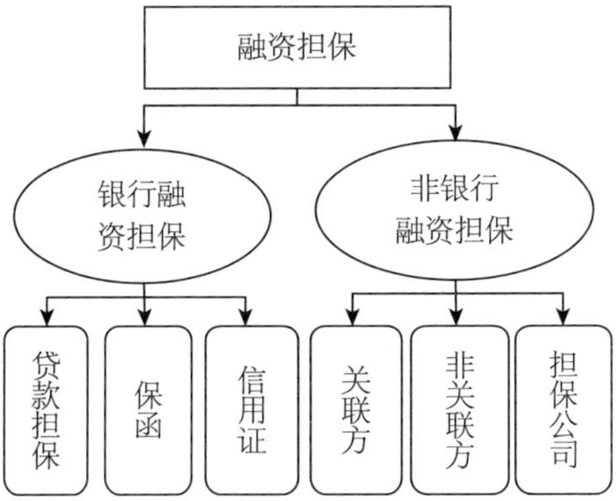

图 1－1　融资担保分类

本书认为,融资担保是一种信用中介行为,融资需求方由于自身的抵押物不足、信用欠缺或借款资料不完善等原因不能获取资金出借方的信任,融资需求方进而找到能获取资金出借方信任的第三方机构进行担保,从而顺利实现融资需求。同时,一旦借款方出现违约,融资担保方应该承担向出借方偿还债务的责任。

---

〔1〕《监管条例》是为了支持普惠金融发展、促进资金融通、规范融资担保公司的行为、防范风险而制定。经 2017 年 6 月 21 日国务院第 177 次常务会议通过,由中华人民共和国国务院于 2017 年 8 月 2 日发布,自 2017 年 10 月 1 日起施行。

〔2〕参见孙青:《融资担保机构监管评价指标体系研究》,中国财政科学研究院 2019 年硕士学位论文,第 7～8 页。

〔3〕参见李培佳:《H 公司融资担保业务风险管理研究》,华侨大学 2020 年硕士学位论文,第 6～7 页。

〔4〕参见李德刚:《我国中小民营企业融资担保模式研究》,云南大学 2014 年硕士学位论文,第 4 页。

二、政策性融资担保

政策性担保是随着担保行业发展、担保制度演进分化而逐渐产生和发展起来的。通常,政策性担保服务对象明确,出资方以政府为主,并非为盈利而设,主要是为达成政府特定的政策性目标而成立。一般而言,政策性担保的服务对象虽信用能力低下,却是国家和社会不可或缺的重要经济力量。其担保性质属于准公共产品,该准公共产品供给方案的选取,直接决定了政策性担保供给结构的法律形态。如果直接由政府供给,则应采用机关法人形态,如果由政府与市场结合的方式供给,则应采用政府所设立的企业法人形态。[1] 不同国家和地区,经济社会条件不同,法制环境不同,政策性担保到底应采用何种法律形态,各国应根据自己的国情作出选择,应该结合国家基本制度进行设计。政府对担保激励功能的运用,可以结合实际情况采取不同的方式。政府直接办理、政府委托商业性担保机构代理或政府支持并鼓励相关担保机构供给特定对象或产业融资担保,同时,政府应当在税收、再担保等方面予以优惠,这些担保都是政策性的。通常来说,它的产生是基于政府宏观调控的需要。政策性担保的资金供给方是财政部门,而非政策。此外,政策性担保还有其他形式,例如,商业担保机构提供的担保、融资主体本身的资产或融资主体之间以联保方式提供的担保等。政府利用政策性担保的领域比较宽泛,一般涉及中小微企业、中低收入群体、基础设施建设、农村信贷、对外贸易、下岗失业人员等特定群体,以及地震、泥石流、洪涝、台风、山火等自然灾害事件,新冠肺炎疫情、"非典"等公共卫生事件,天然气泄漏、矿井爆炸等公共安全事件等造成危害和损失超过自身承受能力的群体对象等(林全玲,2007 年)。政策性担保与政府行政手段相比具有金融杠杆放大化、财政补贴隐性化、政策性目标实现市场化(通过市场机制实现政策性目标)等优越性。政策性担保作为宏观调控的经济手段,通常拥有一定的政策传导性,能及时地表达国家宏观政策调控意图,特别是货币政策、财政政策、产业政策等政策传导。

当然政策性担保也可能存在微观运营中效率损失、宏观调控中引发投资与资源配置扭曲等负面效应。此类负面效应,需要通过建立完善的法律制度进行规制、调整和控制。

---

〔1〕 参见陈秋明:《国有独资公司:我国政策性担保机构法律形态最佳选择》,载《现代财经》2011 年第 3 期。

三、政府性融资担保

政府性融资担保同政策性融资担保两者之间并不只是字面上存在明显区别，而是在理论依据、作用原理、运行机制、法律制度等多方面存在不同。政府性融资担保属于融资担保的一种，也是政策性融资担保发展的新的更高级形态，但二者理论依据、作用原理、运行机制、法律制度等多方面的确不同。政策性融资担保强调风险转移和分担，而政府性融资担保倡导风险转化、信用创造和价值发现。政策性融资担保服务对象不局限于某个行业产业，而政府性融资担保服务对象特指中小微企业和"三农"主体。政策性银行、担保机构等金融机构都可以办理政策性担保业务，而政府性融资担保业务主要由政府性担保机构受理、办理。政策性融资担保可以泛指金融机构政策性业务当中的担保行为，而政府性融资担保原则上不涉及信托、租赁、证券等其他非融资担保业务形式。通过不断提升政府性融资担保机构运营绩效，不断创造信用，发现价值，降低交易成本，管控运营风险，实现政策目标，提高社会资源配置的综合效率。目前，政府性融资担保在推动行业发展中起着不可或缺的作用，也越来越成为学界和实务界关注的重点。政府性融资担保凸显了政府在融资担保中扮演的主导角色，是指通过政府的力量为信用欠缺或自身抵押物不足的企业(尤其是中小微企业和"三农"主体)或个人提供融资担保保证，从而让企业或个人顺利实现融资；或者直接由政府出资或控股，不以营利为目的，根据政策导向为资金需求方融资。显然，政府性融资担保具有准公共产品的特性(郭鸿雁，2020 年)，其在解决中小微企业融资难、融资贵的问题上具有重要作用。中国政府于 2015 年倡导构建政府性融资担保机构，迄今为止，已经形成了两个三级的政府性融资担保体系，即国家层面的国家融资担保基金和国家农业信贷担保联盟、省级层面的再担保机构和省级信贷担保机构、市(区、县)辖内的融资担保机构(见图 1－2)。相较而言，普通的融资担保主要侧重于服务资质较好的对象，而政府性融资担保主要提供普惠金融服务，担负着扶持中小微企业和"三农"主体的任务。如此，一旦发生金融风险，将由政府、融资担保公司、再担保公司(省级农业信贷担保机构)和金融机构共同分担。

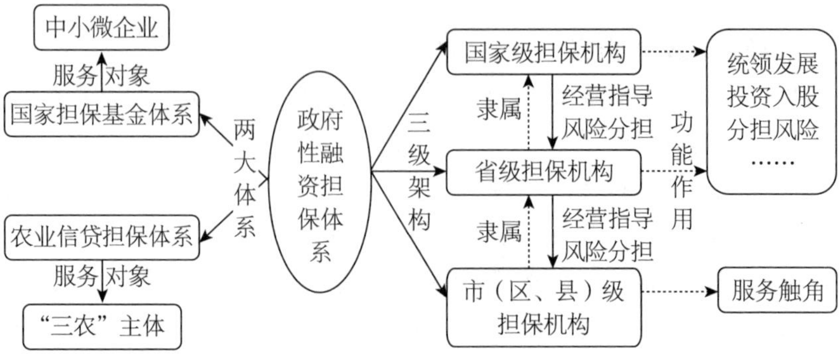

图 1-2　中国政府性融资担保体系

由此可见,所谓政府性融资担保,本质上还是一种信用中介行为,只不过其主导力量从一般的融资担保机构转换成了政府,服务对象相应地也发生了改变,其主要为处于融资弱势的中小微企业和"三农"主体等提供服务。同时,政府成了金融风险分担的重要主体。

为了便于学术研究,同时考虑到事物发展的渐进性、事物之间的关联性,充分尊重我国担保业演进时代背景和发展规律,充分尊重我国政府性融资担保发展的历史渊源和现实目标,本书在研究政府性融资担保制度时,将政府出资、政府主导、为特定行业产业服务的融资担保统统纳入"政府性融资担保"研究范畴,作为分析研究对象。那么,凡与之相关的政策文件、条例、法律法规等在本研究中都可以统称政府性融资担保制度。

第三节　政府性融资担保的基本原理

一、政府性融资担保的功能作用

总体上,政府性融资担保继承了一般融资担保机构应有的主要功能,同时还肩负政策性目标之实现和宗旨使命之践行的任务,对特定行业和产业进行引导、调控,促进其高质量发展。主要体现在以下几方面:

(一)金融普惠践行功能

政府性融资担保设立的初衷之一,就是解决中小微企业融资难、融资贵的问题。事实上,随着我国市场经济的不断发展,中小微企业的发展进入迅猛期,已成为国民经济不可或缺的部分。据统计,截至 2019 年 12 月,中国工商登记企业(不含个体工商户)中的 99.4% 是中小企业。现阶段,中小微企业创造了 60% 以上的 GDP,缴纳国家税收占比达 50% 以上,提供的城镇就业岗位数占 80% 左右,专利发明占 70% 左右,新产品的开发中 80% 源于中小微企业。[1] 可见,中小微企业已成为经济增长、促进就业和增加财政收入等方面的重要推动力。但是,我国资本市场发展还不完善,直接融资要求和门槛较高,使中小微企业面临突出的融资难、融资贵现象。通常,中小微企业设立门槛低、资金规模不高,易受经济环境的影响,经营风险较大,很难获得较高的信用评级,从而在直接融资过程中受到诸多限制。然而,资金供给方往往出于资金安全的角度,极少甚至不向中小微企业放贷,于是融资难成为中小微企业面临的普遍问题。同时,金融机构往往通过提高利率以补偿风险,或者让中小微企业通过融资担保机构提高信用等级,这大大增加了中小微企业的融资成本,融资贵也成为中小微企业面临的普遍问题。如果这样的问题得不到解决,将严重阻碍中小微企业的进一步发展。于是,政府性融资担保应运而生,为缓解中小微企业融资难、融资贵提供了可能。如邢秀芹等(2011 年)指出,融资担保在缓解中小企业融资难、降低银行信贷风险等方面起着不可或缺的作用;刘霄艳(2020 年)认为,政府性融资担保是缓解中小微企业融资难、融资贵的重要手段。

(二)财政资金放大功能

目前,"弥补市场不足,促进社会公平"是政府职能的重要组成部分。中小微企业要健康长足发展,关键是要解决融资难、融资贵问题。过去,财政资金主要是通过拨付、转移支付等方式直接或间接用于补助,效率低、效果差。今后,财政资金应更多发挥杠杆功能作用,变"输血"为"造血"。政府不仅要拓宽中小微企业融资渠道,加大政策引导,还应该不断创新财政资金的使用方式。可以发挥政府的主导作用,建立政府性融资担保基金和引导基金,着力发挥金融资本、社会资本作用中小微企业的协同效应。2020 年 3 月,财政部出台《关于充分发挥政府性融资担保作用为小微企业和"三农"主体融资增信的通知》(财金〔2020〕19 号),明确提出:"政府控股的融资担保、再担保机构要积极为小微企业和'三农'主体融资增信,努力扩大业务规模,提升服务效率,及时履行代偿责任,依法核销代偿损失,协调金融机构尽快放贷,不抽贷、不压贷、不断贷,着力缓解小微企业融资难、融资贵。"要创新财政金融工具,进而更好地扶持中小微企业、"三农"等弱质弱势产业之发展。

(三)金融服务创新功能

银行等传统金融机构在为中小企业或"三农"主体信贷融资时,常常需要借助房产、土地等固定资产,机器设备、交通工具等动产,股票、存单、有价重要权证等作为抵押物、质押物,方能为借款人提供融资服务。政府性融资担保机构在融资担保过程中,除开展信用担保融资活动外,更多地需要借助传统金融

[1] 资料来源:https://baijiahao.baidu.com/s?id=1664675355373455850&wfr=spider&for=pc。

机构不受理、不采信、不需要的，但的确又可能属于潜在的、“沉睡”的资产，如利用草场、滩涂、湖泊、河流、鱼塘、沟渠、森林、农房、蔬菜大棚、地窖库房、晒坝等“三农”闲置资产，“三权分置”细化衍生出的收权益、分红权、流转经营权，以及数据权、私权、知识产权等新兴权益类资产或权益进行担保融资。这种更加深化的融资担保活动，这种政府性融资担保行为，无疑会引导社会各界、引导市场各方逐渐认识到这些闲置资产、“沉睡”资产的潜在价值，最终发现、逐渐提升其特殊价值。另外，将财政资金通过资本金的方式注入政府性融资担保机构，通过政府性融资担保机构的金融杠杆作用（《监管条例》规定，政府性融资担保机构可以按注册资本金的 1～10 倍，甚至 15 倍进行担保授信），能够撬动更多金融资源投向弱质弱势产业和行业，支持促进实体经济发展。这个政府性融资担保的过程，实质是不断创造信用，不断推动信用创造的财政金融改革创新之过程。

（四）信贷市场润滑功能

通常，一般的融资担保机构可以克服债务人和债权人之间的信息不对称问题，进而缓解由于信息不对称导致的逆向选择和道德风险问题。因此，政府性融资担保也不例外。事实上，融资需求方和供给方之间信息不对称问题普遍存在，为解决信息不对称造成的逆向选择和道德风险问题，引入第三方融资担保机构是常用做法。相较而言，融资担保机构可调配更多资源、拥有更多渠道了解债务人的信息，或者建立了更完备的了解融资需求方的信息机制，也具有更强的信息分析能力和控制能力（秦红松，2014 年）。[1] 于是，融资担保机构克服信息不对称的途径如图 1－3 所示。

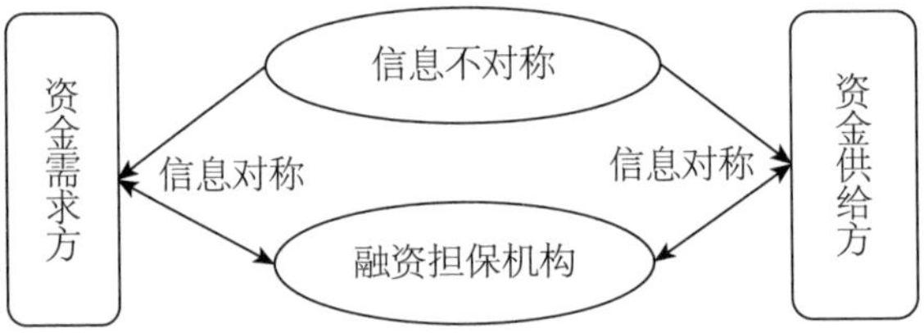

图 1－3　融资担保机构克服信息不对称途径

从图 1－3 可以看出，资金需求方和资金供给方的融资过程从双向的信息不对称转变为三方的信息对称。可见，政府性融资担保的出现，可以有效增强对债务人的信息了解的程度，从而降低信息不对称风险，缓解逆向选择和道德风险，对降低或控制担保融资风险具有重要作用。

---

〔1〕 参见秦红松：《农户贷款担保困境及破解机制研究——以重庆市为例》，西南大学 2014 年博士学位论文，第 17～22 页。

二、政府性融资担保的作用机理

(一)基本原理

金融机构和中小微企业之间往往存在信息不对称,因而采用调整贷款利率的方式来影响信贷市场供求很难奏效。由于信息不对称,逆向选择和道德风险时常发生,进而使金融机构的期望收益随着利率升高而逐渐降低。这样一来,收益的下降引起金融机构放贷大幅减少,于是融资需求远远大于供给,信贷配给就应运而生。因此,化解金融机构和中小微企业融资难的重要因素在于克服双方之间的信息不对称问题。于是,政府性融资担保的产生为解决该问题提供了可能。政府性融资担保机构作为金融机构和中小微企业之间的中介桥梁,其不仅可以通过政府本身的信用为信用评级较低的中小微企业增信,还可以通过更加专业和高效的方式收集和处理中小微企业的信息,有效改善融资需求方和供给方之间的信息不对称问题。政府性融资担保机构作为信息不对称的交易双方之间的第三方,成为交易双方的一种信用桥梁,保证市场交易得以顺利进行(巩婷婷,2010 年)。[1]

政府性融资担保机构不以营利为目的,旨在为中小微企业和"三农"主体提供融资担保服务,有效缓解融资需求主体的融资难、融资贵问题。本研究基于可贷资金市场理论,采用供求原理(见图 1－4)来剖析政府性融资担保机构的介入如何缓解中小微企业和"三农"主体的融资"瓶颈"问题。

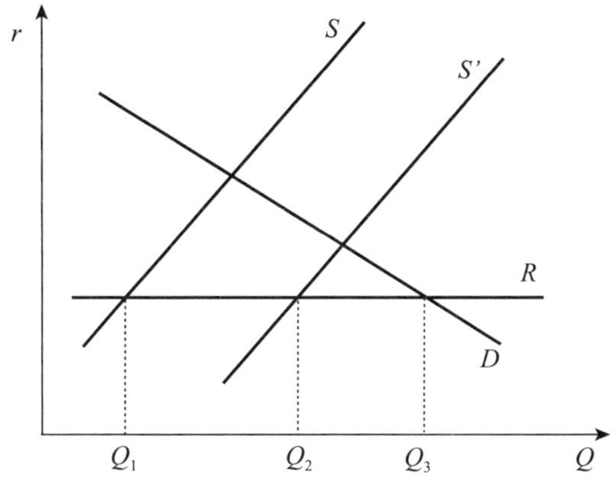

注:Q 为融资需求方,r 为供给方。

图 1－4　融资需求方和供给方供求模型

---

〔1〕 参见巩婷婷:《中小企业融资担保机构的作用及其问题研究》,安徽大学 2010 年硕士学位论文,第 13～16 页。

在图 1 – 4 中,D 代表中小微企业和“三农”主体的融资需求曲线,S 代表金融机构的资金供给曲线。R 代表金融机构规定的最高利率水平,若金融机构评估认为其风险溢价收益超过该收益值,那么金融机构认为风险过高,从而不愿意将资金贷给融资需求方。通常,由于中小微企业和“三农”主体数量众多、设立门槛低,其信贷风险往往高于较大规模的企业。这样一来,中小微企业和“三农”主体的融资利率会超过曲线位置的利率,于是会产生信贷缺口 Q_1Q_3,从而挤出许多中小微企业和“三农”主体的融资,导致融资难成为阻碍中小微企业和“三农”主体长足发展的屏障。但是,如果政府性融资担保存在,这一屏障就会得到极大缓解。金融机构与中小微企业和“三农”主体通过政府性融资担保机构的作用,有效地降低了信贷风险,金融机构由于可以省去部分运行成本(如审查、评估成本),从而愿意增加资金供给规模。其他条件不变时,在图中表现为供给曲线 S 向右平移到了 S'。这时,在融资需求和利率水平不变的情形下,由于资金供给的增加,大大减少了中小微企业和“三农”主体的信贷缺口,缩减为 Q_2Q_3,政府性融资担保机构增加了信贷资金市场的匹配效率。可见,通过政府性融资担保机构的作用,金融机构增加了资金供给,实现了规模扩大和收益增加,中小微企业和“三农”主体的融资“瓶颈”也得到有效化解,达成了融资双方的共赢局面。

(二)作用机制

一般而言,中小微企业数量众多、设置门槛较低、资金规模不高,容易受经济环境的影响,经营风险较大,也很难获得较高的信用评级。因此,中小微企业很难获得满足自身发展的直接融资规模。一旦中小微企业信用不足,要获取融资就面临增信(殷志军等,2010 年),[1] 这时发挥政府融资担保的中介作用,为中小微企业的融资进行担保,可以显著增加中小微企业的信用等级,从而降低贷款资金利息,为解决中小微企业“融资难”提供了可能。同时,由于政府性融资担保机构的介入,其与债务人之间的信息不对称现象几乎不存在,于是债权人通过政府性融资担保机构很容易获取债务人各方面的信息,进而能大大降低信贷交易成本,为解决中小微企业“融资贵”提供了可能。为此,本书认为政府性融资担保的主要作用机理在于提高中小微企业增信能力和降低交易成本(见图 1 – 5)。

---

[1] 参见殷志军、王寅:《信息不对称视角下信用担保机构运行机理分析》,载《浙江社会科学》2010 年第 8 期。

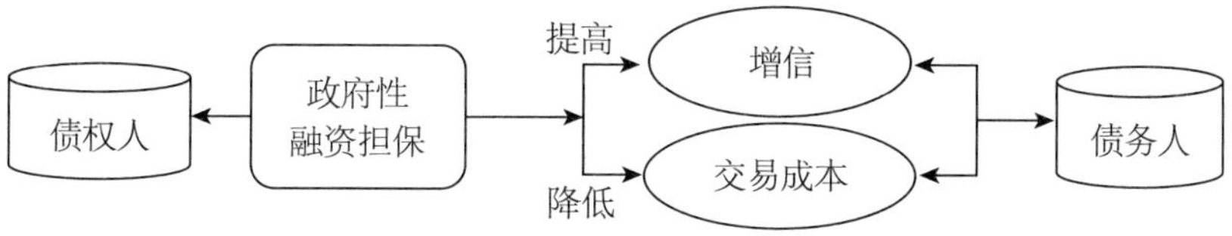

图 1-5 政府性融资担保信用增级和降低交易成本示意

1. 提高增信能力的机理

中小微企业在融资过程中一旦信用等级不足,客观上需要采用增信(信用增级)的方式来实现融资目标。通常,增信是融资担保机构风险分散和成本分担的基础,融资担保机构的信用等级优于被担保企业是有效提高中小微企业增信能力的基本前提(殷志军,2011 年)。[1] 本研究参考顾海峰等(2009 年)以及殷志军(2011 年)的研究,从数理模型角度深入剖析政府性融资担保机构的增信机理。

假设一:假定中小微企业初始自由资金为 0,对 A 项目投资时需要向金融机构融资的规模为 M。假设 A 项目成功运行的概率为 θ,中小微企业融资成功可获得收益 V,若融资失败则损失 M。

假设二:假设金融机构运用其主动权来明晰其承担的贷款风险比率为 β,且假定金融机构以利率 i 贷款给中小微企业,这里的利率为固定值。假设金融机构提供贷款的概率为 μ。

假设三:假定政府性融资担保机构基于其自身承担的风险比例来划定担保费率 r,且担保费率正相关于所承担的风险比例,则 $r = \alpha(1-\beta)$,$0 < \alpha < 1$。

第一,当政府性融资担保机构存在时,金融机构的预期收益为:

$$V = \mu M\{\theta[i-(1-\beta)r] + (1-\theta)\beta\} \tag{1-1}$$

假定式(1-1)中的 V 为 0,此时可以求解出 θ,并令 $\theta = \theta^{\cdot}$,则:

$$\theta^{\cdot} = \frac{\beta}{\beta + i - (1-\beta)r} = \frac{1}{1 + \dfrac{1}{\beta}(i - r + \beta r)} \tag{1-2}$$

又因为:

$$\frac{dV}{d\theta} = \mu M[i + \beta - (1-\beta)r] = \mu M[i - r + (1+r)\beta] > 0 \tag{1-3}$$

于是,由式(1-2)和式(1-3)可知,金融机构对中小微企业的 A 投资项

[1] 参见殷志军:《中小企业信用担保机构运行机制和效率研究——以浙江省为例》,浙江大学 2011 年博士学位论文,第 66~68 页。

目的风险进行评估后，若得出的评估成功的概率 $\theta > \theta^{\cdot}$ 时，$V>0$，则 $\mu = 1$；反过来，若 $\theta < \theta^{\cdot}$ 时，$V<0$，则 $\mu = 0$。

进一步，由式(1－2)可知：

$$\frac{d\theta^{\cdot}}{d\beta} = \frac{i - r}{[i + \beta - (1 - \beta)r]^2} > 0 \quad (1-4)$$

式(1－4)意味着金融机构承担风险的比例越小，政府性融资担保机构承担风险的比例越大时，金融机构要求贷款项目成功的临界概率越低，对政府性融资担保机构增信能力的要求也就越高。

第二，当政府性融资担保机构不存在时，金融机构的预期收益为：

$$V' = \mu M[\theta i - (1 - \theta)] \quad (1-5)$$

于是，可以解得相应的临界值为：

$$\theta' = \frac{1}{1 + i} \quad (1-6)$$

又因为：

$$\frac{dV'}{d\theta} = \mu M(1 + i) > 0 \quad (1-7)$$

因此，当 $\theta > \theta'$ 时，$V' > 0$，则 $\mu = 1$；反过来，若 $\theta < \theta'$ 时，$V' < 0$，则 $\mu = 0$。

下面对临界值 $\theta^{\cdot}$ 和 θ' 进行比较，由于 $i > r$，$1 - \beta > 0$，所以有：

$(1 - \beta)i > (1 - \beta)r$，进而可以推出：$i - (1 - \beta)r > \beta i$，两边同时除以 β 可得：

$$\frac{1}{\beta}(r - i - \beta r) > i \quad (1-8)$$

于是，由式(1－2)、式(1－6)和式(1－8)可知：

$$\theta^{\cdot} < \theta' \quad (1-9)$$

式(1－9)意味着，在政府性融资担保机构存在时，金融机构对中小微企业的预计可能临界值较小。换言之，无政府性融资担保机构存在时其临界值较大。但是，金融机构之所以向中小微企业提供服务，其原因大多是该服务对象的信用等级较高，且表现为随着信用等级的递增而越容易放贷。中小微企业在创业初期由于资质较低等原因，其信用等级通常处于低水平。这时，经过政府融资性担保机构的担保，可以显著提高中小微企业的信用等级水平，进而降低获取融资的门槛。这样一来，就实现了金融机构和中小微企业风险共担，于是政府融资性担保机构的存在就能有效缓解中小微企业的融资难问题。因此，政府融资性担保机构的资本金越大，信用等级水平越高，其增信能力越强。

2. 降低交易成本的机理

政府性融资担保机构除了能够增加中小微企业的信用等级，还能够通过成本分担的方式降低借贷双方的交易成本。一般而言,融资担保机构的运行成本包括信息搜索成本、贷前审查和评估成本、签约成本、贷后监督成本、代偿成本以及追偿成本等。若发生代偿,则产生的代偿成本将是各种成本中最昂贵的(殷志军,2011 年)。政府性融资担保机构虽然不以营利为目的,但是其也面临着风险,所以应该考虑成本问题,并且要构建合适的成本分担机制。与中小微企业相关的成本是政府性融资担保机构运行成本的主要成本。假定政府性融资担保机构不存在,那么金融机构就要承担中小微企业申请融资的审查、评估、监督和追偿等环节的全部成本;而政府性融资担保机构存在时,金融机构就可以让其分担部分成本。于是,本研究同样借鉴顾海峰等(2009 年)以及殷志军(2011 年)的研究,从数理模型视角刻画政府性融资担保机构的成本分担机理。

假定政府性融资担保机构不存在时,金融机构需要承担的审查、监督、评估和代偿等全部成本为 C_F;而当存在政府性融资担保机构时,其运行成本减为 C_R,且 $C_R < C_F$。

第一,当政府性融资担保机构存在时,金融机构的预期收益为:

$$V = \mu M\{\theta[i-(1-\beta)r] + (1-\theta)\beta - C_R\} \tag{1-10}$$

假定式(1-10)中的 V 为 0,此时可以求解出 θ,并令 $\theta = \theta^{\cdot}$,则:

$$\theta^{\cdot} = \frac{1 + C_R}{1 + r\dfrac{1}{\beta}(i-r)} \tag{1-11}$$

又因为:

$$\frac{dV}{d\theta} = \mu M[i + \beta - (1-\beta)r] = \mu M[i - r + (1+r)\beta] > 0 \tag{1-12}$$

显然,式(1-12)与式(1-3)相同,具有一样的经济意义,所以 $\theta^{\cdot}$ 是一个临界值。

第二,当政府性融资担保机构不存在时,金融机构的预期收益为:

$$V' = \mu M[\theta i - (1-\theta) - C_F] \tag{1-13}$$

于是,可以解得相应的临界值为:

$$\theta' = \frac{1 + C_F}{1 + i} \tag{1-14}$$

又因为:

$$\frac{dV'}{d\theta} = \mu M(1+i) > 0 \tag{1-15}$$

下面对临界值 $\theta^{\cdot}$ 和 θ' 进行比较,由于 $i > r, 1-\beta > 0$,所以有:$(1-\beta)i > (1-\beta)r$,进而可以推出:$i-(1-\beta)r > \beta i$,两边同时除以

β可得：

$$\frac{1}{\beta}(r - i - \beta r) > i \qquad (1-16)$$

于是，由式（1－11）、式（1－14）、式（1－16）以及 $C_R < C_F$ 可知：

$$\theta^{\cdot} < \theta' \qquad (1-17)$$

由此可见，相较而言，当存在政府性融资担保机构的中介作用时，金融机构对融资项目的成功概率要求更低，其原因是政府性融资担保机构提高了中小微企业的增信能力，同时还为金融机构分担了部分成本。中小微企业的相关成本在金融机构与政府性融资担保机构之间的合理分担，有利于促进更多的中小微企业成功融资。

三、政府性融资担保的运行机制

从某种意义上讲，政府性融资担保是国家政策性担保的重要组成部分和重要的更高阶段的实现方式，其不以营利为目的，旨在为中小微企业和"三农"主体提供融资担保服务。依据法律法规和国务院相关文件，政府性融资担保机构主要由政府（中央或各级地方政府）注资成立，注资方式可以是财政拨款、注入土地或股权等。一般而言，政府性融资担保机构是具有独立法人资格的经济实体，其拥有独特性质：（1）主要提供"融资"，同时也不排斥"投资"的效应和回报；（2）服务主体主要是中小微企业和"三农"主体或者战略性新兴产业等特定的政府性投资项目。因此，政府性融资担保可以有力缓解中小微企业和"三农"主体的融资难、融资贵问题，同时可以大力推动基础设施和民生项目的开展，为加速工业化和城镇化保驾护航。但是，这也大大增加了政府的财政负担，使政府面临较高的偿债风险，且政府和银行的信贷均面临着遭受破坏的风险。这样一来，剖析政府性融资担保机构的运行机制具有重要意义。通常，政府性融资担保运行原理如图1－6所示。

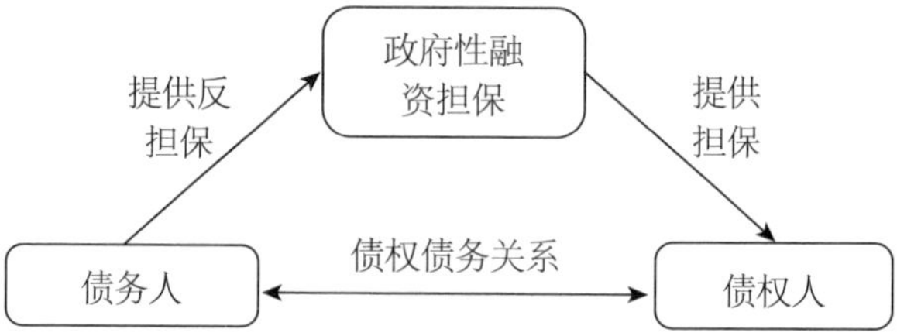

图1－6　政府性融资担保运行原理

从图1－6可以看出，政府性融资担保机构主要为债务人向债权人提供担保，从而促进双方之间达成债务债权关系。具体而言，政府性融资担保的运行机制包含担保机制、信用机制和决策机制，如图1－7所示。

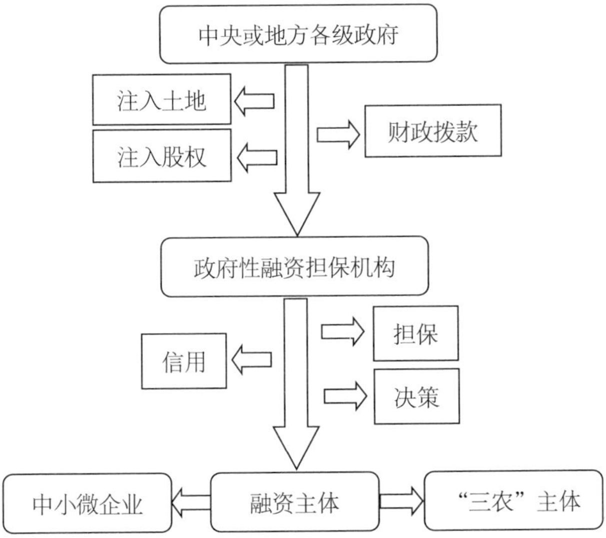

图1－7 政府性融资担保机构具体运行机制

（一）担保机制

担保机制是利用金融杠杆增信功能克服金融交易过程中因为信息不对称而导致的交易失败等问题，同时促进解决金融交易综合成本高企等问题。就政府性融资担保机构的担保机制而言，其按照现行的法律法规有多种融资担保方式，即抵押、质押、定金、保证以及留置等。通常，根据政府性融资担保机构的注资方式（财政拨款、注入土地或股权）的不同，其担保方式可以分为保证和质押两种，其余类型的担保方式很少或几乎不被利用。显而易见，政府性融资担保的主体是政府，其担保运行机制以融资担保与投资担保一体化为主。其中，融资担保一体化的风险集中表现于融资平台，相较而言，融资机构的成本不高、资金的利用率也不高、投资主体的责任也较低。然而，投资一体化的风险集中展现于建设单位，且融资机构的交易成本较高、资金使用率高、投资主体责任重大。目前，担保机制已经拓展、涵盖至担保风险分散机制、风险分担机制、风险转化机制、风险补偿机制等。[1]

（二）信用机制

就政府性融资机构的信用机制而言，政府的信用和土地使用权通常是政府性融资机构的抵押物。政府的信用是一种隐性担保，而土地使用权是一种

〔1〕 参见文学舟、吴永顺：《我国政策性担保机构面临的制度约束及优化设计》，载《科技管理研究》2014年第15期。

显性担保。通常,土地使用权作为抵押物的担保最流行。然而,土地使用权抵押融资面临诸多风险,如土地政策变动、土地使用权非法取得、土地审批未批准、土地闲置、土地资产变现难等。虽然土地使用权融资存在以上风险,但是资金供给方(如银行、投资者等)仍然乐意提供信贷。他们之所以愿意提供贷款或借款,是因为政府的信用机制具有较高的可靠性。一般而言,政府的信用和资产信用是政府性融资担保机构的两种信用机制。由于中小微企业和"三农"主体的信用等级通常较低,自身信用很难达到资金供给方的融资条件和要求,此时,政府的信用或者资产信用就起到了至关重要的中介作用(见图1-8),资金供给方在政府信用的支撑下将资金贷给政府性融资担保机构,政府性融资担保机构再利用其信用将获得的资金转借给资金需求方(中小微企业和"三农"主体)。由此可见,政府的信用在整个融资流程中起着不可或缺的中介桥梁作用,为促进融资双方达成债权债务关系提供了关键的信用支撑。

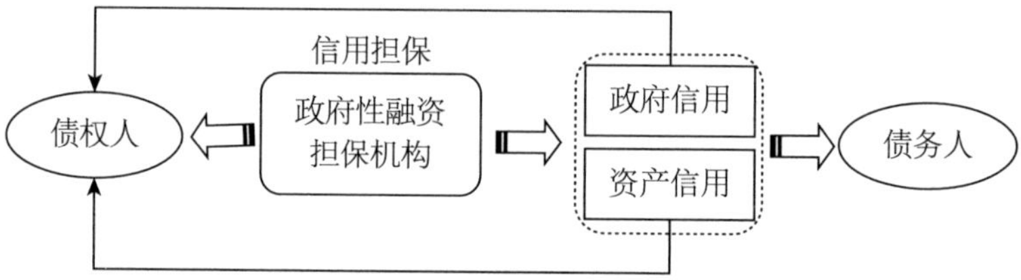

图1-8 政府性融资担保机构信用机制

(三)决策机制

就政府性融资机构的决策机制而言,由于政府性融资担保机构是具有独立法人资格的经济实体,基于《公司法》的规定,政府性融资担保机构通常设立了董事会、监事会等部门,也会制定机构内部的规章制度,对内部机构和组织进行相应的管理和约束。一般而言,大部分政府性融资担保机构属于国有独资或国有控股企业。因此,政府性融资担保机构的决策机制具有特殊性,主要分为融资、投资和使用决策等方面(见图1-9)。债权人通过政府性融资担保机构提供的各种决策机制获取决策担保,债务人则通过政府性融资担保机构的各种决策机制提供决策反担保,从而为促进债务双方达成债权债务关系提供决策支撑。事实上,政府性融资担保机构的决策机制贯穿于债务人和债权人达成融资决策的各个阶段。因此,政府性融资担保机构的决策机制在融资担保中起着决定性作用。

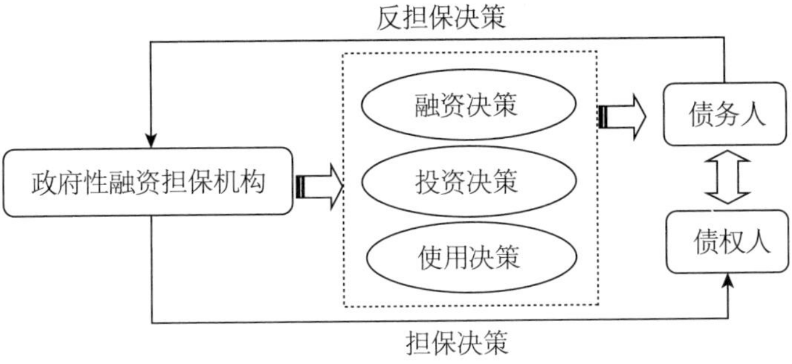

图1-9　政府性融资担保机构决策机制

四、政府性融资担保的运行绩效

"运行绩效"同"运营绩效"的概念基本相同,两者之间有很深的渊源。利用因子分析法对公司的运营绩效(经营绩效)进行有效性分析曾是学术界的研究热点。王增民(2002年),林乐芬(2005年),朱利莉、王怀明(2004年),陈孝新、蒋涛、吴俊芳(2006年)等学者曾运用因子分析法从不同角度对公司运营绩效进行实证分析;吴英晶(2008年),蒋涛、吴俊芳(2006年)等利用财务指标、绩效指标和评价模型进行研究;周琳、宋宇、刘艳伟(2006年)等指出了常用评价方法之不足;许彪(2002年),贺强、赵照(2014年)等通过偿债能力、运营能力、成长性和股本扩张等指标,综合分析运营绩效。但是,本书所提出的"运营绩效"区别于一般学术论文、著作等所涉及的概念,而是给它赋予了特殊含义,即融资担保机构运营过程中产生的经济效益,实现政策性目标时产生的社会效益以及良好风险管控下的可持续发展能力,是这三个维度下从事政府性融资担保业务的市场主体运营质量效率的综合水平,此乃本文所指"运营绩效"。

理论上,政府性融资担保的持续健康发展可以缓解中小微企业和"三农"主体的"融资难、融资贵"等问题,从而实现相应的政府政策目标。在整个过程中,政府性融资担保的资金使用效率如何,融资担保机构的作用发挥如何,融资担保政策目标的实现如何,都可以用"运行绩效"来测度分析。然而,融资担保机构的运行绩效一直是学界争议的焦点问题(林毅,2006年)。[1] 所谓运行绩效,也可称为利用率或者运行效率,学界并未就运行绩效的定义达成一致意

〔1〕 参见林毅:《中小企业信用担保体系的运行绩效分析》,山东大学2006年硕士学位论文,第6~9页。

见,常常借鉴经济效率[1]的概念于政府性融资担保领域(孙康,2016 年)。[2]总体上,政府性融资担保的运行绩效(或效率)是指投入与产出或者成本与收益的比。换句话说,政府性融资担保的运营绩效是指政府性融资担保机构有效配置金融资源的效能。

目前,学界对政策性融资担保的运行绩效进行了较多研究(蒋俊贤,2017 年),[3]相较而言,采用实证研究法分析其运行绩效的文献较多(Riding A. et al. ,2007 年;Zechini S. et al. ,2009 年;林毅,2006 年;蒋俊贤,2017 年),而采用规范分析法分析政策性融资担保运行绩效的文献较少(Bourle's R. et al. ,2014 年)。通常,学界采用成本收益法、财务绩效法和投入产出等方法对政府性融资担保运行绩效进行分析,其中投入产出法(DEA)最为流行(林毅,2006 年;孙康,2014 年;王新安、杨学义,2014 年;[4]金增都,2018 年;[5]李巧,2019 年)。

按照投入产出法的观点,可以把政府性融资担保的运行绩效看作一个特定系统,分析该系统的结构和功能,同时不断更新系统的功能。政府性融资担保的投入要从融资担保的运行过程分析,从图 1 - 10 可以发现,政府性融资担保机构的投入主要源于政府资金的注入,然后其向金融机构存入保证金,该保证金的大小直接关系金融机构是否向中小微企业和“三农”主体发放贷款。较为明显的是,政府性融资担保机构的保证金主要源于政府的注资。可见,服务于中小微企业和“三农”主体的政府性融资担保机构的投入主要是政府向融资担保机构的投入。

---

〔1〕 所谓经济效率,指运用现有资源进行生产所提供的用来满足人们需要的程度,一般称为资源利用率。

〔2〕 参见孙康:《中小企业政策性融资担保运行效率提升研究》,河北工业大学 2016 年硕士学位论文,第 15 页。

〔3〕 参见蒋俊贤:《互联网金融对政策性担保机构运行绩效的影响研究》,载《时代金融》2017 年第 5 期。

〔4〕 参见王新安、杨学义:《中小企业信用担保运行效率研究——以关天经济区为例》,载《西北农林科技大学学报(社会科学版)》2014 年第 5 期。

〔5〕 参见金增都:《基于 DEA-Tobit 模型的政策性融资担保机构运行效率研究——以浙江省为例》,浙江大学 2018 年硕士学位论文,第 18 页。

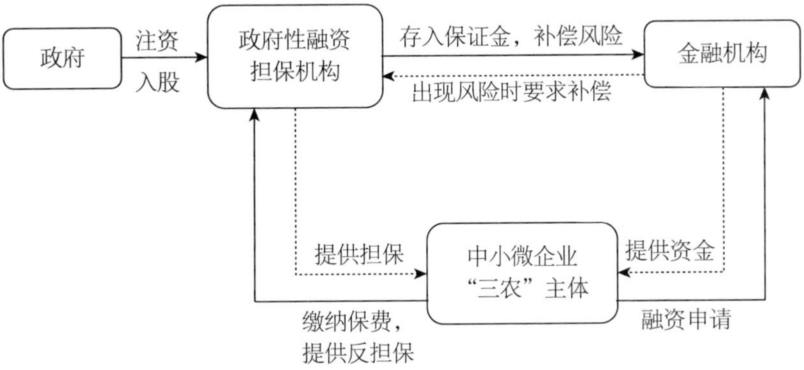

图1-10　政府性融资担保机构运行过程

同时，产出水平主要表现为在政府性融资担保机构的相同投入条件下，中小微企业和“三农”主体成功获取融资的数量和规模，成功的数量越多和贷款规模越大，意味着政府性融资担保机构的运行效率越高。可见，政府性融资担保的运行绩效就是政府资金的投入与产出水平之间的对比判断，并将评价信息应用于未来融资担保决策优化的管理行为。具体地，本书将政府性融资担保这种投入产出关系简化于图1-11中。可见，政府性融资担保机构以政府资金为主要支撑，政府资金注入融资担保机构的行为就是投入，投入的资金在金融机构以及其他融资主体中运行，其结果就是产出，主要通过评价指标实现。因此，构建科学合理的运行绩效评价体系也是政府融资担保运营绩效、制度绩效研究的重要方法、重要内容之一。

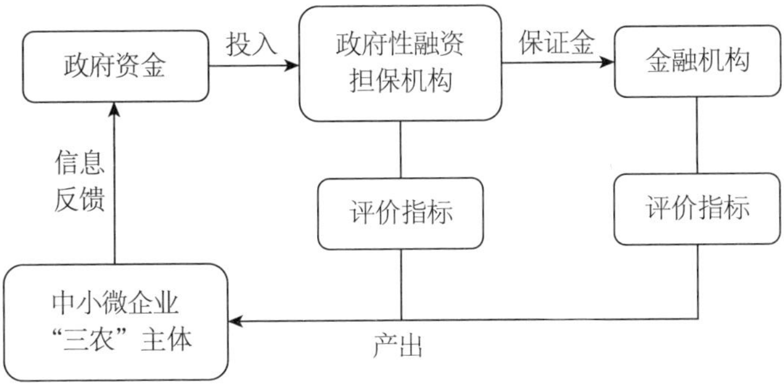

图1-11　政府性融资担保机构运行绩效评价

通常，政府融资担保机构运行绩效的指标体系框架从理论上可分为两种：第一种是可直接测度的指标；第二种是可间接测度的指标（袁志明，2007年）。[1]

[1] 参见袁志明：《财政信用担保资金绩效评价模型及其指标体系探析》，载《财经论丛》2007年第1期。

现阶段,主要以直接测量指标为主。总之,对政府性融资担保的运行绩效问题的研究具有重要意义。有研究指出,政府对融资担保的财政资金支持比直接对金融机构发布“指令性”贷款更符合市场规则(金增都,2018 年)。贾康等(2012 年)研究表明,相较而言,中小微企业信贷市场中,政府性融资担保机构更具优势,其原因是政府性融资担保机构更能克服信息不对称问题,从而在风险控制上构建以政府为依托的“隐性保险”。

本书认为,我们的研究在“运行绩效”这一概念基础之上,可以不断向“运营绩效”深化。这不只是文字表述上区别开来以显示严谨细致,更是强调政府性融资担保机构作为独立的市场主体,应该具有“自主经营、自负盈亏、自我约束、自担风险”等特性。其能否更好实现政策性目标,能否更好实现社会效益和经济效益,能否更好实现可持续发展,取决于它的运营绩效之高低。如果仅是“运行”,它可以是行政机构,依靠行政权力;可以是国家机器,依靠司法力量,借助政府资源及少量的基本的运行费用就可以维持其基本运行。但是,其政策性目标、市场化功能作用就不一定能够实现了。唯有“运营”,其作为独立的市场主体的特殊功能作用和价值才能更加充分地得以发挥。

第四节　政府性融资担保的法理依据

一、政府性融资担保的法律理念

政府性融资担保机构,是政府行为与市场行为相互促进、互为补充、共同作用而逐渐产生和发展而成的一个特殊市场主体。冯果(2012 年)认为,政府经济行为涉及宏观调控与市场规制等行为,其涵盖的范围甚广,如政府担保、政府投资、国债发行、政府基金等。[1] 虽然政府经济行为形态各异,但却存在诸多共性,如目的的公共政策性、功能的财产供给性等。学界并没有就政府经济行为的内涵达成共识,不同的学者从不同的视角对其进行了界定。总体上,现阶段主要存在两种意见:一是从传统视角描述政府经济行为,如吕忠梅、刘大洪(1998 年)认为,其是政府作为经济法主体而进行的旨在设立、变更或终止经济法律关系的行为;[2] 二是从现实视角描述政府经济行为,如张守文(2000 年)认为,其是政府及其职能部门所从事的调控、规制行为。[3] 此外,还

---

〔1〕 参见冯果主编:《经济法——制度·学说·案例》,武汉大学出版社 2012 年版,第 84 页。

〔2〕 参见吕忠梅、刘大洪:《经济法的法学与经济学分析》,中国检察出版社 1998 年版,第 150 页。

〔3〕 参见张守文:《略论经济法上的调制行为》,载《北京大学学报(哲学社会科学版)》2000 年第 5 期。

有人认为,应该用“市场化政府经济行业”的概念取而代之。[1]

政府性融资担保机构应该充分发挥政策性功能,力争实现政策性目标,更多履行好企业社会责任。关于企业社会责任问题,李昌麒(2016 年)、[2] 卢代富(2013 年)等[3] 认为,它是指企业在谋求股东利润最大化之外,所应当负有的维护和增进社会利益之义务。企业社会责任同其他责任相比较而言,一般具有几个显著特点:它是一种关系责任或积极责任,是企业的法律义务和道德义务之统一,是对传统的股东利润最大化原则的进一步修正和补充,它常常以企业的非股东利益相关者为企业义务的相对方。在不同国家,或在同一国家的不同历史时期,同一历史时期的不同发展阶段,企业社会责任会有不同的内涵。进入 21 世纪以来,我国社会转型加快,社会结构、经济结构、利益结构等也随之急剧变化,由此我国进入了一个极其重要的发展战略机遇期和社会矛盾凸显期。正所谓处于新阶段、新时代、新常态。在此背景下,社会责任理论研究和其他相关论题的著述层出不穷。综观这一时期有关企业社会责任的经济法理论,可以发现它们呈现几个特点:企业社会责任获得了更为广泛的认同,企业社会责任的落实成为关注的重点,通过细化企业社会责任立法助推企业社会责任的落实,寻求公司法等企业法中社会责任条款司法化的路径,按照企业社会责任的要求完善公司治理机制。

政府性融资担保制度究竟该如何构建,需要考虑的影响因素较多。但最重要的因素应是相关制度的目的价值体系。张文显(2018 年)认为,法的目的价值构成了法律制度所追求的社会目的,反映了法律制定和实施的宗旨。[4] 它既是关于社会关系的理想状态的权威性蓝图,也是关于权利义务的分配格局的权威性宣告。法的目的价值可以说是整个法的价值体系之基础,但通常它与法的形式价值和评价标准之间并没有绝对界限,三者之间彼此交织、难以区分。只有以法的目的价值这个基础和原点为前提,三者才有可能得到统一和协调。就社会秩序的形成与维系而言,法的目的价值具有无以复加的重要意义。当然,任何法律制度的目的价值都具有时代性、多元性这两方面的重要属性。

政府性融资担保制度的法理依据在具体实践中也得到了检验、修改和不

---

〔1〕 参见管斌:《混沌与秩序——市场化政府经济行为的中国式建构》,北京大学出版社 2010 年版,第 22 页。

〔2〕 参见李昌麒主编:《经济法学》,法律出版社 2016 年版,第 154 ~ 162 页。

〔3〕 参见卢代富:《企业社会责任研究——基于经济学与法学的视野》,法律出版社 2014 年版,第 248 ~ 291 页。

〔4〕 参见张文显主编:《法理学》,高等教育出版社 2018 年版,第 313 ~ 314 页。

断完善。改革开放后,我国企业尤其是中小微企业获得了长足发展。1995 年 6 月 30 日全国人大常委会第十四次会议通过了《担保法》,1995 年 10 月 1 日正式施行。《担保法》主要是为促进资金融通和商品流通、保障债权的实现等而制定的,其规定:在买卖、加工承揽、货物运输、借贷等经济活动中,债权人需要以担保方式保障其债权实现的,可以依照该法律规定设定担保。主要的担保方式为抵押、质押、保证、定金和留置。第三人为债务人向债权人提供担保时,可以要求债务人提供反担保措施。反担保适用该法担保之规定。

同时,《物权法》也对某些附有经济价值的财产作为抵押物进行了规定,扩大了抵押范围。我国的《公司法》《合同法》《民事诉讼法》等法律条文中也对担保作出了相应的说明和规定,如《公司法》相关条文明确指出:对外提供担保等事项必须经股东大会作出决议的,董事会应当及时召集股东大会会议,由股东大会就上述事项进行表决。《合同法》规定,买受人行使中止付款的权利时,出卖人如果提供适当担保则应继续付款。《民事诉讼法》对诉前保全和解除保全措施、先予执行提出了担保要求,而在强制执行过程中,被执行人向人民法院提供担保也是争取暂缓执行的条件之一。融资担保还要受《民法总则(草案)》、最高人民法院《关于适用〈中华人民共和国担保法〉若干问题的解释》(法释〔2000〕44 号,已失效,以下简称《担保法司法解释》)以及最高人民法院《关于适用〈中华人民共和国合同法〉若干问题的解释(一)》(法释〔1999〕19 号)等法律规定的限制。2021 年 1 月 1 日起施行的《民法典》对《担保法》作出了一些调整后,并没有让担保制度单独成编,而是在第二编“物权”的第四分编中,以“担保物权”方式呈现。《民法典》关于担保制度的最新司法解释中,对融资担保相关的内容也作出了进一步细化。它们都明确规定:解除联合担保中的“互追”,取消默认的“待抵押转让必须经抵押权人同意”,取消默认的“连带保证”,推定为“一般保证”等。这些规定传递着“鼓励交易,促进资产流动”“调整监管方式”“加大担保机构的责任,弱化担保行业的扶持”等信号。同时也可以明显地看出《民法典》等法律制度仍然停留在对担保行为的规制问题上,并没有对政府性融资担保机构这个市场主体的权利义务进行规制,更没有充分体现实质公平正义,导致融资担保机构法律纠纷多,运营风险大,难以有效发挥其“增信融资”“金融杠杆”“激活金融资源”等特殊作用。

此外,我国第一家融资担保机构成立于 1993 年,1999 年“再担保”被提出。为加强对融资担保公司的管理,规范融资担保行为,2010 年我国七部委根据《担保法》、《公司法》以及《合同法》等相关法律,联合制定并实施了《融资性担保公司管理暂行办法》。2015 年 8 月 7 日,国务院印发了 43 号文,该意见倡导建立政府性融资担保体系,并全面、系统地对融资担保体系建设作出了顶层设计,是对我国政府性融资担保制度的进一步规范。2017 年 10 月 1 日起国务院颁布的《监管条例》正式实施,该条例旨在促进资金融通,发展普惠金融,尤其是要促进解决中小微企业和“三农”主体的“融资贵、融资难”问题。2019 年 1 月 22 日,国务院及时出台了《关于有效发挥政府性融资担保基金作用切实支持小微企业和“三农”发展的指导意见》,该意见明确提出:业务聚焦程度低、担保能力较低、银担合作机制受阻以及风险分担补偿机制不完善等是现阶段我国融资担保业面临的主要问题。于是发布了相关解决方案:(1)进一步明确了主要服务对象,即中小微企业和“三农”主体。政府性融资担保机构、再担保机构应该在担保业务规模和占比上进一步向中小微企业和“三农”主体倾斜,尤其重点扶持融资需求在500 万元及以下的主体。同时,还要将政府性融资担保和其他的一些担保业区分开。(2)进一步在降低服务主体的综合融资成本上下功夫。政府性融资担保机构的经营目标不是为了获利,其始终定位于准公共品属性,要保证其经营上的可持续且利率水平较低。遵循国家级融资担保基金再担保业务收费低于省级的原则,逐步让融资担保机构将平均担保费控制在低于 1% 的水平。(3)建立多方协同分担风险的运行机制。一般而言,国家融资担保基金与银行业金融机构分担的风险都应该高于 20% ,省级担保、再担保基金(机构)分担的风险高于国家融资担保基金承担的比例。

据此,不难看出,政府性融资担保的法律理念总体来说聚焦于功能作用、法律目的价值意义,但实践中还在不断丰富、完善、迭代、发展之中。

二、政府性融资担保的法律原则

通常,政府性融资担保面临纷繁复杂的风险,化解风险是政府性融资担保机构持续健康发展的前提。化解风险时,往往需要从多维度开展。其中,法律手段无疑在控制政府性融资担保风险中居于重要地位。一方面,多数情况下,法律手段的运用是改善融资担保环境的各项风险控制措施的有力工具;另一方面,融资担保风险控制的法律原则既是融资担保立法的根本宗旨和指导思想,也是开展融资担保业务活动必须遵守的原则,一旦不遵循融资担保风险控制的法律原则,融资担保机构就很难立足(潘新美,2003 年)。[1]

(一)资金运用安全性原则

2001 年发布的《中小企业融资担保机构风险管理暂行办法》指出,融资担保机构需遵循“三性”原则,即安全性、流动性和效益性。可见,安全性是“三

〔1〕 参见潘新美:《我国中小企业信用担保机构风险控制法律问题研究》,华侨大学 2003 年硕士学位论文,第 64 ~ 69 页。

性”原则中应首要遵循的原则，若资金运用的安全性得不到保障，则高流动性导致高风险，更无效益性可言。通常而言，政府性融资担保服务的主体是中小微企业和“三农”主体，常常面临高风险，因此强调资金运用安全性尤为重要。政府性融资担保机构应当严格按照法律规定的安全保障制度执行，成立政府性融资担保机构后，要在注册资本中提取部分作为保证金，并将其存入规定的金融机构，保证金主要用于清偿账务，不得用作其他用途。

（二）风险共同分担原则

政府性融资担保作为债务人和债权人之间的中介桥梁，其设立的目的就是保障债权的实现。在融资担保过程中，应当坚持风险共同分担原则。这就涉及政府、政府性融资担保机构、债务人以及债权人等各主体间的权责问题了，在订立合同时应该明晰各主体的权利、义务和必须承担的风险。因此，政府性融资担保机构提供融资担保时，首先要充分地了解融资需求方的信息，为确保完成追偿权，可以要求资金需求方提供反担保。同时，融资担保过程中应该确立平等互利与风险共担的机制，要明晰担保人、融资需求方以及融资供给方的权利与义务，担保人应该构建起需求方和供给方的中介桥梁，做好各方之间的沟通，规避一方向另一方全额转嫁风险；要不断增加担保比例，发挥各主体的长处，进而有效分散和控制担保风险。

（三）保本微利原则

政府性融资担保机构应该始终坚持保本微利原则，其主要目标是扶持中小微企业和“三农”主体的持续健康发展。因此，政府性融资担保机构虽然也应该遵循“三性”原则，但是营利不再是其主要目的。为了实现这一目标，有必要促进政府性融资担保机构收支平衡。一方面，作为企业法人，政府性融资担保机构的本质要求必须这样；另一方面，要保证融资担保机构资产保值增值且健康可持续发展。此外，还要充分考虑扶持中小微企业和“三农”主体的要求，不以营利为首要目的。

三、政府性融资担保的法律价值

“价值既是一个哲学范畴，也是哲学之外的其他人文科学、社会科学以及日常生活中广泛使用的概念。从它产生机理来看，价值是一个表征‘关系’的范畴，它反映的是在人类实践活动中主体与客体的需求与被需求的关系，揭示的是人类实践活动的动机和目的。人和实践对象间的这种需求与被需求的对应关系,就是价值关系。"[1]"宪法如果不能发挥制约公共权力的作用,它就变成了没有价值的具文";"合同法的价值侧重于保护交易的自愿和平等,而票据法的价值则侧重于保护交易的安全和有序,担保法的价值则侧重于通过增信促进交易的完成"。[2] 既往专家学者普遍认为:按照一般的价值观念,社会公共福利、社会安全稳定、人身安全、经济可持续发展等,都是美好和值得珍视的,都是有价值的。其中自由、正义、秩序和效率等,在现代社会更是备受重视的基本价值,这些价值都需要用法律的方式来促进和维系。而无数事实证明,法律发挥社会作用之过程,正是对那些有价值的事物予以保护、维系、促进和推动之过程。被法律所保护或推动的公平、正义、自由、福利等诸种价值构成了法律所追求的理想和目的,是法律服务的对象,是法的"目的价值"、"对象价值"或"外在价值"。法的价值体系可以被看作由一组相关价值所构成,是由法的目的价值、形式价值和评价标准三种形式组成的价值系统。法的目的价值构成了法律制度所追求的社会目的,反映法律制定和实施的宗旨,是整个法的价值体系的基础,通常它与法的形式价值和评价标准之间没有绝对的界线,三者彼此交织。法的价值整合的过程,是一个对各种具体价值目标加以统筹协调的过程,也是一个谋求价值总量最大化的过程。社会主义法治的核心价值一定要体现以人民为中心,以公平正义为生命线。[3]

法的价值体系是一组相关价值所构成的系统,在形式上或表层上体现着法律制度所具有的优良品质。从价值体系的结构上看,法的价值体系是由法的目的价值、形式价值和评价标准三种形式组成的价值系统。从价值主体上看,法的价值体系是由占统治地位的社会集团,即有效控制立法权、执法权和司法权的集团,所持有的一组价值构成的系统。从价值属性上看,法的价值体系是由一组与法律意义上的权利、义务、责任以及法的制定、实施相关的价值组成的系统。

法的目的价值构成了法律制度所追求的社会目的,反映了法律制定和实施的宗旨使命,它是关于权利义务的分配格局应当怎样的权威性宣言。党的十九届五中全会提出的"社会主义民主法治更加健全,社会公平正义进一步彰显",[4]属于社会主义法律制度所要保护和促进的目的价值。法的目的价值是同人的需求的多样性,以及法所调整社会关系的多样性直接联系在一起的,因

---

〔1〕 参见李德顺:《价值论》(第2版),中国人民大学出版社2007年版;袁贵仁:《价值观的理论与实践——价值观若干问题的思考》,北京师范大学出版社2013年版,第3~8页。

〔2〕 参见张文显主编:《法理学》(第5版),高等教育出版社2018年版,第310~311页。

〔3〕 参见张文显主编:《法理学》(第5版),高等教育出版社2018年版,第309~322页。

〔4〕《中国共产党第十九届中央委员会第五次全体会议文件汇编》,人民出版社2020年版,建议稿。

而具有多样性。同时,它更具有时代性。不同时代的社会价值观不可能完全一致,这是政治、经济、社会、文化的发展变化所决定的,说明法的价值具有显著时代性。法律的目的价值主动顺应时代发展和社会进步之要求,与时俱进地作出合理调整,也正是法律制度进步的最明显标志。基于此,法律制度层面的法的价值呈现一定的时代特征,也就属于必然。

法律制度的评价标准就是在法律层面上对各种事物进行价值判断时所遵循的准则。根据马克思主义基本原理及其中国化的理论成果,我国的法治建设应当坚持生产力标准、人道主义标准、现实主义原则、历史主义原则等标准或原则。所以,政府性融资担保机构法律规制中,提高经济效益和社会效益,解决风险防控,促进可持续发展,提升运营绩效,既是生产力标准使然,也是现实主义原则之使然。

针对我国政府性融资担保制度存在的问题及原因,结合相关制度理论,为了使未来的制度构建符合制度预期,我们应当遵循"提高融资担保金融服务质量,促进弱质弱势行业产业发展,实现经济效益、社会效益、政策目标及可持续发展,满足人民对美好生活向往"[1]的法律价值和原则标准。

法律具有强制性,可以明确规定融资担保各主体之间的权利和义务,为融资担保主体之间合作互动提供制度平台。通常而言,法律为政府性融资担保机构规定了价值目标,提供了观念动力、制度资源和稳定预期,政府性融资担保制度的构建,融资担保运营管理模式、融资担保业务拓展方式等的创新都应该遵循一定的法律法规,遵循一定的法律价值导向。

(一)以实现融资担保公平为价值准则

众所周知,法律的价值表现为民主、自由、平等。中小微企业作为我国国民经济的重要组成部分,其应该得到与大中型企业一样公平、公正的对待。鉴于中小微企业长期面临融资难、融资贵的问题,如何化解这一问题就成为法律价值的体现。法律制度的建立就是要保障各融资担保主体的权益,确立自由平等的文化价值观念。从源头上、根本上解决融资担保领域存在的不平等问题是法律制度建设的重要目标。政府性融资担保机构要努力实现金融资源配置的制度化,合理划分融资担保主体的权利和义务,明确监管者与相对人的法律地位,保证政府性融资担保机构公正、规范、高效行使融资担保权力,确保中小微企业和"三农"主体获取公平的融资担保机会,进而有效解决融资难、融资贵的问题。

---

〔1〕 参见唐弋夫:《新常态下涉农担保机构金融创新机制研究》,光明日报出版社 2015 年版,第 66 ~ 94 页。

（二）以提升融资担保效率为价值目标

所谓效率，主要指资源投入和产出之间的关系。政府性融资担保关系主要以政府资金的流通运转为基础，其运行效率的高低直接关系各融资主体的利益。如此，如果发生融资风险，融资资金的配置效率一定会受到严重影响，从而导致融资主体的利益受到损害。可见，风险管理的目标就是提升融资担保效率，最大化融资担保主体的利益。通常而言，信息不对称问题会在债权人和债务人之间存在。但是，风险管理需要交易双方提供一系列确定信息，然后精确预测自身行为的影响，并对交易成本和收益进行理性分析，进而选择最优的交易方式。如果融资担保各主体都可以做出理性预期，就会大大降低权利义务范畴下的冲突和博弈，从而降低交易费用，节约交易成本，有效提升融资担保效率。

（三）以保障意思自治为价值核心

意思自治是司法领域永恒不变的主题，也是民商事法律关系的本质所在（顾兴斌等，2015年）。通常，意思自治发挥应有价值的前提是充分尊重当事人表意真实。降低风险对自由意志的影响，最大限度地满足各利益主体的需求，是政府性融资担保风险管理的重中之重。表意真实是实现意思自治的前提，否则，意思自治毫无根据。由于政府性融资担保服务对象的特殊性，具有高风险性，左右交易双方的自由意志，从而损害了交易主体的相关利益。可见，管理和控制好民间借贷融资担保风险，可确保每一项交易行为都是行为者真实意志的体现，从而防止在交易过程中产生意思表示瑕疵，保障主体意思自治的完整性。

第五节 政府性融资担保制度的运作规程

一、政府性融资担保制度的调节范畴

基于政府性融资担保的内涵可知，政府性融资担保主体包含债务人（主要是中小微企业和“三农”主体）、政府、政府性融资担保机构以及债权人（如银行等金融机构）。要明晰法律制度与政府性融资担保间的作用机理，就应该分析各主体之间的法律关系（见图1－12）。

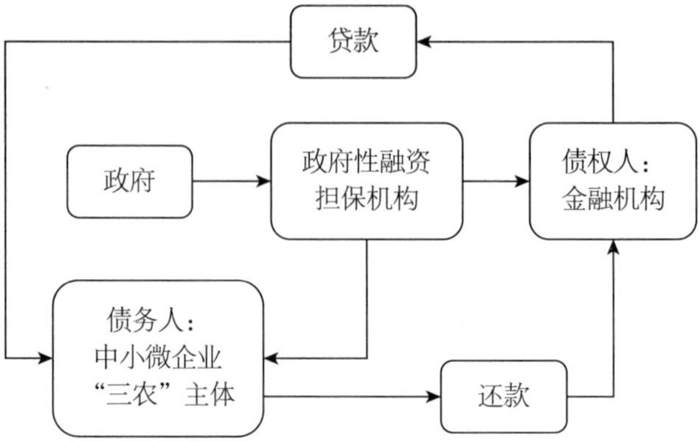

图1－12　融资主体间的关系

（一）政府与政府性融资担保机构的关系

一般来说，政府在政府性融资担保机构中担负的职责较多（刘翼，2015年）。[1] 第一，政府是政府性融资担保机构资金供给者。政府是政府性融资担保机构的出资主体，其出资方式包括全额出资、与其他金融机构或团体共同出资等，既可以直接出资，也可以对融资担保机构补偿性出资。政府通过注资构建功能完备的政府性融资担保机构，通过政府性融资担保机构的助力服务于中小微企业和“三农”主体。反之，中小微企业和“三农”主体通过融资能健康持续发展，进而可以增加政府的税收，于是政府又成为受益者，所以政府毫无疑问成为融资担保机构资金供给者。第二，政府是融资担保体系中法律法规的制定者。政府是国家法律制度制定和实施主体，为中小微企业和“三农”主体的健康发展提供法律保障。一般而言，政策和制度具有明确、具体、针对性及可操作性强等鲜明特点和优势，为积极有效落实国家法律关于中小微企业融资担保的要求，我国及时制定颁布了相应的可供操作的法律制度。第三，政府是融资担保机构的监管者。事实上，政府性融资担保机构监管的主要实施者是政府。目前，我国建立了融资性担保业务监管部际联席会议制度（以下简称部际联席会议制度）以加强对融资性担保业务的监督管理，化解融资担保风险。

（二）金融机构与中小微企业的借贷关系

债务人通过政府性融资担保机构寻求融资担保，政府性融资担保机构对债务人的信息进行审查，然后向金融机构提出融资申请，促成金融机构与中小

---

〔1〕 参见刘翼：《政府在融资担保行业中的行为研究》，重庆大学2015年硕士学位论文，第16～19页。

微企业间的借贷关系(臧博、何永新,2011 年)。[1] 借贷关系是政府性融资担保法律关系的基础。金融机构供给的资金最后会流向中小微企业,中小微企业就应当承担必要的债务。其作为债权人,有权利依法审查中小微企业的信息,尤其是掌握供给资金的用途。中小微企业作为融资需求方,运用贷入的资金发展项目,进而提高自身的收益水平。

(三)金融机构与政府性融资担保机构的担保关系

融资担保关系本质上隶属于债务人与债权人间的借贷关系,若债务人不能按约还债,将由政府性融资担保机构直接向债权人清偿,这从担保性质上看属于连带责任融资担保。一般来讲,政府性融资担保机构往往资金丰富,于是融资担保关系的存在可促进借贷资金的有效运转。就债权人而言,担保关系为融资债权的实现提供保障,使其愿意增加资金供给。但是,现实中,融资担保机构为降低风险、节约成本,常采用一般责任融资担保模式,即在融资性担保机构为融资需求方提供融资担保并同债权人签订担保协议后,当债务人不履行对债权人负有的融资性债务并就债务人财产依法强制执行仍不能履行债务时,由融资担保机构依法承担合同约定的担保责任,融资担保机构承担责任后可向债务人追偿(臧博、何永新,2011 年)。

(四)政府性融资担保机构与债务人的求偿关系

求偿担保的产生源于债务人和政府性融资担保机构的委托合约关系。基于《担保法》的要求,政府性融资担保机构代为清偿债务后,可向中小企业主张返还清偿利益。求偿担保关系的顺利实现使债务人融资更易得到政府性融资担保机构的支持,对融资风险具有一定的控制作用。

二、政府性融资担保制度的调节风险

所谓风险,是指事物发展偏离预期的不确定性。本处所指的风险主要指政府性融资担保制度所调节的对象的行为与政府性融资担保制度所指向的目标不一致的风险。

(一)金融机构与政府性融资担保机构的权利义务的失衡

政府性融资担保制度调节的融资担保是一种市场行为,而政府性融资担保制度诸多规定非完全限定性,这就为政府、银行、担保机构等执行主体留下了协商空间,由此造成“收益不均衡”和“责任不分担”两个普遍存在的一般调节失灵现象。

---

〔1〕 参见臧博、何永新:《民间借贷融资担保风险之法律研究》,载《北京化工大学学报(社会科学版)》2011 年第 2 期。

第一,收益不均衡。虽然政府性融资担保不以营利为目的,但是政府性融资担保机构仍然要控制风险和节约成本,否则不可能持续运行,更不可能实现政策性目标。中小微企业追求的目标首先是实现自身经济效益最大化,其次是带动实现社会效益(如带动居民就业)。政府性融资担保机构的运营过程必须要平衡政策性和独立性,不能简单地为了扩大担保面而忽略企业经营风险与收益的平衡。[1] 很明显,政府性融资担保机构作为融资需求方进行的融资担保,在控制风险和节约成本过程中存在收益失衡的现象。一方面,政府性融资担保机构为片面降低风险和成本忽视债权实现的可能;另一方面,根据《监管条例》,担保费是由融资担保机构与融资需求方商定,而融资需求方为获取融资担保机构的融资担保支持,通常在担保费上作出让步,由此造成"融资担保机构增加中小企业融资成本"的一般现象。融资担保机构服务的主体本身多为成长性的中小企业和盈利性较弱的涉农主体,若融资担保机构收取过高的担保费或违约金,则会进一步加剧中小企业、涉农主体融资成本与收入的失衡风险,进而加重不能如期偿还借款的风险,由此引起法律风险。

第二,责任不分担。现行借贷融资担保法律关系的设计通过加重担保人负担以保障债权的实现。虽然政府极力倡导建立"政、银、担"风险共担、收益共享的健康合作模式,政府、银行、担保三方权责对等、风险分担共管,有效管控了担保业务风险,也有安徽省、江苏省等较好地践行了这一机制,[2] 但是绝大多数省市的融资担保机构反映"银行几乎将所有风险责任转嫁给了融资担保机构",由此造成担保机构的风险与收益的极不对等,使很多担保机构的持续经营要"看天吃饭",一旦经济环境不够理想,借款主体大规模不能如期偿还担保贷款,将使担保机构的"或有债务"立即转化成"现实风险",危及融资担保机构的正常运转。与普通融资担保机构相比,政府性融资担保机构因需践行政策性使命,进而收费更低、客户更弱质,[3] 承担的法律责任更为集中。如

---

〔1〕 参见范亚莉、丁志国、王朝鲁、李雯宁:《政策性与独立性:农业信贷担保机构运营的动态权衡》,载《农业技术经济》2018 年第 11 期。

〔2〕 安徽省建立的"4321"合作模式,即原保机构、省级再担保机构、银行、地方政府按照 4∶3∶2∶1 比例承担代偿(风险)责任。

〔3〕 国务院办公厅《关于有效发挥政府性融资担保基金作用切实支持小微企业和"三农"发展的指导意见》(国办发〔2019〕6 号)规定,政府性融资担保要在可持续经营的前提下,适时调降再担保费率,引导合作机构逐步将平均担保费率降至 1% 以下;政府性融资担保要重点支持单户担保金额 500 万元及以下的中小微企业和"三农"主体,优先为贷款信用记录和有效抵质押品不足但产品有市场、项目有前景、技术有竞争力的中小微型企业和"三农"主体融资提供担保增信;政府性融资担保要坚守支小支农融资担保主业……确保支小支农担保业务占比达到 80% 以上;国家融资担保基金和省级担保、再担保基金(机构)要合理设置合作机构准入条件……合作机构支小支农担保金额占全部担保金额的比例不得低于 80%,其中单户担保金额 500 万元及以下的占比不得低于 50%。农业信贷担保联盟、国家担保基金两大体系的担保机构的融资担保对象就是"三农"主体和中小微型企业,这也是其准入门槛。

果政府性融资担保机构不能履行责任,则很容易集中转化为法律风险,且不能通过合理分配予以分散,无疑加剧了风险危害程度。

(二)政府性融资担保机构与债务人的权利义务的平衡问题

政府性融资担保制度的设计,本身旨在发展普惠担保,缓解“三农”主体和中小微企业融资难、融资贵问题。但是,政府性融资担保制度运行的“半行政性、半市场化”的机制,造成政府性融资担保机构呈现畸形化运作与发展态势,突出表现为政府性融资担保机构的责任过重而权利不足,即政府性融资担保机构担保收费低,但承担了债务人不能如期还款的代偿风险。与此同时,政府性融资担保制度的法律风险同样不容忽视,法律风险与融资风险具有一定的不相容性,即法律风险和融资风险并不等同。通常,市场风险和操作风险更多地以市场视角分析资金价值的变动,几乎很少关乎主体间行为关系对风险的影响。但是,法律风险则注重探究非市场风险,达成不同主体间的权利和义务需要主动作为。可见,政府性融资担保法律风险的边界是主体行为与权利义务的有机结合。而政府性融资担保扶持的主战场——中小微企业和“三农”主体,往往违约的成本(信用暂未积累、声誉暂未形成)相对较低下,经营管理不规范(财产不明晰),使政府性融资担保机构往往处于弱势的一方,由此造成的后果是政府性融资担保机构市场选择的偏向(如重点发展国有企业的担保业务)。

(三)政府性融资担保机构与政府的目标、愿景的平衡

政府性融资担保机制的设计,基本的理念来自“充分发挥市场在资源配置中的决定性作用,更好发挥政府作用”[1],根本的动力来自创新财政资金使用方式,放大财政资金撬动社会资本服务弱势经营主体的功能,进而激发市场活力,带动经济发展与居民就业增收,这些也是政府创新推出政府性融资担保制度的目标所在。但是,在实际运行过程中,政府性融资担保机构作为市场主体,除支农支小的社会责任外,还需要维持持续经营,即追求适度的盈利,这就造成了社会资本与经济责任矛盾的形成。与此同时,作为目标客户群体风险较一般金融机构更大的准金融机构,政府性融资担保机构的运营,需要打造金融专业队伍,而金融专业队伍的打造需要匹配金融行业的薪酬体系,而这又进一步加剧了经济责任与社会责任的矛盾。加之政府性融资担保机构“收益与风险”的不匹配,由此,制度设计上,政府性融资担保存在较强的内在营利动机,进而产生服务偏向的现象(转向营利性更强的市场领域),由此造成政府与

---

〔1〕 中国共产党十九届四中全会《中共中央关于坚持和完善中国特色社会主义制度、推进国家治理体系和治理能力现代化若干重大问题的决定》2019 年 10 月 31 日。

政府性融资担保机构目标、愿景的失衡。

（四）政府性融资担保制度的调整可能引发担保参与主体利益的平衡

实际上，法律风险是政府性融资担保风险的类型之一，其与信用风险、经营风险、经济周期性风险等并列构成了政府性融资担保的重要风险种类。目前，我国针对政府性融资担保的法律法规还显欠缺，已有的担保法律法规（如《担保法》）也存在一定的缺陷。法律法规的出台和施行既要规范市场经济主体行为，也要维持市场经济秩序。然而，法律法规也具有两面性，其也会为市场主体带来风险。政府性融资担保机构所面临的法律风险可以从法律的变动以及担保关系当事人之间约定的一系列权利义务等方面分析（吴文锟，2012年）。[1]

通常来说，法律具有稳定性的特征，其内涵和表达的价值会在长时间内不发生大幅变动，但这一特征并非表示法律将一成不变。随着社会的不断发展，新的社会关系的出现会对现有的法律法规形成挑战，导致旧的法律法规不适应新的社会关系，从而对旧的法律法规就应该进行重新制定。尤其是政府性融资担保领域的法律法规，这种政策性融资担保往往因国家政策的变动而变动。于是，这种变动必然会对原来建立在此基础上的稳定融资担保关系造成影响。政府性融资担保机构向融资供给方提供担保后，为保障自己利益会对融资需求方提出一定的要求，会对受保企业行使追偿权，或处理抵（质）押物，或要求提供反担保的保证人承担责任等。这些法律规则的变化给融资担保机构带来大量的不确定因素。

一般情况下，所有的政府性融资担保业务必须在一定的法律框架内进行，融资担保机构、金融机构和资金需求方的关系要用合同明晰，主要包含委托保证合同、保证合同、反担保抵（质）押合同。因此，担保关系三方当事人都必须充分了解现行法律，严格按照法律规定设置各方的权利义务。如果融资担保机构缺乏必要的法律知识，在与债务人签订委托保证合同之时，约定的一些权利义务不合理、法律责任不明确，甚至出现与现行法律相违背的条款，那么将导致相关合同目的无法实现，融资担保机构因此遭受损失。同理，融资担保机构迫于压力，在保证合同中自愿接受银行提出的不合理代偿责任履行之要求，那么融资担保机构的基本权益将得不到保障。

---

〔1〕 参见吴文锟：《融资性担保公司运营中的风险分析及法律防范》，华东政法大学2012年硕士学位论文，第11～12页。

第六节　本 章 小 结

本章通过全面系统的文献综述,理清了研究现状,洞察了研究空间,提出了富有理论意义和实践意义的研究重点问题。在科学界定担保、融资担保、政策性担保和政府性融资担保的基础上,深入分析了政府性融资担保的基本原理、法理依据和运作规程,特别是从经济学角度剖析了政府性融资担保,论述了法律制度与政府性融资担保的作用机理。从学术理论及实践运用角度,论述了政府性融资担保"运行绩效""运营绩效",根据法律价值的时代性特征,赋予了它们特殊含义,为后续研究提供了理论参考和法理基础。

第二章　政府性融资担保制度演进研究

我国政府性融资担保制度缘起于推动社会信用体系建设和融资担保业务更好更快发展。融资担保行业的发展是伴随新中国改革开放的不断推进、市场经济的不断完善、经济金融体制改革的不断深化、政府职能的不断完善而逐渐发展起来的。它呼应于银行业金融机构服务质量、服务效率亟待提高的趋势，聚焦于中小微企业和“三农”主体“融资难、融资贵”难题，繁荣于政府财政等职能转换的空档，规范于高质量发展新常态、新阶段，必将更加稳健而可持续地发展壮大于中国特色社会主义新时代。从机构数量、市场份额、融资规模、政策作用来看，我国融资担保行业主体和主导力量一直都是政府性融资担保。政府性融资担保制度有助于弥补“政策失灵和市场失灵”，其独特属性体现在具有政策性功能、准公共产品属性和较强的外部性。然而，长期以来，我国政府性融资担保经济效益和社会效益不高、政策目标偏离、运营风险大、发展不可持续等问题突出，很有必要从制度演进角度展开深入研究。

本章运用历史分析法、文本分析法等，着重对我国政府性融资担保涉及的主要法律法规、政策文件等制度（见表2－1）展开深入细致的分析研究，探寻制度缘起，梳理制度演进脉络，分析制度演进特征与规律，进而分析揭示该制度尚存在的不足，为后文制度研究奠定扎实基础。

表 2－1 政府性融资担保制度汇总

序号	时间	文号	发文(布)单位	文件名	主要内容及作用	是否直接针对政府性融资担保机构发文(是、否)
1	2022 年 6 月 2 日	银保监办发〔2022〕64 号	银保监会	关于进一步做好受疫情影响困难行业企业等金融服务的通知	要提升融资担保效能。扩大政府性融资担保业务覆盖面,对符合条件的旅游、交通等困难行业的中小微企业、个体工商户,鼓励政府性融资担保机构提供融资担保支持,及时履行代偿义务,金融机构尽快放贷,不盲目压缩授信或收回贷款。发挥好农业信贷担保作用,强化涉农信贷风险市场化分担和补偿。鼓励省级再担保机构主动对接国家融资担保基金,扩大再担保业务覆盖面。优化创业担保贷款政策,积极为符合条件纳入扶持范围的新市民提供服务,优化创业担保贷款办理流程,提高创业主体融资效率	否
2	2022 年 5 月 16 日	财金〔2022〕60 号	财政部	关于发挥财政政策引导作用支持金融助力市场主体纾困发展的通知	各级政府性融资担保机构对符合条件的交通、旅游等行业中小微企业和个体工商户提供融资担保支持,及时履行代偿义务,推动金融机构尽快放贷,不抽贷、不压贷、不断贷。将符合条件的融资担保业务纳入国家融资担保基金再担保合作范围。要加大对政府性融资担保机构的资本金补充、担保费补贴等支持力度。要加大创业担保贷款贴息政策宣传和实施力度,重点加大对受疫情影响较大的行业的小微企业和个体工商户的支持,	否

续表

序号	时间	文号	发文（布）单位	文件名	主要内容及作用	是否直接针对政府性融资担保机构发文（是、否）
					助力援企稳岗。要加快推广创业担保贷款线上业务模式，简化审批流程，提高贷款便利度。按规定及时补充创业担保贷款担保基金，或由政府性融资担保机构为符合条件的创业个人和小微企业提供担保增信，支持创业担保贷款扩面增量。省级财政部门要积极与中国农业再保险股份有限公司、国家融资担保基金有限责任公司、相关商业银行对接“财金—聚农贷”业务。对业务开展成效较好的省（区、市，含兵团），中央财政在农业保险保费补贴综合绩效评价和中央财政支持普惠金融发展示范区绩效考核中给予适当加分	
3	2021 年 12 月 28 日	中国人民银行令〔2021〕第 7 号	中国人民银行	动产和权利担保统一登记办法	规范动产和权利担保统一登记，保护担保当事人和利害关系人的合法权益。明确纳入动产和权利担保统一登记范围的 7 种担保类型。明确登记和查询办法，以及注销登记 4 种情形。对最高额担保、办理异议登记等情形作出规定。对担保权人、担保人等概念及其在融资担保活动中的权利、义务等进行严格界定、阐释	否

续表

序号	时间	文号	发文(布)单位	文件名	主要内容及作用	是否直接针对政府性融资担保机构发文(是、否)
4	2021年9月10日	财金〔2021〕462号	芜湖市财政局、芜湖市地方金融监管局	关于印发《关于进一步发挥政府性融资担保作用促进经济高质量发展的实施意见》的通知	通过建立专业化运营机制,提高担保决策效率,改进和完善考核机制,健全不良资产处置机制,推进信息化体系建设等措施促进机构健康发展;通过做大省市级机构,做实区县级机构,聚焦政府性融资担保主责,推进市县两级补位发展等措施完善担保体系。持续加大扶持力度	是
5	2021年6月30日	银发〔2021〕176号	中国人民银行	关于深入开展中小微企业金融服务能力提升工程的通知	强化"敢贷、愿贷、能贷、会贷"长效机制建设;精简办贷环节,加强线上服务,优化贷款审批手续,切实提升中小企业贷款定价能力,着力完善融资服务和配套机制,落实保障措施,重点关注地方政府中小微企业信用信息共享机制、融资担保和风险补偿机制以及不动产、知识产权和应收账款登记评估建设等	否
6	2021年6月29日	银发〔2021〕171号	中国人民银行等六部门	关于金融支持巩固拓展脱贫攻坚成果全面推进乡村振兴的意见	要落实财税奖补政策和风险分担机制。要充分发挥全国农业信贷担保体系、国家融资担保基金作用,努力做大担保业务规模,根据合作担保机构支农业务规模降低或减免担保费用。加强农业信贷担保体系的绩效评价	否

续表

序号	时间	文号	发文(布)单位	文件名	主要内容及作用	是否直接针对政府性融资担保机构发文(是、否)
7	2021年5月31日	中国人民银行、银保监会公告〔2021〕第7号	中国人民银行、银保监会	金融机构服务乡村振兴考核评估办法	考核评估定量指标包括贷款总量、贷款结构、贷款比重、金融服务和资产质量五类,定性指标包括政策实施、制度建设、金融创新、金融环境、外部评价五类;对金融机构实施差别化监管等激励措施	否
8	2021年5月18日	银发〔2021〕133号	中国人民银行等七部门	关于金融支持新型农业经营主体发展的意见	通过增强金融承载力、健全金融服务组织体系、加强信息共享和银企融资对接、稳妥扩大普惠金融改革试点等措施,不断提升新型农业经营主体金融服务的可得性、覆盖面、便利度。要适当简化担保业务流程,维持较低的担保费率,降低反担保要求,采取有效措施进行代偿,共同创设“见担即贷”“见贷即担”等产品模式,做到应担尽担	否
9	2021年5月17日	农办产〔2021〕4号	农业农村部办公厅、中国农业银行办公室	关于加强金融支持乡村休闲旅游业发展的通知	探索多样化担保方式。中国美丽休闲乡村范围内乡村休闲旅游相关各类主体可采用设施抵押、地上附着物抵押、股权、经营权,通过合作社内部联保、互助担保等方式对合作社及其成员提供信贷支持。鼓励各级农业银行与农业担保公司合作,发挥融资担保基金、产业基金作用,通过第三方增信方式提升承贷主体融资能力。通过订单质押、保证担保等方式贷款	否

续表

序号	时间	文号	发文(布)单位	文件名	主要内容及作用	是否直接针对政府性融资担保机构发文(是、否)
10	2021 年 4 月 29 日	中华人民共和国主席令第77号	全国人大常委会	乡村振兴促进法	国家综合运用财政、金融等政策措施,完善政府性融资担保机制,依法完善乡村资产抵押担保权能,改进、加强乡村振兴的金融支持和服务。财政出资设立的农业信贷担保机构应当主要为从事农业生产和农业生产直接相关的经营主体服务;国家实行乡村振兴战略实施目标责任制和考核评价制度。上级人民政府应当对下级人民政府实施乡村振兴战略的目标完成情况等进行考核,考核结果作为地方人民政府及其负责人综合考核评价的重要内容;县级以上人民政府发展改革、财政、农业农村、审计等部门按照各自职责对农业农村投入优先保障机制落实情况、乡村振兴资金使用情况和绩效等实施监督	否

续表

序号	时间	文号	发文(布)单位	文件名	主要内容及作用	是否直接针对政府性融资担保机构发文(是、否)
11	2021年4月25日	财建〔2021〕106号	财政部、工业和信息化部	关于继续实施小微企业融资担保业务降费奖补政策的通知	要继续实施小微企业融资担保业务降费奖补政策，引导地方支持扩大实体经济领域小微企业融资担保业务规模，降低融资担保成本，着力缓解融资难融资贵问题。主要通过增设奖励系数等，对于降费成效明显的地方提高奖励标准，引导地方将小微企业年化担保费率降低到1.5%及更低水平。继续通过设定区域补助系数，体现向中西部地区的政策倾斜。为提高奖补政策和中央财政资金支持精准性，要强化对有关业务数据等信息的审核要求	否
12	2021年4月9日	银保监办发〔2021〕49号	银保监会	关于2021年进一步推动小微企业金融服务高质量发展的通知	鼓励大型银行、股份制银行与国家融资担保基金推广“见贷即保”的批量担保业务合作模式，鼓励地方性法人银行与政府性融资担保机构加强合作，优先为“首贷户”提供担保	否
13	2021年3月11日		全国人大	国民经济和社会发展第十四个五年规划和2035年远景目标纲要	提升政府经济治理能力。建立现代财税金融体制。更好发挥财政在国家治理中的基础和重要支柱作用，增强金融服务实体经济能力，健全符合高质量发展要求的财税金融制度。深化国有资本投资、运营公司改革，科学合理界定政府及国资监管机构，国有资本投资、运营公司和所持股企业的权利边界	

续表

序号	时间	文号	发文(布)单位	文件名	主要内容及作用	是否直接针对政府性融资担保机构发文(是、否)
14	2021年2月28日	国资发财评规〔2021〕18号	国务院国资委	关于印发《关于加强地方国有企业债务风险管控工作的指导意见》的通知	严格对外担保管理,严控企业相互担保等捆绑式融资行为	否
15	2021年1月14日	工厅规〔2021〕21号	工信部	关于引入政府性融资担保工具支持产业基础能力提升的通知	工业和信息化部发布或组织有关单位发布引导性指南(目录)。省级主管部门组织市县级主管部门根据引导性指南,向省级政府性融资担保再担保机构及其体系内合作机构推荐符合范围且有担保贷款需求的企业,借此联合国家融资担保基金,充分发挥政府性融资担保作用,引导金融资本投向工业基础领域	否
16	2021年1月10日		中共中央	法治中国建设规划(2020—2025年)	坚持立改废释并举,加强重点领域、新兴领域、涉外领域立法。推动贯彻新发展理念、构建新发展格局,加快完善深化供给侧结构性改革、促进创新驱动发展、防范化解金融风险等急需的法律法规	
17	2021年1月4日		中共中央、国务院	关于全面推进乡村振兴加快农业农村现代化的意见	完善涉农金融机构治理结构和内控机制,强化金融监管部门的监管责任。支持市县构建域内共享的涉农信用信息数据库,发展农村数字普惠金融。加强对农业信贷担保放大倍数的量化考核,提高农业信贷担保规模	否

续表

序号	时间	文号	发文(布)单位	文件名	主要内容及作用	是否直接针对政府性融资担保机构发文(是、否)
18	2020 年 12 月 16 日		中共中央、国务院	关于实现巩固拓展脱贫攻坚成果同乡村振兴有效衔接的意见	根据巩固拓展脱贫攻坚成果同乡村振兴有效衔接的需要和财力状况，合理安排财政投入规模，优化支出结构，调整支持重点；对有较大贷款需求、符合贷款条件的对象，鼓励其申请创业担保贷款政策支持	否
19	2020 年 11 月 17 日	财金〔2020〕111 号	财政部	关于国有金融机构聚焦主业、压缩层级等相关事项的通知	实际控制是指通过领导关系、人事任命、行使股东权利、决策重大事项等形式，能够实际支配公司行为；竞争性国有金融机构应当根据发展战略建立产业目录，扶优限劣，坚决退出偏离主责主业、长期无财务回报的领域，推动资本向核心主业集聚；国有金融机构应当严格管理内部融资、担保等事项，防止资金无效空转，避免滋生虚假交易。实质开展经营业务的法人层级原则上不超过三级	否
20	2020 年 9 月 22 日	工信提案〔2020〕175 号	工信部	关于政协十三届全国委员会第三次会议第 0292 号（公交邮电类 030 号）提案答复的函	答复函中表示，今后工信部将加快完善政府性融资担保体系，大幅拓展政府性融资担保覆盖面并明显降低费率	否
21	2020 年 8 月 5 日	银保监发〔2020〕39 号	银保监会等七部门	关于做好政府性融资担保机构监管工作的通知	充分发挥政府性融资担保机构作用，做好“六稳”工作，落实“六保”任务	是

续表

序号	时间	文号	发文(布)单位	文件名	主要内容及作用	是否直接针对政府性融资担保机构发文(是、否)
22	2020年8月3日	国务院令第729号	国务院	预算法实施条例(2020修订)	根据《预算法》制定	是
23	2020年7月14日	银保监发〔2020〕37号	银保监会	关于印发《融资担保公司非现场监管规程》的通知	全面、深入贯彻实施《监管条例》,实现融资担保机构和融资担保业务监管全覆盖	是
24	2020年7月3日	工信部联企业〔2020〕108号	工信部、发改委等十七部门	关于健全支持中小企业发展制度的若干意见	健全支持中小企业发展制度,促进中小企业高质量发展	否
25	2020年5月28日	中华人民共和国主席令第45号	全国人大	民法典	在担保领域,《民法典》作出了重大变革,包括保证方式与保证期间的变化、非典型担保合同的纳入、动产抵押的特殊效力规则、抵押财产的转让等	否
26	2020年5月22日	财金〔2020〕31号	财政部	关于印发《政府性融资担保、再担保机构绩效评价指引》的通知	印发《政府性融资担保、再担保机构绩效评价指引》的通知	是
27	2020年4月15日	财金〔2020〕21号	财政部等三部委	关于进一步加大创业担保贷款贴息力度全力支持重点群体创业就业的通知	全面强化稳就业举措,更好发挥创业担保贷款贴息资金引导作用	是

续表

序号	时间	文号	发文(布)单位	文件名	主要内容及作用	是否直接针对政府性融资担保机构发文(是、否)
28	2019年4月15日		中共中央、国务院	关于建立健全城乡融合发展体制机制和政策体系的意见	全面强化稳就业举措,更好发挥创业担保贷款贴息资金引导作用,加强资金保障,全力支持复工复产和创业就业	否
29	2020年4月10日	上海市人民代表大会常务委员会公告第34号	上海市人大(含人大常委会)	上海市地方金融监督管理条例	规范地方金融组织及其活动,维护金融消费者和投资者合法权益,防范化解金融风险	是
30	2020年4月7日	财农〔2020〕15号	财政部等四部门	关于进一步做好全国农业信贷担保工作的通知	积极推动全国农业信贷担保体系建设运营,促进全国农担体系健康可持续发展	是
31	2020年3月27日	财金〔2020〕19号	财政部	关于充分发挥政府性融资担保作用为小微企业和"三农"主体融资增信的通知	充分发挥政府性融资担保作用,更加积极支持小微企业和"三农"主体融资增信	是
32	2020年3月2日		四川省地方金融监管局等四部门	关于进一步加强金融服务支持疫情防控和企业复工复产的通知	统筹做好疫情防控和经济社会发展的决策部署,进一步加强金融服务,促进经济平稳发展	是
33	2020年2月28日	吉财金〔2020〕131号	吉林省财政厅	关于引导金融强化服务支持企业复工复产持续经营的财政政策措施	鼓励省属国有金融企业担当作为,精准施策,支持企业复工复产	是

续表

序号	时间	文号	发文（布）单位	文件名	主要内容及作用	是否直接针对政府性融资担保机构发文（是、否）
34	2020 年 2 月 26 日	建办市〔2020〕5 号	住建部	关于加强新冠肺炎疫情防控有序推动企业开复工工作的通知	贯彻习近平总书记在统筹推进新冠肺炎疫情防控和经济社会发展工作部署会议上的重要讲话精神，认真落实有关决策部署	否
35	2020 年 2 月 8 日	发改办财金〔2020〕111 号	发改委	关于疫情防控期间做好企业债券工作的通知	支持疫情地区和疫情防控企业的债券融资需求；最大限度简便疫情防控期间企业债券业务办理；切实做好债券存续期信息披露和本息兑付工作	否
36	2020 年 1 月 2 日		中共中央、国务院	关于抓好“三农”领域重点工作确保如期实现全面小康的意见	强化对“三农”信贷的货币、财税、监管政策正向激励，金融机构应适度扩大支农支小再贷款额度；发挥全国农业信贷担保体系作用，做大面向新型农业经营主体的担保业务；推出“银保担”风险共担的普惠金融服务体系，推出更多免抵押、免担保、低利率、可持续的普惠金融产品	否
37	2019 年 12 月 26 日	浙金管〔2019〕56 号	浙江省地方金融监管局、浙江省财政厅	关于印发《浙江省政府性融资担保机构小微企业和“三农”融资担保业务尽职免责工作指引》的通知	建立健全小微企业和“三农”融资担保业务尽职免责机制，推动政府性融资担保公司加大融资担保服务	是
38	2019 年 12 月 30 日	国务院令第 724 号	国务院	保障农民工工资支付条例	规范农民工工资支付行为，保障农民工按时足额获得工资	否

续表

序号	时间	文号	发文(布)单位	文件名	主要内容及作用	是否直接针对政府性融资担保机构发文(是、否)
39	2019年11月8日	法〔2019〕254号	最高人民法院	关于印发《全国法院民商事审判工作会议纪要》的通知	进一步学习领会和正确适用《全国法院民商事审判工作会议纪要》	是
40	2019年11月7日	国办发〔2019〕49号	国务院办公厅	关于印发《国有金融资本出资人职责暂行规定》的通知	进一步加强国有金融资本管理、明确出资人职责	否
41	2019年10月9日	银保监发〔2019〕37号	银保监会等九部门	关于印发融资担保公司监督管理补充规定的通知	将未取得融资担保业务经营许可证但实际上经营融资担保业务的住房置业担保公司、信用增进公司等机构纳入监管。深入贯彻实施《监管条例》,实现融资担保机构和融资担保业务监管全覆盖	是
42	2019年9月28日	财金〔2019〕96号	财政部	财政部关于修订发布《普惠金融发展专项资金管理办法》的通知	对2015年公布的《普惠金融发展专项资金管理办法》进行了修订,加快建立普惠金融服务和保障体系,加强普惠金融发展专项资金管理	否
43	2019年6月20日	建市〔2019〕68号	住建部	关于加快推进房屋建筑和市政基础设施工程实行工程担保制度的指导意见	加快推进房屋建筑和市政基础设施工程实行工程担保制度	否
44	2019年4月7日		中共中央办公厅、国务院办公厅	关于促进中小企业健康发展的指导意见	认真实施《中小企业促进法》,纾解中小企业困难,稳定和增强企业信心及预期,加大创新支持力度	否

续表

序号	时间	文号	发文(布)单位	文件名	主要内容及作用	是否直接针对政府性融资担保机构发文(是、否)
45	2019 年 3 月 2 日	国务院令第 709 号	国务院	企业国有资产监督管理暂行条例	通过对 2011 年版的修订,进一步明确规定了国有资产监督管理机构以及企业负责人、重大事项、国有资产管理监督、法律责任等。凡属国有资产、资本的企业,均可参照	否
46	2019 年 2 月		中共中央、国务院	关于加强金融服务民营企业的若干意见	深入贯彻落实党中央、国务院决策部署,切实加强对民营企业的金融服务	否
47	2019 年 1 月 29 日	银发〔2019〕11 号	中国人民银行等五部门	关于金融服务乡村振兴的指导意见	完善农村金融资源回流机制,把更多金融资源配置到农村重点领域和薄弱环节,更好满足乡村振兴多样化、多层次的金融需求。建立健全政府性融资担保和风险分担机制,推动农业信贷担保服务网络向市县延伸,发挥农业信贷担保体系和农业保险作用,促进金融资源回流农村	否
48	2019 年 1 月 22 日	国办发〔2019〕6 号	国务院办公厅	关于有效发挥政府性融资担保基金作用　切实支持小微企业和“三农”发展的指导意见	进一步发挥政府性融资担保基金作用,引导更多金融资源支持小微企业和“三农”发展	是
49	2018 年 10 月 15 日	财建〔2018〕547 号	财政部、工信部	关于对小微企业融资担保业务实施降费奖补政策的通知	降低小微企业融资担保成本,促进专注于服务小微企业的融资担保机构可持续发展	是

续表

序号	时间	文号	发文(布)单位	文件名	主要内容及作用	是否直接针对政府性融资担保机构发文(是、否)
50	2018 年 4 月 2 日	银保监发〔2018〕1 号	银保监会等七部门	银行业金融机构与融资担保公司业务合作指引(以下简称《合作指引》)	规范银行业金融机构与融资担保公司业务合作行为,维护双方合法权益,促进银担合作健康发展,更好地服务小微企业和“三农”发展	否
51	2018 年 4 月 2 日	银保监发〔2018〕1 号	银保监会等七部门	关于印发《融资担保公司监督管理条例》四项配套制度的通知	具体为《融资担保业务经营许可证管理办法》《融资担保责任余额计量办法》《融资担保公司资产比例管理办法》《银行业金融机构与融资担保合作指引》的相关规定	是
52	2018 年 3 月 28 日	财金〔2018〕23 号	财政部	关于规范金融企业对地方政府和国有企业投融资行为有关问题的通知	督促金融企业加强风险管控和财务管理,严格执行国有金融资本管理制度	否
53	2018 年 3 月 27 日	财金〔2018〕22 号	财政部、人社部、中国人民银行	关于进一步做好创业担保贷款财政贴息工作的通知	进一步加大支持力度,加强财政贴息资金管理,提高资金使用效益	是
54	2018 年 2 月 11 日	银监办发〔2018〕29 号	原银监会	关于 2018 年推动银行业小微企业金融服务高质量发展的通知	引导银行业小微企业金融服务由高速增长转向高质量发展。非银行金融机构主要监测单户授信 1000 万元以下(含)的小微企业贷款余额、户数	否

续表

序号	时间	文号	发文(布)单位	文件名	主要内容及作用	是否直接针对政府性融资担保机构发文(是、否)
55	2017年9月1日	中华人民共和国主席令第74号	全国人大常委会	中小企业促进法	加大支持创业担保贷款力度,加强财政贴息资金管理	否
56	2017年8月16日	农经发〔2017〕6号	原农业部、发改委、财政部	关于加快发展农业生产性服务业的指导意见	贯彻(国发〔2014〕26号)精神,加快发展农业生产性服务业	否
57	2017年8月2日	国务院令第683号	国务院	监管条例	促进资金融通,规范融资担保公司的行为,防范风险	是
58	2017年5月31日	中办发〔2017〕38号	中共中央办公厅、国务院办公厅	关于加快构建政策体系培育新型农业经营主体的意见	加快构建政策体系,引导新型农业经营主体健康发展	否
59	2017年5月2日	财农〔2017〕40号	财政部、原农业部、原银监会	关于做好全国农业信贷担保工作的通知	破解农业融资难、融资贵问题,引导推动金融资本投入农业	是
60	2017年4月1日	融资担保办通〔2017〕2号	融资性担保业务监管部际联席会议	关于印发《2017年融资担保工作指导意见》的通知	进一步发挥政府主导和支持作用,引导行业专注融资担保主业,回归服务小微企业和“三农”本源,加快推进行业转型发展	是
61	2017年3月21日	财税〔2017〕22号	财政部、税务总局	关于中小企业融资(信用)担保机构有关准备金企业所得税税前扣除政策的通知	中小企业融资担保机构有关准备金企业所得税税前扣除政策问题的相关通知	是

续表

序号	时间	文号	发文(布)单位	文件名	主要内容及作用	是否直接针对政府性融资担保机构发文(是、否)
62	2016年7月16日	银发〔2016〕202号	中国人民银行、财政部、人社部	关于实施创业担保贷款支持创业就业工作的通知	进一步增强创业担保贷款政策的针对性和有效性,支持大众创业、万众创新	是
63	2016年6月24日	国资委、财政部令第32号	国务院国资委、财政部	企业国有资产交易监督管理办法	为规范国有资产交易行为,加强国有资产交易监督管理,防止国有资产流失,对企业产权转让、企业增资、资产转让、监督管理、法律责任等进行了明确规范	否
64	2016年6月2日	财金〔2016〕35号	财政部	关于印发《金融企业绩效评价办法》的通知(2016修订)	完善金融企业绩效评价工作,推动金融企业提升经营管理水平	否
65	2016年3月16日	银发〔2016〕84号	财政部等六部门	关于金融助推脱贫攻坚的实施意见	为了全面改进和提升扶贫金融服务,要充分发挥各类金融机构助推脱贫攻坚主体作用,要完善创业担保贷款等管理机制,支持贫困地区设立政府出资的融资担保机构,鼓励和引导融资担保机构通过联合担保以及担保与保险相结合等多种方式,积极提供精准扶贫融资担保	否
66	2016年2月6日	银监办发〔2016〕24号	原银监会	关于2016年推进普惠金融发展工作的指导意见	切实做好《推进普惠金融发展规划(2016—2020年)》开局之年的推动落实工作的相关指导意见	否

续表

序号	时间	文号	发文(布)单位	文件名	主要内容及作用	是否直接针对政府性融资担保机构发文(是、否)
67	2016 年 1 月 22 日	中证协发〔2016〕11 号	证券业协会	关于发布《融资担保公司证券市场担保业务规范》的通知	金融产品规范:担保公司信用主体评级“AA”(含)以上	否
68	2016 年 1 月 20 日	融资担保办通〔2016〕1 号	融资性担保业务监管部际联席会议	关于印发《2016 年融资担保工作指导意见》的通知	加快发展新型融资担保行业、改进融资担保机构准入工作、加强监管基础设施和能力建设、把防风险放到更重要的位置、对非融资担保公司进行专项清理整治	是
69	2016 年 1 月 11 日	银监发〔2016〕1 号	原银监会等六部门	关于融资担保机构支持重大工程建设的指导意见	加快建立统一规范的政府性融资担保体系,推动融资担保机构加大对小微企业参与重大工程建设的支持力度	是
70	2015 年 12 月 31 日	国发〔2015〕74 号	国务院	推进普惠金融发展规划(2016—2020 年)	推进普惠金融发展,提高金融服务的覆盖率、可得性和满意度,增强所有市场主体和广大人民群众对金融服务的获得感	否
71	2015 年 9 月 28 日	银发〔2015〕309 号	中国人民银行、原银监会等五部门	关于印发《金融业企业划型标准规定》的通知	担保公司标准划分类型	否

续表

序号	时间	文号	发文(布)单位	文件名	主要内容及作用	是否直接针对政府性融资担保机构发文(是、否)
72	2015 年 8 月 24 日	中发〔2015〕22 号	中共中央、国务院	关于深化国有企业改革的指导意见	新时期深化国有企业改革的纲领性、指导性文件。推进商业类、公益类国有企业改革,完善现代企业制度,健全公司法人治理结构,对绩效考核、薪酬分配等提出了具体要求	否
73	2015 年 8 月 7 日	国发〔2015〕43 号	国务院	关于促进融资担保行业加快发展的意见(43 号文)	主动适应融资担保行业改革转型要求,促进行业加快发展,更好地服务经济社会发展大局	否
74	2015 年 6 月 18 日	工信厅联企业〔2015〕57 号	工信部	关于做好中小企业信用担保代偿补偿有关工作的通知	做好中小企业信用担保代偿补偿工作,确保中小企业代偿补偿资金规范、高效运作	是
75	2015 年 4 月 15 日	银办发〔2015〕92 号	中国人民银行	关于全面推广小额贷款公司和融资性担保公司信用评级工作的通知	支持小额贷款公司和融资性担保公司稳健运行,促进其更好服务于经济和社会发展,防范金融风险	是
76	2015 年 3 月 18 日	工信部企业〔2015〕83 号	工信部	关于进一步促进中小企业信用担保机构健康发展的意见	充分发挥担保机构在缓解小微企业融资困难中的作用,进一步促进担保机构健康发展	是

续表

序号	时间	文号	发文(布)单位	文件名	主要内容及作用	是否直接针对政府性融资担保机构发文(是、否)
77	2014年10月31日	国发〔2014〕52号	国务院	关于扶持小型微型企业健康发展的意见	要采取多种措施切实扶持小微型企业健康发展。要大力发展政府支持的担保机构,加大对小微型企业融资担保的财政支持力度,综合运用奖补政策引导担保、金融机构等为小微型企业提供融资服务	否
78	2014年7月28日	国发〔2014〕26号	国务院	关于加快发展生产性服务业促进产业结构调整升级的指导意见	加快重点领域生产性服务业发展,进一步推动产业结构调整升级	否
79	2014年7月15日		融资性担保业务部际联席会议	关于促进融资性担保机构服务小微企业和"三农"发展的指导意见	促进融资性担保机构服务小微企业和"三农"发展	是
80	2014年4月20日	国办发〔2014〕17号	国务院办公厅	关于金融服务"三农"发展的若干意见	落实党中央和国务院的决策部署,实现资本市场健康发展	否
81	2013年12月21日	银监发〔2013〕48号	原银监会、发改委等八部门	关于清理规范非融资性担保公司的通知	清理规范非融资性担保公司	否
82	2013年8月8日	国办发〔2013〕87号	国务院办公厅	关于金融支持小微企业发展的实施意见	进一步做好小微企业金融服务工作,全力支持小微企业良性发展	否

续表

序号	时间	文号	发文(布)单位	文件名	主要内容及作用	是否直接针对政府性融资担保机构发文(是、否)
83	2013年7月1日	国办发〔2013〕67号	国务院办公厅	关于金融支持经济结构调整和转型升级的指导意见	优化社会融资结构,持续加强对重点领域和薄弱环节的金融支持,切实防范化解金融风险	否
84	2013年3月21日	银监办发〔2013〕78号	原银监会	关于银行业金融机构进一步做好绩效考评工作的意见	督促银行业金融机构进一步落实《银行业金融机构绩效考评监管指引》要求,认真改进绩效考评工作	否
85	2013年3月8日	工信部企业〔2013〕67号	工信部	扶助小微企业专项行动实施方案	支持500家以上担保机构为小微企业提供担保服务	否
86	2012年8月2日	国办函〔2012〕141号	国务院	关于印发进一步支持小微型企业健康发展重点工作部门分工方案的通知	进一步支持小微型企业健康发展重点工作部门分工方案	否
87	2012年6月12日	银监发〔2012〕34号	原银监会	关于印发银行业金融机构绩效考评监管指引的通知	督促银行业金融机构进一步落实《银行业金融机构绩效考评监管指引》要求,认真改进绩效考评工作	否
88	2012年5月25日	财金〔2012〕97号	财政部、工信部	关于印发《中小企业信用担保资金管理办法》的通知	进一步规范和完善中小企业信用担保资金管理	否

续表

序号	时间	文号	发文(布)单位	文件名	主要内容及作用	是否直接针对政府性融资担保机构发文(是、否)
89	2012 年 5 月 16 日	融资担保办函〔2012〕29 号	融资性担保业务监管部际联席会议	关于个别融资性担保有限公司长期不开展业务有关风险的提示函	个别融资性担保有限公司长期不开展业务有关风险的提示	否
90	2012 年 5 月 3 日	银监办发〔2012〕141 号	原银监会	关于近期银行业金融机构与融资性担保机构业务合作风险提示的通知	为防范相关风险,促进银担合作的健康持续发展,进行有关风险提示	否
91	2012 年 4 月 15 日	融资担保发〔2012〕1 号	融资性担保业务监管部际联席会议	关于规范融资性担保机构客户担保保证金管理的通知	规范融资性担保机构客户保证金管理,切实防范相关风险,促进融资性担保行业规范发展	是
92	2012 年 4 月 15 日	融资担保发〔2012〕3 号	融资性担保业务监管部际联席会议	关于部分融资性担保机构违法违规经营的提示和开展风险排查的函	加强对融资性担保机构的监管,切实防范和化解风险	是
93	2011 年 10 月 24 日	银监发〔2011〕94 号	原银监会	关于支持商业银行进一步改进小型微型企业金融服务的补充通知	对小微企业金融服务工作目标、服务机构准入、专项金融债、贷款优惠计算风险权重、贷款不良率容忍度的监管标准等进行了明确	否

续表

序号	时间	文号	发文(布)单位	文件名	主要内容及作用	是否直接针对政府性融资担保机构发文(是、否)
94	2011年9月5日	财库〔2011〕124号	财政部	关于开展政府采购信用担保试点工作的通知	支持和促进中小企业发展、推进政府采购诚信体系建设中的政府采购信用担保试点工作	否
95	2011年6月21日	国办发〔2011〕30号	国务院办公厅	转发银监会发展改革委等部门关于促进融资性担保行业规范发展意见的通知	鼓励规模大的融资担保机构开立分支机构	是
96	2011年2月27日	银监发〔2011〕17号	原银监会	关于促进银行业金融机构与融资性担保机构业务合作的通知	进一步促进银行业金融机构与融资性担保机构平等合作,互利共赢,加强双方业务合作	是
97	2010年11月25日	银监发〔2010〕100号	原银监会	关于印发《融资性担保公司信息披露指引》的通知	建立健全融资性担保公司公司治理机制,防范融资性担保业务风险,促进融资性担保行业稳定健康发展	是
98	2010年11月25日	银监发〔2010〕101号	原银监会	关于印发《融资性担保公司内部控制指引》的通知	明确划分公司内部控制结构	是

续表

序号	时间	文号	发文(布)单位	文件名	主要内容及作用	是否直接针对政府性融资担保机构发文(是、否)
99	2010年11月25日	银监发〔2010〕99号	原银监会	关于印发《融资性担保公司公司治理指引》的通知	建立健全融资性担保公司公司治理机制,防范融资性担保业务风险,促进融资性担保行业稳定健康发展	是
100	2010年11月12日	银监发〔2010〕95号	原银监会	关于加强融资性担保贷款统计和有关资料转送工作的通知	完善融资性担保业务统计工作机制,促进融资性担保行业健康发展	是
101	2010年9月27日	银监会令2010年第6号	原银监会	融资性担保公司董事、监事、高级管理人员任职资格管理暂行办法	加强对融资性担保公司董事、监事、高级管理人员的任职资格管理,促进融资性担保行业合法、稳健运行	是
102	2010年9月15日	银监发〔2010〕80号	原银监会	关于加强融资性担保行业统计工作的通知	建立健全融资性担保行业统计制度,全面准确地掌握融资性担保行业经营情况,持续跟踪监测融资性担保业务风险	是
103	2010年9月6日	银监发〔2010〕76号	原银监会	关于印发《××省(自治区、直辖市)融资性担保行业××××年度发展与监管情况报告》和《××机构概览》编写说明的通知	规范融资性担保行业年度发展与监管情况报告和融资性担保机构机构概览的编写工作	否

续表

序号	时间	文号	发文(布)单位	文件名	主要内容及作用	是否直接针对政府性融资担保机构发文(是、否)
104	2010年9月6日	银监发〔2010〕75号	原银监会	关于印发《融资性担保机构重大风险事件报告制度》的通知	内容为《融资性担保机构重大风险事件报告制度》的相关事项通知	是
105	2010年9月6日	银监发〔2010〕77号	原银监会	关于印发《融资性担保机构经营许可证管理指引》的通知	规范监管部门对融资性担保机构经营许可证的管理,促进融资性担保机构依法经营,维护融资性担保市场秩序	是
106	2010年5月12日	工信部企业〔2010〕225号	工信部	关于加强中小企业信用担保体系建设工作的意见	进一步推动中小企业信用担保机构健康发展,切实缓解中小企业融资难问题,加强担保体系建设工作	是
107	2010年4月30日	财企〔2010〕72号	财政部、工信部	关于印发《中小企业信用担保资金管理暂行办法》的通知	规范和加强中小企业信用担保资金管理,提高资金使用效率	是
108	2010年12月23日	银发〔2010〕365号	中国人民银行、原银监会	关于印发《融资性担保公司接入征信系统管理暂行规定》的通知	规范融资性担保公司接入征信系统的管理,维护征信系统的安全、稳健运行	否

续表

序号	时间	文号	发文(布)单位	文件名	主要内容及作用	是否直接针对政府性融资担保机构发文(是、否)
109	2010年3月17日	融资担保发〔2010〕1号	融资性担保业务监管部际联席会议	关于认真贯彻落实《融资性担保公司管理暂行办法》的通知	全面、准确地理解和执行《融资性担保公司管理暂行办法》	否
110	2010年3月8日	银监会等七部门2010年第3号令	原银监会等七部门	融资性担保公司管理暂行办法	融资性担保公司注册资本不得低于1亿元,融资性担保放大倍数不得超过10倍;加强对融资性担保公司的监督管理,规范融资性担保行为,促进融资性担保行业健康发展	是
111	2009年9月19日	国发〔2009〕36号	国务院	关于进一步促进中小企业发展的若干意见	采取更加积极有效的政策措施,帮助中小企业克服困难,转变发展方式,实现又好又快发展	否
112	2009年4月22日	国函〔2009〕50号	国务院	关于同意建立融资性担保业务监管部际联席会议制度的批复	经国务院同意,建立融资性担保业务监管部际联席会议制度	是
113	2009年2月3日	国办发〔2009〕7号	国务院办公厅	关于进一步明确融资性担保业务监管职责的通知	决定建立融资性担保业务监管部际联席会议	是

续表

序号	时间	文号	发文(布)单位	文件名	主要内容及作用	是否直接针对政府性融资担保机构发文(是、否)
114	2006年11月23日	国办发〔2006〕90号	国务院办公厅	转发发展改革委等部门关于加强中小企业信用担保体系建设意见的通知	为促进中小企业信用担保机构持续健康发展，就担保机构总体规模较小、实力较弱、抵御风险能力不强、行业管理不完善等提出意见	否
115	2006年5月29日	银监办发〔2006〕145号	原银监会	关于银行业金融机构与担保机构开展合作风险提示的通知	督促各银行金融机构防范与担保机构开展业务合作面临的风险	否
116	2005年7月10日	发改企业〔2005〕1257号	发改委	关于跨省区或规模较大的中小企业信用担保机构设立与变更有关事项的通知	规范中小企业信用担保机构的市场准入，促进担保机构的健康发展	否
117	2001年3月5日	国经贸中小企〔2001〕198号	原国家经贸委	关于建立全国中小企业信用担保体系有关问题的通知	具体为建立全国中小企业信用担保体系有关问题的通知	否
118	2000年12月8日	法释〔2000〕44号	最高人民法院	关于适用《中华人民共和国担保法》若干问题的解释	正确适用《担保法》	是

续表

序号	时间	文号	发文(布)单位	文件名	主要内容及作用	是否直接针对政府性融资担保机构发文(是、否)
119	2000 年 8 月 24 日	国办发〔2000〕59 号	国务院办公厅	转发国家经贸委关于鼓励和促进中小企业发展若干政策意见的通知	切实加大对中小企业特别是高新技术类中小企业的扶持力度,促进中小企业健康发展	否
120	2000 年 5 月 11 日	建住房〔2000〕108 号	原建设部、中国人民银行	关于印发《住房置业担保管理试行办法》的通知	担保公司不得强制要求商业银行接受住房置业担保,不得干预银行的正常信贷经营活动	是
121	1999 年 11 月 17 日	银发〔1999〕379 号	中国人民银行	关于印发《关于加强和改进对小企业金融服务的指导意见》的通知	进一步改进金融服务,发挥金融部门在促进小企业健康发展中的重要作用	否
122	1999 年 6 月 14 日	国经贸中小企〔1999〕540 号	原国家经贸委	印发《关于建立中小企业信用担保体系试点的指导意见》的通知	指导和推动中小企业服务体系建设,切实解决中小企业融资难特别是贷款难问题	否
123	1998 年 6 月 20 日	银发〔1998〕278 号	中国人民银行	关于进一步改善对中小企业金融服务的意见	进一步支持中小企业发展,商业银行和信用社要积极调整信贷结构,改进金融服务,加强信贷管理	否

第一节　政府性融资担保制度缘起

一、政府性融资担保制度缘起于缓解社会信用不足

唐宋时期,我国已经出现了“抵当”和“倚当”,这是最早的担保行为和担保现象。然而,以法律制度方式对担保进行规制的成文记载实难考证。中华人民共和国成立至改革开放之前,专门针对担保业务、担保机构、担保行业发展的成文制度几乎没有官方记载。改革开放后,政府性融资担保制度历经多次变革,对该行业改革发展产生了重大影响。

1994 年 8 月,中国人民银行发布《金融机构管理规定》,明确将担保公司、融资担保分别归集到金融机构、金融业务的范畴,并对其实行金融许可证制度,交由中国人民银行进行监督和管理。未取得许可证者,一律不得经营金融业务。这标志着融资担保公司正式进入金融市场范畴,从事金融相关业务,也代表担保行业由此开始进入改革探索阶段,开始在金融市场中寻求发展。这一突破让与金融服务相关的文件制度正式开始涉及担保,相关部门陆续出台了有关担保行为、担保业务、担保金融服务等方面的文件制度。

1995 年 6 月,全国人大常委会正式颁布了《担保法》,并于当年 10 月 1 日开始实施。它并不是专门为政府性融资担保机构制定的法律制度,但却是新中国第一部对担保行为、担保方式、担保分类,特别是保证担保等进行明确规范的法律制度。

1999 年 1 月,中共中央、国务院通过发布专门通知和召开专题会议的方式,将担保机构的监督管理部门由中国人民银行调整到财政部,并责令财政部牵头起草行业管理办法。据此,信用担保与金融脱钩,由财政部与发改委联合监管,随之担保机构的准入门槛也大幅降低。随后不到 5 年,融资担保行业似乎与金融市场脱离,相关政策也陆续出台。1999 ~ 2001 年,原国家经贸委相继发布《关于建立中小企业信用担保体系试点的指导意见》(国经贸中小企〔1999〕540 号)、《关于建立全国中小企业信用担保体系有关问题的通知》(国经贸中小企〔2001〕198 号)等政策文件:一方面,明确了信用担保机构的成立条件与准入标准;另一方面,初步确立了我国中小企业信用担保体系。自此开始,担保行业发展及其业务监管已经引起了有关部门关注,并意欲通过建立行业管理、业务监管等制度,更好实现融资担保的政策性目标。我国《担保法》之前,《民法通则》的颁布实施,客观上使担保业务得到了法律保障。此阶段的担保业务主要是融资性担保业务。2000 ~ 2002 年,担保机构的资金来源以政府出资为主。截至 2002 年,全国共有担保机构 848 家,政府完全出资和参与出资

的机构占 72.4%，通过担保的增信功能，更好解决政府主导、支持的行业和产业之融资问题，这可看作早期政府性融资担保制度缘起和制度作用之体现。

2008 年，美国次贷危机诱发的国际金融危机，中国企业经营基本面遭受较大破坏，导致担保机构不良资产率、代偿率显著升高，积累了大量潜在风险。2011 年下半年，担保领域"灰犀牛"显现，代偿难以兑付、负责人跑路等现象相继在行业内出现。融资担保机构停业、倒闭，牵连的投资人和担保服务对象面广、分散、弱势，而且涉及多行业产业、多领域、多层面，情况复杂，已经危及社会安稳，迫使政府着手进行整治。2010 年 3 月，银监会牵头七部委制定下发《融资性担保公司管理暂行办法》，确立了省级政府对融资担保机构的属地管理责任，这给之后制定出台政府性融资担保制度营造了氛围，提供了依据。同时，这让该类制度建设进入了一个新阶段。

2015 年起，"大众创业、万众创新"热潮涌动，然而，中国微型企业因为缺少固定资产、缺少经营积累、缺少稳定的上下游客户等，信用评级不高，难以得到传统银行业金融服务。各级政府对融资担保的重视支持程度空前加大，以弥补社会信用不足，促进更好解决"融资难、融资贵"问题。尤其在当年 8 月国务院 43 号文明确提出"发挥政府支持作用，提高融资担保机构服务能力，构建'政银担'三方共同参与的持续发展模式"后，各省市相继行动，将"构建全省统一的政府性融资担保体系"作为深化金融改革、改善营商环境、实现政策目标、实施宏观调控的重要抓手。自此专门针对政府性融资担保机构的文件制度数量趋多、规格趋高，近年来尤其明显。

2018 年 9 月，根据党中央、国务院决定，财政部联合 20 家金融机构设立的国家融资担保基金有限公司正式运营。首期注册资本 661 亿元，财政部出资 300 亿元，其他国有金融机构股东出资 361 亿元。此举旨在进一步完善担保体系，实现国家实际控制，充分体现"政府性"，当然也进一步丰富了政府性融资担保制度。

2020 年 3 月财政部印发的《关于充分发挥政府性融资担保作用为小微企业和"三农"主体融资增信的通知》(财金〔2020〕19 号)、2021 年 1 月工信部印发的《关于引入政府性融资担保工具支持产业基础能力提升的通知》(工厅规〔2021〕21 号)等，旨在充分发挥政府性融资担保增信作用，积极支持小微企业和"三农"主体扩大融资，有效地促进解决工业等基础产业发展中的融资难题。

在政府性融资担保制度体系中，"监管"是一个重要序列。2003 年 6 月，随着融资担保业务逐渐丰富，在之前财政部与发改委联合监管基础之上，中央各部委针对涉及自身监管领域的业务出台部门规章，实行分业监管。这些部门包括财政部、发改委中小企业司、原银监会、证监会、原建设部、外管局、劳动和社会保障部等。“分业监管”大势逐渐成熟,形成了担保业务分行业监管、政府性融资担保机构与业务由财政部、原银监会分别监管的格局。然而,受2008年国际金融危机影响,政府性融资担保业务风险逐渐累积爆发,为了遏止此类金融风险蔓延加剧,加强对融资性担保业务的监管,2009年,国务院决定建立融资性担保业务监管部际联席会议制度(以下简称部际联席会议制度),并委托授权银监会负责牵头处理部际联席会议有关制度制定等日常事务。2010年3月出台的《融资性担保公司管理暂行办法》(银监会等七部门2010年第3号令)客观上发挥了加强担保行业监管之作用。

2018年3月,银监会和保监会合并,金融监管格局进一步发生变化。由银保监会负责全国担保行业日常监督制度的制定、落实以及后续的风险管控。国务院强化部级联席会议监管,并确立属地管理原则。由此,除分业监管之外,国务院以及部级联席会议也将对担保行业进行统一监管,相关政策文件包括《关于印发〈融资担保公司监督管理条例〉四项配套制度的通知》(银保监发〔2018〕1号)、《关于有效发挥政府性融资担保基金作用切实支持小微企业和“三农”发展的指导意见》(国办发〔2019〕6号)、《关于加强金融服务民营企业的若干意见》、《关于印发融资担保公司监督管理补充规定的通知》(银保监发〔2019〕37号)等,对担保行业的监管持续加强。

从我国政府性融资担保制度缘起与发展的研究(见图2-1)来看,有的时期制度供给严重不足,有的时期制度供给明显偏多,直接针对担保业务、担保机构、担保行业的高层级法律制度几乎没有,间接涉及担保机构要承担社会责任、承担运营风险的高层级法律却不少;不同时期或同一时期里,制定担保相关制度的权力部门各异,涉及担保相关制度的基本目标、基本思路、基本原则,以及制度框架、制度体系等没能及时有效地得到统一,导致这些制度带来的实际效果比较有限,制度产生的法律价值和法律意义还需要进一步丰富和完善。整个发展过程中,绝大多数制度规制对象并没有聚焦于融资担保机构这个市场责任主体,导致融资担保机构的运营绩效不高,发展的政策性目标、社会效益、经济效益、风险控制、可持续发展等问题一直没能得到较好解决。“十四五”时期,能否更好构建起一套政府性融资担保制度,直接关系能否更好提升政府性融资担保机构运营绩效,进而促进相关行业产业实现高质量发展、可持续发展,从而更好履行政府性融资担保机构的社会责任,更好发挥政府性融资担保机构的功能作用。

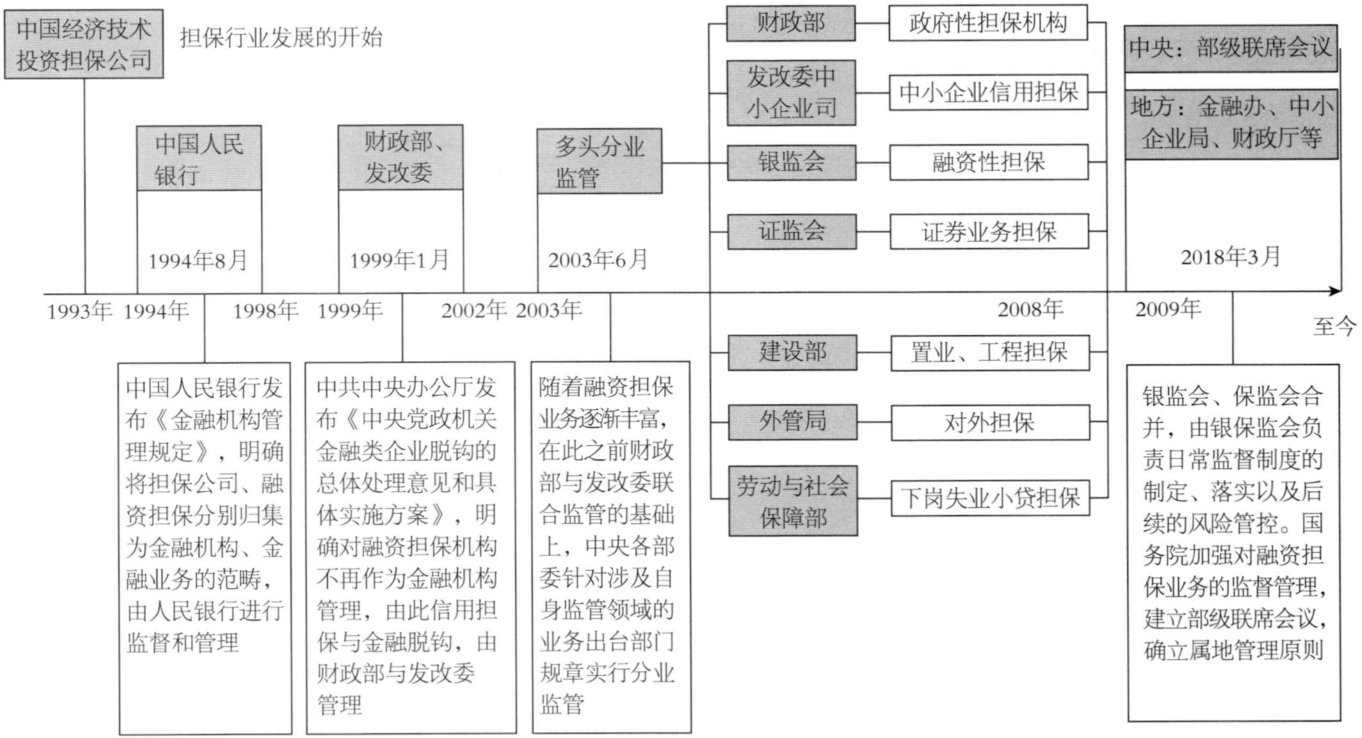

图 2-1　我国政府性融资担保制度缘起与发展

资料来源：根据公开资料整理。

可见,我国政府性融资担保制度是为了解决社会融资和商品融通过程中信用不足问题而缘起。通过担保增信,促进商品流通、资金融通,促进金融交易等经济活动的繁荣。

为了聚焦研究目标和重点,本章主要对我国首家担保公司成立以来的政府性融资担保制度进行客观评述和分析研究。由于政府性融资担保相关制度作为我国经济金融与产业发展的次级制度,因而笔者在梳理和分析过程中,会尽量将研究视角、研究方法、研究底层逻辑同我国经济社会发展、中国特色社会主义道路探索、中国特色社会主义理论和制度体系构建等大背景相结合。

二、政府性融资担保制度缘起于破解担保行业困局

为了促进破解担保行业发展困局,国家有关部委、部分省(市)人民政府相继研究出台了一些政府性融资担保制度。

(一)平均注册资本金不断追加,担保机构数量减少,融资担保体系尚未建成

如图2-2所示,从融资担保机构平均注册资本来看,随着融资担保行业门槛提高和小规模机构陆续离场,融资担保机构的平均注册资本金不断追加。注册资本金不断追加提高的主要动因并非担保行业标准的提高,而是因为融资担保运营风险增大,必须通过增资注资,防止出现流动性风险、区域性金融风波,防止其危及经济社会稳定。随着我国中小微企业数量增多,社会融资需求也不断增长,科技巨头通过P2P等模式,纷纷“逆势”布局融资担保行业,也加剧了该行业的运营风险。2017年,国务院发布的《监管条例》明确融资担保机构注册资本应在2000万元以上,且为实缴货币资本。从行业水平分析,2016~2018年,融资担保机构的平均注册资本分别为1.27亿元、1.37亿元、1.46亿元,增速均在5.0%以上,其中2018年同比增长6.6%左右,2019年平均注册资本再创新高,为1.51亿元,增长率为3.4%。

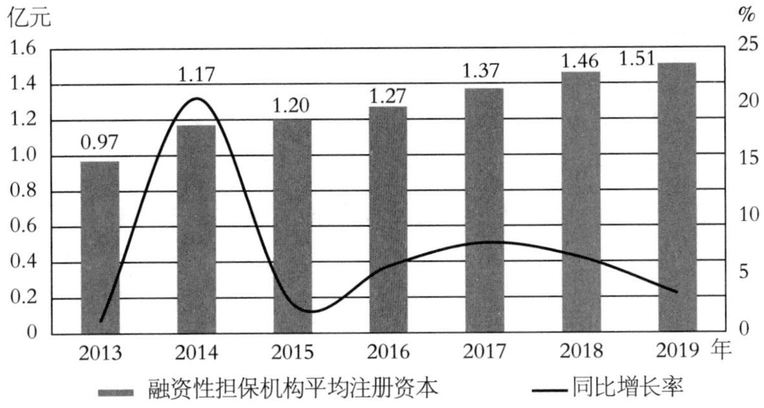

图 2－2　2013～2019 年我国融资担保机构平均注册资本及增速

资料来源：中国担保业协会、公开资料整理。

与此同时，融资担保机构数量却在急剧变化。自 2006 年到 2019 年，全国融资担保机构的数量整体上呈先增后减态势。融资担保机构数量在 2012 年度曾达到 8590 家之多，自 2012 年至今，融资担保机构数量大体上逐年减少。如图 2－3 所示，2013 年，全国共有融资担保法人机构 8185 家，至 2019 年年末，共有 5562 家，较 2018 年减少 491 家，下降 8.1%，其中国有控股机构 2646 家，同比增长 0.2%，占比 47.6%，民营及外资控股机构 2916 家，同比下降 14.5%，占比 52.4%。

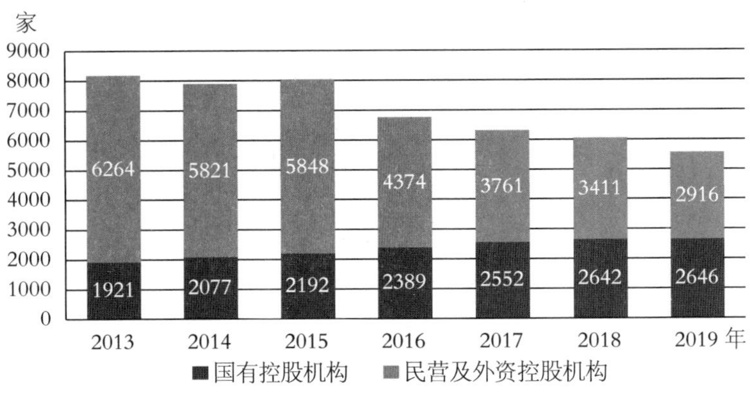

图 2－3　2013～2019 年我国融资担保机构数量变化

资料来源：公开资料整理。

近年来，监管部门陆续出台制度，积极引导融资担保行业高质量发展，而重点就在于提高机构资质、提高规范化管理水平以及抗风险能力，淘汰清退那些违法违规经营的高风险融资担保机构。特别是 2018 年实行了严格的金融去杠杆政策，叠加经济下行周期和 P2P 风险爆发，导致规模小、实力弱和不合规的融资担保公司被加速清退。监管制度倾向于进一步提高融资担保行业的准入门槛，新成立的融资担保机构也大幅度减少。

融资担保是全国整个金融体系的重要部分，只有建立起层次丰富、覆盖广、触角深，服务于城乡各行业产业，特别是服务于“三农”主体和中小微企业的融资担保体系，才能够更好发挥担保增信作用，使担保机构更好地履行社会责任。而目前担保机构数量骤减，机构准入门槛趋高的现实情况显然与融资担保更好实现政策性目标之间很难协调一致。以上表明全国融资担保体系尚待建成。

（二）担保机构资产和业务规模虽然不小，增长趋势却并不明朗

在资产规模上，由于担保行业属于典型的资本密集型行业，并且资产主要以货币方式呈现。就政府性担保机构而言，其资本金来源主要是政府或者财政部，资金规模相对较大。从图 2－4 的相关数据的统计可以看出，从总体上分析，我国担保行业的资产总额在持续上升。截至 2018 年，融资性担保机构资产总规模约为 1.71 万亿元，同比增长约 6.2%；而在 2019 年，增速约为 5.4%，资产总规模约 1.80 万亿元。

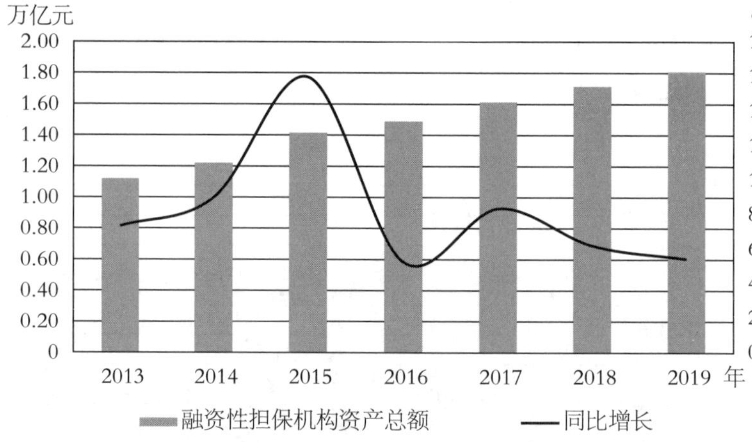

图 2－4　2013～2019 年我国融资性担保机构资产总额及增速

资料来源：中国担保协会、国家统计局。

此外，如图 2－5 所示，担保行业的在保余额早在 10 年前就已经超过万亿元，其担保融资规模可算巨量级。然而，2013 年到 2019 年，我国融资性担保行业的在保余额增长趋势并不明朗，2014 年、2015 年以及 2018 年融资性担保余额反而呈现负增长，这与宏观经济形势有一定关联。如图 2－6 所示，2014 年到 2015 年，我国 GDP 增长率都在 7.00% 以上，2018 年为 6.75%。可以发现，

在 GDP 增长率较高时，融资担保在保余额增长率反而较低，这一过程在 2016～2019 年尤为明显，二者之间的关系刚好呈现反向变动的趋势。融资性担保在保余额在 2014 年、2015 年有所下降，之后缓慢上升，直至 2017 年才恢复到 2013 年水平，截至 2019 年，我国融资性担保的在保余额基本恢复到 2013 年的水平，较 2018 年增长 1.5%，年末余额为 2.71 万亿元。

图 2－5　2013～2019 年我国融资性担保机构在保余额及增速

资料来源：中国担保业协会、公开资料整理。

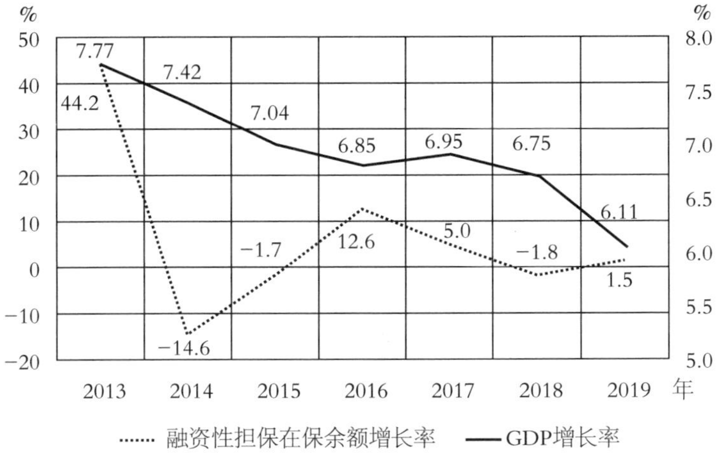

图 2－6　我国融资性担保在保余额增长率与 GDP 增长率

资料来源：Wind 数据库、国家统计局。

遇到经济不景气时，相关行业产业正急需资金支持，正需要融资担保机构更好履行社会责任。然而这一时期融资担保余额不增反降或增势不强，表明融资担保机构缓解融资难、融资贵的政策性目标并没能较好实现。2020 年年底，全国融资担保放大倍数2.56倍，全国融资担保放大倍数已连续8年徘徊，一直不足3倍。如果只针对中小微企业、“三农”等特定行业、产业来进行分析，其融资担保业务增长率、资产增长率有的年份竟然是负数。

（三）政府性融资担保主导行业竞争，结构分化明显，较大依赖政府信用背书

随着担保机构数量大幅减少，担保行业出现明显分化，国有资本大举进入，政府性融资担保公司发展迅速，近年来国家农担公司、国家融资担保基金等再担保机构先后成立。与此同时，民营融资担保公司实力较弱，管理欠规范，缺乏竞争优势，市场份额大幅萎缩。

从行业竞争方面来看，结构分化明显，特别是业务结构分化明显，以债券融资担保业务为例，就很能说明问题。从企业性质分析可以发现，政府性融资担保机构处在绝对的主导地位，目前在债券市场融资担保领域活跃度较高的37家担保公司中，国有性质的担保公司有31家，在保规模占据整个市场的79%，此外只有5家民营企业以及1家中外合资企业。对于债券融资担保来说，相较一般的贷款担保，其对担保方资质的要求通常会更高，因此在市场化这种竞争格局下，资本夯实、具有国企背景的政府性融资担保机构将会拥有更大的市场空间，占据较大的市场份额。

从2019年开始，担保公司在债券市场的市场定位和经营战略也有显著分化，如图2－7和图2－8所示。按担保债券的数量划分：担保机构在从事城投债担保的业务中，省级的政府性担保公司承担了主要的担保责任，从事城投债担保业务的担保活跃程度显然要高于产业债业务。在这些融资担保公司中，三峡担保共有83只存量城投债担保，占比达到15%。此外，在产业债的担保中，深圳高新投获得了更高的市场份额，占据26%的市场份额，共有57只存量产业债担保。

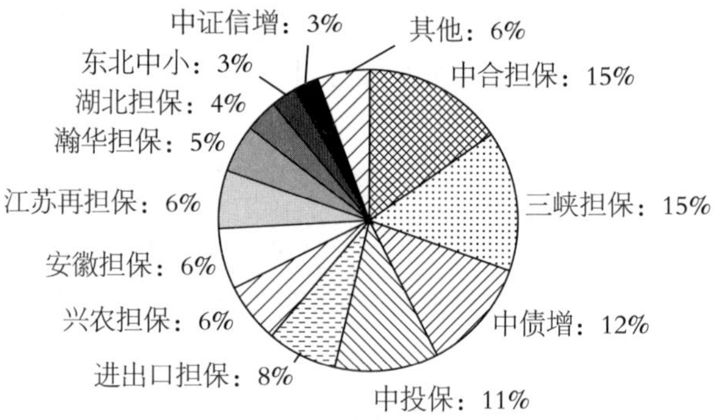

图2－7　担保公司业务占比：城投债

资料来源：Wind数据库、公开资料整理。

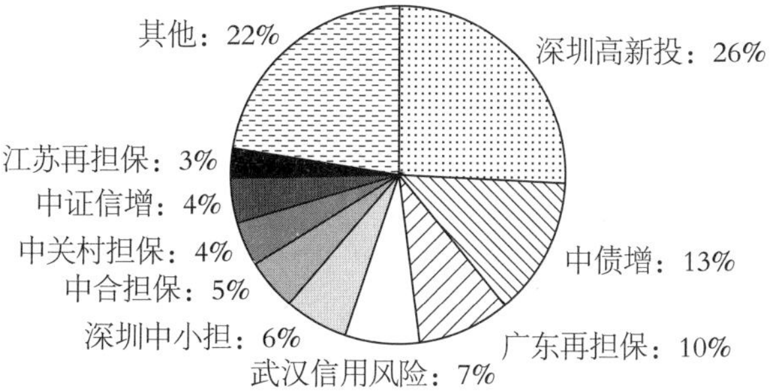

图 2-8　担保公司业务占比：产业债

资料来源：Wind 数据库、公开资料整理。

通过对上述产业债继续区分企业属性之后发现（如图 2-9 和图 2-10 所示），在国企产业债的担保中，中债信用增进投资股份有限公司（以下简称中债增）和广东省融资再担保有限公司（以下简称广东再担保）这两家机构共同占据了 50% 的市场，其他担保公司却很少参与；就民企债而言，整个市场的关注度似乎也不低，深圳高新投发挥了重要作用，在对担保对象进行拆分之后，进一步发现，涉及电子、计算机等战略性新兴产业的企业为深圳高新投主要担保对象。

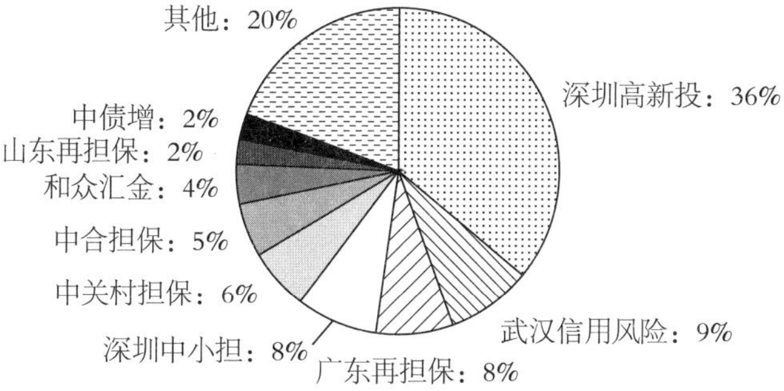

图 2-9　担保公司业务占比：民企产业债

资料来源：Wind 数据库、公开资料整理。

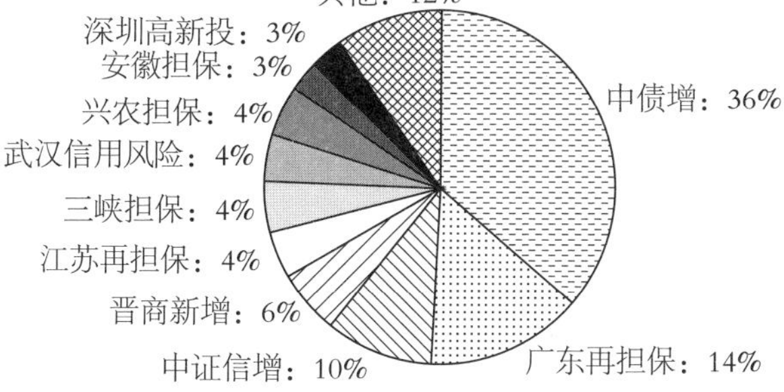

图 2-10　担保公司业务占比：国企产业债

资料来源：Wind 数据库、公开资料整理。

此外,在信用评级方面,政府性融资担保机构的信用水平普遍向好,如图2－11和图2－12所示。参与评级的37家担保公司,其中有16家被评为“AAA”级,而对应的市场份额占比也相对较高,占整个市场86%。这表明,多数发债主体在选择增信时,往往更倾向于选择评级较高的政府性融资担保机构。同时可以发现,在“AAA”级的担保机构中,其最新注册资本金均超过30亿元的,属资本实力较强,其信用等级更容易获得高评;此外另有“AA＋”级9家,“AA”级4家。假设以“AA＋”级信用水平为担保机构拥有较好的资信水平标准的话,则在已知信用评级的这些担保机构中,约有80%的政府性担保机构拥有较好的资信水平。

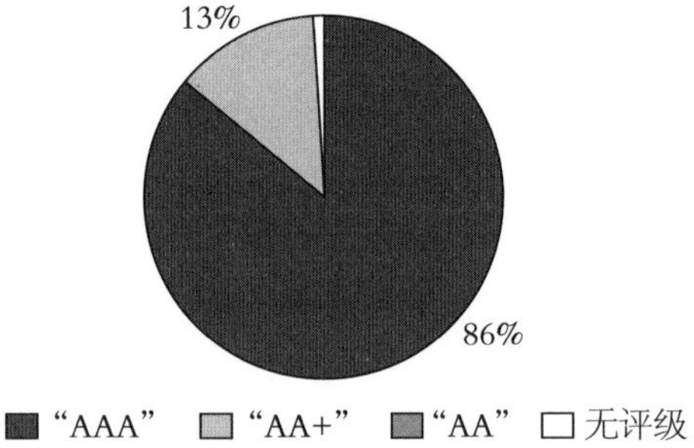

图2－11　担保机构按信用等级划分后对应的市场份额占比

资料来源:Wind数据库、公开资料整理。

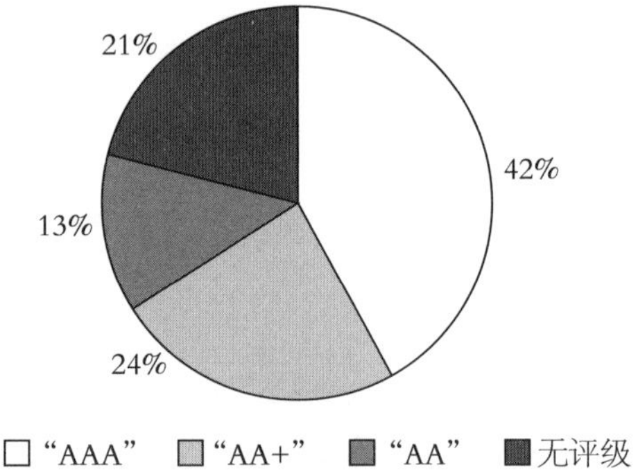

图2－12　债券在保规模按担保机构评级划分

资料来源:Wind数据库、公开资料整理。

以上分析表明,近年来担保行业内竞争激烈,结构分化明显,融资担保行业分化、市场分化、业务分化,表面上看是机构规模数量之变化,其实质的隐形的动力则是注册资本金快速追加到位,运营绩效考核评价方式调整等因素,如:深圳担保集团、中投保、中债增、兴农担保等在短短3年内新增了20亿～

100 亿元不等的资本金。其中，政府性融资担保发挥了主导作用，主要通过政府财政资金追加和注入，达到提高信用评级、提高抗风险能力、提高综合实力之目的，即这主要依赖政府信用背书。

（四）违约风险攀升，代偿压力加大，可持续发展堪忧

整体来看，担保行业的代偿率逐年上升，说明行业的风险在逐渐加大，运营风险逐渐累积，可持续发展的能力有所下降。图 2－13 对担保行业和融资担保业务代偿率趋势进行了分析，可以直观看出，无论是整个担保行业担保代偿率还是融资担保业务代偿率都在逐年攀升，其中，融资担保业务的代偿率每年均高于担保行业的代偿率。2019 年融资担保业务代偿率为 3.44%，虽然较上年同比下降 0.3 个百分点，但信用风险压力不容忽视。

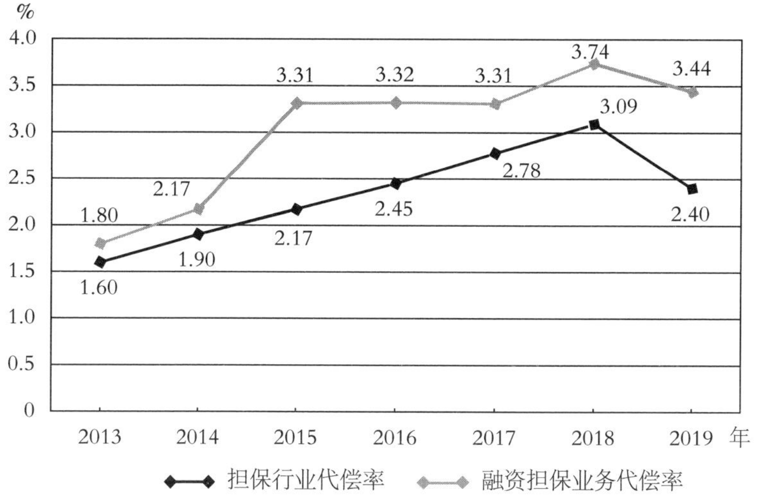

图 2－13　2013～2019 年我国担保行业及融资担保业务代偿率

资料来源：公开信息整理。

2013 年之后，担保行业以及融资担保业务的代偿率持续走高，2013～2018 年，全行业的担保代偿率从 1.60% 上升到 3.09%，担保业务整个代偿率年均增加 0.30 个百分点，而其中的融资担保业务代偿率则从 1.80% 上升到 3.74%，年均增加 0.39 个百分点。进入 2018 年，在非标融资受限、资管新规发布、监管环境趋严等因素影响下，部分发行人融资环境收紧。此外，A 股市场持续下跌，民企上市公司股票质押爆仓风险趋升，市场对民企风险偏好下降，再融资压力显著上升。担保行业及融资担保业务代偿率逐年提升，在各行各业都引起了较大反应，其中银行对比最为关注，银行为了将不良贷款率控制在一定水平，逐渐加强对中小企业担保贷款的审查，并且还提高了与之开展业务合作的

担保公司的准入门槛。这种市场背景不利于银担合作持续开展,部分担保机构的可持续发展能力遭遇到较大挑战。

由于政府性融资担保机构主要客户为中小企业,但许多中小企业经营较为困难,信用水平较低,在这样的背景下,政府性融资担保机构为了积极主动履行好社会责任,不得不频频履行代偿义务。在这个过程当中,部分政府性融资担保机构因丧失代偿能力而被清理整顿或主动退出市场。在这种情况下,政府性融资担保机构能否持续发挥支持"三农"主体和中小微企业的作用,显而易见。

上述分析表明,违约风险攀升,代偿压力加大,政府性担保发展较难持续。

(五)债券融资担保发展迅猛,潜在风险较大

近年来,全国债券融资担保业务发展非常迅猛,成了融资担保机构主营业务收入来源,它主要涉及地方政府平台融资或国企融资,受地方政府投资负债行为牵动,与地方财政税收、政府债务率、GDP 等指标密切关联。分析债券融资担保风险情况,可以较好地测度政府性融资担保政策目标实现情况。笔者从债券增信的角度选取 2019 年实力较强的政府性融资担保公司,涉及担保公司 37 家,根据企业属性和评级进行排序之后,得到各公司基本信息如表 2-2 所示。

表 2-2　2019 年较高信用评级担保公司基本信息

单位:亿元

担保公司	最新评级	公司属性	主要股东/出资占比	最新注册资本	在保债券规模
中债信用增进投资股份有限公司	AAA	央企	中石油、中国中化、首钢等 6 家/各占比 16.50%	60.00	919.2
中国投融资担保股份有限公司	AAA	央企	国开投资集团/占比 47.20%	45.00	561.5
中证信用增进股份有限公司	AAA	央企	人保集团等 34 家	45.86	354
晋商信用增进投资股份有限公司	AAA	地方国企	山西省国有资本投资运营有限公司	40.00	161
四川发展融资担保股份有限公司	AAA	地方国企	四川金控集团/占比 57.37%	58.82	65.8

续表

担保公司	最新评级	公司属性	主要股东/出资占比	最新注册资本	在保债券规模
天府(四川)信用增进股份有限公司	AAA	地方国企	四川发展、铁投集团等省属国企/合计占比 70.00%	40.00	11.4
重庆三峡融资担保集团股份有限公司	AAA	地方国企	重庆渝富资产经营管理集团有限公司/占比 50.00%	46.50	594.5
江苏省信用再担保集团有限公司	AAA	地方国企	江苏省人民政府/占比 30.66%	57.34	377.9
安徽省信用担保集团有限公司	AAA	地方国企	安徽省人民政府/占比 100.00%	107.66	349.2
重庆兴农融资担保集团有限公司	AAA	地方国企	重庆渝富控股集团有限公司/占比 60.00%	52.00	600.0
深圳市高新投集团有限公司	AAA	地方国企	深圳市中小企业服务署/占比 33.66%	72.77	194.8
湖北省担保集团有限责任公司	AAA	地方国企	湖北中经资本投资发展有限公司/占比 99.98%	50.00	151.2
广东省融资再担保有限公司	AAA	地方国企	广东粤财投资控股有限公司/占比 100.00%	60.60	97.6
深圳市中小企业信用融资担保集团有限公司	AAA	地方国企	深圳市投资控股有限公司/占比 36.11%	80.00	36.7
中原再担保集团股份有限公司	AAA	地方国企	河南省财政厅/占比 75.72%	81.42	19.0
中合中小企业融资担保股份有限公司	AAA	中外合资	天海投资/占比 26.62%、摩根中国/占比 17.78%、海航集团/占比 16.72%	71.76	986.5
重庆进出口融资担保有限公司	AA +	地方国企	重庆渝富控股集团有限公司/占比 60.00%	30.00	320.4

续表

担保公司	最新评级	公司属性	主要股东/出资占比	最新注册资本	在保债券规模
东北中小企业信用再担保股份有限公司	AA +	地方国企	吉林省投资集团有限公司/占比 40.00%	30.52	92.6
北京首创融资担保有限公司	AA +	地方国企	北京首都创业集团有限公司/占比 71.73%	10.02	55.5
武汉信用风险管理有限公司	AA +	地方国企	武汉开发投资有限公司/占比 56.96%	81.00	36.4
黑龙江省鑫正投资担保集团有限公司	AA +	地方国企	黑龙江省财政厅/占比 93.77%	34.01	31.0
北京中关村科技融资担保有限公司	AA +	地方国企	北京中关村科技创业金融服务集团有限公司/占比 33.51%	17.03	13.1
山东省再担保集团股份有限公司	AA +	地方国企	山东省国有资产投资控股有限公司/占比 63.82%	11.91	3.0
瀚华融资担保股份有限公司	AA +	民企	瀚华金控/占比 51.27%	35.00	236.3
金达融资担保有限责任公司	AA +	民企	海航机场集团有限公司/占比 27.27%	5.50	1.0
中元国信信用融资担保有限公司	AA	地方国企	中国少数民族经济文化开发总公司/占比 33.00%	10.00	2.7
苏州市农业担保有限公司	AA	地方国企	苏州市农业发展集团有限公司/占比 100.00%	12.00	0.2
苏州高新区中小企业担保有限公司	AA	地方国企	苏州高新创业投资集团有限公司/占比 87.67%	3.00	0.1
中企联合融资担保有限公司	AA	民企	中国企业联合会/占比 33.50%	15.00	4.0

续表

担保公司	最新评级	公司属性	主要股东/出资占比	最新注册资本	在保债券规模
武汉东创投资担保有限公司	—	地方国企	武汉国创资本投资有限公司/占比 89.23%	28.00	3.0
北京兴展融达融资担保有限公司	—	地方国企	北京兴展投资控股有限公司/占比 100.00%	30.00	0.5
南通众和担保有限公司	—	地方国企	南通城市建设集团有限公司/—	10.80	0.4
杭州高新担保有限公司	—	地方国企	杭州高新科技创业服务有限公司/占比 99.80%	1.00	0.2

资料来源:公开信息整理。

从表 2－3 可以看出,不同区域的债券融资担保余额均处于上升趋势,同时引致未来数年的到期兑付压力也有所增加。对于地区而言,2014～2019 年年末,所有省份地区的债券融资担保余额都呈现上升态势,尤其是在 2016～2019 年,这种上升趋势尤其显著,并逐渐呈现分化趋势。债券融资所获资金多数情况是直接或间接流向房地产、建筑等国家明令禁止的行业,严重脱离了中小微企业、“三农”等国家鼓励支持的行业。其社会效益低下,经济效益不确定,运营风险较大,受国家宏观调控政策影响较大、牵动较大,业务发展的可持续性不强。

表 2－3　2022～2024 年融资担保债券到期期限余额排位前五的省份

单位:%

2022 年到期		2023 年到期		2024 年到期	
地区	占比	地区	占比	地区	占比
江苏省	18.33	江苏省	25.98	江苏省	24.67
安徽省	11.03	湖南省	17.55	安徽省	20.43
天津市	10.77	安徽省	9.60	湖南省	19.13
浙江省	8.25	湖北省	6.82	湖北省	14.25
广东省	7.17	山东省	6.49	四川省	8.53

资料来源:Wind 资讯,联合评级整理。

从担保债券期限设计与兑付情况来分析,2021 年已经进入债券到期兑付的高峰期,2023 年及 2024 年将迎来融资担保债券担保责任余额到期的峰值,这两年的兑付总额占总担保责任余额的比例分别为 31.85% 和 30.33%,[1] 这个过程中潜在风险还很难评估预测。由此看来,债券融资担保的潜在风险也将是融资担保机构最需要关注的一个方面。从区域来看,2022 ~ 2024 年以江苏、安徽、湖南等省集中到期担保责任余额占比相对较高。

鉴于地方债务率居高难下,需要尽快构建或完善政府性融资担保制度体系,促进债券融资担保增速放缓直至合理,让市场格局朝着高质量方向发展。

受《监管条例》及四项配套制度的影响,近年来,债券市场信用风险事件也持续浮出水面,使部分融资担保机构调整其经营思路,通过主动收缩债券担保业务规模、控制业务集中度等方式降低潜在的业务风险。2018 年以来,全国共发行各类债券 3.92 万期,数量同比增长 5.17%,增速环比下降 23.00%;发行金额合计超过 43 万亿元,金额同比增长 7.28%,增速环比下降 4.95%。在经济下行压力增大的背景下,国家发改委自 2018 年年底开始,放宽对企业债券发行的审核,同时当年中央经济工作会议提出,加大基础设施等领域补短板力度。2019 年以来,央行继续加大融资力度,支持实体经济发展,并通过多项操作合理保持市场流动性充裕,使企业债发行显著升温,2019 年,企业债券发行规模超过 3102 亿元,同比增长 64% 以上,2020 年,其增长势头依然没有减缓。

政府性融资担保机构居主导地位的市场竞争格局已在发生变化。截至 2019 年 11 月末,债券市场份额排名前五位的担保机构分别为中合担保、中债增、重庆三峡担保、重庆兴农担保和江苏再担保(如表 2 - 4 所示)。其中,中合担保自成立以来业务规模快速扩张,受担保放大倍数监管上限制约,其业务增速自 2018 年开始放缓,市场排名虽然保持第一位,但市场份额逐渐下降;中债增一直保持较高的占有率,但自银保监会 2019 年 10 月下发通知"要求将信用增进公司纳入监管"之后,中债增同样面临担保放大倍数突破监管上限的压力,急需进行资本补充,在中短期内其业务规模不得不进行收缩。另外,江苏再担保、重庆兴农担保、晋商信用、天府信用等地方政府性融资担保机构发力债券担保市场,快速提升市占率,在前十大债券担保机构的市占率已由 2018 年年末的 38.45% 升至 2019 年年末的 42.41%,全国性担保机构居主导地位的市场竞争格局已经因为新近颁布的政府性融资担保制度影响而发生较大变化。

[1] 数据资料由中国担保协会公开信息整理。

表 2-4 2018 年至 2019 年 11 月末前十大债券担保机构债券剩余担保额及市场份额

公司名称	2018 年年末		公司名称	2019 年 11 月末	
	剩余担保额/亿元	占比/%		剩余担保额/亿元	占比/%
中合担保	987.77	15.95	中合担保	843.58	12.77
中债增	876.50	14.16	中债增	806.17	12.20
重庆三峡担保	636.35	10.28	重庆三峡担保	684.16	10.36
中投保	479.15	7.74	重庆兴农担保	662.90	10.03
江苏再担保	459.50	7.42	江苏再担保	542.70	8.21
中证增	387.42	6.26	中投保	396.91	6.01
重庆兴农担保	363.60	5.87	中证增	369.72	5.60
安徽担保集团	344.00	5.56	安徽担保集团	338.90	5.13
重庆进出口担保	329.64	5.32	重庆进出口担保	321.32	4.86
瀚华担保	247.75	4.00	晋商信用	245.10	3.71
	5111.68	82.56		5,211.45	78.88

资料来源：Wind 资讯，新世纪评级整理。

以上分析表明，近年来，债券融资担保增长迅猛，政府性融资担保业务发展严重偏离政策性目标，同时潜在风险累积较大，有关各方须予以高度重视，及时加以调整。

第二节 政府性融资担保制度演进及问题

一、政府性融资担保制度演进过程

中华人民共和国成立至改革开放之前，我国几乎没有专门针对担保业务、担保机构、担保行业的成文制度。自 1993 年，中国第一家担保公司——中国经济技术投资担保公司成立后，社会各界，特别是金融领域、产业发展领域才开始有少数专家学者关注担保业务、担保机构、担保行业的功能作用、价值意义、机构运营模式、行业发展特点。由于在此之前，担保行为在民间借贷、商品交换、市场经济培育发展过程中一直存在并较活跃，由此会带来经济纠纷、刑事民事案件、社会不稳定、经济金融安全等社会问题，并且这些社会问题屡禁不止,还呈逐年上升趋势,不利于债权人债权的保障和实现,不利于进一步促进商品融通、货物运输、资金融通、市场交易的繁荣,亟须出台一部相关制度来进行规制。1995 年 6 月《担保法》应运而生,对担保业务、担保机构的发展起到了积极推动作用。在 2009 年以前,相关制度都是零星的、分散的,主要针对担保行为,并没有针对融资担保业务,更较少涉及担保机构。从 2009 年进入规范整顿期以后,有关部门主要针对融资性担保业务的风险进行监督管理,开始制定系列相关制度。

1993 年至 2009 年,国家支持各省市地区进行担保与再担保试点,推进中小企业信用担保体系建设,鼓励向中小企业提供融资担保。随着政策扶持力度不断加大,融资担保行业出现快速增长趋势。

1999 年,中国人民银行印发《关于加强和改进对小企业金融服务的指导意见》(银发〔1999〕379 号),原国家经贸委 1999～2000 年相继印发《关于建立中小企业信用担保体系试点的指导意见》《关于鼓励和促进中小企业发展的若干政策意见》,推动财政支持的中小企业信用担保体系建设。为了从法律制度方面做好政策支持配套,最高人民法院发布了《担保法司法解释》,这对促进担保机构发展、促进担保行业发展起到了基础性作用。2002 年《中小企业促进法》出台,其中第 19 条、第 20 条、第 21 条都明确提出政府和相关部门应当积极推动中小企业信用担保行业的发展,鼓励担保机构为中小企业提供信用担保,鼓励中小企业依法开展多种形式的互助性融资担保。以《中小企业促进法》颁布为起点,中国担保行业进入了一个新的阶段,其机构类型、数量、业务都呈现爆炸式增长。与行业迅疾发展态势相随的是行业内的种种问题逐步积累,主要表现在:绝大多数担保机构规模较小;以民营资本为行业主导,逐利性强;风险管理水平薄弱;业务经营规范性差,时常出现违规操作;从业人员专业素质和能力低等。也正因为这些现实问题和不足,从 2009 年开始,担保行业陆续发生一系列信用风险事件,使担保行业形象遭到破坏,正常金融市场秩序受到严重干扰。信用风险频发导致监管层面日趋严格。2009 年 2 月,国务院办公厅发布《进一步明确融资性担保业务监管职责的通知》(国办发〔2009〕7 号),强调建立部际联席会议制度的作用意义,要求加强业务管理,制定相关的管理监督制度,并提出了"谁审批设立、谁监督管理"的原则,确定地方相应的监管职责。该通知的出台有利于规范担保行业,促进担保行业的发展。

2010 年至 2012 年是融资性担保制度的一个重要探索期。2010 年 3 月,《融资性担保公司管理暂行办法》出台,该办法从机构设立、经营范围、业务规则、风控要求、监管职责以及法律责任等方面作了较为全面的规定。2012 年是政府性融资担保机构发展的关键年。当年全国担保机构数量由 2000 年的 203

家迅速扩张到 8402 家，其中国有控股占 18.70%，民营及外资控股占 81.30%，机构资产总额达到 9311 亿元，合作金融机构数量多达 15,997 家，贷款客户数达到 181,000 家，融资担保贷款余额高达 16,547 亿元。[1] 在规模和数量迅猛增长的情况下，融资担保风险等问题也爆发式增长，直接推动了担保行业的清理整顿、分化发展，逐渐推高了政府性融资担保机构在担保行业中的地位和份额。2012 年以前，基本上以民营融资性担保公司为主力，商业性信用担保公司混杂其中；2012 年后，有关部门陆续制定出台多个文件制度，力图促使它们向政策性担保机构，尤其是国有资本控股的政策性融资性担保机构回归，以期通过分类指导，重点发展政府性融资担保机构。

从 2012 年开始，我国融资担保行业展开了第一轮全面、系统的清理整顿工作，旨在促进融资担保行业步入规范运作的新阶段。监管趋紧和行业清理促使融资担保行业出现重要拐点，这体现在行业整体的规模增长显著放缓，机构数量首次出现下降，在保余额增速放缓，代偿率大幅度飙升。政府性融资担保机构的担保代偿率从 2011 年的 0.50% 持续上升至 2017 年的 2.78%。同时，政府性融资担保机构数量由 2012 年的 8590 家下降至 2020 年的 5190 家，大量经营效益较差的机构被清理淘汰。新阶段下融资担保行业市场表现主要有以下特征：(1)行业规模增速放缓，进入“减量增质”阶段；(2)国有机构行业占比持续上升，民营机构退出比例较高；(3)担保公司自身代偿压力增大，行业整体盈利能力下降。

在加强监管和清理整顿的同时，国家也出台了相应的支持鼓励政策和制定了相应的奖补扶持举措，进一步促进通过清理整顿的政府性融资担保机构健康快速发展。

2015 年 8 月，43 号文指出要发挥政府支持作用，提高融资担保机构服务能力；发挥政府主导作用，推进再担保体系建设；政、银、担三方共同参与，构建可持续银担商业合作模式。在 43 号文指导下，2016 年以来，各地相继拿出了具体的实施方案，将大力发展政策性融资担保和再担保机构，构建全省统一的政策性担保体系作为地方政府的重要工作。

2016 年 1 月，国务院和银监会等分别印发了《推进普惠金融发展规划(2016—2020)》《关于融资担保机构支持重大工程建设的指导意见》，支持政府性融资性担保机构、基金以及统一体系的建立，鼓励融资担保在扶持小微企业、支持基建方面发挥作用。这也表明，随着市场运行环境的不断改善，市场经济体制的逐步健全，金融改革的不断深化，不断开辟新的担保领域、开发新

---

[1] 数据源于国家统计年鉴。

的担保品种，将成为我国专业信用担保未来发展的必然趋势。各种经济活动对不同层次的信用的需求，将为信用担保的发展提供更为广阔的市场空间。

2017 年 4 月，财政部印发《关于进一步规范地方政府举债融资行为的通知》，明确指出允许地方政府结合财力可能设立或参股担保公司，构建市场化运作的融资担保体系，地方政府依法在出资范围内对担保公司承担责任，鼓励政府出资的担保公司依法依规提供融资担保服务。相关政策的出台既为地方政府规范举债提供了重要思路，也为地方融资担保机构支持地方城投企业债务融资提供了明确的政策依据。因此，对为当地企业债券发行提供融资服务的担保机构，其地方政府给予其政策支持的意愿较强；而异地债券担保业务由于更偏重市场化，获得地方政府支持的可能性较小。

2017 年 8 月，《监管条例》正式颁布，标志着政府性融资担保的监管依据由国家规范性文件上升至国家法规层面，也从国家层面进一步明确了融资担保服务小微企业和“三农”主体的重要作用，强调了政策扶持对于发展政府性融资担保业务的必要性。《监管条例》在总则和经营规则等章节中制定了一系列扶持措施，主要体现在：各级人民政府财政部门通过资本金投入、建立风险分担机制等方式，对主要为小微企业和“三农”主体服务的融资担保公司提供财政支持；政府推动建立政府性融资担保体系，建立“银、政、担”合作机制，扩大服务小微企业和“三农”主体的业务规模，保持较低的费率水平；被纳入政府推动建立的融资担保风险分担机制的融资担保公司，应当按照国家有关规定降低对小微企业和“三农”主体的融资担保费率；对于主要为小微企业和“三农”主体服务的融资担保公司，担保放大倍数上限可以提高至 15 倍；政府支持建立发展的融资担保公司，应当增强运用大数据等现代信息技术手段的能力，为小微企业和“三农”主体融资需求提供更精准高效的金融服务。

2019 年 10 月，部际联席会议印发了《融资担保公司监督管理补充规定》（以下简称《补充规定》）。在从业规范融资担保业务牌照管理方面，《补充规定》要求：“（1）开展债券发行保证、担保业务的信用增进公司，由债券市场管理部门统筹管理，同时应当按照《条例》规定，向属地监督管理部门申领融资担保业务经营许可证，并接受其对相关业务的监管。（2）未经监督管理部门批准，汽车经销商、汽车销售服务商等机构不得经营汽车消费贷款担保业务，已开展的存量业务应当妥善结清；确有需要开展相关业务的，应当按照《条例》规定设立融资担保公司经营相关业务。（3）依据《关于印发〈住房置业担保管理试行办法〉的通知》（建住房〔2000〕108 号）设立的住房置业担保公司（中心）应当纳入融资担保监管。对本规定印发后继续开展住房置业担保业务的住房置业担保公司（中心），应于 2020 年 6 月前向监督管理部门申领融资担保业务经营许可证，经营范围以监督管理部门批准文件为准，并接受监督管理部门的监管，严格执行《条例》及配套制度的监管要求。(4)对于无融资担保业务经营许可证但实际上经营融资担保业务的，监督管理部门应当按照《条例》规定予以取缔，妥善结清存量业务。拟继续从事融资担保业务的，应当按照《条例》规定设立融资担保公司。"

2020年直接或间接针对担保业务、担保机构、担保行业发展的法律文件制度数量多、发布频度快、级次高，明显超过以往任何一年，如原银保监会等七部门发布的《关于做好政府性融资担保机构监管工作的通知》(银保监发〔2020〕39号)等20多个文件制度。2020年5月28日，十三届全国人大三次会议表决通过的《民法典》被称为我国"社会生活的百科全书"，也是我国第一部以法典命名的法律，在法律体系中居于基础性地位，也是市场经济的基本法。其中在担保领域，《民法典》作出了重大变革，包括保证方式与保证期间的变化、非典型担保合同的纳入、动产抵押的特殊效力规则、抵押财产的转让等。《民法典》生效后，《担保法》《物权法》等担保核心规范将相应废止。就市场交易主体而言，尤其是就日常涉及担保增信措施的金融机构而言，其需要充分重视这些变化。例如，增加了保证担保的实现条件，《民法典》第681条规定，保证合同是为保障债权的实现，保证人和债权人约定，当债务人不履行到期债务或者发生当事人约定的情形时，保证人履行债务或者承担责任的合同。这与担保物权的实现条件保持了一致。此前《担保法》仅规定了"当债务人不履行到期债务"的情形。

2021年5月18日，中国人民银行等七部门印发《关于金融支持新型农业经营主体发展的意见》(银发〔2021〕133号)；6月29日中国人民银行等六部门印发《关于金融支持巩固拓展脱贫攻坚成果全面推进乡村振兴的意见》(银发〔2021〕171号)；6月30日，中国人民银行印发《关于深入开展中小微企业金融服务能力提升工程的通知》(银发〔2021〕176号)，都强调了政府性融资担保积极而特殊的作用、意义，并对其功能定位、工作重点等提出了明确要求。

二、政府性融资担保制度演进脉络

(一)起步探索(1993~1997年)

改革开放之前，我国早已有"担保"这个历史悠久而含义宽泛的概念，主要体现于增加信用，连带责任；也有"担保"这类行为，主要发生在民间借贷、商品买卖交换等过程中，系指通过担保争取他人信任，获得他人支持的当面宣示或意思表达，即使有经济责任或刑事责任的成分，也因为没有实质性担保手续和法律权利义务之确认而难以追究、兑现。当时的担保活动的实质效果，主要取决于社会舆论和道德约束力量之大小。

改革开放以来,我国中小企业迅猛发展,数量规模逐年增加。全国第二次经济普查结果显示,2008 年我国中小企业数量已逾 3700 万户。据国家统计局统计,2010 年全国中小工业企业数量已超 44.9 万家,它们创造了 60% 国内生产总值,贡献了全国 50% 的财政税收,为城镇提供了 80% 的就业岗位。然而,这些中小企业却遭遇了非常严重的贷款难、贷款贵问题。由于当时的银行一般只办理固定资产抵押贷款,中小企业在向传统银行业金融机构申请贷款时往往不被受理。以深圳为例,全市中小企业约 30 万家,但获得银行等金融机构贷款的比例只占贷款总额的 10% ~15% 。民间借贷活跃、便利,但其年利率高达 30% ~50% ,甚至高达 60% ,中小企业在通过民间借贷获得融资时,被迫接受高息资金成本的事实。[1] 随着国际担保经验的输入,针对国内市场经济活动中交易成本高企难下的现实困难和问题,一些自然人和市场主体尝试通过担保来促进商品交易活动的开展,促进金融交易活动的效率提升,以解决"投资不足""本钱不足""市场竞争不足""解放思想和发展能力不足"等难题。在此期间,原国家计委、原国家经贸委、电子工业部、商业部、原建设部等部委,以及乡镇企业局、中小企业局、农业局、能源局等行业部门,在产业规划、招商引资或扶持企业生产经营发展等政策服务过程当中,其省、地、市级组织机构,借助政策性职能职权的便利,陆续进行了将政策性资金归集成资金池,撬动银行等传统金融机构,使其更好发挥增大信贷资金支持力度的探索与尝试。这类特殊行政职能部门以"企业服务中心""产业发展服务中心""生产力发展研究中心""招商引资服务中心"等名义出现,实则为金融政策和金融杠杆职能作用的延伸,在探索实践过程中逐步演进便成了担保机构之雏形。

1992 年,广州、上海等地的"互助担保基金会"具有了担保机构的运营雏形,当然它尚不属政府性融资担保机构的范畴。1993 年,中国投融资担保有限公司成立,开启了中国担保业序幕。1994 年 12 月,深圳成立了高新技术投资担保公司,开辟了地方政府设立贷款担保公司之先河。1995 年 6 月,国家颁布了《担保法》,主要是针对担保行为的法律规范,但也客观上形成了对担保机构的保护。综观该法的条款,不难发现该法律制度更多的是对"担保"这类行为进行了规制,规定一旦债务人失去偿还能力或偿还能力不足,担保人应无条件代为清偿债务,重点在于保护债权人利益,更好促进市场交易的实现,保护国家集体财产、国有集体资产,捍卫公有制为主的所有制经济制度。由此可见,该法律制度出台的背景和主要目的间接发挥了推动担保行业务发展,推动担

---

〔1〕 数据源于工信部《2008 年中小企业调查报告》。

保机构发展之效果。

在起步探索期,具有代表性的法律制度是《担保法》。

(二)基础构建(1998~2002年)

随着改革开放这一基本国策的深入贯彻和落实,各地掀起了一轮又一轮前所未有的经济发展热潮,而当时社会各界都达成了共识,即"资金、技术、管理"是推进改革开放和推动社会主义经济建设的三把钥匙,其中"资金"尤其重要。"通过担保增信融通资金,能快速解决资金投入不足之难题"几乎成了政府官员解决资金短缺和资金投入不足之难题、抓好生产经营和经济建设之"诀窍"。1998年,安徽、广州等地等开始建立政府性担保机构和担保基金试点。《关于建立中小企业信用担保体系试点的指导意见》《关于加强和改进对小企业金融服务的指导意见》等文件制度相继发布,该类政策制度对担保机构的资金来源、资金管理、服务职能、服务对象、业务种类、业务程序、行业性质以及行业的监督管理等多方面,都作出了比较明确的规定。在基础构建阶段,国家层面进行组织领导,通过有关部委引导省(市)级政府、部门建立起中小企业信用担保体系,出台了一些鼓励向中小企业提供融资担保的政策,担保行业得到了积极的推动发展。在这个信用担保体系设计当中,中小企业信用担保的操作主体是政府及政府下属的企事业单位,其资金主要源于财政预算编列的资金、土地使用权和其他经营性及非经营性国有不动产;从事中小企业担保业务的商业担保机构和企业互助担保机构,则主要作为中小企业信用担保体系的有益补充。为了防范风险,上述指导意见规定担保资金与担保贷款的放大比例(担保放大倍数)一般不能超过10倍上限;同时要求省(市)设立中小企业信用担保监管委员会,对辖区内中小企业担保、再担保业务和担保机构(包括企业互助担保机构和商业性担保机构)实施监管。[1]《关于鼓励和促进中小企业发展的若干政策意见》则明确指出各级政府要加大财政扶持力度,安排一定资金投入信用担保行业,加快建立信用担保体系,以便更好支持中小企业发展。为了从法律制度方面支持配套,最高人民法院发布了《担保法司法解释》,对促进担保机构发展形成了法律保护。2002年,国家出台《中小企业促进法》,其中多个条款,如第19条、第20条、第21条等,从促进中小企业发展的角度支持鼓励担保机构建立、业务创新和行业发展。也正是在这一时期,国家出台了多项促进中小企业发展和信用担保体系建设的政策,为信用担保行业发展带来了积极推动作用。

---

〔1〕 张承惠:《我国信用担保行业发展现状、问题与改革建议》,载《中国经济时报》2015年3月6日,第6版。

2001 年,《关于建立全国中小企业信用担保体系有关问题的通知》将信用担保由试点省市向全国推广。地方政府积极响应政策号召,推动了信用担保机构、业务的快速发展。

在此期间,全国经济社会发达地区、沿海及东中部大中城市的房地产业以及由此带动起来的建筑业、建材业的发展,对担保行业快速发展又起到了助推作用。为了鼓励支持房地产业的健康发展,原建设部在刚刚跨入 21 世纪时即专门出台了《住房置业担保管理试行办法》(建住房〔2000〕108 号,已失效),鼓励通过担保机构支持城镇个人住房消费,发展住房贷款业务,保障房地产开发企业、建筑企业等债权顺利实现。该制度承认担保机构存在运营成本,担保过程中需要收取一定担保费用,但是担保费必须报经物价部门审查批准后方可收取,这个规定并没有把担保机构的担保业务当作金融机构金融业务或金融工具对待,更没有主张按资金成本和运营风险进行担保定价。该制度承认担保过程中有风险存在,但是却明确规定应由原建设部主管住房置业担保管理工作,没有引入金融风险监管部门,客观上因为这个时期的房地产业发展处于上升阶段,各参与主体大都能从中获得可观收益,顶多只有经济合同纠纷、劳务纠纷等,而较少有房地产行业风险引致的融资担保风险。既然风险较小,针对担保机构的金融风险监管也就仅仅是倡导而已,并没有相应的监管制度出台。该制度规定担保机构资金应源于政府预算,这就预示着担保机构的生存发展迟早会与政府财政预算、财政管理发生新的关联,也必将催生出相关的财政金融制度。

在基础构建期,具有代表性的法律制度是《关于建立中小企业信用担保体系试点的指导意见》。

(三)扶持发展(2003～2008 年)

进入改革开放中期,党的第十六次全国代表大会召开之后,全国呈现一个重要的新变化,民营经济、私营经济迅猛发展,以公有制为主体、民营私营经济为补充,多种经济成分、经济形式共存的中国特色社会主义经济结构、经济形态已基本架构成型。中小企业在吸纳就业、充盈税收、扩大商品生产、增强商品流通、丰富产业体系等方面,发挥着积极的重要的作用。在解决中小企业资金融通、资金投入的过程当中,各省市担保机构发挥着重要而特殊的作用,担保行业迎来了大的发展机遇。这个时期,由于房产、土地等资产较好实现了保值增值,机器设备、车辆、船舶等动产成为自然人和中小企业争相投入投资的资产,银行等金融机构直接利用资产作抵押完成信贷融资,金融产品和金融业务的数量得到了前所未有的增长,再加至股票等直接融资市场也进入快速发展轨道,使担保融资显得重要但不急迫,有效但不必须。社会各界,政府相关部门对担保机构、担保功效、担保融资等的关注度、重视程度相较以往出现了暂时性淡化。这个短暂时期,直接针对促进融资担保业发展的政策制度供给不够充足,这与担保行业的存在价值及其行业发展趋势不相匹配。然而,由于绝大多数中小企业的缺少资产抵押、缺少资金投入、其缺少存续经营业绩佐证、缺少规范化管理、缺少抗风险能力、缺少支持救助政策等特点,其融资过程中是急需政府背书或担保增信的,这些矛盾和问题,在促进中小企业发展的相关法律制度中得到了适当回应。2003 年 1 月 1 日,国家正式实施《中小企业促进法》,其中规定:县级及以上政府和部门应选择部分有条件的省、自治区、直辖市进行担保与再担保试点,并大力推进中小企业信用担保体系建设。该法律成为中国担保行业迈入新发展阶段的起点,开启了担保行业多元化超常规发展趋势。

在扶持发展期,具有代表性的法律制度是《中小企业促进法》。

(四)规范整顿(2009~2014 年)

2008 年席卷全球的金融危机袭来,我国担保行业潜在和累积的风险陆续显现,其过往几年的繁荣发展景象发生了变化。2009 年开始,担保行业发生债券违约、担保代偿率较高导致众多担保机构倒闭等一系列信用风险事件,扰乱了正常的金融市场秩序,与担保机构密切合作的银行业金融机构因此不良贷款率攀升、盈利能力减弱、稳健性下降,直接影响经济金融秩序与国家安全。担保行业积极而特殊的作用以及良好形象遭到重大损坏,"抓紧治理担保乱象、加强担保监管"成了各级政府的共识。由于全国范围内,不同省市的担保机构、担保业务归属中小企业局、经信委、发改委、工商局或农业局等不同行业主管理部门,全国并没有统一的担保行业主管部门,负责治理乱象和风险监管的主要任务到底由谁来负责落实成了多方博弈和无休止争论的话题。在该阶段,担保机构融资担保业务合作的主要对象是银行业金融机构,负责银行业金融机构监管的原银监会便主动承揽了担保业务风险监管重任,主动谋划和推动了旨在隔离担保机构风险、加强融资性担保业务监管等问题的制度建设工作。《关于进一步明确融资性担保业务监管职责的通知》《关于同意建立融资性担保业务监管部际联席会议制度的批复》同意建立部际联席会议,授权原银监会作为主牵头机构负责日常工作,将原银监会普惠金融部作为承担承办融资性担保业务监管工作的常设机构。至此,正式明确了融资性担保业务的监管职责,并开始制定监管制度、落实监管措施、推进清理整顿。

2012 年就融资担保行业而言是非常特殊的年度。上述所及,在规模和数量迅猛增长的情况下,融资担保风险等问题也爆发式增长,直接推动了担保行业的清理整顿、分化发展,以及融资担保业务的风险监管工作。

由于各省市融资性担保机构的组建情况、发展情况、管理情况各异,其上级主管部门仍然不够统一,原银监会在形式上并未获得对融资担保机构进行监管的权力,但由于离开了与银行业金融机构之合作,担保机构增信的作用发挥有限,因而本质上原银监会对担保机构还是有一定的监督管理权威。只不过,由于原银监会责任主体身份的特殊性,所制定的有关融资性担保监管制度很难公平公正,很难保障担保机构作为市场主体的权利,导致维护担保机构利益的制度并不多见,而主要是融资性担保业务风险预警、风险防范、风险隔离、风险分担等制度。尽管建立了部际联席会议制度,不断监督融资性担保业务风险,但对于担保机构运营效率质量的管控仍然没有根本性好转。2010 年 3 月 8 日,部际联席会议公布了《融资性担保公司管理暂行办法》,将监督管理的重点聚焦于融资担保机构(融资性担保公司)这个市场责任主体,而不仅止于融资担保业务。由于部际联席会议制度的局限性,以及前一个阶段累积的风险逐渐暴露,在河北、四川、浙江、河南等地,融资担保公司违规经营屡禁不止,风险防范、风险管理、风险化解、责任追究、风险缓释等机制缺乏,引致局部范围内支付危机、信用危机、社会不稳定等事件时有发生,其中农业银行在四川、重庆等地因担保公司丧失代偿能力而致使不良贷款率攀升的情况比较突出。对此,原银监会牵头组织的部际联席会议陆续发布多个文件,分别针对客户保证金管理、违规经营风险管理、政策性目标管理等提出了明确要求,并建议有关部门进行风险提示,组织风险排查。2013 年 12 月 21 日,银监会和国务院法制办公室等八部委联合发布《关于清理规范非融资性担保公司的通知》,专门安排 9 个月时间开展集中清理,对多种违规经营和违法活动进行了依法查处和取缔。这一时期,围绕"融资担保机构违规经营、风险频发、政策性目标偏离"而采取的多维度、多层级、多渠道的规范整顿工作制度和工作措施不少,但是收效甚微。2014 年 7 月,海仓资本管理人姜某跑路事件,揭示了中国第二大的"AA +"级担保公司河北融投公司运营风险"黑洞",使该担保公司濒临破产,最终被河北建设投资集团托管。此类担保公司运营风险事件在业内争议不断。如此体量的国有融资担保公司尚承载不起风险,遑论中小信用担保公司、民营担保公司。由此带来了行业的大讨论,集中反映出融资担保机构作为市场主体责任不明、行业管理没理顺、风险管理不规范、自律机构失位、监督管理越位、政策性目标偏离、可持续发展能力不足等问题没能得到根本性扭转、根本性解决的现象,完善制度、建立机制、强化管理、落实责任、发挥政策性功能等任务依然艰巨,融资担保行业发展的模式和发展道路、运营管理制度等依然亟待进一步研究、探求、实践。

在规范整顿期,具有代表性的法律制度是《融资性担保公司管理暂行办法》。

（五）特色发展（2015 年至今）

有关部门在规范整顿过程中，一方面，发现融资担保机构明显存在“运营风险较大，资本金不足，管理不规范，可持续发展能力不强”等现象，而且突出存在“没有发挥出应有的社会效益和经济效益”等问题，总的来看就是融资担保机构运营绩效不高，预期的政策性目标没能得到较好实现。另一方面，中小微企业和“三农”主体融资难、融资贵等问题长期存在，仍然没有得到突破性解决。与此同时，政府职能转换、简政放权等改革举措正在向纵深推进，财税金融等宏观调控政策也正在进行相应调整。2015 年 8 月，为了统筹兼顾金融改革、财政政策改革、政府职能转换、中小企业营商环境改善等多项改革任务，主动适应投融资体制机制改革转型要求，促进融资担保行业快速发展，更好服务于经济社会大局，国务院出台 43 号文，明确提出：要发挥政府支持作用，提高融资担保机构服务能力；要发挥政府主导作用，推进再担保体系建设；要让“政、银、担”三方共同参与，构建可持续银担合作模式；要落实财税支持政策，营造良好发展环境。该文件首次官方提出“政府性融资担保机构”这个概念，即由政府及其授权机构、国有企业出资并实际控股，以服务小微企业和“三农”主体为主要经营目标的融资担保机构。

为了进一步防范融资性担保业务风险，守住不发生系统性风险底线，在部际联席会议各成员单位特别是原银监会的大力推动下，《监管条例》于 2017 年 8 月 2 日由国务院总理李克强正式签署发布。虽然该条例仍然保留着为银行金融机构实现“风险隔离、风险防范、风险预警”的痕迹，但就融资担保公司的风险监管工作而言，委实向前大大迈进了一步。

在此期间，部分省市的融资担保机构由财政投资，由财政或财政委托的国有企业实际控股，主要为小微企业和“三农”主体提供融资担保金融服务，接受各级政府指定机构监督管理，各项业务得到较快发展，其资本规模和业务规模迅速扩大，在金融服务领域的特殊作用也不断扩大。2015 年，相关文件正式将这类机构称为“政府性融资担保机构”。它区别于商业性融资担保机构，区别于原来的政策性担保机构，区别于信用担保机构，它由财政投资，并由财政及委托管理的国有企业实际控股，主要为小微企业和“三农”主体提供金融服务。当然，原有的政策性担保公司、农业担保公司通过股份改革、管理改制和规范化管理归属于政府性融资担保机构范畴。少量存续的商业性担保机构仍是必要补充，它是中国特色社会主义制度框架下的新的探索和实践。

在特色发展期，具有代表性的法律制度是《监管条例》及四项配套制度。

表 2－5　我国政府性融资担保制度演进脉络

时间	演进脉络	阶段特点	主要法规
1993～1997 年	起步探索	担保机构开始萌芽，行业发展较慢	《担保法》
1998～2002 年	基础构建	全国试点逐渐展开，体系制度渐进完善	《关于建立中小企业信用担保体系试点的指导意见》
2003～2008 年	扶持发展	扶持力度加大，行业快速增长	《中小企业促进法》
2009～2014 年	规范整顿	信用风险频发，管理日趋严格	《融资性担保公司管理暂行办法》
2015 年至今	特色发展	政策性目标，市场化运营，监管力度加大	《监管条例》

资料来源：公开资料整理。

三、政府性融资担保制度演进特征与规律

（一）政府性融资担保制度演进特征

通过对我国政府性融资担保制度的系统梳理和分析研究，不难发现它们沿着某些价值导向在演进，呈现下列显著特征：

1. 政府性融资担保法律制度相较担保人而言，倾向保护债权人或债务人权益

为了促进金融交易和商品等市场交易，政府性融资担保制度并没有充分体现担保人（担保机构）的权益，而是更多倾向于保护债权人、债务人权益。如《担保法》多个条款都载明要保护债权人利益，《民法典》多个条款则明确提出保护债务人利益。

2. 政府性融资担保监管制度重点保护银担合作中银行业金融机构

为了保护银行业金融机构利益，切实保障金融安全与稳定，政府性融资担保监管制度更多体现保护银行业金融机构的利益。如《融资担保机构重大风险报告制度》（银监发〔2010〕75 号）、《融资性担保公司信息披露指引》（银发〔2010〕100 号）、《关于促进银行业金融机构与融资性担保机构业务合作的通知》（银监发〔2011〕17 号）、《关于近期银行业金融机构与融资性担保机构业务合作风险提示的通知》（银监办发〔2012〕141 号）等。

3. 政府性融资担保在特定时期的税收、奖补等政策制度，重在激发融资担保资金大量投入特定对象，但较少关注由此带来的运营风险

在特定时期，为了发挥宏观调控积极作用，政府性融资担保制度通过减免税收、给予奖补等制度设计，重点激发融资担保资金大量投入特定对象，不过较少关注由此带来的运营风险。如《关于中小企业融资（信用）担保机构有关准备金企业所得税税前扣除政策的通知》（财税〔2017〕22号），《关于进一步加大创业担保贷款贴息力度全力支持重点群体创业就业的通知》（财金〔2020〕21号），财政部、工信部《关于对小微企业融资担保业务实施降费奖补政策的通知》（财建〔2018〕547号），《关于进一步做好创业担保贷款财政贴息工作的通知》（财金〔2018〕22号）等。

4. 国家层级的政府性融资担保制度比较宏观，而部门或地方层级制度弹性较大，难以引导其实现政策性目标

国家层级的政府性融资担保制度比较宏观无可厚非，但有关部门或地方层级制度也比较空泛、弹性大、可操作性不强。比如，《监管条例》和四项配套制度中，融资担保责任余额不得超过融资担保公司净资产的10倍，对小微企业和农户融资担保业务在保余额占比50%以上且户数占比80%以上的，前款规定的倍数可以提高至15倍。由于绝大多数省市没有制定出细化、精准化的地方层级的相应实施细则（制度、办法），导致融资担保机构实际放大倍数长期保持较低水平却并不受制度约束。从全国平均值看，融资担保放大倍数，2013年达到2.3倍，之后多年徘徊不进。2017年下滑至1.9倍，2018年略有回升超过2.0倍，2019年2.4倍。有的政府性融资担保机构自成立之日起，就不做或少做融资担保业务，将注册资本金存放银行吃利差，或对外委托贷款谋利、对外投资分红，偏离了支持小微企业和“三农”的政策性目标（如2012年至2019年重庆南岸兴农融资担保公司连续8年只做了1笔金额1000余万元的融资担保项目，而且该项目还出现不良情况或风险，公司收入则主要源于注册资本金投资理财收入或存放银行款项利息收入）。另外，担保业务的“覆盖面”这一指标，由于有关部门或地方层级制度中没有准确界定是融资担保户数与担保业务需求户数之比、担保贷款占全国贷款总额之比，还是担保融资规模占全社会融资总规模之比，使部分机构视而不见，开展担保业务时“重大轻小、重商轻农”，实际覆盖率低至5%左右。

融资担保放大倍数、覆盖率是表征政策性目标实现程度的重要指标，我国融资担保政策性目标显然已经出现较大偏离。为什么以往我国政府性融资担保政策目标偏离度如此之大？究其原因，许多制度弹性较大、可操作性不强，例如，四项配套制度中“小微企业和农户融资担保业务在保余额占比50%以上

且户数80%以上”之制度规定对“小微企业和农户”的界定模糊，对“50%、80%”比例的测算方式弹性太大，对影响“覆盖面”的直接因素指向不明不准。如果不结合本地实际，制定出精准化制度，难以引导各方协同实现制度的政策目标。[1]

5. 政府性融资担保制度制定的主管部门倾向促进本部门工作，促进本行业产业发展，但较少考虑融资担保机构综合功能作用之发挥及其自身可持续发展

负责制定政府性融资担保制度的主管部门，为了促进本部门工作，促进相关行业产业发展，在制度制定过程中，有倾向性考量，但较少考虑融资担保机构自身可持续发展。如制定《关于发布〈融资担保公司证券市场担保业务规范〉的通知》（中证协发〔2016〕11号）、《关于开展国家城乡融合发展试验区工作的通知》（发改规划〔2019〕1947号）、《关于进一步促进中小企业信用担保机构健康发展的意见》（工信部企业〔2015〕83号）等。为了促进房地产业、农业等行业产业之发展，有关部门在行业发展政策制度中提出了鼓励支持担保行业的内容。如财政部、工业和信息化部《关于中小企业信用担保资金管理暂行办法》（财企〔2010〕72号）、部际联席会议《关于促进融资性担保机构服务小微企业和“三农”发展的指导意见》等。2019年政府性融资担保机构净资产收益率只有1%左右，远低于银行业12%～14%、非银行金融机构6%左右的平均水平；融资担保业务代偿率3.40%，融资担保代偿回收率17.65%，行业拨备覆盖率64.13%，[2]显然，其自身运营能力已严重不足，但却没有相关制度针对这一突出问题，试图促进政府性融资担保机构可持续发展。

6. 金融风险越大，政府性融资担保制度供给越多，经济发展越不景气，政府性融资担保制度供给越多，反之亦然

从政府性融资担保制度供给的频率来看，金融风险越大，制度供给越多，经济发展越低迷，制度供给越多，反之亦然。如2019年出台《关于进一步明确融资性担保业务监管职责的通知》（国办发〔2009〕7号）、《关于同意建立融资性担保业务监管部际联席会议制度的批复》（国函〔2009〕50号）、《关于进一步促进中小企业发展的若干意见》（国发〔2009〕36号）、《关于进一步促进中小企业发展的若干意见》（国发〔2009〕36号）等4个制度，2020年出台《关于引导金融强化服务支持企业复工复产持续经营的财政政策措施》（吉财金〔2020〕131号）、《关于充分发挥政府性融资担保作用为小微企业和“三农”主体融资

〔1〕 数据源于国家统计局和银保监会官方网站公开信息。
〔2〕 数据源于中国担保协会《2019年度融资担保行业分析报告》。

增信的通知》(财金〔2020〕19号)、《关于进一步做好全国农业信贷担保工作的通知》(财农〔2020〕15号)、《上海市地方金融监督管理条例》(第十五届人大常委会第二十次会议)、《关于进一步加大创业担保贷款贴息力度全力支持重点群体创业就业的通知》(财金〔2020〕21号)、《关于印发〈政府性融资担保、再担保机构绩效评价指引〉的通知》(财金〔2020〕31号)、《关于印发〈融资担保公司非现场监管规程〉的通知》(银保监发〔2020〕37号)、《关于做好政府性融资担保机构监管工作的通知》(银保监发〔2020〕39号)等10余个制度。

7. 政府性融资担保制度演进的前期状况

在政府性融资担保制度演进的不同阶段,其分别呈现计划经济与行政管理色彩、市场经济色彩、中国特色社会主义色彩等。前期制度如:国家经贸委《关于建立中小企业信用担保体系试点的指导意见》(国经贸中小企业〔1999〕540号)、建设部《关于印发〈住房置业担保管理试行办法〉的通知》(建住房〔2010〕108号)等,将政府部门的行政职能职责延伸、分解或转移至担保机构继续发挥作用;中期制度如:《关于近期银行业金融机构与融资性担保机构业务合作风险提示的通知》(银监办发〔2012〕141号)、《融资性担保公司信息披露指引》(银监发〔2010〕100号)等对融资担保机构风险监督管理进行规制;当期制度如:《关于有效发挥政府性融资担保基金作用切实支持小微企业和"三农"发展的指导意见》(国办发〔2019〕6号)、财政部《关于充分发挥政府性融资担保作用为小微企业和"三农"主体融资增信的通知》(财金〔2020〕19号)等,都鲜明而突出地对融资担保机构的国有金融资本管理,加强党委对国有融资担保企业的领导,实现政策性目标,遵循市场化导向等作出严格规定。

8. 政府性融资担保机构自身发展需要借助其他制度的外部性溢出

政府性融资担保机构自身发展常常需要借助于其他制度的外部性溢出效应。如《物权法》,《合同法》,《中小企业促进法》,《预算法》,中共中央、国务院《关于实施乡村振兴战略的意见》,中共中央、国务院《关于构建更加完善的要素市场化配置体制机制的意见》,中共中央、国务院《关于深入推进农业供给侧结构性改革　加快培育农业农村发展新动能的若干意见》,中共中央、国务院《关于加快构建政策体系培育新型农业经营主体的意见》,中共中央、国务院《关于全面推进乡村振兴加快农业现代化的意见》等法律法规、政策制度中有关担保机构资金来源、担保权能实现、反担保抵质押物、担保机构税费政策等相关内容,对促进担保行业的发展发挥了积极而重要的作用。

(二)政府性融资担保制度演进规律

通过对政府性融资担保制度演进过程及其特征的梳理、分析,不难发现我国政府性融资担保制度还隐含着以下几个演进规律:(1)经济发展速度越快,政府性融资担保机构在支持促进中小微企业发展中的作用发挥越突出,但政府性融资担保制度供给却相对越少。(2)经济社会改革越深化,产业结构调整力度越大,政府性融资担保机构作用越突出,支持促进政府性融资担保的制度供给相对越多。(3)银行业金融机构风险越大,政府性融资担保机构作用越突出,风险监管制度供给越多,而促进政府性融资担保机构健康发展等方面制度却相对较少。(4)金融深化改革进程越慢,政府性融资担保作用越突出,制度供给却相对越少。(5)国家有关部门行政职能越精简,政府性融资担保作用越突出,业务发展越迅猛。(6)国家财政货币政策越紧缩,政府性融资担保作用越突出,业务发展越迅猛。(7)政府性融资担保制度的密集发布,同金融危机爆发、金融风险累积的时间节奏基本一致。(8)国家有关部门把政府性融资担保作为财政支持政策而不是金融工具,但却希望它发挥金融杠杆的突出作用。(9)人民银行、原银监会等部门不曾将其纳入金融体系,但它事实上涉及几万亿级金融资产,关系重点行业产业的金融服务,关系守住不发生系统性金融风险底线。

本节通过对政府性融资担保制度(见表2-1)的演进过程、演进脉络、演进特征、演进问题分析研究后发现:整个制度演进过程,对政府性融资担保制度的构建思路、构建目的、构建原则、构建框架以及保障协同机制、运营机制等尚缺乏系统而全面之体现,此乃缺憾。不过这为政府性融资担保制度研究留下了较大空间,也正好为本书重构和完善好政府性融资担保制度留下了回旋余地。

第三节　政府性融资担保制度待完善之处

通过对我国政府性融资担保制度缘起动因、演进脉络、演进特点等梳理分析,不难发现我国政府性融资担保制度尚存在一些有待完善之处。对此展开认真分析,有利于后文研究更加深入,进而更好地找到相关制度重构与完善的目标原则与方法思路。

一、政府性融资担保相关政策尚不配套有待完善

综观融资担保行业制度以及相关政策机制,其大多涉及行业准入条件、企业增信、银担合作、加强对中小微企业和"三农"主体金融服务、加强对实体经济资金支持等,例如,国务院办公厅发布《关于进一步明确融资性担保业务监管职责的通知》(国办发〔2009〕7号)、国务院发布《关于进一步促进中小企业发展的若干意见》(国发〔2009〕36号)、原银监会等七部委发布《融资性担保公

司管理暂行办法》(2010 年第 3 号令)、财政部和工信部发布《关于印发〈中小企业信用担保资金管理暂行办法〉的通知》(财企〔2010〕72 号)、原银监会(部际联席会议)发布《关于促进融资性担保机构服务小微企业和“三农”发展的指导意见》、国务院发布《监管条例》、财政部发布《关于充分发挥政府性融资担保作用为小微企业和“三农”主体融资增信的通知》(财金〔2020〕19 号)、人民银行发布《关于全面推广小额贷款公司和融资性担保公司信用评级工作的通知》(银办发〔2015〕92 号)、财政部和税务总局发布《关于中小企业融资(信用)担保机构有关准备金企业所得税税前扣除政策的通知》(财税〔2017〕22 号)等。然而,促进政府性融资担保机构健康发展,更好更有效率地服务中小微企业、服务“三农”主体等实体经济,从而带动整个金融市场发展的相关政策制度或机制却尚未配套。

由于相关制度尚未配套,有些制度的不足之处比较明显,有待完善。例如,政府性融资担保机构出资由政府负责和控制,但是机构属性和功能却没能交由市场机制去决定;机构管理委托相关部门,但部门利益倾向却没能防止;坚持担保机构非营利性运营,但是担保从业人员个人逐利性操作却没能防止;坚持突出政策性目标监管,但却没能兼顾依法合规性监管和风险防范性监管;出台税收减免、奖补等政策不少,但并没有促进该行业明显好转;财政资金不断追加,流动性风险压力依然存在;坚持探索担保机构和高管尽职免责,却没能有效防止个别少数以权谋私、失职渎职、滥用职权或避责、卸责……以致部分融资担保机构运营绩效不高,难以保持稳健而持续的发展,政府性融资担保政策目标难以更好实现。

二、政府性融资担保市场主体有待进一步清晰

我国担保行业起步于 20 世纪 90 年代,在担保业务起步初期,1994 年 8 月,人民银行发布《金融机构管理规定》,明确将担保公司、融资担保分别归集为金融机构、金融业务之范畴,由人民银行进行监督和管理。这标志着融资担保公司正式进入金融市场,开展金融相关业务,也预示着担保行业应该立足于金融市场寻求发展。然而,时间过去不到 5 年,1999 年 1 月,《中共党政机关金融类企业脱钩的总体处理意见和具体方案措施》要求信用担保与金融脱钩,并不再将其作为金融机构管理。不久,融资担保行业与金融市场脱离,相关政策制度也陆续出台,其中由原国家经贸委发布的《关于建立全国中小企业信用担保体系有关问题的通知》(国经贸中小企〔2001〕198 号)明确规定了我国中小企业信用担保体系的担保机构成立应具备的基本条件和准入名单。自此以后,没有相关政策文件明确规定应将担保公司、融资担保分别归集为金融机

构、金融业务之范畴,更没有政策文件明确政府性融资担保机构的市场主体地位,但其所做的业务依旧还是金融业务,涉及的经营风险主要还是金融风险。近年来,财政部、人民银行、银保监会等国家部门发布的多个文件制度,例如,人民银行等七部门《关于金融助推脱贫攻坚的实施意见》(银发〔2016〕84 号)、银保监会等七部门《关于做好政府性融资担保机构监管工作的通知》(银保监发〔2020〕39 号)、人民银行《关于深入开展中小微企业金融服务能力提升工程的通知》(银发〔2021〕176 号),都没有把政府性融资担保机构纳入"各类金融机构""金融服务体系"。国务院、国家有关部门发布的多个文件制度,例如,人民银行等五部门 2019 年 1 月发布的《关于金融服务乡村振兴的指导意见》,都把政府性融资担保作为财政政策工具之一,并没有把它当作金融工具、金融杠杆之一,更未曾涉及政府性融资担保机构的权利、义务和责任,从而模糊了市场主体这个十分重要的问题。

政府性融资担保机构在金融市场中的主体地位不够清晰,则其权利、义务就很难界定,很难得到法律保护,它们在市场经济活动、金融交易活动过程中的公平、正义也就难以主张和得到体现,其责任难以被监督和追究,而由此导致的结果,是仅仅把它变成各个行业、各个板块的"增信工具""金融中介""公共产品"。在利益驱动下,与政府性融资担保机构合作的相关行业产业的管理部门、实体机构大都会站在自身利益角度,约束政府性融资担保机构,即便赋予其某项权利,也一般是带有附加条件或严苛限制的,从而使政府性融资担保机构的运营风险被逐级放大、累积,甚至可能危及区域性金融安全与社会稳定。

三、政府性融资担保监管主体有待进一步明确

从担保业兴起以来,担保机构的监管责任主体一直变换不定。1994 年 8 月人民银行发布《金融机构管理规定》后,由人民银行对担保行业进行监督和管理;1999 年 1 月,中共中央办公厅发布《中共党政机关金融类企业脱钩的总体处理意见和具体方案措施》,该文件正式明确不再将融资担保机构作为金融机构管理,自此以后的一段时间内,信用担保与金融脱钩,由财政部与发改委共同管理;2003 年 6 月,随着融资担保业务逐渐丰富,在之前的财政部与发改委联合监管基础上,国家有关部委针对涉及自身监管领域的融资担保业务,出台部门规章实行分业监管。这些部门包括财政部、发改委、原银监会、证监会、原建设部、外管局、原劳动与社保部等;2018 年 3 月,银保监会合并,融资担保行业的监管格局进一步发生了变化,具体由银保监会普惠金融司负责融资担保业务日常监督制度的制定和落实,以及后续风险管控。2009 年,为了加

强对融资担保业务的监督管理,国务院建立起部际联席会议,并确立了属地管理原则。由此,除分业监管以外,国务院以及部际联席会议亦将对担保行业进行统一监管。在此过程中,部分省市为了工作便利,还存在继续委托当地国资委、财政局、发改委、商委、中小企业局、交通局等履行对融资担保机构监管职责等情况。2015 年前后,部分省市先后挂牌成立地方金融监督管理局,大部分省市都已经授权地方金融监管局来履行对融资担保机构及融资担保业务的监管职责。

对融资担保行业,负责监管的主管部门变换不定,由最初的单一部门监管,发展成多部门监管,此后区分行业主管部门而分别进行监管,之后又建立部际联席会议制度,直至确立属地管理原则。对政府性融资担保机构,则是由人民银行监管,到财政部和原银监会监管,再到现在的国务院、银保监会以及部际联席会议等实施监管。部际联席会议制度下有关部门所履行的监管实际效果比较有限,例如,银保监会等七部门《关于做好政府性融资担保机构监管工作的通知》(银保监发〔2020〕39 号)便提出工信部、农业农村部、组织部门、纪检监察机构、财政、国资等多个部门都要实施监督管理。从监管的深度和广度上分析,各部门对政府性融资担保机构的监管都在逐渐加强,然而,这种广度上的加强对政府性融资担保机构持续健康发展却并不是最好的选择。反而,在分业监管和多部监管模式下,担保机构自主经营、自担风险、自求发展、自我约束的空间相对较小,在业务开展和创新等方面都会受到一定限制,由此,制度运行绩效、公司运营绩效便会受到较大影响,同时运营风险也难以管控,自身发展将难以持续,如此这般,将有违政府性融资担保机构更好地服务于中小微企业和“三农”主体等实体经济之初衷。

第四节　本章小结

政府性融资担保制度对该行业乃至经济金融高质量发展起着重要作用。本章通过对其制度演进的研究发现,该制度设计过程尚缺乏稳定的制度目标价值导向和协同运行机制保障。相关法律法规、政策文件制度徘徊或淤滞于对融资担保行为之规制,以及对债权人、债务人的倾向性保护,而没能正视政府性融资担保机构存在于整个金融服务体系,承担着重要的社会责任这个客观事实,亦没能将其作为金融市场主体,去规制好其中的权利、义务、责任,调整好其中的责权利关系,进而形成完整的制度框架体系。

制度演进的研究分析还发现,政府性融资担保制度有助于弥补“政策失灵和市场失灵”,其独特属性体现在:具有政策性功能、准公共产品属性和较强的外部性。过往的政府性融资担保制度设计尚存在以下问题:制度价值目标没能聚焦、机构市场定位没能精准、行业监督管理没能统领;市场主体虚位、风险监管缺位、行业主管越位、激励约束不到位;机构出资由政府安排控制,但是机构属性和功能作用没能交由市场机制去决定;机构管理委托相关部门,但是本部门利益倾向却没能防止;坚持融资担保机构非营利性运营,但是从业人员逐利性操作却没能防止;坚持政策性目标监管,但依法合规性监管和风险防范性监管却没能兼顾,使许多融资担保机构难以稳健而持续发展。

因此,要想进一步提高政府性融资担保经济效益、社会效益,实现政策目标,防范金融风险,确保可持续发展,亟须从法律制度层面廓清"市场主体、监督主责、行业主管"等责任和责任履行,厘清政府性融资担保制度构建的原则目标、思路方法、框架内容和协同保障机制等。

第三章　政府性融资担保制度绩效研究

研究制度绩效,离不开制度作用对象的运行绩效(运营绩效)。根据本书第一章“政府性融资担保制度理论研究”,结合我国政府性融资担保实际情况,笔者将本制度绩效研究聚焦于“经济效益、社会效益、风险控制和可持续发展能力”等方面,分析是否实现了既定政策目标,揭示绩效不高的事实,实证分析政府性融资担保制度绩效提升的影响因素和作用机制。效率反映资源投入与产出收益之间的对比关系,政府性融资担保经营效率就是表示政府性融资担保资源投入与产出收益之比例,即反映其经济效益的实现情况。经营效率实证有助于分析经济效益的影响因素及实现路径。效能是指系统在特定条件下的工作能力和实际需求的匹配程度,其反映系统具体任务的实际目标值实现与期望值完成度,是效率和工作能力有机统一之表征,政府性融资担保目标效能就是表示政府性融资担保业务产出与最优期望产出差距的动态度量,最终反映其政策性目标的实现情况。通过经营效能实证,可以分析社会效益的影响因素及实现路径。分析融资担保风险的生成机理和传导机制,可以找准融资担保风险产生原因及风险控制措施,找到可持续发展能力的提升路径。

本章针对政府性融资担保制度绩效存在的问题进行分析,通过融资担保经营效率实证分析“经济效益”,通过经营效能实证分析“社会效益”,通过风险生成和传导分析“风险控制和可持续发展能力”的影响因素、生成机制、传导机制,以期进一步揭示政府性融资担保制度所存在的问题及原因,为后文重构与完善制度奠定坚实基础。

第一节　政府性融资担保制度绩效分析

根据本书第一章“政府性融资担保制度理论研究”,结合我国政府性融资担保实际,笔者认为该制度绩效问题研究应该集中于经济效益、社会效益、风险控制和可持续发展能力等几个方面,这正是直接影响政府性融资担保制度目标的重要因素。

一、融资担保经济效益

(一)融资担保运营模式决定其不可能有较好经济效益

融资担保机构的收入来自担保费收入(为借款人提供增信担保而收取一定的担保手续费)、资金收益(注册资金闲置部分存放银行款项利息收入、投资理财收入)、资产管理收入(对代偿追偿而形成的资产进行清理管理、清收盘活,以及由此产生的增值收益)。成本除人工成本、办公经费、营运成本等外,主要是代偿损失赔偿形成的成本,另有税收成本、风险拨备、保证金占用等形成的成本。同时,融资担保受制于担保项目风险,不可能无限制地做大规模,不可能有更多的收入渠道和更高的收入来源。运营支出是刚性的不可预见的,运营收入是固定的、有限的,现行的这种运营模式始终依赖于注册资本金的规模而生存,依赖于注册资本金的追加而发展,不可能有较高的经济效益。2019 年年末,全国担保行业净资产收益率为 1.11%,与 2018 年勉强持平;净利润较 2018 年下降了 16.6 亿元,降幅为 10.6%,业务管理费用却较 2018 年增加 64.3%。

(二)融资担保服务对象相对弱质弱势,担保主业盈利空间较狭窄

融资担保机构主要从事担保业务,并为借款人向银行申请贷款提供担保。政府性融资担保客户群主要是中小微企业和“三农”主体,属于弱质弱势行业产业中的弱势客户群体,它们的生产经营本来就风险高、效益低,那么融资担保主要业务也是风险较高的生产和经营流动性担保贷款。实际情况是担保人承担的风险处于银行与风险投资机构之间的水平,即大于银行但小于风险投资机构的风险。与担保人相比,银行对客户的要求更高,不仅要求其第一还款来源提供更好的经营现金流,而且还需要抵押品或担保作为第二还款来源。担保人无法根据银行标准要求客户,还款额不足或无法提供足够的反担保抵押品,存在较大的风险敞口是融资担保机构面临的常态。政府性融资担保机构在受理担保业务时,更无法向借款客户提出“提供足值的反担保抵质押品”等要求,如果原始还款人无法偿还债务,担保人必须无条件承担赔偿的风险。中小微企业、“三农”项目存活率低、盈利能力低,现实情况是如果没有补助政策制度扶持,该类行业就没有正常的利润,无论是融资担保客户,还是融资担保机构自身,连正常的运营都难以维持。2017 年伊始,绝大部分融资担保公司的营业利润呈现下降趋势,从而拉低了整个行业的营业利润率,使行业的平均

净资产收益率降到了1%以下。在这些融资担保机构里面,除少部分股东背景实力较强、规模较大的融资担保公司因资本金雄厚而暂时处于盈利状态外,大部分公司的盈利能力较弱,处于微利或亏损状态。与国有担保机构相比,中小担保机构、民营担保机构的经营压力更大,盈利空间更狭窄。

(三)费率定价欠合理、不科学

金融交易活动中的费率定价应该根据风险度而确定,如果不是这样,那应该有风险分担、风险补偿政策相配套,否则就欠合理、不科学。在以前的担保费率制度设计中,政府为担保机构给出的担保费率是依据贷款利率而定,即为贷款利率50%的收费空间。但是,融资担保公司的收益与风险并不匹配,在这个制度设计里面,融资担保公司承担了几乎全部的信贷风险,毫无疑问,这一担保费率使其在很大程度上无法维持自身的正常运营与可持续发展。假设担保行业的代偿率在3%左右,按照在保余额2万亿元规模来进行测算的话,担保行业的收入将会全部用来偿还债务,自然也就没有多少利润可言。与此同时,有关部门或地方政府出台的相关政策对融资担保机构的担保费率进一步作出了限制和规定,有的地方政府甚至武断要求融资担保机构的担保费率不能超过1%或不收取担保费。即使没有遇到这种情况,至少要按照国家政策规定的担保率,不能超过同期银行贷款利率的50%,即担保费率上限为同期银行贷款年利率的50%。2021年,政府公布的短期贷款年利率为4.35%,根据该政策,担保费的年利率不得超过2.17%。如果按照市场化原则,采用风险定价方式,担保费的收费标准预计可以达到4%~8%。中小微企业对资金成本非常敏感,这个资金价格多数企业难以承受。担保行业的获利能力受到费用的较大影响,也受高风险敞口和补偿水平持续上升的严重限制。实际情况是融资担保机构的经营状况大都不佳,表明他们无法实现较高净资产收益率。

二、融资担保社会效益

(一)支持中小微企业和"三农"主体实际占比低

国家建立和发展融资担保的目的是缓解融资难、融资贵问题,促进商品流通和资金融通,促进金融交易。同时还为了重点扶持"三农"主体和中小微企业发展。然而,现实情况是融资担保机构中,有的在利用资本金从事投资、委托贷款、基金等业务;有的主要在从事债券融资担保等直接融资和投资业务;有的主要从事房地产、建筑等国家明令禁止的短期效益好、潜在风险大、属于国家限制淘汰的行业和产业的融资担保;有的主要在从事风险小、费率高、回报大、成本低的商业性融资担保、政府平台类融资担保、财政保障政策兜底类融资担保,而真正需要融资担保扶持的“三农”主体和中小微企业却很少或者没能得到担保融资支持。以广东、浙江、河南、四川、重庆等地为例,若剔除区县级政府融资平台类担保融资,“路、游、水、电、气”等大型基建项目担保融资,以“三农”项目、中小微企业为“借款壳”进行项目包装的担保融资等之后,政府性融资担保机构真正在“三农”和中小微企业方面担保融资的占比实际不足40%。就算不剔除上述各项,2019年年末全国支持中小微企业和“三农”主体的融资担保业务占在保余额比重也只是勉强达到50%。

融资担保贷款面、贷款率都很低。融资担保业务的“覆盖面”这一指标,由于有关部门制度或地方层级制度中没有准确界定是融资担保户数与担保业务需求户数之比、担保贷款占全国贷款总额之比,还担保融资规模占全社会融资总规模之比,使部分机构视而不见,开展担保业务时“重大轻小、重商轻农”,实际覆盖率低至5%左右。以某直辖市为例,2020年年末全市担保余额共3346亿元,但是涉及小微企业融资担保余额1052亿元、“三农”主体融资担保余额219亿元,两者合计占比仅38%。如果考虑许多“三农”项目属于区县级政府平台类担保、国有企业担保这类大型项目融资担保,实际涉及的小微企业和“三农”主体不多。这和政府性融资担保主要为小微企业和“三农”主体融资担保服务的政策目标相比差距太大,其社会效益之低显而易见。

(二)融资担保放大倍数低

国家投入巨量的财政资金,用于发展政府性融资担保。这是希望通过担保资本金放大这个金融杠杆功能,提高资金的使用效率,进而产生比财政资金直接投入更大的社会效益。而实际情况则是,多数担保机构的担保放大倍数较低。担保机构的现金保护能力反映了被担保人在发生违约时使用现金进行赔偿的能力,这直接受到担保杠杆放大倍数的影响。担保率的分子是年底的保险索赔余额,而分母是净资产。如果净资产与担保倍数之间存在正差,即担保倍数较弱且净资产得到增加,则意味着公司将足以承受其承担的风险。从图3-1可以看出,实际上,尽管近年来全国融资担保业发展速度有所提高,但担保放大倍数与监管限制相比(监管限制即担保放大倍数1~10倍,专营“三农”的融资担保放大倍数可达15倍),仍然很低。从全国平均值看,融资担保放大倍数,2013年达到2.30倍,之后多年徘徊不进。2017年下滑至1.90倍,2018年略有回升超过2倍,2019年为2.40倍,2020年也只有2.56倍。有的政府性融资担保机构自成立之日始,就不做或少做融资担保业务,而将注册资本金存放银行吃利差,或对外委托贷款谋利、对外投资分红,完全偏废了支持小微企业和“三农”的政策性目标(如2012年至2019年,重庆南岸兴农融资担保公司只做了1笔金额1000余万元的融资担保项目且该项目已成为不良或风险项目,公司收入主要源于注册资本金投资理财收入或存放银行款项利息收入)。

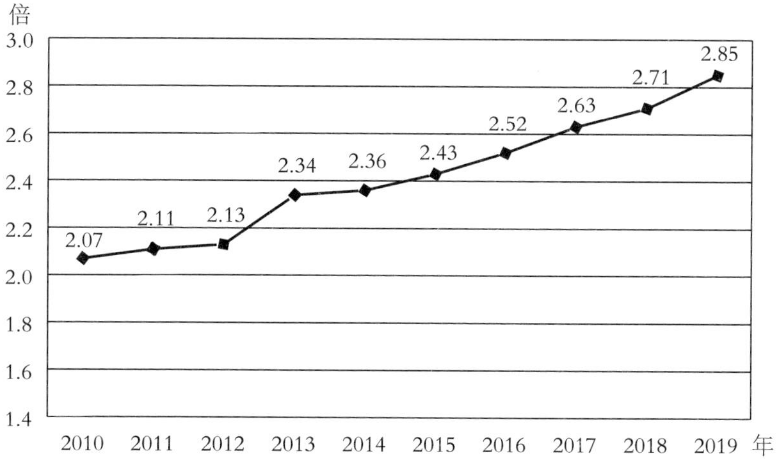

图 3-1　2010~2019 年我国融资性担保行业担保放大倍数

资料来源:公开信息整理。

三、融资担保运营风险

(一)宏观上经济下行压力加大,代偿率攀升

2011 年到 2013 年,融资担保机构的主要业务收入与整个担保行业总资产的占比在 4.5% 左右。近几年,随着融资担保业务的难度加大,该比重还在持续下降。自 2013 年起,担保行业进入代偿高发期,连续 3 年时间,担保机构代偿率与新增代偿额双双持续走高,代偿项目多出现在商贸、制造业等领域,代偿客户以中小民营企业居多。

在 2018 年,整个担保行业在保余额约为 3.64 万亿元,其中融资性担保行业在保余额在 2.8 万亿元左右,而最近几年的代偿率还逐年升高,2020 年年末全国融资担保代偿率仍然高达 2.76%。2018 年以来,民企上市公司违约事件频发,部分担保机构对民企上市公司的反担保条件相对宽松,仅为法人无限连带责任担保,导致担保机构在追偿环节处于劣势,加大了最终的代偿损失风险。宏观经济下行,中小微企业受到冲击,“三农”领域融资担保项目质量也不容乐观,部分机构此类项目的代偿率已超过 30%,这导致担保机构面临破产清算。此外,2014~2019 年,债券融资担保业务在全国迅猛发展,部分政府性融资担保机构由此获得了可观保费收入。然而,近年来作为债券融资主体的地方政府债务率居高不下,城投债等通过担保增信包装形成的投融资产品“暴雷”情况时有发生,而财政局、发改委等部门正在着手规范、控制发债业务,或限制发债业务通过政府性融资担保增信,以及绕道通过评审的行为发生,这让部分债券担保业务风险加速显现。我国融资担保机构在风险把控和业务分散度上尚缺乏质量提升的制度支撑。

(二)微观上内部风险管控不足,担保损失赔偿待遏制

微观上,融资担保机构内部缺少有效的风险防控手段。一方面,一直以来,融资活动中担保机构无论是在业务模式方面,还是在风险控制方面,都与银行十分相似,对融资担保机构来说,与银行最大的不同点在于抵押品方面,融资担保机构从事担保业务时,其担保方式包括保证、抵押、质押、留置和定金,而在抵押品方面,与银行相比其要求较低。对于银行而言,由于无法对其带来一定的增量价值,因此部分银行不属于从事融资担保业务。另一方面,融资担保行业风险管理模式、风险责任追究机制、风险控制约束机制等相对银行等金融机构先天较差,大部分中小担保公司担保损失不断发生,根本无法遏制。融资担保行业开展业务高度依赖银行或关联方,风险识别、风险评审、风险管控等缺乏独立性,不具备核心竞争力。同时,由于担保业务追偿周期长,法律程序复杂,法律制度支持保障偏少,使大部分担保机构不良资产处置不畅,担保代偿余额、损失额便不断增长,有待遏制。一些中小融资担保机构难以及时代偿不良贷款而失信违约,面临转制或破产倒闭。2019 年年末,全国担保损失率 0.36%,较上年增长 0.11 个百分点,发生损失额 56 亿元,较上年新增了 18 亿元。担保代偿、损失赔偿,其实质是政府兜底买单风险,是政府性融资担保机构的运行绩效不高。

(三)中观上补偿机制亟待建立完善,运营风险待遏制

对融资担保行业的风险补偿机制,很多地区都涉及再担保机构,融资担保机构通过与再担保机构进行合作,发挥再担保机构增信、风险分担的职能,为其分担部分风险。随着风险程度加剧、“暴雷”频率加大,各地增加了对再担保机构的需求,通过建立再担保机构制度体系分散风险成为各地的选择。但这远远不够,融资担保机构应该寻求多元化的风险分担机制,政府性融资担保机构更应该构建多元化的融资渠道,抑或通过金融市场,扩大自身资本实力,提高自身防控运营风险的能力,但目前尚无制度依据。补偿若不能形成科学机制,它只不过是风险的转移或转嫁,还可能出现负外部效应、逆向选择等不利后果。

四、融资担保可持续发展

(一)金融监管有待更加匹配

首先,由于政府缺乏对中小企业和贷款担保机构开展“三农”贷款担保项

目的有效激励措施,并且未对发生的代偿风险和损失提供足够的补偿,因此,融资担保机构发展业务的动力是有限的。其次,恢复所需的司法程序较为复杂。融资担保机构代偿赔偿后,恢复诉讼或仲裁程序复杂,过程缓慢、周期长、附加条件多、法律制度依据不够充足,担保机构的反担保措施所涉及的房地产、土地、机器设备、股权、开采权、知识产权等要执行到位或及时变现都是十分困难的。产生资金压力的工商登记注册主体的业务开办资格,在一定程度上也影响了担保机构的正常运作。最后,一些地区的社会环境十分不利于融资担保机构开展相应的业务。许多没有执照的担保人使用担保的名称从事投资或贷款业务,或从事非法资金业务,如非法集资、非法高利贷融资等,这对担保行业声誉产生了负面影响。

(二)银担合作环境有待改善

就银行与担保公司的合作而言,双方所处的地位不均等,而这最为突出的表现就在其风险分担机制失衡方面。近年来,实际与担保人合作的银行金融机构(分支机构)的数量有所减少,尤其是国有商业银行等金融机构急剧减少。作为银行与公司之间的桥梁,融资担保机构应与银行进行互利互惠的合作。实际上,银行处于绝对的主导地位,在认真考虑担保人所有权和资本规模等特征后,出于谨慎和安全的考虑,银行对融资担保机构授信的放大倍数压低,然而收取的保证金比例却相对抬高。此外,借款人的违约风险基本上由担保人承担,银行之间没有建立信息共享和风险共享协调机制。银行与担保机构之间的新合作将更加谨慎,表现在以下三方面:一是终止部分担保机构的准入资格;二是暂停与担保人的新业务的发展;三是银行为担保机构设定高标准。在与银行签订的合作条款上,其很大程度上受银行的监管,然而融资担保机构却承担了绝大部分甚至是所有的风险,这种条款的设置对融资担保机构而言极为不利,不能为其合理地分散风险,融资担保机构既要承担100%的风险,又要向银行支付10%到20%的存款,提高了融资成本,阻碍着融资担保业的持续发展,也限制了融资担保机构的作用发挥。

(三)激励约束机制有待完善

大多数融资性担保公司的激励制度还有待健全和完善。目标设置理论认为:“具体而明确的目标比笼统的目标激励效果好,而且目标的具体性本身就是一种内部激励因素。”融资担保机构普遍以“提高工作积极性、增加社会责任感、践行社会宗旨”这样的话语作为干部员工管理的激励约束目标,缺乏具体的可操作的量化目标。担保机构目标考核管理过程中,涉及精神的多、涉及物质的少,涉及义务的多、涉及报酬的少,涉及集体的多、涉及个人的少。

(四)运营管理水平有待提高

当前,融资担保机构大多专注于业务开展,忽视合规性和风险管理以及信息系统管理控制,从而导致违规和操作风险增加。在创新水平上,对于一些融资担保公司来说,其业务种类相对单一,而且过多地专注于传统的贷款担保业务,相对缺乏创新能力以及核心竞争力。除信贷和抵押担保外,还需要开发工程担保、履约担保、保全担保和其他类型担保。总的来说,融资担保行业以传统业务模式为主,依赖对公业务和传统的银行客户资源,缺少创新意识和能力。就融资担保机构自身而言,其急需对照行业内管理较为规范的担保机构的管理模式,建立一套适合自身发展的运营管理机制。相关部门应当制定促进担保机构健康发展的相关政策制度,激励、引导和规范其发展。

(五)发展模式有待创新

融资担保机构内部管理水平不高,风险控制能力弱,盈利模式受窘,外部受监管对“杠杆”水平(担保放大倍数)和集中度管理的限制,融资担保新增规模相对有限,业务发展受到一定的限制。受《监管条例》及四项配套制度“重点约束担保机构融资担保放大倍数和单一客户集中度指标”的影响,部分接近或突破担保放大倍数监管上限的融资担保机构不得不调整业务经营管理和发展思路,通过主动收缩债券担保业务规模、控制业务集中度等方式降低潜在的业务风险,以体现贯彻落实《监管条例》及四项配套制度的精神要求。短期内,由于其存量业务尚未集中到期解保,业务发展空间受到限制,其发展模式亟待创新。

2020 年年末,全国融资担保机构有 5190 家,比 2019 年减少 312 家,比 2018 年减少 803 家,比 2012 年机构数最多时减少了近 3000 家。减少的担保机构大多系无法持续发展、暂时保留存续的担保机构,其经济效益和社会效益不高,运营风险大、政策目标偏废,如果不从融资担保制度上找出问题,分析原因、采取对策,其依然难以持续发展。

第二节　融资担保经营效率评价

一、经营效率评价设计

(一)经营效率内涵的界定

融资担保机构运行质量效益之高低,可以通过融资担保行业的经营效率来进行实证。融资担保机构的经营效率,从微观经济学角度来看,是指机构经营所带来的收益抵销各种成本的能力;从宏观经济学角度来看,是指融资担保机构运行的资源投入与对国民经济增长的贡献和促进程度之间的对比关系；从福利经济学角度来看，是指融资担保机构的运行所带来的社会福利与运行成本之间的对比关系，其中社会福利是指融资担保机构的运营使难以获得贷款的企业获得了融资，以及因此带来的税收、就业机会等的增加。

国内外学者曾从不同角度探究过担保效率问题。例如，通过使用担保放大倍数（陈晓红，2005 年）、违约率、代偿率等指标来衡量融资担保效率。通过不同评价方法测算担保机构的运行效率，如通过财务比率分析、回归模型分析、数学分析、数据包络分析法等不同评价方法测算担保机构的经营效率。有学者基于 DEA 模型，对信用保证机构的资产管理效率进行研究，得出过高的运营成本和投资风险是机构低效率的主要原因的结论。崔晓玲等（2010 年）综合考虑公司盈利、风险承受和信用等方面的能力，采用 DEA 投入产出效率评价方法，对东北某担保协会会员公司进行实证研究，得到大部分信用担保公司的规模不经济处在综合运行无效状态的结论。此外，还有学者运用 DEA 模型，对北美和中东的微金融机构展开研究，认为各机构存在投入浪费、产出不足、效率低下等问题，统计分析结果还表明，在 2000～2005 年投入产出效率几乎无明显改进。

通过对学者研究成果的综合分析不难发现，学者较为统一地认为融资担保效率是资源投入与产出收益之间的对比关系。本书研究将融资担保机构视同一个市场主体、一个金融企业，从企业层面出发，经营效率反映的是企业在投入资源不变的情况下能否得到最大化的产出，或在一定产出下能否使得投入资源成本实现最小化。

（二）经营效率评价方法选择

数据包络分析法（Data Envelopment Analysis，DEA）是运筹学和研究经济生产边界的一种方法，一般被用来测量一些决策部门的生产效率。DEA 是研究投入—产出的相对有效性的非参数技术效率分析方法，其基本原理是运用线性规划模型确定决策单元的效率前沿。对样本中各决策单元的投入产出进行加权平均，再测量出样本中各决策单元与最佳决策单元的效率值的差距。该方法优势在于事先不需对权重进行假设，也无须给定投入和产出之间的函数关系，这有利于避免研究者的主观性，有利于降低研究误差。DEA 模型已被广泛应用于生产函数计算、经济效率评价、区域经济研究、资源配置、效率研究、绩效评估等领域。根据对应模型不同、说明效率不同、存在情况不同等区别，DEA 可以分为 CCR 和 BCC 两种模型（1978 年，Charnes、Cooper 和 Rhodes 3 位学者提出了 CCR 模型；1984 年，Banker、Charness、Cooper 3 位学者提出并进一步拓展、发展了 CCR 模型。模型名称系相关学者的姓名首字母缩写）。本书为了研究需要,特别根据被评价对象的规模报酬是否可变,分为规模报酬不变的 CCR 模型和规模报酬可变的 BCC 模型。

通过规模报酬不变的 CCR 模型得到的效率称为综合技术效率。假设有 q 个决策单元 DMU_r ($j = 1, 2, \cdots, q$),对 DMU_j 的 m 个投入要素 x_i($i = 1, 2, \cdots, m$),投入要素权重为 ui($i = 1, 2, \cdots, m$);n 个产出要素 y_j($j = 1, 2, \cdots, n$)产出要素权重为 vi($i = 1, 2, \cdots, n$),表示如下:

第 k 个决策单元 DMU_k 的投入产出比为 h_k,h_k 为投入产出评价指标。h_k 的值越大,表明 DMU_k 更能够在较低投入的情况下获得相对比较高的产出。

$$h_k = \frac{\sum_{i=1}^{m} u_j y_{jk}}{\sum_{i=1}^{n} v_i x_{ik}} (u \geqslant 0, v \geqslant 0)$$

所有决策单元(DMU)采用上述权重得出的效率值 θ_j 限定在 [0,1] 的区间,在规模报酬不变的情况下,线性规划模型数学表示为:

$$\max \frac{\sum_{i=1}^{m} u_j y_{jr}}{\sum_{i=1}^{n} v_i x_{ir}}$$

$$s.t. \frac{\sum_{i=1}^{m} u_j y_{jr}}{\sum_{i=1}^{n} v_i x_{ir}} \leqslant 1$$

其中 $u \geqslant 0; v \geqslant 0; i = 1, 2, \cdots, m; j = 1, 2, \cdots, n; r = 1, 2, \cdots, q$

令 $t = \frac{1}{\sum_{i=1}^{n} v_i x_{ir}}, \mu = tu$ 进一步变换:

$$\max \frac{\sum_{i=1}^{m} u_j y_{jr}}{\sum_{i=1}^{n} v_i x_{ir}} = \max t \sum_{i=1}^{m} u_j y_{jr} = \max \sum_{i=1}^{m} t u_j y_{jr} = \max \mu_j y_{jr}$$

$$s.t. \sum_{i=1}^{m} u_j y_{jr} - \sum_{i=1}^{n} v_i x_{ir} \leqslant 0$$

$$\sum_{i=1}^{n} v_i x_{ir} = 1$$

其对偶模型为:

$$\min \theta$$

$$s.t. \sum_{r=1}^{q} \lambda_r x_{ir} \leqslant \theta x_{ik}$$

$$\sum_{r=1}^{q} \lambda_r y_{jr} \geqslant y_{jk}$$

其中,$\lambda \geqslant 0; i = 1, 2, \cdots, , m; j = 1, 2, \cdots, n; r = 1, 2, \cdots, q$

对偶模型中,λ 表示 DMU 线性组合系数,最优解 θ^* 是模型的效率值,其取值范围为[0,1],$\theta^* = 1$ 表示决策单元 DMU_k 位于技术前沿,TE 有效;$\theta^* < 1$

表示决策单元 DMU_k 为 TE 无效率状态；θ^* 越小，效率值越低，说明可以减少更多的投入，或者增加更多的产出。

规模报酬可变的 BCC 模型，得到的是排除了规模变量影响的技术效率，称为纯技术效率（PTE）。

BCC 模型是在 CCR 模型的基础上，增加 $\sum_{r=1}^{q}\lambda_r = 1(\lambda \geqslant 0)$ 约束条件构成的，其目的是让每个 DMU 的生产规模处于同一水平。

$$\min\theta$$

$$s.t.\ \sum_{r=1}^{q}\lambda_r x_{ir} \leqslant \theta x_{ik}$$

$$\sum_{r=1}^{q}\lambda_r y_{jr} \geqslant y_{jk}$$

$$\sum_{r=1}^{q}\lambda_r = 1$$

其中 $\lambda \geqslant 0; i = 1,2,\cdots,m; j = 1,2,\cdots,n; r = 1,2,\cdots,q$

DEA 模型用来衡量同一行业内不同主体之间的相对效率，根据投入和产出的不同视角，其效率测度模型一般包含两种情况，即投入导向模型和产出导向模型。其中，投入导向模型是在现有产出一定的前提下，对资源投入情况的有效性进行评价；产出导向模型则是在现有资源投入条件下，对产出情况的有效性进行评价。

在使用 DEA 模型测算经营效率时，选用不同的投入产出指标，测算出来的投入产出指标也会有所差异。目前学者对投入产出指标的选择有资产法、中介法和生产法，由于担保公司作为借款者和贷款者之间的第三方，考虑到其金融中介的特点，本研究选取中介法。

因模型中规模效率的高低在计算结果中不能被观察到，但担保机构实际会根据担保能力的增长不断增资扩股，因此，本研究采用 BCC 模型，在测算出综合技术效率（Technical Efficiency，TE）后，将其分为规模效率（Scale Efficiency，SE）和纯技术效率（Pure Technical Efficiency，PTE）两部分进行分析。由于我国担保机构的发展还不够成熟，同时作为金融机构，控制成本比控制产出规模更容易，所以对担保机构的经营效率评价更偏向于分析现有资源的投入下担保机构的产出能力，因此选择产出导向型。

综上所述，本研究采用中介法选取投入产出指标，通过产出导向的 BCC 模型对我国担保机构经营效率进行测算分析。

（三）数据来源与指标选择

本研究选择了国内 20 家担保机构 2015～2019 年连续五年的数据。

本研究通过技术效率（TE）评价、纯技术效率（PTE）评价和规模效率（SE）

评价这三个方面分析担保机构的经营效率。其中,技术效率(TE)体现产出一定时,实际投入与最小化投入之间的差距。纯技术效率(PTE)反映的是企业在现有的技术水平下利用资源的能力,是剔除了规模变量影响后的技术效率。规模效率(SE)是衡量企业现有的生产规模与该行业中最佳公司规模之间差距的数据。规模效率低一般源自两种情况:一种情况是由于业务成本、人员数量和固定资产的规模相对不足,没能产生有效规模效应,造成担保机构无法达到规模有效状态;另一种情况是担保机构的业务成本、人员数量和固定资产的规模相对较多,已经超过有效规模,而在现有技术水平上,又无法对这些投入要素进行合理充分利用,造成了要素闲置。

效率值的大小总是处于0到1之间。以技术效率评价为例,TE值为1,说明此时该公司处于生产前沿,资源得到最佳配置。反之,如果技术效率(TE)值不等于1,说明该公司存在部分的效率损失,公司的经营管理不合理,有改进的空间。

本研究的实证数据来自Wind数据库、担保机构公开的年度报告以及信用评级报告,由于部分担保机构公开数据并不完整,本部分选取全国20家担保公司2015~2019年的数据作为样本,通过DEAP 2.1分别对样本公司各年的各效率值进行测算。实证选取相关指标包括以下四种:(1)固定资产。固定资产是反应融资担保机构数量和担保业务发展的重要指标。融资担保机构建立分支机构和业务网络,乃至跨区域开办营业网点,需要新的固定资产投入。此外,在日趋激烈的金融市场竞争之下,担保机构落后的硬件设施无法更好取信于银行和被担保机构,这也会驱使融资担保机构进行固定资产的投入。(2)业务及管理费。其是担保机构经营管理过程中所形成的费用,是公司开展业务的全部支出情况,在一定程度上体现公司日常经营活动财力,反映企业的成本控制能力。(3)员工数。人力资源是企业的核心,对员工的管理投入是担保机构运行成本的重要组成部分。员工数和员工素质是企业人力资源水平的体现,但由于职工素质不易量化,所以选择员工数作为投入指标。(4)担保业务收入。担保业务是担保公司的主营业务,担保业务收入是担保公司利润的核心来源,反映公司主营业务的创收能力。

净利润是公司盈利能力的重要体现,担保公司的经济目标也是实现利润最大化,因此将净利润作为产出指标之一。

经营效率评价指标的类型及相应说明,如表3-1所示。

表 3－1　经营效率评价指标

指标类型	指标名称	指标说明
投入指标	固定资产	衡量担保公司的数量和规模发展
	业务及管理费	体现公司日常经营活动财力和成本控制能力
	员工数	反映担保公司人力资源水平
产出指标	担保业务收入	反映公司主营业务的创收能力
	净利润	衡量公司盈利能力

二、经营效率评价结果

通过 DEAP 2.1 软件，得到表 3－2 中样本担保公司的技术效率值（TE）、纯技术效率值（PTE）以及规模效率值（SE）。为便于分析，在此基础上进一步整理出样本公司在 2015～2019 年的经营效率值的分布情况，如表 3－3 所示。

由表 3－2、表 3－3 可以看出，样本公司技术效率（TE）在 2015～2019 年综合技术效率值的平均值都在 0.6 左右，中位数分别为 0.651、0.555、0.667、0.559、0.478，平均值和中位数都不算太高，并且根据 TE 值的分布来看，大部分公司效率值处于 0.4～0.7 这一区间，且 2015～2019 年效率值低于 0.4 的公司数量占比逐渐增大，说明样本公司整体的经营状态不是很理想，并且多数公司的效率值有一个降低的趋势。从效率值分布的变化来看，效率值为 0.4～1 之间的公司从 2015 年的 17 家减少为 2019 年的 12 家。结合当时宏微观环境分析，得到其主要原因是 2016 年至 2019 年受经济下行压力大的影响，担保机构缩减担保规模，导致经营效率下降。

就纯技术效率（PTE）而言，2015～2019 年效率值均值都在 0.7 左右，处在一个相对比较低的水平。从效率值分布来看，2015～2019 年值在 0.7 以上的公司都占一半以上，纯技术效率值有效的公司数量从 2015～2019 年没有显著变化，各个区间分布较为均匀。

对于规模效率（SE）的分布情况，从测算出的规模效率值来看，大部分公司效率值都大于 0.7，2015～2019 年效率值中位数分别为 0.968、0.922、0.809、0.858、0.865。从整体来看，担保公司大部分企业都是规模有效或接近规模有效，但是从中位数和平均值来看，近年来则呈现下降趋势。

表 3－2　样本担保公司 2015～2019 年综合效率、纯技术效率及规模效率

担保机构名称	TE					PTE					SE				
	2015 年	2016 年	2017 年	2018 年	2019 年	2015 年	2016 年	2017 年	2018 年	2019 年	2015 年	2016 年	2017 年	2018 年	2019 年
安徽担保	0.502	0.317	0.317	0.302	0.198	0.507	0.387	0.421	0.414	0.383	0.989	0.818	0.753	0.73	0.516
常德财鑫	1	0.707	0.584	0.538	0.518	1	1	1	1	1	1	0.707	0.584	0.538	0.518
东北再担保	0.488	0.387	0.278	0.295	0.412	0.489	0.389	0.287	0.298	0.474	0.999	0.996	0.971	0.988	0.87
广东再担保	0.662	0.618	0.82	0.294	0.345	0.76	0.789	0.958	0.321	0.645	0.871	0.784	0.856	0.916	0.535
瀚华担保	0.746	0.768	0.817	0.595	0.379	0.797	0.786	0.845	0.606	0.553	0.936	0.977	0.966	0.982	0.686
河南中小担	0.554	0.45	0.326	0.145	0.327	0.557	0.49	1	1	1	0.995	0.919	0.326	0.145	0.327
湖北省担保	0.339	0.451	0.708	0.616	0.774	0.361	0.483	0.838	0.619	0.777	0.94	0.934	0.844	0.995	0.997
湖南融资担保	0.52	0.421	0.52	0.303	0.173	0.845	0.813	1	0.433	0.781	0.616	0.518	0.52	0.7	0.222
吉林投资担保	0.395	0.281	0.26	0.291	0.193	0.42	0.302	0.336	0.451	0.322	0.94	0.93	0.774	0.644	0.6
江苏再担保	0.544	0.491	0.637	1	0.511	0.605	0.618	0.675	1	0.542	0.898	0.794	0.943	1	0.943
进出口担保	0.703	0.899	0.636	0.442	0.444	0.712	0.909	0.675	0.466	0.671	0.987	0.989	0.942	0.949	0.663

续表

担保机构名称	TE					PTE					SE				
	2015 年	2016 年	2017 年	2018 年	2019 年	2015 年	2016 年	2017 年	2018 年	2019 年	2015 年	2016 年	2017 年	2018 年	2019 年
三峡担保	0.838	0.925	0.697	0.58	0.391	1	1	1	0.994	0.434	0.838	0.925	0.697	0.583	0.9
深圳市高新投	1	1	1	1	1	1	1	1	1	1	1	1	1	1	1
深圳中小担	1	1	0.749	0.71	1	1	1	1	0.946	1	1	1	0.749	0.751	1
四川发展担保	0.64	0.468	0.773	0.512	0.871	0.675	1	1	1	1	0.948	0.468	0.773	0.512	0.871
兴农担保	0.88	0.781	0.722	0.716	0.629	0.889	0.8	0.729	0.717	0.732	0.99	0.977	0.99	0.999	0.86
云南融资担保	0.244	0.269	0.354	0.281	1	1	0.453	0.589	0.351	1	0.244	0.595	0.6	0.8	1
中投保	0.495	0.31	0.341	0.637	0.285	0.998	0.856	0.82	1	0.327	0.496	0.362	0.416	0.637	0.872
中合中小担	1	0.787	1	1	1	1	1	1	1	1	1	0.787	1	1	1
中债增	1	1	0.999	0.991	0.659	1	1	1	1	0.82	1	1	0.999	0.991	0.804
平均值	0.678	0.617	0.627	0.562	0.555	0.781	0.754	0.809	0.731	0.723	0.884	0.824	0.785	0.793	0.759

表 3－3　样本担保公司 2015～2019 年经营效率值的分布情况

评价	－1					－2					－3				
内容	TE					PTE					SE				
经营效率值	2015 年	2016 年	2017 年	2018 年	2019 年	2015 年	2016 年	2017 年	2018 年	2019 年	2015 年	2016 年	2017 年	2018 年	2019 年
1	6	4	3	3	4	8	8	10	8	7	6	4	3	3	4
0.7～1	4	6	7	3	2	6	6	5	4	4	15	16	15	14	8
0.4～0.7	10	6	6	8	6	8	5	5	6	6	2	3	5	7	6
0～0.4	4	8	8	10	8	2	5	4	6	3	1	1	1	1	2
中位数	0.651	0.555	0.667	0.559	0.478	0.779	0.795	0.842	0.668	0.755	0.922	0.889	0.809	0.858	0.865

对表3－2和表3－3进行比较分析可以发现,大多数担保公司在样本期间的效率值是降低的,尤其是2017～2019年这个阶段,公司的经营效率下降更加明显。分析其原因,从宏观环境来看,我国经济进入新常态,正处于由高速增长转向中高速、高质量发展阶段,正在转向经济增速调整和供给侧结构性改革深化的阶段,作为担保机构主要客户的中小企业面临着的经营压力不断增大的问题,其不能偿还贷款的风险也随之上升。为化解前期贷款担保代偿风险集中爆发的存量风险以及面对传统融资贷款业务加大的风险,担保机构的业务日益谨慎,融资担保规模受到压缩,担保公司逐渐向金融产品增信或者非融资担保等风险相对较低的业务倾斜。2017年10月1日开始实施的《监管条例》推动了担保行业进一步法治化、规范化,也通过增加注资、政府专项资金的方式提升担保机构的资金实力,扶持担保机构为中小微企业提供服务。但是也意味着担保机构会受到更严格的监管,这在一定程度上使担保机构减少非融资担保业务,向传统的间接融资担保业务回归,这要求担保机构有更高的风险控制管理水平。微观上来看,我国担保公司普遍存在资本不充足、资信水平不高、人员专业素质较低、风险管控压力加大等问题,在经济金融形势变化复杂的时候,这些方面的改善提高对于担保机构经营效率的稳定和提高有着重要作用。

表3－4进一步分析了样本公司的规模报酬变化情况,从表3－4可知,处在规模报酬递增或不变的状态的公司占大多数。这与表3－2中规模效率有效的结果是一致的。其中,2019年15家公司规模报酬递增,说明样本担保公司整体规模小于有效规模。

表3－4　样本担保公司规模报酬变化

单位:家

规模报酬	2015年	2016年	2017年	2018年	2019年
递增	9	10	14	13	15
不变	6	8	3	3	4
递减	9	6	7	8	1

三、经营效率影响因素

前文通过DEA模型测度了担保公司效率,但仅仅靠效率值不足以分析出效率的影响因素,难以对担保公司经营提供有效的参考。而本部分将从宏观、中观和微观层面切入,研究担保公司经营的影响因素。

(一)经营效率影响因素的理论分析

1. 宏观层面

(1)宏观经济环境

担保公司的经营发展离不开良好的宏观经济环境。一方面,经济的快速发展伴随企业的发展和社会融资规模的增长。企业特别是中小企业对国家经济发展的贡献率很高,其资金需求量大,但由于存续时间不长、资本金和固定资产不足、抗风险能力弱等原因,银行一般不愿意授信。中小企业为了便捷获得融资,就会寻找担保机构这样的第三方作为一般信贷中所需的抵押物的替代,对担保产品的需求因此而增加。另一方面,不同宏观调控政策对担保公司的经营效率也会产生不同的影响。当宏观经济环境中实行宽松的财政或货币政策时,中小企业融资相对容易一些,担保公司为了赢得更多的客户,占领更大的市场份额,可能会降低担保费率,进而影响担保公司的运行效率。而当宏观经济环境中实行紧缩的财政或货币政策时,由于相关主体对融资的需求增加,融资难、贵,担保公司的议价能力相对提高,盈利能力相应增强,经营效率随之提高。

(2)社会信用水平

担保行业的发展基础是信用,良好的社会信用环境是担保行业发展的重要保障。现阶段,我国信用制度和信用体系尚不够健全,违约、失信、逃废债等现象时有发生,担保业务交易成本增加,阻碍着担保公司的稳健发展。据此,建立完善好社会信用评级体系,对于提高担保公司经营效率具有重要意义。

(3)金融市场环境的影响

金融环境的稳定与否会影响中小企业的经营质量,也会影响作为中介方的担保公司的运行效率。近年来,我国金融市场不断向健康有序的状态发展,资产规模不断扩大,金融衍生品的不断增加,为融资担保行业稳健发展提供了良好的外部环境,是融资担保业长远发展的环境和保障。

2. 中观层面

(1)同业竞争

行业竞争的环境影响着金融机构的经营效率。商业银行在金融行业一直保持优势地位,在客户资源与资金网络方面则拥有绝对优势。而担保公司普遍存在资本规模小、承担风险大等问题,在与银行、证券等金融机构竞争时,优势并不明显。所以担保机构应在壮大自己规模的同时,积极同其他金融机构合作,为担保业务发展奠定坚实的基础。

(2)行业集中度

行业集中度是衡量担保公司市场竞争力的重要指标。一般而言,市场份额大的担保公司在管理经营方面更加成熟,其市场竞争力强,公司的效率水平也就较高。行业集中度高,说明整个市场掌握在少数实力较强且有明显优势的担保公司手中,而形成这样的竞争优势则需要担保公司具有较高的效率水平。

(3)市场监管体制

目前,我国的担保行业的监管机制在不断探索完善。2017 年以来,有关部门陆续出台了《监管条例》以及四项配套制度,优化了融资担保余额计量办法、资产比例管理办法及银担合作行为规范等,明确具体考核指标,向融资担保机构提出更加具体完善的监管要求。自 2009 年开始建立起来的监管制度,主要是银监会牵头,国家多个政府部门共同监管的部际联席会议制度。一方面,监管体系的逐渐完善可以推动制度环境改善,促进担保机构顺利开展业务,不断发展壮大。另一方面,市场上多头监管可能会抑制金融机构的发展,多个监管机构不同的管理尺度难免会令担保机构无所适从。

3. 微观层面

(1)影响运行效率的内部治理现状与问题

一是公司规模。公司规模是公司生产和发展的基础,通常用资本规模以及公司现在拥有或者实际控制的资产规模来进行衡量,它是公司业务运行和经营管理的基础。公司规模会伴随公司业务发展逐渐扩大,这意味着公司在人才储备、固定资产、市场培育、管理技术等方面需投入较多的资源,也说明公司在金融市场中拥有较强实力。

二是股权结构。我国担保公司的历史特点便是具有浓厚的政府色彩,虽然非国有担保公司数量在增加,但整个担保行业仍然是以国有担保公司为主,国有担保机构相对于民营企业担保机构来说,在信用资质、资本规模、风险承受能力等方面都具有明显优势,其接触的业务范围更广,也更容易开展业务,因此这类担保公司的经营能力较强,经营效率也会较高。另外,由于民营企业股权相对国有企业来说更加分散,具有自我发展、自主经营、独立核算等特点,因而可以有效地激发企业活力,从而更好提高经营效率。

(2)影响运行效率的业务结构

一是业务结构。近年来,担保机构不仅在传统的融资担保领域发展很快,在非融资担保、委托贷款、资金管理等方面也不断发展。一方面,多元化业务模式为担保机构提供了新的业务收入来源,有利于提高经营效率;但另一方面,担保公司的主业是提供担保服务,其担保业务收入占营业总收入的比重是担保公司经营效率的一种体现,担保业务收入比重过低可能意味着担保机构偏离了主业,没有很好地为政策目标发挥其融资担保作用。

二是在保余额。为需要资金的企业增信、提供担保服务是担保机构的使命,公司期末的在保余额是担保公司的经营能力的体现。在保余额规模越大,在其他条件不变的情况下,公司经营效率越高。

(3)影响运行效率的风险控制因素

担保公司的运行(运营)必然伴随风险。从我国目前担保行业的情况来看,由于宏观经济下行,大量中小企业经营出现困难,信用水平下降,违约风险增高,而对于担保行业来说,其担保费率较低,可是却承担了融资过程中的大部分风险或全部风险。担保机构的经营效率与机构对风险的管理控制和转移能力相关。

一是担保放大倍数。担保放大倍数是指担保余额对资本金的放大比例,我国《监管条例》要求放大倍数不得高于10。但是我国担保放大倍数普遍偏低,说明我国担保机构担保能力受到限制,整体较弱,担保效率还需进一步提高。也存在少数公司的担保放大倍数较高的现象,意味着其业务风险较高,同样可能削弱公司经营效率。

二是担保代偿。担保代偿是指由于被担保公司无法按时足额偿还贷款人贷款,担保公司作为担保人代为偿付的行为。虽然担保代偿的出现并不意味着担保公司的绝对损失、最终损失,但由于其资金支出具有不确定性,在一定程度上反映公司的经营风险。

(二)经营效率影响因素的实证研究

1. 模型构建及指标选取

本部分以DEA测度出来的24家公司2015~2018年的技术效率值为被解释变量,使用DEA测定的综合效率值是介于0~1的连续数据,若用普通的最小二乘法(OLS)则不再适用于估计回归系数,该方法估计的参数值是不一致和有偏离的。所以为估计回归系数,选择采用最大似然法的Tobit模型。本研究数据为平衡面板数据,结合Tobit模型,构建回归方程,其基本形式如下:

$$y_i^* = \beta x_i + \varepsilon_i, \varepsilon_i \sim N(0, \sigma^2)$$

$$y = \begin{cases} 0, & -\infty < y_i^* \leqslant 0 \\ y_i^*, & 0 < y_i^* \leqslant 1 \\ 1, & 1 < y_i^* \leqslant +\infty \end{cases}$$

经营效率影响因素很多,这里主要从担保公司的角度进行研究,对一个公司来说,宏观和中观因素是无法控制的,更大程度上是公司通过自身生产经营方式的改进来提高公司的经营效率。但由于担保公司的生产经营是以信用为基础,离不开国家的支持和监管,外部环境也会对担保公司的经营效率产生重要影响。所以我们选取指标及其描述性统计如表3-5、表3-6所示:

表 3－5　变量说明

影响因素	变量名称	变量	变量说明
公司规模	实收资本	lnCap	期末实收资本取对数
所有权结构	是否国有独资	Sta	虚拟变量，国有独资为 1，否则为 0
	股权集中度	Conc	前三大股东股权占比
风险水平	当期代偿率	CC	当期代偿额/当期解保额
	担保放大倍数	GM	担保余额/净资产
业务水平	担保业务收入占比	S_inc	担保业务收入/营业收入
	担保责任余额	lnG	担保公司期末在保余额取对数
宏观经济环境	GDP 增长率	RGDP	公司注册地所在省市国内生产总值（GDP）增长率
社会信用环境	不良贷款率	N_Loan	全国银行各年末不良贷款率

表 3－6　影响因素变量描述性统计

变量名称	均值	标准差	最小值	最大值
TE	0.6078	0.2632	0.145	1
lnCap	3.7194	0.6411	2.177	5.2304
Sta	0.2	0.4020	0	1
Conc	87.9606	18.5499	36.81	100
CC	0.4746	1.2710	0	7.77
GM	6.9738	4.8074	0.3	28.26
S_inc	0.5761	0.1997	0.0025	1
lnG	5.7378	1.0536	1.9473	7.545
RGDP	2.0353	3.2273	3.2273	9.5
N_loan	1.7800	0.0826	1.67	1.89

2. 实证结果

在以上实证分析过程中，我们已对担保公司经营效率影响因素进行假设，现将 DEA 模型测算出的 2015 ~ 2019 年技术效率值(TE)作为被解释变量,运用 Sta15.0 对 2015 ~ 2019 年的样本数据继续进行 Tobit 回归分析,结果见表 3 – 7:

表 3 – 7 实证结果

TE	Coef.	Std. Err.	z	P > |z|
lnCap	-0.0734	0.0581	-1.26	0.206
Sta	-0.1899	0.1369	-1.39	0.165
Conc	-0.0009	0.0030	-0.31	0.758
CC	-0.0063	0.0190	-0.33	0.738
GM	-0.0029	0.0074	-0.39	0.700
S_inc	0.0291	0.1496	0.19	0.846
lnG	0.1061***	0.0459	2.31	0.021
RGDP	-0.0105	0.0086	-1.22	0.224
N_loan	-0.3870	0.2857	-1.35	0.175
_cons	1.1342	0.5440	2.08	0.037

注:***、**、* 分别表示在 1%、5%、10% 水平显著。

公司规模(lnCap)系数为 -0.0734,负向影响担保公司经营效率。这说明我国担保公司的资产规模水平与自身状况不相适应,不合理的公司业务规模对担保机构的经营效率没有积极作用。

是否为国有独资企业(Sta)和股权集中度(Conc)也与担保公司经营效率负相关,由此可见股权集中度越高,越不利于提高经营效率,还会造成“一股独大”、内部监督失效、财务风险上升等一系列负面影响。担保公司应该优化股权结构、采用多层次的资本结构,以改善经营效率。

当期代偿率(CC)和担保放大倍数(GM)与经营效率负相关,担保业务收入占比(S_inc)和担保责任余额(lnG)系数为正,和经营效率正相关。这说明对于担保机构,主营业务收入越高,经营效率越好,主要还是应从事专业担保业务。同时,要注意风险的防范、控制,不能一味追求过高的保费收入而忽略风险。

宏观上看,经营效率与经济发展水平(RGDP)正相关,和不良贷款率(N_loan)负相关。说明经济的增长会带来融资需求的扩张。担保机构作为银行与需要融资的中小企业的中间人,其在银行话语权方面还比较弱,其经营业绩会受到银行放贷意愿的影响。在不良贷款率高的时候,银行出于风险控制的需要,不愿意轻易贷款给规模较小、资信较差的中小企业,担保机构的业务量也会减少。

担保公司的作用在于帮助企业解决资金不足的问题,尤其是在经济不景气或经济衰退时期,担保公司应发挥其促进融资增长的作用,引导和支持"三农"、中小微企业健康发展。但综合以上实证结果来看,担保公司的效率受内外部因素的影响并未达到政策效果预期,还需要进一步通过制度规范担保公司的发展。

第三节　融资担保经营效能评价

一、经营效能评价设计

(一)经营效能内涵的界定

效能不同于效率,它是动态变量。从广义上看,效能是指系统在特定条件下的工作能力和实际需求的匹配程度,其基本意义是系统具体任务的实际目标值实现期望值完成度,是系统效率和工作能力有机统一的反映。政府性融资担保目标效能就是表示政府性业务产出与最优期望产出差距的动态度量。许多学者给出了目标效能的具体含义,即目标效能 = 效率 × 目标,这表明我们不能片面地追求效率,效率高并不代表目的就可以实现,有了目标再乘以效率才是达到目的之方法。另外,相较效率的概念,效能还应该体现从实际目标值到实现期望值的动态过程。政府性融资担保目标效能评估指标,可以从公司经营效能和社会服务效能两个方面来进行衡量。公司经营效能是指融资担保机构的保费收益在同等投入下产生的效率和产能,表示政府性融资担保业务对担保机构自身经营状况的影响。社会服务效能是指政府性融资担保机构的经营活动对缓解中小企业融资困难所发挥的作用。由于我们无法直接得到所服务中小企业经营情况,因此我们利用代偿损失率指标反向评价政府性融资担保业务中被担保企业的经营情况,即政府性融资担保机构担保业务的政策性目标完成度。代偿损失率产生效率越高,政策性目标绩效越差。反映出部分被担保"三农"企业经营不善,政府性融资担保业务未能达到扶助"三农"企业的预期效果。由于本部分的效能研究与上文中效率研究存在不同的侧重点,为了更加聚焦于政府性融资担保机构政策性目标效能动态评价,笔者重新选取了一部分更能反映政府性融资担保业务投入产出效能的指标来研究。主要业务指标如表 3 - 8 所示。

表 3－8 政府性融资担保业务的社会服务效能业务指标

年份	在保资金余额（万元）	总担保额（万元）	担保业务数（笔）	保费收入（万元）	代偿率（%）
2019	888, 332. 385	2, 413, 813	135	4198. 715	1. 72
2018	717, 043. 019	1, 704, 711	408	5087. 497	2. 03
2017	437, 145. 621	1, 219, 152	460	2613. 040	1. 82
2016	279, 654. 165	825, 160	97	4727. 800	3. 23
2015	294, 881. 133	704, 914	88	4321. 400	2. 78
2014	357, 954	564, 578	82	6236	2. 12
2013	340, 362	386, 960	76	5992	0. 82

（二）经营效能评价方法选择

效能评价与上文进行的经营效率评价存在一定差异。效率这个概念是一个数量的概念，原指一种机械在工作时输出能量同输入能量之间的比值。这个概念引入领导科学或管理科学，一般是指工作时所付出的努力与所得到的效益两者之间的比率。而本部分所研究的效能是指某一事物运动状态的结果及其客观作用。数据包络分析法（DEA）无须权重假设和数据无量纲化处理，在处理多输出—多输入的有效性评价方面具有绝对优势，但单纯采用此方法只能静态测度效率，而对效能进行评价则需要引入动态评价概念。因此我们在数据包络分析法（DEA）基础上采用 Malmquist 指数分析法对政府性融资担保目标进行动态衡量。我们通过构建 Malmquist-DEA 模型来探讨政府性融资担保目标效能。Malmquist 生产率指数（Malmquist Productivity Index，MPI）的表达形式如下：

$$M_0(x_t, y_t, x_{t-1}, y_{t-1}) = \left[\frac{D_0^{t+1}(x_{t+1}, y_{t+1})}{D_0^{t+1}(x_t, y_t)} \times \frac{D_0^t(x_{t+1}, y_{t+1})}{D_0^t(x_t, y_t)}\right]^{1/2}$$

其中，$D_0^t(x_t, y_t)$ 和 $D_0^{t+1}(x_{t+1}, y_{t+1})$ 分别表示在 t 和 t + 1 时期的当期技术为参照的距离函数，$D_0^t(x_{t+1}, y_{t+1})$ 和 $D_0^{t+1}(x_t, y_t)$ 则分别表示生产部门在混合期同生产前沿面相比较的投入差异；Malmquist 生产率指数可分解为 techch 技术变化和 effch 技术效率变化两个部分，其中 effch 技术效率变化可以进一步分解为 pech 纯技术效率变化和 sech 规模效率变化。据此，可以将 Malmquist 生产率指数的公式演变改写为各项乘积形式：

$$M_0(x_t, y_t, x_{t-1}, y_{t-1}) = \frac{S_0^t(x_t, y_t)}{S_0^t(x_{t+1}, y_{t+1})} \times \frac{D_0^t(x_{t+1}, y_{t+1})}{D_0^{t+1}(x_t, y_t)} \times \left[\frac{D_0^t(x_{t+1}, y_{t+1})}{D_0^{t+1}(x_t, y_t)} \times \frac{D_0^t(x_t, y_t)}{D_0^{t+1}(x_t, y_t)}\right]^{1/2}$$

其中，$\frac{S_0^t(x_t,y_t)}{S_0^t(x_{t+1},y_{t+1})}$表示规模效率之变化，$\frac{D_0^t(x_{t+1},y_{t+1})}{D_0^{t+1}(x_t,y_t)}$表示纯技术效率之变化，$\left[\frac{D_0^t(x_{t+1},y_{t+1})}{D_0^{t+1}(x_t,y_t)}\times\frac{D_0^t(x_t,y_t)}{D_0^{t+1}(x_t,y_t)}\right]^{1/2}$两项乘积表示技术效率之变化，表示技术进步之变化，三者的乘积，即 Malmquist 生产率指数。在这里，反利用 Malmquist 生产率指数来进行测量。

（三）数据来源与指标选取

本研究数据来自重庆兴农融资担保公司，[1]本部分选取 2013～2019 年政策性业务的数据进行测算。通过 Stata16 对各年的政策性目标效能进行评价。本书从投入和产出两个方面选择指标构建评价体系。与上文中经营效率评价投入产出指标有一定差异，目标效能研究中的投入指标应该是政府性融资担保业务所占据公司整体资源的指标，其特点是越小越好。产出指标根据目标导向不同，分为两个：一是效益性指标，其特点为越大越好，反映公司经营效能，效益性指标产出效率和公司经营效能为正相关，呈现同方向变动。二是风险性指标，其特点为越小越好。我们利用风险性指标产出效率的变化来反映社会服务效能。风险性指标产出效率降低，则意味着社会服务效能增强。投入产出指标如表 3－9 所示。

表 3－9　政府性融资担保目标效能投入产出指标

年份	投入指标		效益性产出指标	风险性产出指标
	总担保额（元）	担保企业数（家）	保费收入（万元/笔）	代偿率（%）
2019	2，413，813	135	4198.715	1.72
2018	1，704，711	408	5087.497	2.03
2017	1，219，152	460	2613.040	1.82
2016	825，160	97	4727.800	3.23
2015	704，914	88	4321.400	2.78
2014	564，578	82	6236	2.12
2013	386，960	76	5992	0.82

〔1〕 重庆兴农融资担保公司是重庆市属重点国有金融企业，2011 年 9 月由市财政投资入股组建成立，目前注册资本金 56 亿元，是以"三农"为主业，"三权"抵押为特色的政府性融资担保机构，其业务规模、综合实力、信用评级、社会影响等在国内均较有代表性。

二、经营效能评价结果

(一)政府性融资担保业务的公司经营效能

我们首先考虑收益性指标产出效率,再通过收益性指标产出效率变化计算公司经营效能。根据 Malmquist-DEA 模型分析计算结果,Malmquist 生产率指数(tfpch)一般可以分解为 effch 技术效率变化指数和 techch 技术变化指数。其中 effch 反映了相对效率的变化情况,其值等于 DMU(决策单元)在 t+1 期的和 t 期的投入产出与最有效的 DMU 之间差距的比值,可以反映出 DMU 对生产可能性边界的逼近程度。若 effch 小于 1,则 DMU 在远离最优效率;若 effch 大于 1,则 DMU 在逼近最优效率。而 techch 则反映出最优效率的变化情况,即生产前沿面的变动,如果 techch 大于 1,则表明生产的技术水平提高了;反之说明降低了。而 techch 和 effch 共同决定了 Malmquist 生产率指数(tfpch)的大小。若 tfpch 大于 1,则表明生产的综合效率在上升;反之说明降低了。值得注意的是,由于融资担保行业的特性,在 5~10 年内,技术的相对效率变化较小,生产可能性边界几乎不会发生改变。因此,Malmquist 生产率指数(tfpch)主要受到技术变动指数(techch)的影响。从效能的定义来看(业务产出与最优期望产出间的差距),Malmquist 生产率指数(tfpch)可以较好地测量目标效能。结果如表 3-10 所示。

表 3-10　政府性融资担保经营目标效能 Malmquist 生产率指数及其分解

时间	决策单元	tfpch	techch	effch	pech	sech
2013~2014 年	政府性融资担保	0.948404	0.948404	1	1	1
2014~2015 年	政府性融资担保	0.9116	0.9116	1	1	1
2015~2016 年	政府性融资担保	0.947196	0.947196	1	1	1
2016~2017 年	政府性融资担保	0.40163	0.40163	1	1	1
2017~2018 年	政府性融资担保	1.17932	1.27915	0.921956	1	0.921956
2018~2019 年	政府性融资担保	1.87657	1.73012	1.08465	1	1.08465

表 3-10 表明,2013~2019 年政府性融资担保经营目标效能 Malmquist 生产率指数(tfpch)除 2017~2019 年两年外均小于 1,且一直呈现下降趋势,并在 2016~2017 年跌到最低点。在这一区间段内,收益性指标产出效率持续下降,政府性融资担保业务对公司经营效能的贡献呈现下降趋势。从 2017 年开始,政府性融资担保经营目标效能 Malmquist 生产率指数开始回升,收益性指标产

出效率变高,政府性融资担保机构经营效能变强。技术效率变化指数在 2013 ~ 2019 年基本稳定在 1 左右,说明重庆兴农融资担保公司的资源利用率基本没有发生明显变化,仅在 2017 ~ 2019 年发生 8% 的上下波动。技术效率变化指数由纯技术效率变化和规模效率变化相乘而得。由于纯技术效率变化值均为 1,没有发生任何变化。因此,技术效率变化指数在 2017 ~ 2019 年的变动主要是由规模效率变化造成的。由于技术效率变化指数变动幅度较小,重庆兴农融资担保公司 Malmquist 生产率指数的变化主要是由技术变化率 techch 造成的。techch 通常反映生产的技术水平,但是在这里,techch 不是指生产技术变化,应当是说明最优效率的变化情况,即生产前沿面的变化。这一指标主要受外部环境影响。2013 ~ 2017 年,中国经济持续承受下行压力,政府性融资担保业务产生效益的效率受到外部限制,生产前沿面受到挤压,政府性融资担保机构经营效能下降。但是从 2017 年起,中国精准扶贫力度越来越大,脱贫工作开始显现成果。与“三农”问题相关的政策性业务直接受益,生产前沿面开始扩张,加上 2018 ~ 2019 年,重庆兴农融资担保公司抓住机遇扩大了政府性融资担保的规模效率,重庆兴农融资担保公司 Malmquist 生产率指数猛增约 87.7% 。以公司经营效益为导向的政策性担保目标效能在 2018 ~ 2019 年较高。

（二）政府性融资担保业务的社会服务效能

国务院总理李克强在 2019 年 11 月 9 日主持召开国务院常务会议时强调：要有效发挥政府性融资担保作用,支持小微企业和“三农”发展。会议明确指出政府性融资担保业务的重要意义不仅存在于商业价值,更要体现在社会价值上。重庆兴农融资担保公司开展政府性融资担保业务提高了该公司对小微企业、“三农”企业的服务效能,提高了该公司整体增信能力、风险管理能力,缓解了涉农小微企业,特别是“三农”企业融资难、融资贵的问题,促进了重庆地方经济社会持续高质量发展。

如何评价政府性融资担保业务的社会服务效能也是我们研究的重点。我们以风险性指标作为产出指标,通过由于被担保“三农”企业经营不善而产生的风险性指标产出效率变化反向评价公司扶助“三农”企业的效能,产出效率越高,社会服务效能越低。Malmquist-DEA 模型分析计算结果如表 3 - 11 所示：

表 3 - 11　政府性融资担保社会服务效能 Malmquist 生产率指数及其分解

时间	决策单元	tfpch	techch	effch	pech	sech
2013 ~ 2014 年	政府性融资担保	2.45323	2.45323	1	1	1
2014 ~ 2015 年	政府性融资担保	1.25535	1.25535	1	1	1
2015 ~ 2016 年	政府性融资担保	1.10024	1.10024	1	1	1
2016 ~ 2017 年	政府性融资担保	0.25512	0.25512	1	1	1
2017 ~ 2018 年	政府性融资担保	1.17042	1.17042	1	1	1
2018 ~ 2019 年	政府性融资担保	1.45544	1.45544	1	1	1

表 3 - 11 表明,2013 ~ 2017 年重庆兴农融资担保公司 Malmquist 生产率指数(tfpch)除 2016 ~ 2017 年外均大于 1,政府性融资担保业务对公司风险的贡献较大,2014 ~ 2015 年较 2013 ~ 2014 年增加幅度最大,达到 145%。政府性融资担保业务质量不佳,有的企业尽管有重庆兴农融资担保公司进行担保,但是有一定比例获得担保的企业最终破产,需要重庆兴农融资担保公司进行代偿。这些企业大部分属"三农"企业,他们的经营没有因受到政府性融资担保而得到改善,政府性融资担保业务的社会价值没能得到更好体现。从 2013 ~ 2019 年整体来看,重庆兴农融资担保公司的社会服务效能持续下降,没有到达扶助"三农"政策性目标的最优效能。需要说明的是:技术效率变化指数(effch),包括纯技术效率变化(pech)和规模效率变化(sech),在 2013 ~ 2019 年均为 1,说明重庆兴农融资担保公司的资源利用率基本没有发生明显变化。社会服务效能下降主要是由生产前沿面 techch(在这里,"生产"的是风险)外扩造成的,即主要受外部因素影响,"三农"企业目前的经营情况依然面临严峻的挑战。2013 ~ 2016 年,Malmquist 生产率指数(tfpch)虽然均大于 1,但是增长持续收窄,并在 2016 ~ 2017 年实现小于 1,降幅达到近 74%,社会服务效能得到改进。但是随着 2018 年中美贸易摩擦渐起,中国经济继续承压。受外部经济环境影响,风险产生前沿面 techch 进一步外扩,并在 2018 ~ 2019 年大幅增长约 45%。另外,社会服务效能本身直接受到外部环境影响,纯技术效率变化(pech)和规模效率变化(sech)固定为 1,在研究期间没有发生任何变化,这说明社会服务效能受担保机构自身因素影响较小。

通过对政府性融资担保目标效能进行分析,我们不难发现,以公司经营效益为导向的政府性融资担保目标效能近两年得到改善,受益于"精准扶贫"政策,政策性业务对重庆兴农融资担保公司的收益贡献开始触底反弹,政策性业务的效益前景比较乐观,公司经营效能得到加强。不过通过进一步分解,我们发现政府性融资担保业务的规模效率变化指数和技术效率变化指数保持在 1 左右,没有明显上升,也没有明显下降。重庆兴农融资担保公司的案例说明担保行业技术利用效率基本稳定,整体技术效率变化较小。以评价社会价值为导向的政府性融资担保目标效能受外部环境拖累,效能依然不佳,没有达到理想效果。政府性融资担保作用发挥不好,政府性融资担保机构运营绩效较低,原因是该机构在“追求经济效益、实现社会效益、防控金融风险”三者两两之间的质量和效率缺乏彼此转化机制,“债权人、债务人、融资担保机构”三者两两之间的信用和价值缺乏互认机制。即追求了经营效益就会偏废支持“三农”主体和小微企业的政策目标。实现政策目标,可能会增大金融风险;过度防范风险,则会偏离政策性目标。无视金融风险,则发展不可持续;过度保护担保人,金融交易难以实现,过度保护债务人,可能出现逆向选择,过度保护债权人,可能又增大交易成本。三者在质量和效率方面应该能够转化,在信用创造、价值发现等方面应该能够实现互认。对政府性融资担保机构运营绩效进行评价,实质是对“政府公信力、市场创造力、风险管控力”的检视,对既往法律制度的评价。通过对其运营绩效评价检视,不难揭示出更深层次原因是“政府与市场”两只手有待进一步协调配合,相机发力。原本是想将财政资金通过政府性融资担保机构这个特殊金融企业的杠杆功能,来达到增大支持“三农”和小微企业等产业发展效能的目标,而实际情况却因相关制度供给不到位、不配套、不成体系,反倒降低了效率,增加了成本,提高了风险,而且没有实现可持续。

在整个金融服务体系中,政府性融资担保是弥补“市场失灵”的产物,其独特属性体现在:具有政策性功能、准公共产品属性和较强的外部性。新模式、新路径、新机制以及政府性融资担保制度创新可以沿着两条主线。一是融资担保解决信息不对称、信用不足,通过政府性融资担保增加信用,创造信用,减少交易成本,提高投资价值;二是政府性融资担保,政府的目标须通过融资担保机构这个市场主体,进入市场,引入市场机制,让市场化机制等市场决定性作用相机发力、协同发力,进而促进政府作用更好发挥。

第四节 融资担保运营风险分析

政府性融资担保制度绩效直接体现于担保机构运营绩效,会受运营风险的直接影响。宏观层面由于国际经济动荡和下行,国内经济结构调整,有关政策不确定,多层次法律关系有待更好构建;中观层面由于金融同业竞争加剧,银担合作不畅不平等,信用环境金融生态环境不佳;微观层面由于公司法人治理结构不完善,员工队伍素质不高,考核评价不科学,激励约束机制不健全,收益风险不对称,行政干预较多等,导致政府性融资担保运营风险较大。自 2011 年起,虽然融资担保业务规模增速放缓,但代偿率、代偿额居高难下,而且逐年攀升,2020 年末代偿率已高达2.76%。为防化运营风险,全国近年来已关停、清退、拆并担保机构3000多家。国家财政投资风险、担保融资金融风险、融资担保杠杆放大风险、资产损失信用风险、担保增信普惠金融改革风险以及由此引发的经济社会安全稳定隐患,由此可能触及的系统性风险底线等都值得专家学者和业内人士高度重视和进一步研究解决。

下面着重从融资担保风险生成机理、传导机制展开分析研究。

一、融资担保运营风险生成

(一)信息不对称引发担保机构代偿风险

政府性融资担保业务的意义主要是,在信息不对称条件下,解决"三农"主体和中小微企业融资难、融资贵问题。在中小微企业尤其在"三农"企业的信贷市场上,引入政府性融资担保是为提升平均信用等级。然而,融资担保机构因无法完全消除其与中小企业之间存在的信息不对称,再加上"三农"主体可抵押资产价值低、变现难、违约成本小,融资担保机构难以实现对"三农"主体和中小微企业的监督制约和风险管理。

1. 被担保企业无抵押的情形

我们主要考察担保介入后的情形,并引入基本假设及标记。

假设一:假设单个项目所需资金均为常量 C,已知担保贷款是唯一的资金来源。若投资项目获得成功的概率为 P,净收益率则为 r。

假设二:由于信息不对称,只有企业一方清楚每个融资担保项目的风险收益细节,但融资担保机构对企业所有潜在投资项目均为期望净收益常量 X。

假设三:企业项目的成功概率 P 服从 $[0,1]$ 区间上的概率分布,$f(P)$ 和 $F(P)$ 为其密度函数和概率分布函数。

融资担保机构为企业贷款提供融资担保时,应该考虑信息调查搜集工作所包含或带来的成本,且与担保贷款数量成一定的比例。相关成本应由被担保企业承担。

若项目成功,则企业后可获得的利润为 $C(r-i-m-I)$(i 为贷款利率、m 为担保费率、I 为信息费率)。反之,项目运作失败,但企业需承担 mC 的担保费;企业的利润通常服从两点分布,根据概率特征,可得到企业一方的期望利润 Y 为:

$$Y = PC(r - i - I) - (1 - P)mC$$

根据假设二,有右边的关系成立:$PrC = X$。

上式表明,项目净收益 rC 越高,则项目成功的概率 P 越低。此外,企业是以利润最大化为其根本目标的,只有当 $Y \geqslant 0$ 时企业才会申请担保贷款。因此,存

在对应的一对数 (P^*, r^*)，它们同时满足上式构成的方程组，即可得到下面的唯一解：

$$P^* = \frac{X - mC}{(i + I)C}, \quad r^* = \frac{(i + I)X}{X - mC}$$

只有当 $r \geqslant r^*$ 时，企业才有一定的利润空间，才会申请融资担保贷款，项目成功概率满足关系式：$P \leqslant P^*$。

将项目的平均成功概率记为P，企业通常只有在 $P \leqslant P^*$ 条件之下申请融资担保贷款，因此P为区间 $[0, P^*]$ 上的概率平均值，于是根据假设三，可得：

$$P = \frac{\int_0^{P^*} Pf(P)\,dP}{\int_0^{P^*} f(P)\,dP} = \frac{\int_0^{P^*} Pf(P)\,dP}{F(P^*)}$$

显然，P 为贷款利率 i、担保费率 m、信息费率 I 的多元函数，现分别对其求偏导数，可得关系式：

$$\frac{\partial P}{\partial i} = -\frac{f(P^*)}{P^2(P^*)} \cdot \frac{X - mC}{(i + I)^2 C}\left[P^* F(P^*) - \int_0^{P^*} Pf(P)\,dP\right]$$

$$\frac{\partial P}{\partial I} = -\frac{f(P^*)}{P^2(P^*)} \cdot \frac{X - mC}{(i + I)^2 C}\left[P^* F(P^*) - \int_0^{I^*} Pf(P)\,dP\right]$$

$$\frac{\partial P}{\partial m} = -\frac{f(P^*)}{P^2(P^*)} \cdot \frac{X - mC}{(i + I)}\left[P^* F(P^*) - \int_0^{P^*} Pf(P)\,dP\right]$$

因为 $\int_0^{P^*} Pf(P)\,dP < \int_0^{P^*} P^* f(P)\,dP = P^* \int_0^{P^*} f(P)\,dP = P^* F(P^*)$，而 $X - mC > 0$，所以 $\frac{\partial P}{\partial i} < 0, \frac{\partial P}{\partial I} < 0, \frac{\partial P}{\partial m} < 0$。

可以发现：项目的平均成功概率 P 与担保费率、信息费率负相关。因此，即使在融资担保机构对公司进行增信的情况下，也会存在逆向选择问题和道德风险。随着信息不对称程度的增加，担保机构所面临的风险也将加大。

2. 被担保企业有抵押的情形

若假定被担保企业提供价值为 W 的抵押资产标的，则企业的期望利润为：

$$Y = PC(r - i - m - I) - (1 - P)(mC + W)$$

$$PC(r - i - m - I) - (1 - P)(mC + W) = 0$$

解方程，$PCr = X$

得到：

$$P^* = \frac{X - W - mC}{(i + I)C - W}, r^* = \frac{[(i + I)C - W]X}{(X - W - mC)C}$$

根据上面的分析，P 为贷款利率 i 的多元函数。于是得到如下关系式：

$$\frac{\partial P}{\partial I}=-\frac{f(P^*)}{F^2(P^*)}\cdot\frac{(X-W-mC)C}{[(i+I)C-W]^2}[P^*F^*(P^*)-\int_0^{P^*}Pf(P)dP]$$

$$\frac{\partial P}{\partial m}=-\frac{f(P^*)}{F^2(P^*)}\cdot\frac{C}{(i+I)C-W}[P^*F(P^*)-\int_0^{P^*}Pf(P)dP]$$

$$\frac{\partial P}{\partial W}=-\frac{f(P^*)}{F^2(P^*)}\cdot\frac{X-(i+m+I)C}{[(i+I)C-W]^2}[P^*F(P^*)-\int_0^{P^*}Pf(P)dP]$$

对于上述第一个式子，若 $W>X-mC$，则 $\frac{\partial P}{\partial I}>0$，当 W 足够大时，道德风险就不会产生；若 $W\leqslant X-mC$，则 $\frac{\partial P}{\partial I}\leqslant 0$，当 W 较低时，对企业的信息调查没有明显降低道德风险的效果。

对于上述第二个式子，当 $W<(i+I)C$ 时，$\frac{\partial P}{\partial m}<0$，若提供的抵押价值 W 不够大，仍然无法阻止道德风险发生。

对于上述第三个式子，一般情况下，总有 $X>i+m+I$，否则企业不会投资该项目。因此，总有 $\frac{\partial P}{\partial W}>0$ 成立，投资项目的平均成功概率与抵押资产价值成正相关。因此，只有当企业提供一定价值的抵押品时，信用担保才可能有效消除信息不对称所引发的道德风险，从而减少担保机构的代偿风险。

（二）政府性定价引发业务盈利风险

政府性融资担保机构担保费通常较低，这是由于其主要担保对象多为小微企业和“三农”主体，政府性融资担保活动极易亏损。若盈利性目标和政策性目标，即经济效益目标和社会效益目标均要兼顾，需符合如下模型：

1. 担保费率 α 的设定需满足：

$$\frac{(1-p)(1-\theta)}{p+r}\leqslant\alpha\leqslant\frac{\theta(1-p)(1-\theta)}{p}$$

其中，p 为借款人项目成功率，θ 为担保品变现率，r 为市场利率。

2. 担保品变现率的设定条件满足：

$$max\left\{\frac{p}{p+r},\frac{1-p}{1+r}\right\}\leqslant\theta\leqslant 1$$

该模型说明仅有拥有高价值、易变现担保品的部分借款人能够很好地受益于政府性融资担保，而低变现率将导致担保机构发生亏损。目前大部分政府性融资担保机构设置的担保费率仅为约2%及以下，极低的担保费率导致担保机构承受极大的经营风险。

（三）分散机制不健全引发担保机构运营风险

我国政府性融资担保业务长期存在产品设计单一、单户担保金额过大、风险评估过程不规范、对客户风险预期不足等问题，一旦发生代偿事件，融资担保机构风险过度集中，导致资金运转困难。同时，我国融资担保机构在与银行的合作中处于不对等状态，融资担保机构与银行共担风险的比例远低于国际正常水平。政策性业务更需要银行与担保公司共同承担风险。李毅（2008 年）在理论上证明如下：

1. 若未进行担保，银行选择项目的成功率为：

$$p \geqslant \frac{1-c}{1+r-c}$$

其中，c 为担保抵押资产的价值，r 为市场利率。

2. 若有担保机构参与担保，则银行选择项目的成功率为：

$$p' \geqslant 1 - \frac{r}{\theta(1+r)}$$

当 $\theta \geqslant 1 - \frac{c}{1+r}$ 时，银行的风险识别能力将得到提高。因此银担合作可以降低整个金融市场风险。除此之外，对担保机构来说，其经营风险也会得到缓解。

二、融资担保运营风险传导

（一）政府性融资担保风险传导机制

1. 政府与融资担保机构之间的风险传导

政府性融资担保设立主要是为了实现政府特定发展政策目标。客观而言，政府性融资担保机构的组建通常由国家政府主导，但已经成立的机构通常应按照市场化方式运作，不应完全盲从于行政指令，这也是遵循客观经济规律的内在要求。若政府主管部门过度强调发展地方经济的政策需要，忽视被担保企业信用风险、管理风险、经营风险等，对融资担保机构的担保活动过多干预，政府性融资担保业务将无法确保质量效率和安全，即无法保证运营绩效，给正常运营带来较大风险。

2. 被担保企业与融资担保机构之间的风险传导

申请担保的中小企业信用资质通常较低，得到融资担保机构的担保后，对银行来说，其信贷风险由此降低，贷款利率也有所降低。政府性融资担保使得被担保企业增信成为信用等级符合条件的借款人，然而融资担保机构也因此掩盖了这类借款人的潜在风险。这种潜在风险包括财务风险和道德风险，转而成为政府性融资担保主要的风险源。融资担保机构由于自身因素无法继续为中小企业提供担保，也会给企业的资金供应带来一定困难，可能会迫使企业中断项目，从而引发新的政府性融资担保风险。

3. 协作银行与融资担保机构之间的风险传导

银行和融资担保机构的合作中，融资担保机构由于其功能定位、市场定位问题往往处于被动地位，在银担合作关系中未能享受到与银行平等的权利。同融资担保机构合作的银行若引爆政策性融资担保风险源，其风险将同时直接和间接地通过被担保企业迅速扩散到融资担保机构，引发系统性金融风险。反之，如果融资担保机构从业人员在担保过程中存在营私舞弊现象，未能对被担保企业进行尽职调查，未能严格进行风险评审，那么担保资金就有可能蒙受损失。由融资担保机构引发的风险也将通过一定的风险载体传递给合作银行，进而导致银行产生信贷损失。

4. 融资担保系统之外的风险传导

在中小企业资金链上，担保是重要一环。担保风险溢出担保系统，就会通过融资担保系统内各个风险节点向外扩散。例如，担保系统内若无法化解政策担保风险带来的代偿损失，那么融资担保机构将无法继续为企业提供担保，被担保企业就会陷入资金链断裂之困境，无法偿还到期的负债，那么产生的风险就会传导至关联企业，进而影响其他经济单元；同时，如果融资担保机构对自身的代偿损失无法进行转移、化解或消化，就会导致合作银行产生信贷损失。如果信贷损失规模较大，便会导致银行资产质量恶化。这样一来，融资担保机构不但没有发挥其预期的风险分散功能，还会给银行带来信贷风险，进而诱发系统性金融风险。政府性融资担保风险传导路径可以通过图 3－2 来描述。

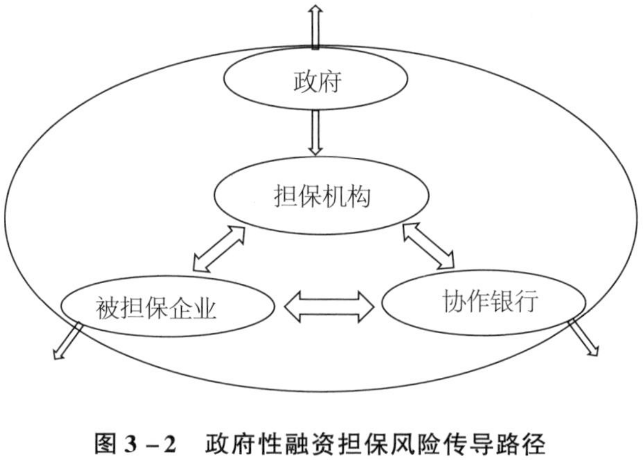

图 3－2　政府性融资担保风险传导路径

（二）融资担保机构风险传导路径

我们通过研究担保公司所有风险，梳理其风险传导路径，以协助接下来的风险对策研究。我们发现风险的传导路径遵循从宏观经济政策层面到行业层级,最后影响到公司层级。通过流程图分析,我们发现政策性风险依然是担保公司所面对的所有风险的源头,政策不确定性所带来的风险构成了担保公司主要的风险成因,并通过多种路径对公司经营带来影响(见图3－3)。

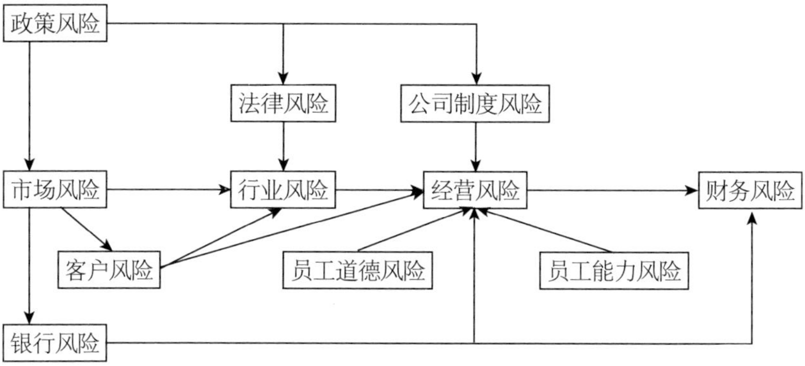

图3－3　担保公司风险传导路径

从图3－3可知,政策风险会引发市场风险。在"金融去杠杆"的大环境下,企业融资的成本较高,企业期望利用融资担保机构提供的担保服务来节约融资成本。从目前的趋势来看,债券担保行业竞争将会进一步加剧,担保费率整体将有所下滑,这将对担保行业造成一定冲击。换言之,政策不确定性带来市场风险,可以预期将会给融资担保机构的保费收入和盈利造成一些负面影响。

政策风险同样还会带来法律风险,2017年8月国务院出台的《监管条例》有助于整顿行业乱象。采用市场化定价,将帮助担保公司在未来的行业发展中更具竞争力。

政策风险同样会引发公司制度风险,政府性融资担保公司成立之初就围绕中小微企业,就立足于为农村资产抵押融资闯出新路,为服务"三农"、助推统筹城乡发展做贡献。但是为了实现保本微利的目标,担保公司也积极开展商业性业务活动。从长远来看,担保公司开拓市场性业务将会提升公司的业务能力和管理水平,大幅提高利润水平,有助于扩大公司在未来的竞争力,使公司发展具备可持续性。然而政策不确定性就会对公司的运营构成较大风险,商业性业务和政策性业务并重在短期内也会导致融资担保机构的定位模糊,如果相关政策未来发生变化,那么就会带来公司制度风险,影响公司未来的业务选择,这又给公司带来经营风险。正如2020年8月银保监会等七部门印发的《关于做好政府性融资担保机构监管工作的通知》,该通知指明了政府性融资担保机构今后业务发展方向,并不包括债券业务等商业性业务。着重从担保费率、业绩考核等方面突出强调政府性融资担保公司支农支小职能,着力缓解小微企业、“三农”等普惠领域融资难、融资贵问题,强调了政策性定位。

市场风险和法律风险引发行业风险,宏观经济环境恶化和法律法规出台加剧了行业竞争趋势,近年来受宏观经济下行压力加大及中小企业经营环境恶化影响,行业内企业势必加剧对优质客户源的争夺,行业竞争加剧将会给公司带来一定的经营风险。

客户风险受市场风险影响,同样也会给公司带来经营风险。受外部整体环境不景气影响,随着债券集中兑付压力的增大,担保机构代偿风险加剧。未来两年受中美贸易摩擦、全球经济增长放缓影响,中小企业经营状况将会继续恶化,行业在保余额增速显著放缓,担保行业业务风险上升,代偿发生的概率将会有所增加,部分担保机构可能会因失去代偿能力而倒闭,目前融资担保机构数量已经连续两年负增长。社会融资增速下降,客户融资担保需求低迷,担保业务规模增速将会放缓。另外,员工道德风险和员工能力风险也会引发公司经营风险,员工问题引发的经营问题具有一定的随机性和不可预测性,但是结合海内外的案例来看,这一风险依然值得我们重视。

通过对风险传导路径的梳理,我们不难看出经营风险最终会导致财务风险,导致公司经营的不可持续。

可以通过建立健全政府性融资担保制度,加强风险管理体系建设与信息化建设有机结合,创新担保模式,研发适合知识产权融资、应收账款融资、中长期研发融资等的担保产品。同时,足额计提准备金,提高风险抵补能力。加大政府和其他金融机构与政府性融资担保机构的合作力度,完善银担合作机制和风险分担机制。采取政府、银行、担保公司合作,实现风险分担机制和国家融资担保基金再担保业务模式。财政部门要向政府性融资担保机构提供财政支持,将政府性融资担保机构的代偿补偿金纳入财政预算,要设置代偿补偿资金池,同时,资金池补偿覆盖面可以扩展到所有支农支小业务。

三、融资担保运营风险预警

(一)融资担保财务风险预警

研究政府性融资担保风险重点要关注其财务风险。政府性融资担保机构的资本金全部来自国家财政,或由财政委托的国有企业投资入股并控股。目前各机构抵御风险的主要方式就是增大或追加财政投资,增加注册资本金。相应地,国家有关部委主要是从加强国有金融资本管理,增加财政投资,解决财务风险等角度设计相关制度。

融资担保行业不同于一般的制造和服务行业,其很多财务风险分析指标有其特殊性。为了能够准确建立融资担保行业财务风险预警指标体系,笔者对大量关于担保行业财务风险指标体系的文献进行了研究,决定从营运能力、盈利能力、偿债能力与可持续发展能力四大方面着手构建指标体系。

本书认为,除以上四个方面外,还应考虑行业机构现金流动性。对融资担保行业而言,现金流的充足和快速的现金周转能力,可以很好地帮助担保行业抵御财务风险。

笔者构建的融资担保行业财务风险指标体系如表 3-12 所示。

表 3-12　构建融资担保行业财务风险指标体系

一级指标	二级指标	定义
营运能力	担保资金放大倍数	担保余额/承担担保责任的资金或资产
	担保代偿率	同期代偿支出/同期已解除担保额
	代偿回收率	累计已收回代偿金额/累计已发生代偿支出
盈利能力	净资产报酬率	净利润/净资产
	担保业务收入率	担保业务收益/在保责任总额
	在保业务费用率	(销售费用+管理费用+财务费用)/在保债务总额
偿债能力	资产负债率	期末总负债/期末资产总额
	代偿支付保障率	同期可承担责任的现金及现金等价物/同期到期的担保余额×平均代偿率
	拨备覆盖率	(担保合同准备金+风险补助资金)/应收代偿款
可持续发展能力	营业收入增长率	(本期营业收入-上期数)/上期数
	客户集中度	前五家最大客户担保余额/担保余额
现金流动性	现金流量比率	经营活动的现金净流量/流动负债

要确定融资担保公司财务风险预警指标权重,首先要对本研究建立的担保公司的财务风险指标进行代码标记,如表 3-13 所示。

表 3-13 融资担保公司财务风险指标代码

一级指标	代码	权重	二级指标	代码	权重
营运能力	X1	t1	担保资金放大倍数	Y1	m1
			担保代偿率	Y2	m2
			代偿回收率	Y3	m3
			净资产报酬率	Y4	m4
盈利能力	X2	t2	担保业务收入率	Y5	m5
			在保业务费用率	Y6	m6
			资产负债率	Y7	m7
偿债能力	X3	t3	代偿支付保障率	Y8	m8
			拨备覆盖率	Y9	m9
可持续发展能力	X4	t4	营业收入增长率	Y10	m10
			客户集中度	Y11	m11
现金流动性	X5	t5	现金流量比率	Y12	m12

考虑担保行业发展现实情况以及融资担保公司自身特殊情况，这里专门对财务风险指标进行度量。本研究采用德尔菲法，在对两个因素进行比较分析时，持定量标度。具体标度如表 3-14 所示。

表 3-14 财务风险指标标度

标度	定义
1	因素 i 和因素 j 同样重要
3	因素 i 比因素 j 稍微重要
5	因素 i 比因素 j 明显重要
7	因素 i 比因素 j 强烈重要
9	因素 i 比因素 j 极端重要
2,4,6,8	为以上两判断之间的中间状态对应的标度值

对各项风险指标的权重赋值，相关人事邀请担保公司的高中低层管理人员以及融资担保行业专家 N 名，以调查问卷的方式用邮件发送给各位专家，使用两两比较分析进行判定，然后取专家评判的平均值来提高各个风险因素判断的客观性。有效回复的专家 n 人，有效回复率 n/N，通过邮件获取的调查问卷信息可以利用。同时，对一级指标权重的确定，根据前面的问卷调查中专家反馈的两两比较分析判别信息，结果如表 3-15 所示：

表 3－15　融资担保公司问卷调查的一级指标比较判别

被比较因素和比较因素	X_1	X_2	X_3	X_4	X_5
X_1	a_{11}	a_{12}	a_{13}	a_{14}	a_{15}
X_2	a_{21}	a_{22}	a_{23}	a_{21}	a_{21}
X_3	a_{31}	a_{32}	a_{33}	a_{31}	a_{31}
X_4	a_{41}	a_{42}	a_{43}	a_{41}	a_{41}
X_5	a_{51}	a_{52}	a_{53}	a_{51}	a_{51}

注：表中数据由问卷调查所得。

通过对上述表格中专家对于相邻元素进行的比较评分，可以得到两两判别矩阵。

$$A = \begin{bmatrix} a_{11} & a_{12} & a_{13} & a_{14} & a_{15} \\ a_{21} & a_{22} & a_{23} & a_{24} & a_{25} \\ a_{31} & a_{32} & a_{33} & a_{34} & a_{35} \\ a_{41} & a_{42} & a_{43} & a_{44} & a_{45} \\ a_{51} & a_{52} & a_{53} & a_{54} & a_{55} \end{bmatrix}$$

将矩阵 A 中各行元素值相乘，得到：

$$W_i = a_{i1} a_{i2} a_{i3} a_{i4} a_{i5},$$

求 W 的 5 次方根，得：

$$w_i = \sqrt[5]{\prod_{n=1}^{5} a_{in}},$$

对 W 进行归一化处理，$w_0 = \sum_{i=1}^{5} w_i = w_1 + w_2 + w_3 + w_4 + w_5$，求得各一级指标的权重，如表 3－16 所示。

表 3－16　融资担保公司财务风险预警一级指标权重

一级指标	W 值	$\sum_{i=1}^{5} w_i$	权重 t_n
X_1	W_1	W_0	W_1/W_0
X_2	W_2	W_0	W_2/W_0
X_3	W_3	W_0	W_3/W_0
X_4	W_4	W_0	W_4/W_0
X_5	W_5	W_0	W_5/W_0

二级指标的确定，应该根据问卷调查专家反馈的两两比较判别信息确定，如表3－17所示。

表3－17　融资担保公司问卷调查的一级指标比较判别

被比较因素 和比较因素	Y_1	Y_2	Y_3	Y_4	Y_5	Y_6	Y_7	Y_8	Y_9	Y_{10}	Y_{11}	Y_{12}
Y_1	Z_{11}	Z_{21}	Z_{31}									
Y_2	Z_{21}	Z_{22}	Z_{32}									
Y_3	Z_{31}	Z_{23}	Z_{33}									
Y_4				Z_{44}	Z_{54}	Z_{64}						
Y_5				Z_{45}	Z_{55}	Z_{65}						
Y_6				Z_{46}	Z_{56}	Z_{66}						
Y_7							Z_{77}	Z_{87}	Z_{97}			
Y_8							Z_{78}	Z_{88}	Z_{98}			
Y_9							Z_{79}	Z_{89}	Z_{99}			
Y_{10}										Z_{1010}	Z_{1110}	
Y_{11}										Z_{1011}	Z_{1111}	
Y_{12}												Z_{1212}

注：表中数据由问卷调查获得。

比照一级指标权重的确定方法，构建二级指标的比较判别矩阵B，然后同样用根方法，计算出二级指标的权重，具体数值如表3－18所示。

表3－18　融资担保公司财务风险预警二级指标权重

一级指标	权重 t_n	二级指标	权重 m_n
X_1	t_1	Y_1	m_1
		Y_2	m_2
		Y_3	m_3
X_2	t_2	Y_4	m_4
		Y_5	m_5
		Y_6	m_6
X_3	t_3	Y_7	m_7
		Y_8	m_8
		Y_9	m_9

续表

一级指标	权重 t_n	二级指标	权重 m_n
X_4	t_4	Y_{10}	m_{10}
		Y_{11}	m_{11}
X_5	t_5	Y_{12}	m_{12}

最后可以得出一般担保公司的财务风险预警模型为：

$$Z = (m_1Y_1 + m_2Y_2 + m_3Y_3)t_1 + \cdots\cdots m_{12}Y_{12}t_{12}$$

财务风险的高低与 Z 值成反比关系，Z 值越小，公司的财务风险越高，Z 值越大，公司的财务风险越低。

以上分析表明，政府性融资担保机构运营过程中，如果只按照政策性目标，盲目担保融资，不考虑自身财务风险，不保持足够的现金流，融资担保行为将会因为财务风险引发的金融安全与稳定风险而中止，融资担保机构发展将会因为风险而不可持续。

（二）融资担保平台风险预警

研究融资担保风险，离不开担保平台风险预警系统。融资担保平台在我国绝大多数省、市、县级财政金融管理以及经济社会治理管理中具有非常特殊的功能和作用。政府性融资担保是政府与市场互为补充、共同作用、相机发力，涉及多方面资源配置、多环节相互关联的金融服务。通过构建融资担保平台风险预警系统，分析影响融资担保风险的各因素的作用。

对于政府性融资担保的服务对象，无论是小微企业、“三农”主体，还是战略性新兴产业项目，担保机构不能因为要提高社会效益，要实现政策性目标而无视风险存在。至于该不该提供融资担保支持，可能会由多种因素决定，但是担保机构对任何类型融资担保项目都应该进行风险识别、风险审查、风险防范，对任何已经在保的项目都应当进行保后检查、风险预警等风险管理。责任主体可以通过建立完善的风险数据库、建立风险模型、设置风险预警指标，对风险进行识别、评审、运营、管理、控制、转化等，达到防控风险、转化风险，提高风险投资的经济效益和社会效益，实现政策性目标。

1. 构建担保平台风险预警体系和监控系统

第一，制定担保平台各种指标的风险标准，形成风险监控系统。通过制定担保平台的债务率、负债率、偿债率等指标的风险标准，以对债务规模以及债务结构的变动情况进行预先警示。针对日常运营中面临的风险进行识别和分析，并将统计结果提交风险监控系统，同时向风险度异常或过高的部门与单位提出风险警示，锁定风险源。第二，建立符合现实需要的风险预警机制，增强风险预测和监控能力。通过建立监测指标体系,构造综合评价指标,形成能够测度或反映风险变化趋势和风险总体程度的风险控制标准,确保风险不逾“警戒线”,从而对风险控制形成强有力约束,并据此作出科学的判断和决策。

2. 设计担保业务平台风险预警功能及流程

首先,对担保项目情况进行调查、核实,建立企业数据库;其次,加强规范管理,建立风险预警机制;最后,区分投融资项目的不同情况,分类加以处理。设置预警性指标,对风险因素的信号和征兆随时进行动态监测,一旦超越预警相关指标临界值,即进行风险干预措施。功能包括提醒功能、监测功能、诊断功能、纠偏功能。

通过组建专门的担保平台风险监控小组,配置专业的风险管理人员,利用一定的监管工具做媒介,协助决策者进行风险控制,形成具有担保行业特色的风险预警机制。风险预警机制包括风险预警机制结构、风险预警系统设计及风险预警管理等。构建平台公司的风险预警机制结构图、风险预警系统设计图和风险预警管理流程图,分别如图3－4、图3－5、图3－6所示,在实际应用中,公司风险管理结构及决策层可参照相关流程图对公司运营中的潜在风险进行有效识别并管理,并适时更新和完善相关流程。

从图3－4我们可以看出,当风险发生时首先分别传递给风险预警辅助决策系统、风险监控小组以及建立的预警指标体系,通过预警指标体系和风险监控小组分别把信息反馈给风险预警预案体系,最后联合预警指标体系和风险预警辅助决策系统一起形成有效的风险对策。

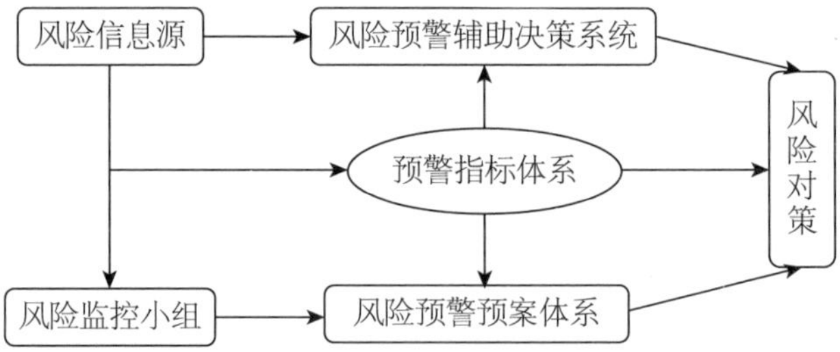

图3－4 融资担保平台风险预警机制结构

从图3－5我们可以看出,通过建立一套围绕风险判断、预警报告以及预警决策的动态系统,可以有效地分散和阻断风险。其中尤其需要注意的是发生高度警戒状况时的一系列动态解决方案,当高风险项目发生时,需要进行特别处理,这也对该流程中预警决策部分提出了非常严格的考验,这一部分也是整个风险预警体系设计中最核心的部分。

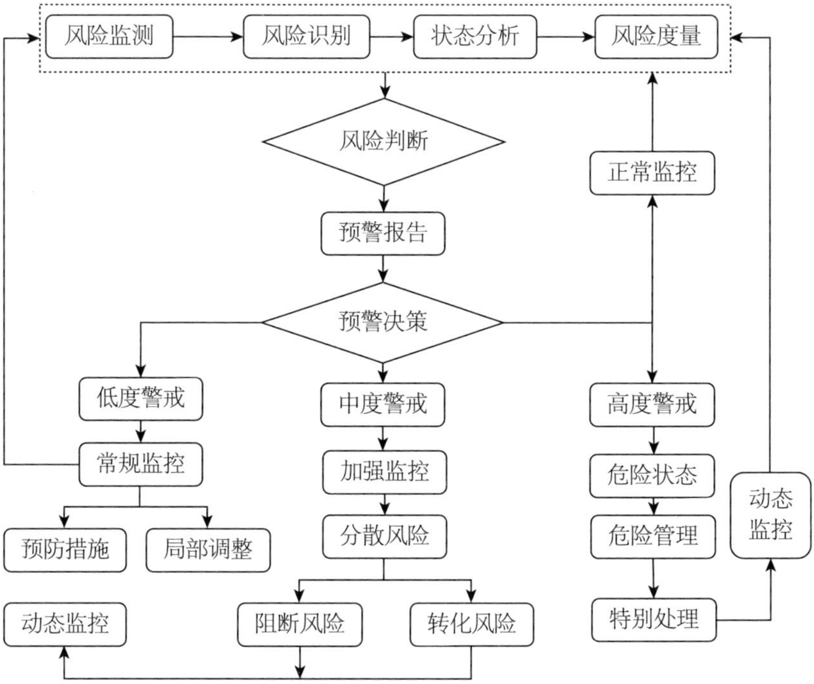

图 3－5　融资担保平台风险预警系统设计

为了进一步诠释整个风险管理过程，笔者设计了一套完整的管理操作流程图，如图 3－6 所示。

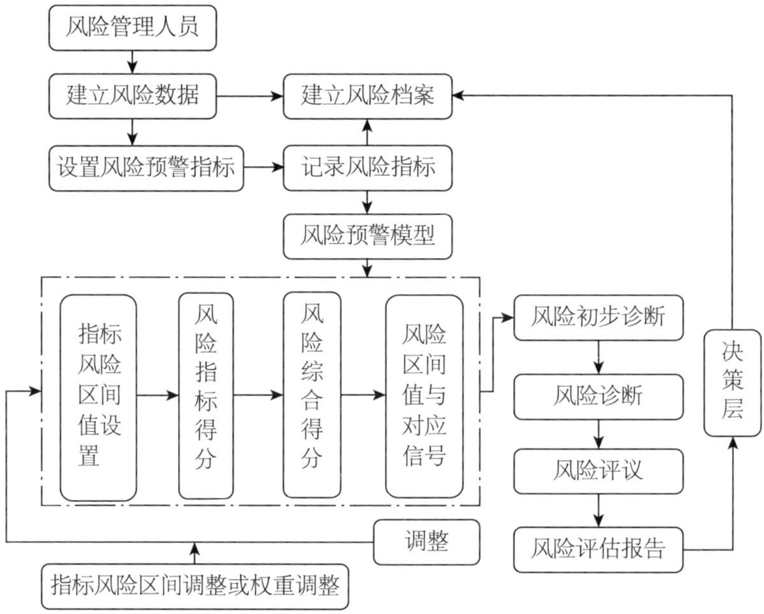

图 3－6　融资担保平台风险管理操作流程

参照上述模型,建立一套风险预警模型来对政府性融资担保运营风险进行诊断和评价,随后形成翔实的风险评估报告,提交给决策层进行定夺,以提升风险管理能力和水平,也必将能够进一步提高政府性融资担保制度绩效。

第五节　本章小结

政府性融资担保制度实际运行效果与制度设计初衷存在差距,直接反映在担保机构运营绩效不高,即经济效益、社会效益不高,政策目标偏离,风险控制不好且发展不可持续。政府性融资担保如果过度追求经济效益则会增大金融风险,偏废服务中小微企业和“三农”等政策目标;过度追求社会效益,支持弱质弱势行业产业,实现政策性目标,则会影响自身经济效益,无力承担金融风险;过度防范风险,则会丧失发展机会,降低经济效益,偏离政策性目标;无视金融风险,则没有经济效益,发展不可持续,更没有社会效益,无法实现政策性目标。

通过对融资担保经营效率、经营效能的实证分析,以及风险生成机理、传导机制的分析,初步揭示了政府性融资担保制度绩效不高的问题原因及作用机制。那就是“经济效益、社会效益、可持续发展”三者两两之间的效率和质量未能实现相互转化,“债权人、债务人、担保人”三者两两之间信用和价值未能实现彼此互认。

对政府性融资担保制度绩效展开研究,实质是对“政府公信力、市场创造力、风险管控力”的评价检视,对既往相关法律制度的评价检视。同时还揭示出该制度绩效不高的深层次原因是政府与市场“两只手”有待进一步协调配合,相机发力。原本有关部门想运用财政资金,通过政府性融资担保这个特殊金融杠杆,促进中小微企业和“三农”等特定行业产业发展,提高国有资本、政府资源的效率和效能,而实际情况是因相关制度供给不到位、不配套、不成体系,没有较好作用于担保机构这个市场主体,反倒增大运营成本,降低了国有资本和公共资源的使用效率,放大了金融风险而且还使发展不可持续。针对这些问题及原因,我们必须加快重构或完善政府性融资担保制度。

第四章　政府性融资担保制度规制研究

规制就是政府设置(出台)规定进行限制。市场经济语境下的规制，作为一种特定而具体的制度安排，是以矫正和改善市场机制内在症结为目的，以强化政府对特定经济主体(尤其是企业)活动的干预为手段的行为，亦即“政府对经济行为的管理或制约”，“包容了市场经济条件下政府几乎所有的旨在克服广义市场失败现象的法律制度，以及以法律为基础的对微观经济活动进行某种干预、限制或约束的行为”。[1]

近几年，政府规制活动在规制经济学的研究领域中取得了新的发展，规制所涉及的范围不断扩大，尊重市场原则越发成为规制手段的首要考虑因素，呈现出政府规制活动和经济市场规律机制不断融合的趋势。政府规制活动也不断推动着规制经济学发展演变，其体系、内容、研究方法都在不断扩展、创新。

“规制”(regulation)，它是政府部门运用公权力手段，对一些信息不对称、易产生垄断行为的行业或企业进行监督管理，主要是对其价格、行业准入或退出、经营投资等行为施加作用。规制并不局限于行政规制，也有制度规制，是否属于规制范畴，主要是看它作用的对象、方式和效果。我国政府对融资担保机构准入、服务方向、业务产品、担保费率、担保规模等进行监督与管理，其实质就是典型的规制。我国政府性融资担保制度，正是政府旨在矫正和改善市场机制，促进解决小微企业和“三农”主体融资难、融资贵问题而进行的制度规制。政府性融资担保制度就是政府对融资担保机构、融资担保业务、融资担保监管等方面的规制。对《民法典》涉及融资担保法律制度、《监管条例》四项配套制度、融资担保主营业务涉及相关制度、融资担保行业监管与绩效考核等制度条文展开分析，其实质正是展开制度规制研究，有助于进一步分析政府性融资担保制度问题及原因，为后文制度重构与完善做好铺垫。

---

〔1〕 参见郭清梅：《中国行政规定规制研究》，北京大学出版社 2017 年版，第 10～25 页。

第一节 《民法典》涉及政府性融资担保制度规制

经过20多年发展,我国政府性融资担保机构的实收资本超1.2万亿元,在保余额已近4万亿元,其融资担保业务规模与招商银行或中信银行等多家股份制商业银行信贷业务规模相当。然而,从1995年10月1日起实施的《担保法》到2021年1月1日起实施的《民法典》,时间跨越25余年,专家学者对政府性融资担保制度争议不断,该制度亟待完善。《民法典》是中华人民共和国成立以来第一部以法典命名的法律,在法律体系中处于基础性地位,也是市场经济的基本法,它并非政府性融资担保制度的专门法典,但其中担保物权、保证合同、婚姻继承等部分的内容必然会对政府性融资担保产生较大影响,其所涉及的保证担保、抵押担保等融资担保制度新变化,将对融资担保机构运行绩效产生重要影响。从某种意义上讲,它对政府性融资担保的作用和影响,是该制度规制所产生的作用和影响。基于此,这里专门对《民法典》涉及的政府性融资担保部分新制定或修订条文之制度规制展开分析。

一、《民法典》融资担保法律制度分析

(一)保证担保制度新变化

保证担保作为一项债权保障措施,在融资担保业务实践中应用非常广泛。保证担保是政府性融资担保机构日常业务中最常见的主要业务类型,这类业务开展的质量和效果,对融资担保机构运营将直接产生深远影响。基于此,这里专门通过《担保法》《民法典》新旧条文之对比,分析保证担保制度新变化。

1. 保证担保独立性约定无效

《担保法》第5条第1款规定:“担保合同是主合同的从合同,主合同无效,担保合同无效。担保合同另有约定的,按照约定。”《民法典》第682条第1款规定:“保证合同是主债权债务合同的从合同。主债权债务合同无效的,保证合同也无效,但是法律另有规定的除外。”这里涉及的关于保证担保独立性约定是否有效的问题,值得进一步分析讨论。有关这个问题,2019年最高人民法院公布的《全国法院民商事审判工作会议纪要》(以下简称《九民会议纪要》)第54条指出:独立担保从属性是担保的基本属性,但并不包括银行或者非银行金融机构开立的独立保函。在具体司法实践中,独立保函纠纷案件可以依据最高人民法院《关于审理独立保函纠纷案件若干问题的规定》进行处理。需要进一步指出的是,但凡由银行或者非银行金融机构开立,而且符合前述法规

第1条、第3条规定情形的保函,无论是在国际商事交易还是国内商事交易过程当中,保函效力都不会受到影响。但是,如果是由上述主体之外的当事人所开立的独立保函,抑或当事人约定的排除担保从属性的保函,则应该认定为无效。当然,虽然对其独立担保效力进行了否定,但还是应该将其定性为从属性担保,此乃由“无效法律行为的转换”原理所规定。而且如果主合同无效,即导致独立担保失效,担保人无过错就不承担责任;有过错的,承担相应部分民事责任,且不超过债务人无法清偿那部分的1/3。若主合同有效,担保合同继续有效,担保人和主债务人仍应承担连带保证责任。该条款之规定,客观上让《民法典》正式否定了当事人约定排除担保从属性的效力,实现了该问题在担保领域的统一。

2. 一般保证人不得行使先诉抗辩权

通过对“一般保证人不得行使先诉抗辩权”的情形变化进行分析,可以看出:从《担保法》到《民法典》,法律逐渐倾向于保护债务人之权利以促成金融交易之实现。《担保法》第17条第3款规定,有下列情形之一的,保证人不得行使前款规定的权利:债务人住所变更,致使债权人要求其履行债务发生重大困难的;人民法院受理债务人破产案件,中止执行程序的;保证人以书面形式放弃前款规定的权利的。《民法典》第687条第2款规定:一般保证的保证人在主合同纠纷未经审判或者仲裁,并就债务人财产依法强制执行仍不能履行债务前,有权拒绝向债权人承担保证责任,但有下列情形之一的除外:人民法院已经受理债务人破产案件;债务人下落不明,且无财产可供执行;债权人有证据证明债务人的财产不足以履行全部债务或者丧失履行债务能力;保证人书面表示放弃本款规定的权利。通过比较分析可以看出,相对保证担保人的利益和权利,《民法典》更加倾向于保护债务人之权利,以更好地促成金融交易行为之实现。

3. 保证期间约定不利于保证人

保证期间约定不明时,保证期间为6个月。这一约定不利于保证人。实际工作中,有些债权人会在与保证人签订的保证合同中将保证期间约定为:“保证期间自主债务履行期限届满之日开始起算,直至主债务本息还清时为止。”如果这样约定,保证期间就可以按照《担保法司法解释》第32条[1]之规定执行。但是,根据《民法典》第692条第2款之规定,约定保证时间并未受到禁止,但债权人与保证人约定的保证期间不得早于主债务履行期限或者与主债

[1] 《担保法司法解释》第32条第2款规定,“保证合同约定保证人承担保证责任直至主债务本息还清时为止等类似内容的,视为约定不明,保证期间为主债务履行期届满之日起二年”。

务履行期限同时届满,否则无效。对于保证期间,《民法典》已明确规定"没有约定或者约定不明确的,保证期间为主债务履行期限届满之日起六个月"。

4. 保证责任界定因保证方式存在不确定性

当事人在保证合同中对保证方式应该事先作出明确约定。如果没有约定或者约定不明确的,参照《担保法》第 19 条规定,当事人双方应按照连带责任保证方式承担保证责任。《民法典》第 686 条则对此规则进行了修改,当事人在保证合同中对保证方式没有约定或者约定不明确的,应当按照一般保证承担相应保证责任。保证方式推定规则从"连带责任保证"变更为"一般保证",说明《民法典》规定的担保人的保证责任较以前的规定是更宽松了。

通过对保证人的比较分析可以看出:《担保法》《民法典》两部法律都以保证人虚化了担保机构承担担保责任的事实和市场主体身份。理清了保证人的身份,但含混了担保机构的市场主体身份。保护了债权人、债务人,忽视了担保机构的权利以及由于权利没能得到保障而引发的更大风险。

5. 债务承担对保证责任的影响变化

《担保法》第 23 条规定:"保证期间,债权人许可债务人转让债务的,应当取得保证人书面同意,保证人对未经其同意转让的债务,不再承担保证责任。"然而《民法典》第 697 条新规定中则是这样表述:"债权人未经保证人书面同意,允许债务人转移全部或者部分债务,保证人对未经其同意转移的债务不再承担保证责任,但是债权人和保证人另有约定的除外。第三人加入债务的,保证人的保证责任不受影响。"这里的"另有约定",指的是债务转移时,就债务转移后保证责任承担的问题作出约定。分析可见,债权人可以就债务转移后保证责任承担问题,另行作出约定,第三人加入债务的,保证人的保证责任却不受影响。《民法典》这个新规定,明显是倾向于保护债权人、债务人利益,着重考量金融交易的实现而有意淡化担保人利益。"但是债权人和保证人另有约定的除外。第三人加入债务的,保证人的保证责任不受影响"则对融资担保机构的保证责任作出了截然不同的法律规制。

6. 保证人履行债务或者承担责任之情形须在合同中事先约定

《担保法》第 6 条规定:"本法所称保证,是指保证人和债权人约定,当债务人不履行债务时,保证人按照约定履行债务或者承担责任的行为。"对于同一情形,在《民法典》第 681 条中则是这样规定:"保证合同是为保障债权的实现,保证人和债权人约定,当债务人不履行到期债务或者发生当事人约定的情形时,保证人履行债务或者承担责任的合同。"显然,这是要将"发生当事人约定的情形"同"不履行到期债务"的情形相并列,扩大保证合同的外延,更侧重于考察当事人是否具备保证合意,给当事人更大的自治空间,减轻债权人向保证人行权的障碍。

7. 最高额保证规则参照适用最高额抵押权的有关规定

根据《民法典》第690条之规定,"保证人与债权人可以协商订立最高额保证的合同,约定在最高债权额限度内就一定期间连续发生的债权提供保证。最高额保证除适用本章规定外,参照适用本法第二编最高额抵押权的有关规定"。至于该条的"参照"适用,本书认为主要包括五个方面:其一,参照《民法典》第420条第1款之规定,除债务人不履行到期债务或者发生当事人约定的实现债权情形外,债权人可以与保证人在最高额保证合同中就要求保证人承担保证责任的情形作出约定;其二,参照《民法典》第420条第2款之规定,最高额保证设立前已经存在的债权,经当事人同意,可以转入最高额保证担保的债权范围;其三,最高额保证担保的债权确定之前,部分债权转让的,最高额保证人如何承担责任,当事人可作出约定;其四,最高额保证担保的债权确定之前,债权人与保证人可以通过协议变更决算期、债权范围以及最高债权额;其五,最高额抵押所担保债权的确定时间,要根据《民法典》第423条规定的情形而分别确定,进而确定最高额保证担保的债权。至于最高额保证合同,相较《担保法》第14条的规定,[1]《民法典》第690条作出了新规定:"保证人与债权人可以协商订立最高额保证合同,约定在最高额限度内就一定期间连续发生的债权提供保证。最高额保证除适用本章规定外,参照适用本法第二编最高额抵押权有关规定。"

从以上对最高额保证规则的比较分析中不难看出:从《担保法》到《民法典》,凡是涉及债权人利益的,法律明确表示要保护要保障;凡是涉及担保人、保证人利益的,则表示可协商可参照。保证人、担保人虽可根据承担的责任向债务人追偿,但作为保证、担保法律关系三方主体中的保证人、担保人,其在法律规则的制定中,仍与债务人进行捆绑,其自身权益并未得到合理保障。

8. 保证人享有追偿权与代位权,取消保证人之间相互追偿的规定

《担保法司法解释》第20条第2款规定:"连带共同保证的保证人承担保证责任后,向债务人不能追偿的部分,由各连带保证人按其内部约定的比例分担。没有约定的,平均分担。"按照《民法典》第700条有关规定精神,保证人在承担保证责任后有权向债务人在相应范围内追偿,除非双方另有约定,但不能损害债权人的利益。《民法典》则未再规定保证人享有向其他连带责任保证人追偿的权利。

---

[1] 《担保法》第14条规定:"保证人与债权人可以就单个主合同分别订立保证合同,也可以协议在最高债权额限度内就一定期间连续发生的借款合同或者某项商品交易合同订立一个保证合同。"

关于《民法典》第700条“保证人承担保证责任后,除当事人另有约定外,有权在其承担保证责任的范围内向债务人追偿,享有债权人对债务人的权利,但是不得损害债权人的利益”的相关规定。如何理解其中的含义,该规定是否意味着法定的债权转让,保证人是否由此享有债权人的担保权利,还有待根据立法部门以及司法部门的进一步解释方能确定。比较分析后可以清晰发现,在保证人的追偿权利界定和行使这个问题上,《民法典》也仍然是倾向于保护债权人利益。

9. 调整了不得为保证人的情形

《担保法》第8条、[1]第9条、[2]第10条[3]分别针对国家机关、学校、幼儿园、医院、企业法人、职能部门等不得为保证人的情形进行了明确规定。而《民法典》第683条第1款则明确规定:“机关法人不得为保证人,但是经国务院批准为使用外国政府或者国际经济组织贷款进行转贷的除外。以公益为目的的非营利法人、非法人组织不得为保证人。”《民法典》第683条第2款规定:“以公益为目的的非营利法人、非法人组织不得为保证人。”通过比较分析说明,只要是营利法人、法人组织,就算是以公益为目的,属于事业单位或社会团体,也可以作为保证人。这大大拓宽了保证人范围。

相较《担保法》针对此类情形的有关条款之规定,《民法典》不单是措辞更加严谨,其真实目的意义也有所调整,关于“非营利法人”,按照《民法典》第87条之规定:“为公益目的或者其他非营利目的成立,不向出资人、设立人或者会员分配所取得利润的法人,为非营利法人。非营利法人包括事业单位、社会团体、基金会、社会服务机构等。”

同时,《民法典》未再禁止企业法人的分支机构及职能部门提供担保。分析认为:虽然《民法典》第74条已经鲜明表达其倾向,分支机构以其自身名义从事民事活动,所产生的民事责任应由法人承担,但是根据《九民会议纪要》第17条至第23条之规定,公司给他人提供担保,并不是法定代表人所能单独决定的事项,除《九民会议纪要》第19条规定的情形外,需公司有权机关(股东会、董事会)决议授权。因此,分支机构对外担保应该根据《九民会议纪要》,根据公司给他人提供担保的最新精神要求来认定。

---

〔1〕《担保法》第8条规定:“国家机关不得为保证人,但经国务院批准为使用外国政府或者国际经济组织贷款进行转贷的除外。”

〔2〕《担保法》第9条规定:“学校、幼儿园、医院等以公益为目的的事业单位、社会团体不得为保证人。”

〔3〕《担保法》第10条规定:“企业法人的分支机构、职能部门不得为保证人。企业法人的分支机构有法人书面授权的,可以在授权范围内提供保证。”

10. 一般保证的诉讼时效从权利消灭之日起算

相较《担保法司法解释》第 34 条第 1 款之规定,[1]《民法典》对诉讼时效权利消灭的起算时间作出了新的界定,倾向性保护的对象发生了变化,从而进一步加大了保证人、担保人的担保责任。《民法典》第 694 条第 1 款规定:"一般保证的债权人在保证期间届满前对债务人提起诉讼或者申请仲裁的,从保证人拒绝承担保证责任的权利消灭之日起,开始计算保证债务的诉讼时效。"该条款之约定,倾向于保护债权人、债务人利益,而进一步加大保证人、担保人的担保责任。

11. 债权人转让时保证人的保证责任

《担保法》第 22 条规定:"保证期间,债权人依法将主债权转让给第三人的,保证人在原保证担保的范围内继续承担保证责任。保证合同另有约定的,按照约定。"这表明主债权转让并未要求通知保证人。但是,《民法典》第 696 条规定:"债权人转让全部或者部分债权,未通知保证人的,该转让对保证人不发生效力。保证人与债权人约定禁止债权转让,债权人未经保证人书面同意转让债权的,保证人对受让人不再承担保证责任。"比较分析发现,债权转让需要通知保证人方才对保证人有效,法律认可禁止债权转让条款的效力。

(二)抵质押规则新变化

我国信用环境和信用体系尚不够完善,目前政府性融资担保业务中,相较于纯粹的信用担保业务而言,反担保抵质押融资担保业务的融资担保规模和笔数占比都较大,因此这里专门对抵质押规则新变化展开分析,具有较大的现实意义。

1. 抵押人未经抵押权人同意可以转让抵押财产

《民法典》第 406 条第 1 款规定:"抵押期间,抵押人可以转让抵押财产。当事人另有约定的,按照其约定。抵押财产转让的,抵押权不受影响。"在这之前的《物权法》中,抵押人转让抵押物必须征得抵押权人的同意,《民法典》认可了抵押财产不经抵押权人同意即可转让,除非双方另有约定。抵押人可以在未经抵押权人事先同意的情况下,转让抵押财产并发生物权变动效力,弱化了抵押权人对抵押财产的控制能力,增加了抵押的不确定性。

2. 抵押权是否办理转移登记不影响抵押权的取得

《民法典》第 547 条规定:"债权人转让债权的,受让人取得与债权有关的从权利,但是该从权利专属于债权人自身的除外。受让人取得从权利不因该

---

[1] 《担保法司法解释》第 34 条第 1 款规定:"一般保证的债权人在保证期间届满前对债务人提起诉讼或者申请仲裁的,从判决或者仲裁裁决生效之日起,开始计算保证合同的诉讼时效。"

从权利未办理转移登记手续或者未转移占有而受到影响。”而《合同法》第 81 条没有本条第 2 款关于“受让人取得从权利不因该从权利未办理转移登记手续或者未转移占有而受到影响”之规定。因此，若有抵押担保的债权转让，抵押权一并转让，可以不用办理转移登记手续或转移占有。

3. 赋予买卖合同中出卖人的“超级优先权”

《民法典》第 416 条规定，“动产抵押担保的主债权是抵押物的价款，标的物交付后十日内办理抵押登记的，该抵押权人优先于抵押物买受人的其他担保物权人受偿，但是留置权人除外”。此乃我国首次在立法层面，对为担保货物买卖价款而在该货物上设立的动产抵押权赋予“超级优先权”地位，并借此纳入担保物权体系。购买价金担保权调整的是基于三方当事人的多维法律关系，设立了购买价金担保权人（抵押权人）、买受人（抵押人）、第三人（抵押权/质权人）之间出卖人的担保物权优先受偿之规则。

4. 明确动产担保优先顺位的特殊效力规则

《民法典》对动产担保的实现顺序作出明确指引，及时填补了此前因为动产担保优先顺位规则缺乏或分散而存在的法律缺憾。《民法典》第 404 条规定：“以动产抵押的，不得对抗正常经营活动中已支付合理价款并取得抵押财产的买受人”，系动产抵押权登记对抗效力的例外。《民法典》第 415 条规定：“同一财产既设立抵押权又设立质权的，拍卖、变卖该财产所得的价款按照登记、交付的时间先后确定清偿顺序”，确定了登记、交付作为公示方式的公示效力相同，改变了最高人民法院在《担保法司法解释》中的有关规定，[1] 法院在审理同一动产上同时设立的质权和抵押权的优先受偿顺序这一问题时，将有明确清晰的法律规定可以援引。

5. 明确在先设立并转移占有的租赁权对抗抵押权规则

《民法典》第 405 条规定：“抵押权设立前，抵押财产已经出租并转移占有的，原租赁关系不受该抵押权的影响。”《民法典》第 405 条补充规定“转移占有”这一标准时，明确了“抵押不破租赁”的前提有二：一是存在有效租赁合同，二是抵押财产已经转移占有。

6. 将债权担保明确为担保措施之一

《民法典》第 440 条将可出质的应收账款扩大至“现有的以及将有的应收账款”，借由应收账款定义的开放性，使债权类质权更具解释空间，将可容纳更加丰富的交易实践，也有利于推动金融创新。《民法典》第 545 条第 2 款明确禁止债权转让约定的对抗效力，即“当事人约定非金钱债权不得转让的，不得

[1] 《担保法司法解释》第 79 条第 1 款规定：抵押担保登记的抵押权优先于质权。

对抗善意第三人。当事人约定金钱债权不得转让的,不得对抗第三人。"本款完全解放了金钱债权(应收账款)的财产权属性,使金钱债权的流通性大大增加,适于成为融资标的。

7. 构建统一的动产和权利登记制度

《民法典》不再规定有关担保物权具体登记机构,旨在建立便捷统一的动产和权利担保登记制度,所有动产担保物权规则都是以此为大前提的。

8. 肯定了非典型担保合同效力

随着金融改革创新的不断深化,典型的担保方式难以满足商事主体的交易需求这一弊端已逐渐显现。商事主体基于交易与担保的目的创设出"融资租赁""让与担保""所有权保留""保理"等具有担保功能的交易方式。但由于该类担保方式缺少必要的法律支撑和制度规制,在实践中也暴露出各种法律问题,例如,让与担保的性质与效力问题等法律问题。据此,《民法典》扩大了担保合同的范围:第388条第1款增加了"其他具有担保功能的合同"。将其纳入担保合同范畴,一是从立法层面解决了过去经济活动中非典型担保合同的尴尬局面,赋予其效力;二是顺应了未来金融创新的需求;三是有利于提高我国在世界银行中营商环境的排名,可谓意义重大。不仅如此,《民法典》丰富了融资担保方式,也有利于解决企业融资难的问题。

9. 取消流押、流质条款的禁止性规定

《民法典》第401条、第428条对"禁止流押、流质"的条款表述进行了调整。不再绝对禁止当事人约定流押、质押条款,体现了在债权人与债务人经济地位趋于平等的背景下,法律对当事人间基于意思自治所作交易安排的尊重;体现了区分原则,双方之间的约定有效,但并不直接产生担保财产物权变动的效力,债权人只能依法就担保财产优先受偿。

10. 拓宽了担保财产范围

《民法典》涉及担保财产的范围的条款中,第342条规定:"通过招标、拍卖、公开协商等方式承包农村土地,经依法登记取得权属证书的,可以依法采取出租、入股、抵押或者其他方式流转土地经营权。"第399条相应地删减了"耕地使用权不得抵押"的规定。第395条中新增了"海域使用权"作为抵押担保财产范围。

综上,从立法体系上看,长期以来,我国担保领域的法律规范比较分散、繁杂、零碎,而且不同规范之间存在交织或冲突,在司法实践中常常引发诸多适用问题。基于此,《民法典》具有促进统一担保规则的积极意义,必将进一步推动我国担保制度的发展。从立法体例上看,《民法典》未设立独立的担保编,而是根据不同担保类型的特性,将其分布于不同章节。一方面,立法者参考了域外制度的可取之处,在规范层面进行了创新;另一方面,立法者则结合国内司法实践经验及理论研究成果,对众多重点、难点问题进行了初步回应和适当完善。总的来讲,《民法典》对有关担保规则已然作出了一些积极探索和有益变革,法典所呈现的担保规则虽然分散于不同章节,但初步统一了担保领域的法律适用,必将深刻影响到各方当事人的利益,包括政府性融资担保机构的运营绩效。但从《担保法》到《民法典》,担保法律制度始终虚化或混淆了担保机构的承担担保责任的市场主体地位。由原来的保护债权人,促进金融交易,已逐步递进到保护债权人、债务人利益,保护金融交易实现。而忽视保证人权利、忽视担保机构的权利,以及担保机构的权利没能得到较好保障会引发更大的市场风险,造成更高的交易成本。

二、《民法典》居住权制度及合同解除制度分析

从立法变化上看,《民法典》作为中华人民共和国成立以来第一部法典,新增了居住权制度、合同解除制度等,由于其同融资担保机构支持服务的对象,即小微企业、"三农"主体的生产生活、经营管理、稳定发展有着密切关系,必然深刻影响着政府性融资担保机构的业务发展、风险控制、不良资产处置、经济效益和社会效益的提升,关系到政策性目标能否更好实现。同时,也必将对政府性融资担保机构的运营绩效产生重要影响。基于此,下文专门对《民法典》新增加的与政府性融资担保密切相关的居住权制度、合同解除制度等制度进行梳理,运用文本分析法研究这些新内容、新变化对政府性融资担保机构的影响。

(一)新增加居住权制度

1. 居住权的法律定义及特征

居住权的法律定义详见于《民法典》第二编的第三分编,它属于一种用益物权。用益物权,即权利人对他人所有的不动产或者动产,依法享有占有、使用和收益的权利。虽然具有排他性,但实际上用益物权是受限制的物权,是一种"定限物权",区别于所有权的"完全物权",其仅享有所有权的一部分权能,并不能居于所有权之上。居住权是在他人所有的住宅上设立的物权,居住权人排他性地对他人的住宅享有占有和使用的权利。居住权属于住宅所有权人处分自己财产的一种方式,支配的是标的物的使用价值,这让它从根本上与"长期租赁"之间得以区别开来。居住权不仅仅是一种用益物权,而且属于用益物权中的人役权,具有终身性、特定性、无偿性。它至少具有两个明显特征。其一,居住权是为特定自然人设定的,法人和其他组织不能享有居住权,且居住权人以外的人,目前看来亦不可享有居住权。其二,居住权应"满足生活居

住的需要”。在权利设置上,只能作为居住之用,如果带有其他目的,特别是商业目的,应当排除其为居住权。

《民法典》第368条对居住权的设立作出了明确规定,[1]居住权无偿设立,并应当申请居住权登记。从《民法典》第369条[2]有关居住权的转让、继承和设立居住权的住宅出租的规定可以看出,它明确了居住权的无偿性、非商业性及终身性。即居住权不得转让、继承,一般情况下,居住权以无偿设立为原则,居住权人不能将其享有权利的住宅进行出租,但当事人另有约定的除外。“终身性”的另一含义则体现在居住权一旦设立,其权利消灭的条件只能是所设立的居住权期限到期或居住权人死亡,约定不明或没有约定的,居住权一般至居住权人死亡时消灭。

2. 居住权的设立方式

《民法典》第367条规定:设立居住权,当事人应当采用书面形式订立居住权合同。居住权合同条款一般包括:当事人的姓名或者名称和住所;住宅的位置;居住权期限;居住的条件和要求;争议的解决方法。这条对“居住权合同”作出了新的规定。第371条规定:“以遗嘱方式设立居住权的,参照适用本章的有关规定。”关于居住权的设立方式,“参照适用”一般有三种方式:(1)遗嘱约定。住宅所有权人可以以遗嘱的方式为他人设立居住权,即住宅所有权人在自己的遗嘱里明确为他人设立居住权。关于遗嘱方式设立居住权,《民法典》第371条明确规定参照适用本章有关规定,据此可以推断遗嘱生效后,居住权仍应采用登记生效的物权变动模式,居住权人应及时凭遗嘱向登记机关申请登记。但是以遗嘱方式设立的居住权,由于担保公司无法在前期调查中获取有关遗嘱的信息,一旦住宅所有权人去世,居住权人即可根据生效遗嘱取得居住权,融资担保机构的抵押权上即被添附上另一项权利,造成权利竞合。(2)合同约定。当事人通过订立书面合同的方式设立居住权是通常采用的主要形式,合同中应对居住权的具体权利义务予以明确,再按照订立的合同向登记机关申请登记,居住权自登记之时方得以设立。在合同条款中,如明确居住权人可与其家属、护理人员、保姆同住,应当予以认可。但如果合同没有明确,未提及其家属、护理人员、保姆是否可同住,则需要最高人民法院根据实务进行判断后,出具指导性意见或相关司法解释。(3)法院判决。根据《民法典》第

[1] 《民法典》第368条对居住权的设立作出规定:“居住权无偿设立,但是当事人另有约定的除外。设立居住权的,应当向登记机构申请居住权登记。居住权自登记时设立。”

[2] 《民法典》第369条规定:“居住权不得转让、继承。设立居住权的住宅不得出租,但是当事人另有约定的除外。”

229条、第1087条的规定,[1]以及最高人民法院司法解释等法律法规,[2]在司法实践中,如离婚判决、遗产继承判决中,法官可以依法将居住权判给一些有特殊需要的人,这也是依法设定居住权的方式。

3."居住权"对融资担保机构运营绩效的影响

"居住权"历经调整修订,专家学者普遍认为,该制度设计主要是为了保护弱势群体权益,维护社会稳定。该项权利实现需要双方当事人进行书面约定并到房管局进行登记,约定一般涵盖居住的条件、要求和时限等内容。"居住权"这一概念提出几十年来一直悬而未决。《民法典》中新增了"居住权"的规定,这一权利的设立旨在解决一些社会问题,其在维护弱势群体的场景中意义颇大,如在夫妻财产约定、以房养老、继承纠纷、公共房屋租赁、离婚后居无定所等情形中意义较大。显然,居住权能够保障部分弱势群体的权益。由于政府性融资担保机构主要服务对象正好是相对弱势群体,是"三农"主体和中小微企业,广泛牵涉弱势群体就业、民工工资、民生保障和金融安全稳定等社会问题,在提供融资担保、代偿追偿、处置房屋等抵押资时,一定要按照居住权的新的法律规定、规范进行操作,绝对不能只考虑融资担保机构自身的经济效益。"居住权"这一权利的设立客观上势必会对政府性融资担保机构运营绩效带来较大的影响。

(二)新修改合同解除制度

自2020年年初起,突如其来、席卷全球的新冠肺炎疫情阻滞了商品融通、资金融通,推动《民法典》在编制、审查和颁布时新增加了合同解除规定。由于融资担保增信,是通过"担保合同、保证担保合同、抵押担保合同"等一系列合同的签订和履行来实现的,那么《民法典》中的这些新规定必将给合同解除制度带来一些新变化,必将对融资担保等金融服务产生重要影响。《民法典》第566条第3款规定:"主合同解除后,担保人对债务人应当承担的民事责任仍应当承担担保责任,但是担保合同另有约定的除外。"主合同解除时,担保人是否承担担保责任,在法理上存在争议。一种观点认为,担保人仍应承担担保责任,只要担保人所担保的主合同债权人的利益没有得到满足,担保人不能免于承担担保责任;另一种观点则认为,合同因解除而失去法律效力,担保人所担

---

〔1〕《民法典》第229条规定:"因人民法院、仲裁机构的法律文书或人民政府的征收决定等,导致物权设立、变更、转让或者消灭的,自法律文书或征收决定等生效时发生效力";《民法典》第1087条规定:"离婚时,夫妻的共同财产由双方协议处理;协议不成的,由人民法院根据财产的具体情况,按照照顾子女、女方和无过错方权益的原则判决。对夫或者妻在家庭土地承包经营中享有的权益等,应当依法予以保护"。

〔2〕最高人民法院《关于适用〈中华人民共和国民法典〉婚姻家庭编的解释(一)》第77条规定:"离婚时,双方对尚未取得所有权或者尚未取得完全所有权的房屋有争议且协商不成的,人民法院不宜判决房屋所有权的归属,应当根据实际情况判决当事人使用。"

保的风险未出现,担保人应当免责。《担保法司法解释》规定了主合同解除时担保人的法律责任,[1]《民法典》将《担保法司法解释》的该条款纳入,明确和重申担保责任不因主合同解除而免除。

三、《民法典》相关制度对政府性融资担保机构的影响

从前述法律条文分析可见,《民法典》担保规则、担保制度的诸多新变化,给政府性融资担保机构运营绩效带来了较大影响。在现行法律、行政法规和司法解释为主体的制度体系中,融资担保业务开展相关的抵质押、担保、制定合同等,所涉及的民事法律行为主要由《民法典》《物权法》《合同法》等法律制度进行规定。政府性融资担保机构是金融市场主体的一个重要组成部分,我国并未形成完整的行业法律体系,对其组织章程、职能、地位、业务范围、管理活动、经营原则等进行调整,相关规定散见于经济部门下的各项行政法规、部门规章、地方性法规中。《民法典》等法律制度,也仍然停留在对担保行为的规制问题上,并没有针对政府性融资担保机构这个市场主体的权利义务进行规制,更少有考虑实质公平正义,导致融资担保机构运营风险较大,法律纠纷较多,难以有效发挥其"增信融资"的金融杠杆作用。政府性融资担保制度供给不足,特别是较少涉及监督管理方面,即使有,也主要倾向于为"三农"和中小微企业等弱势行业产业增信担保而监督,为银行业金融机构合作并隔离风险而监督,"性质属性、市场定位、价值取向等不清不准""权利义务规制不对称"等问题较突出,直接导致政府性融资担保制度绩效难以提高,社会效益、经济效益、政策目标难以实现。

第二节　《融资担保公司监督管理条例》四项配套制度对融资担保机构的规制

自2017年10月1日《融资担保公司监督管理条例》(以下简称《监管条例》)正式生效之后,《融资担保业务经营许可证管理办法》(以下简称《许可证管理办法》)、《融资担保责任余额计量办法》(以下简称《计量办法》)、《融资担保公司资产比例管理办法》(以下简称《资产管理办法》)、《银行业金融机构与融资担保合作指引》(以上四项制度以下简称四项配套制度)又于2018年4月2日正式下发执行。四项配套制度作为《监管条例》可操作性制度规范,对

---

[1] 《担保法司法解释》规定了主合同解除时担保人的法律责任,即"主合同解除后,担保人对债务人应当承担的民事责任仍应承担担保责任。但是,担保合同另有约定的除外"。

政府性融资担保机构运营绩效产生了较大影响,值得专家学者们更多地去关心关注、分析研究。这里主要从四项配套制度对政府性融资担保机构的担保业务和资产管理方面的影响进行分析。

一、四项配套制度对融资担保机构业务经营的影响

(一)对直接投融资业务的影响

《监管条例》规定债券担保的集中度不得超过净资产的10%,相较《融资担保公司监督管理暂行办法》债券担保集中度不超过净资产30%的规定,《监管条例》相应内容的改变对于融资担保行业的直接投融资业务影响非常大。在此背景下,本次三部门出台了《计量办法》,对融资担保责任余额的计量作了详细的规定,对债券担保业务责任余额的计量也作了一些特别的规定。

1. 债券担保责任余额的计量

根据《计量办法》,被担保人主体信用评级达到AA级以上的债券担保业务,在计算整体的担保责任余额时,按照80%的权重予以计量。这意味着融资担保公司在计算公司总融资担保责任余额时,被担保人主体信用评级达到AA级以上的债券担保业务的在保余额应乘以80%之后再计入公司总融资担保责任余额。除上述情况以外,其他债券担保责任余额的权重均为100%。

2. 债券担保单户集中度的特别规定

《计量办法》对主体评级AA级以上的债券担保业务的集中度权重规定和放大倍数权重规定不一样,应予以区分。在计算主体评级AA级以上债券担保业务的集中度时,责任余额按照在保余额的60%计算,其他债券的集中度权重均为100%。根据上述规定,主体评级AA级以上的债券担保单户集中度上限可以提高至融资担保公司净资产乘以10%后,再除以60%的金额。示例:某融资担保公司净资产为100亿元,正常单户集中度上限为净资产的10%(10亿元),主体评级AA级以上的债券担保单户集中度上限为融资担保公司净资产乘以10%后,再除以60%(约等于16.67亿元)。

3. 其他债权类产品担保责任余额的计量

除被担保人主体信用评级达到AA级以上的债券担保业务有特别的权重规定外,其他债券、基金产品、信托产品、资产管理计划、资产支持证券等的权重均为100%。

4. 债券担保业务的分界点规定

《计量办法》第24条新增规定:“2017年10月1日前发生的发行债券担保业务,集中度指标继续执行原有监管制度有关规定;2017年10月1日后发生的发行债券担保业务,集中度指标按照本办法的规定执行。”该条明确以《监管

条例》生效日为分界点,《监管条例》生效以前公司发生的债券担保业务,不受《监管条例》单户集中度不超过净资产10%规定的影响,可以按照《融资担保公司暂行管理办法》对于债券单户集中度不超过净资产30%的规定执行。但在《监管条例》生效后发生的业务,集中度要求按照《监管条例》和《计量办法》执行。但是目前对债券担保业务的发生节点,可能还存在不同理解,到底是以债券担保函的出具时间作为债券担保业务的发生节点,还是以其他时间作为节点,主要取决于金融监管部门的具体解释和尺度掌握。

(二)对间接融资担保业务的影响

《计量办法》对小微企业和农户的借款担保有特别的权重的规定。小微企业单户在保余额500万元以下的借款担保业务,在计算融资担保责任余额时可以用在保余额乘以75%的权重。此处小微企业作扩大解释,包括小型、微型、个体户,判断标准可以参考《中小企业划型标准的规定》。农户单户在保余额200万元以下的借款担保业务,在计算融资担保责任余额时可以用在保余额乘以75%的权重。此处农户包含了新型农业经营主体,例如,专业大户、家庭农场、农民专业合作社、农业龙头企业等。除上述情况外,其他借款类担保业务权重统一为100%。

(三)对融资担保机构整体担保责任余额计量的影响

《监管条例》主要以两个指标对融资担保机构的融资担保业务进行考核和限制:一是放大倍数,二是集中度。同时注意融资担保公司的非融业务不受上述指标的限制。

1.放大倍数

关于融资担保放大倍数,《监管条例》要求融资担保责任余额不得超过净资产的10倍,对主要为小微企业和"三农"服务的融资担保公司,倍数上限可以提高至15倍。但《计量办法》在认定15倍的标准上有附加规定,其中必须有50%以上的在保余额业务为小微企业和农户融资担保,户数要求必须达到80%以上,若机构满足以上条件,就可直接向监管部门申请倍数上限的调整。在计量融资担保机构融资担保责任余额是否符合放大倍数规定时,应注意主体评级AA级以上的债券担保和一定规模以下的小微企业、"三农"借款担保应分别乘以80%和75%的权重。

2.集中度

关于集中度,《监管条例》要求同一被担保人的融资担保责任余额集中度不超过净资产10%,同一被担保人及关联方的融资担保责任余额集中度不超过净资产15%。注意该集中度规定不区分债券担保和其他融资担保业务。在计量单个担保业务的融资担保责任余额是否符合集中度规定时,根据《计量办法》主体评级AA级以上的债券担保和一定规模以下的小微企业、“三农”借款担保应分别乘以60%和75%的权重。

3. 放大倍数和集中度的计算基数

关于放大倍数和集中度的计算基数,无论是放大倍数的计量还是集中度的计量,都是以净资产作为计算基数。《计量办法》要求融资担保公司需要以扣除其他融资担保公司和再担保公司股权投资后的净资产为基数,进行融资担保责任余额的计量。关于净资产是指合并报表的净资产还是单体报表的净资产,《计量办法》未明确规定,目前以合并报表的净资产进行计量并不违反《计量办法》的规定。本次《计量办法》明确,对于按比例分担风险的融资担保业务,融资担保责任余额按照实际承担的比例计算,注意业务如果有联保、分保、再担保等情形,在计量时可以乘以相应的比例。表4－1简明反映了融资担保责任余额计量方式等情况。

表4－1　融资担保责任余额计量方式

<table>
<tr><th colspan="2">业务类型</th><th>集中度担保责任余额计量</th><th>放大倍数担保责任余额计量</th></tr>
<tr><td rowspan="2">债券担保</td><td>主体评级AA级以上的债券项目</td><td>在保余额×60%</td><td>在保余额×80%</td></tr>
<tr><td>其他债券项目</td><td>在保余额×100%</td><td>在保余额×100%</td></tr>
<tr><td rowspan="2">借款担保</td><td>单户在保余额500万元以下的小微企业、单户在保余额200万元以下的农户借款担保项目</td><td>在保余额×75%</td><td>在保余额×75%</td></tr>
<tr><td>其他借款担保项目</td><td>在保余额×100%</td><td>在保余额×100%</td></tr>
<tr><td>其他融资担保</td><td>基金产品、信托产品、资产管理计划、资产支持证券等融资担保项目</td><td>在保余额×100%</td><td>在保余额×100%</td></tr>
<tr><td colspan="4">融资担保机构总体融资担保责任余额＝主体评级AA级以上的债券在保余额×80%＋单户500万元以下的小微企业借款担保在保余额×75%＋单户200万元以下的农户借款担保在保余额×75%＋剩余融资担保在保余额×100%</td></tr>
</table>

注:1. 非融资担保的担保项目不适用上述计量方式。

2. 如果融资担保项目存在联保、分保、再担保等比例分担风险的情况时,集中度和放大倍数的融资担保责任余额在计量时可以再乘以实际承担担保责任的比例。

二、四项配套制度对融资担保机构资产管理的影响

《资产管理办法》的出台对政府性融资担保机构资产管理有非常重要的影响。《资产管理办法》将融资担保机构的所有资产分为Ⅰ级、Ⅱ级和Ⅲ级,且规定Ⅰ级和Ⅱ级资产之和不得低于资产总额扣除应收代偿款后的70%,Ⅰ级资产不得低于资产总额扣除应收代偿款后的20%,Ⅲ级资产不得高于资产总额扣除应收代偿款后的30%。表4-2直观反映了三级资产分类。

表4-2 三级资产分类

Ⅰ级资产	Ⅱ级资产	Ⅲ级资产
1. 现金; 2. 银行存款; 3. 存出保证金; 4. 货币市场基金; 5. 国债、金融债券; 6. 可随时赎回或3个月内到期的商业银行理财产品; 7. 债券信用评级AAA级的债券; 8. 其他货币资金	1. 商业银行理财产品(不含Ⅰ级资产第6项); 2. 债券信用评级AA级、AA+级的债券; 3. 对其他融资担保机构或再担保机构的股权投资; 4. 对在保客户股权投资20%部分(包括但不限于优先股和普通股); 5. 对在保客户且合同期限6个月以内的委托贷款40%部分; 6. 不超过净资产30%的自用型房产	1. 在保客户股权投资80%部分以及其他股权类资产(包括但不限于优先股和普通股); 2. 债券信用评级AA-级以下或无债券信用评级的债券; 3. 投资购买的信托产品、资产管理计划、基金产品、资产支持证券等; 4. 在保客户且合同期限为6个月以内的委托贷款60%的部分,以及其他委托贷款; 5. 非自用型房产; 6. 自用型房产超出净资产30%的部分; 7. 其他应收款
资产比例要求:Ⅰ级+Ⅱ级≥资产总额(扣除应收代偿款)的70%;Ⅰ级≥资产总额(扣除应收代偿款)的20%;Ⅲ级≤资产总额(扣除应收代偿款)的30%		

注:上述未列明的融资担保机构其他资产需要根据地方监管部门的规定列入Ⅱ级资产或Ⅲ级资产。

在《资产管理办法》颁布后,融资担保公司需要对全部资产进行分类,自查是否符合《资产管理办法》的比例要求。需要注意的是,《资产管理办法》规定资产比例应当以非合并财务报表计算,故在计量资产比例时需以单体报表为准,不能采用合并报表。因该资产分级管理指标为动态指标,融资担保公司每一项资产的变动都会引起指标的波动,所以未来融资担保公司需要采取动态管理机制,在公司资产发生变动后能够及时监测到资产指标是否符合标准。除三级资产管理指标外,《资产管理办法》还要求公司对"两金"的指标也应给予关注,确保符合监管要求。

针对上述要求,《资产管理办法》也给予了一定的过渡期安排,过渡期由各

地监管部门自行确定时限，但最晚不得超过 2019 年年末。融资担保公司需关注地方监管部门对于过渡期的规定，在过渡期间，应尽量根据《资产管理办法》的要求对资产进行合理调整和动态管理，同时确保过渡期间内资产管理符合《融资担保公司监督管理暂行办法》的规定，过渡期之后资产管理必须符合《资产管理办法》的规定，否则可能面临监管部门的处罚。目前，过渡期早已结束，但有关“过渡期”的制度设计，仍值得我们研究分析。

三、四项配套制度对融资担保机构其他方面的影响

以上分析表明，《计量办法》《资产管理办法》对融资担保机构的业务运行和经营管理的影响的确较大。除此之外，《许可证管理办法》和《合作指引》所带来的新变化对其他方面也有影响。根据《许可证管理办法》的规定，以前的“融资性担保机构经营许可证”已变为“融资担保业务经营许可证”，自此，地方监管机构将进行统一换证。同时融资担保业务经营许可证取消了有效期限制。《合作指引》要求银担合作必须签署书面合作协议，在协议中应将业务合作范围、授信额度、合作期限、代偿宽限期、风险分担、信息披露等内容进行约定。同时，《合作指引》具有一定的现实意义，推动银行与担保公司加强合作，切实采取措施为小微企业减负，为“三农”主体融资降低成本。

综上所述，四项配套制度贯彻了《监管条例》精神，将《监管条例》规定予以细化，对于政府性融资担保机构的经营管理有实质性的指导和规范作用。政府性融资担保机构需要执行和落实《监管条例》及四项配套制度的规定，依法合规拓展业务，管控风险，履行政策性义务，不断提高运营质量和效率。

从上述研究中不难发现，目前，国内专家学者和法律工作者是将担保视同类金融，视同准金融公共产品，那么担保行为就顺理成章地被放在公法里进行规制，至于政府性融资担保机构的市场定位、经营范围、禁止性事项、担保放大倍数等内容，则通过并不适当的金融监管条例、办法、通知、意见等进行规制、调整。对融资担保机构向第三方提供担保进行规制的内容，目前是分别放在《民法典》的担保物权分编、合同编中。提供担保时，有人保、有物保。若属于人保，就放在合同编中进行规制；若属于物保，就放在担保物权分编中进行规制。

值得一提的是，无论是《担保法》《物权法》，还是现行的《民法典》，虽详细规定了保证、抵押、质押等保证措施，但这些都是权利保障措施，并非融资担保机构风险分散和补偿措施。《监管条例》虽提出建立政府、银行业金融机构、融资担保公司合作机制的要求，在加大财政支持力度上也提出加大政府资本金投入、搭建风险分担机制等途径，但仍处于探索阶段，尤其是对于三者之间如

何开展合作、如何有效分担风险、如何增进价值互信，政府如何对融资担保机构进行补偿等方面并无实质性规定，这对融资担保机构规范运行和运营绩效造成了较大影响。其在实质上，还是对融资担保机构的权益保障重视程度不足。

第三节　政府性融资担保机构主营业务涉及的制度规制

前面讨论和分析了《民法典》相关法律条款对政府性融资担保机构的影响，这里则着重分析目前国内政府性融资担保主营业务所涉及的相关法律制度对政府性融资担保机构的影响。由于政府性融资担保机构支持服务对象主要是小微企业和“三农”主体，此类服务对象同国家新老基建、房地产、建筑等工程建设类小微企业、“三农”项目的直接或间接关联度大、牵涉面广，其从业人员多、业务频繁，常常陷入融资难、融资贵的困境；中西部地区涉及技术密集型加劳动密集型的矿产开发，其上下游的小微企业传统融资渠道梗阻，需要通过担保增信进而获得工程保函融资、采矿权抵质押融资；全国掀起的“大众创业、万众创新”热潮，必然引致借助债券融资、股权融资、知识产权融资的小微企业越来越多。上述这类特殊客户群体亟须通过政府性融资担保机构增信，才可解决资金融通难题，增信过程中又必须突破传统融资担保方式，拓展特色融资担保业务。目前，全国已经开办或即将要开办的融资担保业务，如工程担保保函、采矿权抵质押担保、债券融资担保、股权质押担保、知识产权质押担保等是主营业务，具有代表性。当然，这类融资担保业务难以避免地要涉及多项相关法律制度，这些法律制度必将对政府性融资担保机构业务发展、风险管理及运营绩效带来较大影响。因此，这里专门对这类业务的相关法律制度展开分析。

一、工程担保保函法律制度分析

建筑工程领域保证金担保方式曾一度盛行，发包方基于优势地位，巧立名目地对承包方收取各类保证金。为了减轻企业负担，加快建筑业企业转型发展，2016 年 6 月，国务院办公厅专门发出通知，以清理规范工程建设领域保证金问题，[1]除依法依规设立的投标保证金、工程质量保证金、履约保证金、农民工工资保证金外，其他保证金一律取消，对保留的保证金，可以以保函方式缴

〔1〕 2016 年 6 月，国务院办公厅印发《关于清理规范工程建设领域保证金的通知》（国办发〔2016〕49 号）。

纳。同年，银监会、发改委等国家六部委联合发文，[1]明确要求融资担保机构应更多提供建设工程履约担保等金融服务。2019 年 6 月，住房和城乡建设部、财政部、发改委、人力资源和社会保障部等国家六部委又联合发布《关于加快推进房屋建筑和市政基础设施工程实行工程担保制度的指导意见》(建市〔2019〕68 号)(以下简称《工程担保指导意见》)，要求有关部门和机构加快推行投标担保、履约担保、工程质量保证担保和农民工工资支付担保，支持银行业金融机构、工程担保公司、保险机构开展工程担保业务。同年 12 月，国务院及时颁布《保障农民工工资支付条例》，[2]要求建设单位必须向施工单位提供工程款支付担保，施工总承包单位必须存储农民工工资保证金，工资保证金可以用银行保函替代。由于工程建设建筑业从业人员大多为“三农”从业人员季节性兼职或阶段性转型而来，本质属于“三农”范畴，建设工程领域通常采取项目制管理，承包项目的绝大多数建筑企业系小微企业，因而融资担保机构大力开展工程履约保函业务既是本职，也是对非融担保业务的新拓展。

上述政策背景下，工程担保保函的发展速度明显加快，市场前景十分广阔，已有大部分融资担保机构基于政策导向及开发新业务等因素，积极投身投标保函、工程款支付保函、工程质量保函、履约保函和农民工工资支付保函等主流类型担保业务市场。这里重点围绕主流工程担保保函类型业务展开法律制度和法律风险分析。

(一)工程担保保函的法律概念解析

1. 投标保函

投标保函是以投标人为被保证人，由担保方向招标方提供的投标担保。原投标过程多以投标保证金形式进行担保，在《工程担保指导意见》等政策要求下，投标保函将逐步取代投标保证金，承担起投标担保的作用。

根据《招标投标法实施条例》的规定，投标保证金不得超过招标项目估算价的 2%。因此，投标保函的担保金额不应超过招标估算价的 2%，例如，招标估算价 1000 万元的项目，投标保函金额不应超过 20 万元。但在实践中，应区别工程勘测、工程监理等不同情形，按照招标估算价的一定比例和上限分别计算投标保函担保金额。依照《招标投标法实施条例》第 26 条第 1 款的规定，投标保证金有效期应当与投标有效期一致。目前投标保函的担保期限至少覆盖投标有效期，根据招标人的要求，投标保函的担保期限可能超过投标有效期。

---

〔1〕 原银监会、发改委等六部委出台文件，即《关于融资担保机构支持重大工程建设的指导意见》(银监发〔2016〕1 号)。

〔2〕 2019 年 12 月 4 日，国务院第 73 次常务会研究通过《保障农民工工资支付条例》(国务院令第 724 号)，已于 2020 年 5 月 1 日起生效施行。

投标保函作为投标保证金的替代担保，其担保范围一般包括投标截止后投标人撤销投标文件、中标人不按照招标文件要求提交履约保证金、中标人在签订合同时向招标人提出附加条件、中标人无正当理由不与招标人订立合同等几种情形。但招标人作为优势方，在招标文件中可能要求超过上述四种情形的担保范围，常见的投标人串通投标、弄虚作假骗取中标等均纳入不退还投标金或者要求投标保函担保人赔付的情形。《招标投标法》和《招标投标法实施条例》并不禁止投标担保增加担保范围，因此投标保函的担保人需要审慎考量增加担保范围的风险。

2. 履约保函

工程履约保函一般是以承包方为被保证人，担保方向发包方提供施工合同的履约担保。根据《招标投标法》有关规定，[1]结合《建设工程施工合同（示范文本）》指引，[2]发包方（招标人）可以要求承包方（中标人）提交履约保证金或提供履约担保。鉴于履约保证金或履约担保有利于发包方对施工合同履行的控制，其在建设施工项目中非常普遍。但履约保证金也有限制，即不得超过中标合同金额的10%。担保期限一般为施工合同生效之日起至项目竣工之日止，有的发包方可能要求到发包方签发工程接受证书之日，担保期限才截止。

施工合同履约保函的担保范围较宽泛，比如《招标投标法》所规定的不履行订立的合同以及《建设工程施工合同（示范文本）》中的履约保函的担保范围是“因承包人违反合同约定的义务给发包方造成经济损失”。因为施工合同约定的承包方义务较多，宽泛的担保范围对担保方更为不利，因而市场上通行的履约保函可以对履约保函的担保范围进行细化，担保范围一般包括：工程质量不符合施工合同要求；违反施工合同关于安全管理规章制度的规定；违反施工合同关于人员管理义务的规定；违反施工合同进行转包或违法分包；违反施工合同采购和使用不合格的材料和工程设备；违反施工合同有关材料与设备专用要求的约定，未经发包方批准，私自将材料或设备撤离施工现场；承包方无正当理由表示或无正当理由以其行为表明不履行施工合同主要义务；因承包方原因未按照施工合同的施工进度计划及时完成工作，造成工期延误；未按照施工合同约定履行其他有关履约的实质性主要义务。

从上述细化的担保范围可以看出，履约保函的担保范围越广，担保人承担担保责任的可能性也相应增加。担保函加入“发包方造成经济损失，担保方承

---

〔1〕《招标投标法》第46条第2款规定，招标文件要求中标人提交履约保证金的，中标人应当提交。第60条第1款规定，中标人不履行与招标人订立的合同的，履约保证金不予退还。

〔2〕《建设工程施工合同（示范文本）》第3.7条第1款规定，发包人需要承包人提供履约担保的，由合同当事人在专用合同条款中约定履约担保的方式、金额及期限等。

担赔偿责任”的前提条件,可以为担保方缩小赔付空间。

3. 工程款支付保函

工程款支付保函是以发包方为被保证人,担保方向承包方提供工程款支付的履约担保。《建设工程施工合同(示范文本)》第2.5条第2款规定,“除专用合同条款另有约定外,发包人要求承包人提供履约担保的,发包人应当向承包人提供支付担保……”之前发包方可以通过合同的另行约定避免向承包方提供工程款支付担保,同时仍然可以要求承包方提供履约担保。2019年出台的《工程担保指导意见》修改了此类规则,更加强调平等,招标文件仍然可以约定要求中标人提供履约担保,但此时招标人也必须同等承担提供工程款支付担保的义务。2019年发布的《保障农民工工资支付条例》对工程款支付担保作出更明确的规定,“建设单位应当向施工单位提供工程款支付担保”。《保障农民工工资支付条例》已于2020年5月1日起实施,实施之后发包方提供工程款支付担保不再具有选择性,而是必行之举,工程款支付保函的业务将进一步扩大。工程款支付保函的担保金额上限一般是施工合同约定的工程款,担保范围是对发包人未按照施工合同的约定及时支付承包方材料款、工程款、劳务款等情形进行赔付。

4. 工程质量保证金保函

工程质量保证金保函是以承包方为被保证人,担保方向发包方提供的缺陷责任期内的施工合同履约担保。《建设工程质量保证金管理办法》规定,质量保证金总预留比例不得高于工程价款结算总额的3%。质量保证金保函的担保范围一般是在工程缺陷责任期内,承包人对由其所造成的工程缺陷应承担维修及相应附属费用,无力承担或不承担的,由担保方进行赔付。质量保证金保函担保期限通常是从出函之日起到缺陷责任期结束为止,缺陷责任期一般为1年,最长不超过2年,由发包、承包双方在合同中约定。

根据国务院办公厅印发的《关于清理规范工程建设领域保证金的通知》文件精神要求,以及《建设工程质量保证金管理办法》相关规定,在工程项目竣工之前,履约保证金已经缴纳,额外要求预留工程质量保证金的请求难以得到支持。因此,履约保函和工程质量保证金保函的担保期间不应该重合,但发包方同时需要履约保函和工程质量保证金保函的,也可以在工程竣工之后,退还履约保证金,或当履约保函失效后,在缺陷责任期内,要求承包方提交质量保证金保函。

5. 农民工工资支付保函

农民工工资支付保函是以施工总承包单位(承包方)为被保证人,担保方对承包方的农民工工资支付义务承担担保责任的保函,用以替代工资保证金。

根据《保障农民工工资支付条例》的规定,“施工总承包单位应当按照有关规定存储工资保证金”,“工资保证金可以用金融机构保函替代”。为落实《保障农民工工资支付条例》的规定,银保监会办公厅发布正式文件——《关于做好农民工工资支付保函相关工作的通知》(银保监办发〔2020〕32 号),要求银行积极稳妥开展农民工工资支付保函业务,同时明确要求“农民工工资支付保函应当对担保金额、担保期限、付款义务等事项作出明确约定。付款请求符合条件的,银行业金融机构应当依法按时、足额付款,不得无故拖延、拒绝付款”。

目前,根据上述条例和通知,建设工程项目必须缴纳农民工工资保证金,可以用银行保函替代工资保证金。鉴于银行信用等级较高,上述条例和通知只承认了银行保函的效力,未明确是否可以以担保公司保函替代工资保证金。但担保公司可以通过与银行开展分离式保函业务,进入农民工工资保函市场。

(二)独立保函与从属性保函分析

独立保函是银行或非银行金融机构开立的,以书面形式向受益人出具,同意在受益人请求付款并提交符合保函要求的单据时,向其支付特定款项或在保函最高金额内付款的承诺。独立保函的特点在于独立于基础合同,其效力是不可撤销的、无条件的和见索即付的。

从属性保函是基础合同的附属性契约,其法律效力会跟随基础合同的存在、灭失而变化。工程担保领域的从属性保函在主合同无效的情形下,可能因此无效。因此,工程担保的受益人更偏好于独立保函。2016 年最高人民法院发布的《关于审理独立保函纠纷案件若干问题的规定》首次在法律上肯定了独立保函,同时也明确独立保函是由银行或非银行金融机构开具。对于融资担保机构开具的带有独立性条款的保函到底属于独立保函还是连带责任保函,之前有过争议。2019 年最高人民法院有关会议纪要对此类争议予以明确,[1] 担保公司不属于银行或非银行金融机构,不能突破担保从属性的限制,因此担保公司开立的保函即使带有独立性条款,仍属于从属性保函。独立保函效力不受主合同影响,具有见索即付的特点,建筑工程领域招标人或受益人更青睐于独立保函,因此也更倾向于银行保函,对融资担保机构的保函认可度相对低。《保障农民工工资支付条例》目前也只认可银行保函对农民工工资保证金的替代效力。

融资担保机构一般可以通过两种方式解决认可度问题:一是为满足受益

〔1〕 参见 2019 年最高人民法院印发的《九民会议纪要》第 54 条的规定:从属性是担保的基本属性,但由银行或者非银行金融机构开立的独立保函除外。银行或者非银行金融机构之外的当事人开立的独立保函,以及当事人有关排除担保从属性的约定,应当认定无效。

人的要求,保函中增加类似见索即付的条款,但相应也增加了担保公司的风险;二是依托银行进行分离式保函业务,即由融资担保机构向银行申请开具独立保函,担保公司向银行提供担保。

(三)工程担保保函业务的法律风险分析

1.建筑行业挂靠和转包的法律风险

建筑市场竞争非常激烈,招标人(发包方)占据明显优势地位,招标文件中可能提出较苛刻的条件和严格的入围标准。为承揽项目,投标人(承包方)中的不少建筑企业或者包工头挂靠其他单位,即(名义承包人)借用其他单位(实际承包人)的名义和资质进行投标并签订合同。实际中还有部分承包方在取得工程项目后,违法进行转包,将全部工程转给他人或者进行分解后以分包名义分别转给他人。

根据住建部《建筑工程施工发包与承包违法行为认定查处管理办法》的规定,无论是挂靠还是转包都是违法的。但建筑行业该类违法违规现象仍时有发生。存在挂靠的投标行为违反《招标投标法》"不得以他人名义投标或者以其他方式弄虚作假,骗取中标"的规定,投标保函的担保范围包括弄虚作假情形的,担保方可能因此承担代偿责任。存在挂靠或转包行为的工程项目,一般是高资质承包方向低资质承包方进行转包或被挂靠,实际施工人的履约能力下降,且担保公司缺乏对实际施工人的尽职调查和风险评估,履约保函的代偿风险进一步增大。但如担保人并不知晓挂靠或转包,从属性保函可以通过主张施工合同的无效导致保函无效的方式争取担保责任的免除。

2.基础合同履约风险

被保证人未能履行基础合同是受益人提出索赔的基本前提条件。建设工程领域是出现纠纷概率非常大的领域,工期延误、原材料价格上涨但未约定价格调整、工程质量不达标、施工人员管理不到位等问题频发,而发包方因工程款不到位或者以工程款为要挟与承包方谈判等原因不履行工程款支付义务的情形也较为常见。以上情况都会导致基础施工合同无法履行或履行不到位的问题,大幅度增加履约保函、工程款支付保函的索赔风险。

3.保函文本风险

发包方处于明显优势地位,通常偏好于独立的、见索即付的、担保范围广的保函,对保函文本有一定的要求且不允许随意更改。尤其是建设工程招标项目,保函格式已在招标文件中予以明确规定,不能作出任何修改。即使担保公司保函是从属性保函,受益人同样可以要求担保人承诺类似于见索即付的条款,同时对担保范围也倾向于越广越好。担保公司为争取业务,不得不同意明显有利于受益人的条款。银行分离式保函业务中,银行为维护自身信誉,且因有担保公司兜底承担保证责任，容易兑现其在保函中所作出的承诺。以上对担保公司来说都存在明显的代偿风险。

4. 债务追偿风险

通常认为，保函担保风险要低于融资类担保风险，且因同行业竞争和保函时限要求，对被保证人及反担保人的资信调查相对宽松，保函担保项目的风险评审和反担保要求容易流于形式。因此，工程保函代偿后更容易出现以下债务追偿风险：一是由于见索即付或类似"见索即付"条款的存在，受益人未提供违约证明，担保公司追偿举证存在瑕疵；二是被保证人主要信息收集不全或不准确，无法送达或送达时间长，影响追偿效率；三是没有反担保，或者未收集反担保人资产信息，查找财产线索困难。

此外，《建筑法》第28条、第29条，最高人民法院《关于审理建设工程施工合同纠纷案件适用法律问题的解释》（已失效）第4条，住建部2019年1月1日实施的《建筑工程施工发包与承包违法行为认定查处管理办法》均明确了发包与承包活动中违法分包、转包、挂靠等违法行为的认定、查处和管理。因此，违法分包、转包、挂靠行为不仅会承担民事责任，还要承担被行政处罚的后果。《民法典》第791条、第806条规定了明确规定工程建筑施工禁止违法分包、转包、挂靠、再分包的行为以及违法行为的法律后果。法律层面，如承包人实施上述违法行为，无论工程是否按期完成、工程质量是否合格，发包人仍有权解除合同，作为保函出具机构的融资担保公司不能免除其担保责任。即使是资质较好的建筑企业，其工程除经常采取内部承包形式外，相当数量的工程采用挂靠、转包模式由不具有施工资质的单位或个人进行施工。而这一类违法违规操作项目的中标企业申请工程担保，也往往不愿意提供反担保。而愿意提供反担保的实际施工人从工程各项相关文件上看，与中标企业、工程项目无任何关系。因为对实际施工人的过往业绩、工程管理能力、资金实力等无从考察，施工过程中，可能因实际施工人本身资质、实力、经验、资金、管理不能匹配项目要求，而出现触发履约保函索赔条件等情况，造成代偿的可能性更大。实际情况也证实：为项目开具的工程履约保函经常会被受益人索赔并最终代偿而且难以追偿。因此，上述违法行为不仅法律明文禁止，且风险很大，很容易给融资担保机构造成代偿和损失。

（四）工程担保保函业务的法律风险防范

1. 做好保前尽职调查，抓住风险防范关键

风险重在预防，充分的保前尽职调查才是风险防范的关键措施，且不能因保函担保风险低于融资担保风险而随意降低保前尽职调查的标准。融资担保机构可以根据保函类型的不同设置差异化的项目调查标准，例如，投标保函一

般担保金额较小,对出函时限要求高,较少设置反担保措施,保前尽职调查可以着重关注被保证人(投标人)的基础信息、信用情况和投标资质等。履约保函相较投标保函风险更高,要着重关注被保证人(承包方)的履约能力,了解承包方的资产、规模、资质及信用情况,以及是否能够满足施工合同的履约要求。工程款支付保函一般担保金额较大,建议设置一定的反担保措施,并对被保证人(发包方)的资金情况、工程款安排等进行考察调研。

2. 密切关注基础合同的风险

工程担保保函主要是合同的履约担保,基础合同的约定是否合理、履行不能的可能性是否过高,直接影响着融资担保机构的代偿风险,需要密切关注。据此,在项目评审阶段,应当对基础合同进行科学、合理、审慎的风险评估。如果基础合同存在明显的不合理条款,被保证人的违约风险较高,保函业务风险也相对增加,需要通过不予承保、增加反担保措施、提高担保费率、提高保证金比例等措施对风险进行缓释。

3. 争取有利的保函文本,适当增加保函索赔难度

保函文本直接决定了融资担保机构的担保范围、索赔条件等,对代偿风险的影响至关重要。保函文本的审核不能流于形式,尤其对那些条件苛刻的保函的审核应尤为慎重,建议保函文本应与保前调查报告、基础合同一起上会评审,才能综合评估该笔保函业务的风险。受益人对保函文本无任何要求的,可以出具对担保公司最为有利的保函格式。对可以协商修改的保函文本,担保公司应尽量减少非必要的担保范围、加大索赔难度、增加免责条款。例如,投标保函尽量取消投标人串通投标、弄虚作假骗取中标需赔付的担保范围;履约保函增加给发包人造成经济损失在经济损失范围内赔付的条款;保函增加索赔通知应附有违约证明材料的条款等。

4. 加强保后检查,守住风险防范最后防线

对时效短的投标保函业务,保后检查可以适当减少或取消。但对履约保函、工程款支付保函等时限较长的保函业务,定期开展保后跟踪检查,有利于及时发现问题,尽早采取化解措施。当得知可能发生索赔风险时,融资担保机构可以与受益人沟通协商,尽量促使被保证人与受益人达成和解。银行分离式保函业务可以尽早要求银行严格审查索赔文件,合理谨慎地履行赔偿义务。

以上分析主要依据当前法律法规之规定,随着上述法律法规和部门规章的修订或废止,以及后续法律法规、司法解释的出台,本书观点还将随之作出修正、完善。

二、采矿权抵押担保法律制度分析

全国范围内,除江西、山西、湖南等省(市)外,在经济发展相对滞后的中西部地区,与采矿权相关的担保融资金融需求呈现逐年增长趋势。原因在于:一方面,西部地区矿产资源丰富,待开采开发潜力较大;另一方面,涉及矿产开采开发的中小企业获得传统金融服务的条件和能力不足,需要通过担保增信融通资金。鉴于采矿权本身特殊属性,其抵押相较于其他不动产抵押风险更大。采矿权抵押是实体经济企业向金融机构融资的一种担保方式,而目前我国关于采矿权抵押的相关规定有待进一步完善,各地规定即各地采矿权抵押担保制度也并不一致。这种制度供给不足的现实问题和制度障碍,增大了此类中小微企业融资难、融资贵问题的破解难度。在前期对有关担保制度研究分析基础之上,本书认为,政府性融资担保机构在受理类似的融资担保业务时,为了防范采矿权抵押的法律风险,可以从以下几个方面去审查、分析其中的法律风险。

(一)采矿权抵押应经原发证机关审批且符合采矿权转让条件

《探矿权采矿权转让管理办法》规定了采矿权转让条件,[1]同时,国有矿企在申请转让采矿权前,还应当征得上级主管部门的同意。这些规定从操作层面对采矿权抵押提出了明确要求,担保公司必须审慎判断被担保方是否具备相应要求,采矿权能否实现顺利转让,其是否履行完毕相应审批手续,是否取得相应资质,不满足上述要求的,应拒绝为其设定抵押。

(二)采矿权抵押应办理备案手续

《矿业权出让转让管理暂行办法》第57条规定:"矿业权设定抵押时,矿业权人应持抵押合同和矿业权许可证到原发证机关办理备案手续……"另据原国土资源部《关于进一步完善采矿权登记管理有关问题的通知》有关款项,融资担保机构在抵押合同签订后,应密切关注该备案手续的办理情况。

(三)采矿权不得抵押的几种情况

《矿业权出让转让管理暂行规定》第50条第2款规定,已出租的采矿权不得设定抵押。同时,根据原国土资源部前述通知要求,登记管理机关予以备案的采矿权抵押申请,应符合几个条件,即权属无争议,价款已缴清,采矿权抵押期仍处于许可证有效期内,采矿权未被法定机关扣压、查封,采矿权未处于抵

[1] 《探矿权采矿权转让管理办法》第6条第1款规定了采矿权的转让条件:一是矿企投入生产满1年;二是权属无争议;三是按照国家有关规定已经缴纳采矿权使用费、采矿权价款、矿产资源补偿费和资源税等有关税费;四是国务院地质矿产主管部门规定的兜底性的其他条件。

押备案状态或债权人间就受偿关系达成协议。融资担保机构不得为不符合上述抵押备案条件的采矿权设定抵押。

（四）采矿权不再限制只能为采矿权人自身债务提供担保

在之前，采矿权人所拥有的采矿权只能为其自身债务提供担保，在原国土资源部《关于停止执行〈关于印发《矿业权出让转让管理暂行规定》的通知〉第55条规定的通知》出台后，国家允许采矿权抵押的抵押人与主合同项下的债务人可以为不同主体，由此这一情况得到改变，采矿权得以流动起来，融资担保机构可以接受采矿权人以自身合法所有的采矿权和其所对应的土地使用权为他人的债务提供抵押担保。

（五）采矿权应与对应的土地使用权和采矿设施设备一并抵押并办理抵押登记

采矿企业开展相应生产作业活动除了需要经过审批取得相应资质，获得采矿权外，还需要取得土地使用权、购置机器设备，但此类财产不必然与采矿权进行捆绑，且存在可转移性，目前法律也没有要求采矿权与土地使用权、机器设备必须一并流转。在抵押权变现的实践中，当其分属于不同主体所有时，就无形增加了采矿权受让人的交易风险，同时增加了交易成本和时间。因此，为切实防范风险，受让人应尽量要求采矿权与其对应的土地使用权、机器设备一并抵押，并办理相关抵押登记；或实现抵押权时因权属问题出现争议；或向当地国土资源部门进行查询，以防止在办理采矿权抵押（登记）备案手续时因矿床所占土地的土地使用权已抵押给其他方而被拒绝。

在实践中如果无法整体抵押采矿权等财产，则应加大保后管理力度，例如，在贷款出现风险时，通过及时追加抵押机器设备、矿区范围内土地使用权等方式方法，增加足值的反担保物，确保法院在执行时能够一并处置财产；定期主动向采矿权人、上级主管部门了解财产权属信息，确保财产情况能够被动态实时掌握。在诉讼、执行过程中，要及时向法院申请对采矿权及其附属财产一同施行查封、扣押，请求法院整体拍卖、变卖采矿权等财产，以此降低财产被转移、隐匿或分散处置造成的不利影响。

（六）采矿权的剩余有效期限应长于其担保主债权的履行期限

由于采矿权标的之特殊性，实现抵押权、处置采矿权的难度较大，为了给处置采矿权留下必要的时间，接受采矿权抵押担保时采矿权的剩余有效期限应尽可能比所担保的主债履行期限长3年以上。

（七）处置采矿权时要预估可能面临的困难和障碍

处置采矿权时要预估可能面临的困难和障碍，主要有以下内容。一方面，处置方式受到限制。由于融资担保机构经营范围限制，不能通过协议转让的方式持有采矿权，因此大多采取以下方式实现抵押权：一是协议转让给第三方，将采矿权进行评估后，转让给第三方合格投资人，从而获取价款；二是走司法拍卖程序进行处置，也是对采矿权进行评估后，拍卖给合格竞买人，以拍卖款抵扣欠款；三是在交易场所挂牌转让，经过评估程序后，通过具有相应资质的产权交易所公开挂牌转让，从而获取转让款以偿还欠款。另一方面，受让人选择受到限制。采矿权不同于其他权益，其受让人必须符合矿产权相关法律法规的要求，具备严格的开发资格。此外，针对部分特殊矿产，其受让人还受到国别等限制。

（八）防止出现采矿权灭失风险

采矿许可证被废止。如果采矿许可证到期未办理延续登记手续，则符合《矿产资源开采登记管理办法》第 7 条第 2 款的规定，即采矿权人逾期不办理延续登记手续的，采矿许可证自行废止。采矿许可证废止之后，原采矿权人不得再对矿产资源进行开采，不得再对矿产资源享有任何权利。采矿权抵押权以采矿权为基础，采矿权到期灭失后，抵押权归于消灭。

采矿权许可证被吊销。我国《矿山安全法》等法律法规均规定，采矿权人在矿产资源勘探、开采过程中发生安全责任事故，或未依法办理相关手续、未足额缴纳有关费用以及未完成必要投入等情况，可能会被有关机关吊销矿业权许可证。若采矿权许可证被吊销，自然会直接影响抵押权的存在与实现。针对采矿权可能存在灭失的风险，可以加强对抵押的采矿权及债务人、担保人的保后管理，针对发生的不同情况采取相应的救济措施，如及时要求抵押人办理采矿权许可证续期，或及时行使抵押权，或加强与优质矿业企业的合作，以便抵押权实现阶段能够及时找到适合的受让主体。

（九）落实对抵押人销售回款的监管及其他补充担保措施

采矿权被用于设立抵押后，采矿权的价值实质上会随着矿产资源的开发利用，转化为矿产资源的销售收入。这种情况下，采矿权的价值相应减少，但依据我国现行法律法规，抵押权人对采矿权价值转化形成的矿产资源的销售收入，并不必然享有优先受偿权。因此，抵押权人在借款合同或抵押合同中，对抵押人销售回款应尽可能进行实质监管，对应收账款的质押担保也要尽量做实做强，以有效弥补抵押物的价值减损对抵押权人的影响。

因此，由于相关制度供给不足，具有现实意义的采矿权融资担保，还有待建立完善相关法律制度，以期充分释放它在抵押担保融资中的独特优势。

三、债券融资担保法律制度分析

(一)债券融资担保制度对融资担保机构的影响

通过搜索“证券期货法律数据库”中与“债券”“融资担保”相关的现行有效的法律、行政法规和司法解释,并未发现对融资担保行业、担保机构产生实质影响的相关法条。但《监管条例》及其四项配套制度规定融资担保机构为发行债券提供担保应当遵守上述规定。《监管条例》规定,融资担保机构的担保责任余额不得超过其净资产的10倍,对主要为小微企业和农业、农村、农民服务的融资担保机构,可以提高至15倍,这决定了融资担保机构担保额度的上限。

此前,2010年3月8日,在银监会、工信部、商务部、国家工商总局等国家七部委联合发布的《融资性担保公司管理暂行办法》第27条中,法律对融资性担保公司对单个被担保人以及单个被担保人及其关联方所提供的融资性担保责任余额不得超过净资产的问题,都作出了具体而量化的规定,对单个被担保人债券发行提供的担保责任余额规定为不得超过净资产的30%,该计算办法系将融资性担保责任和债券发行担保责任分开进行规定。但根据最新的《计量办法》第16条的规定,法律将融资性担保责任余额和债券发行担保责任余额统算为融资担保责任余额,并要求融资担保公司对同一被担保人的融资担保责任余额不得超过其净资产的10%,对同一被担保人及其关联方的融资担保责任余额不得超过其净资产的15%,并且对被担保人主体信用评级“AA级”以上的发行债券担保计算集中度时,责任余额按在保余额的60%计算。这明确规定了融资担保公司为发行债券提供融资担保的上限,相较此前的监管政策,新的监管政策系对融资担保公司为发行债券提供担保的业务的缩紧性要求。

此外,国务院办公厅《关于有效发挥政府性融资担保基金作用切实支持小微企业和“三农”发展的指导意见》(国办发〔2019〕6号)传递出强烈的政策信号,首次明确提出政府性融资担保,再担保机构要严格以小微企业和“三农”融资担保业务为主业,不得偏离主业盲目扩大业务范围,不得为政府债券发行提供担保,不得为政府融资平台融资提供增信,主动剥离政府债券发行和政府融资平台融资担保业务,不得为追求稳定回报而偏离主业。根据国务院43号文要求,[1]只要存在政府新设、控股和参股的任何一种形式,都可以认定为政府性融资担保机构,如果是省(市、县)国资委下属,财政出资或国有企业实质控股的融资担保公司,除特殊情形之外,一般应当属于政府性融资担保公司,应该严格遵守指导意见的要求开展业务,不得为政府债券发行提供担保。

(二)债券融资担保制度需要稳定规范

从《计量办法》规定的权重和计量办法以及上述国办发〔2019〕6号文可以看出,国家相对鼓励政府性融资担保机构开展小微企业、农户借款类担保业务以及被担保人主体信用评级AA级以上的发行债券担保业务。因此担保机构在开展为发行债券担保的业务时,应避免为政府债券发行和政府性融资平台提供担保,可以侧重于开展主体信用评级AA级以上的企业债券担保业务,这样一方面可以降低公司融资担保责任余额进而扩大业务量,另一方面主体信用评级较高的债券出现债券违约的可能性相对较小,融资担保机构代偿风险也随之降低。此类市场业务因其具备的金融杠杆属性,收益可观,深受金融市场主体青睐。出于风险防范等因素,从各项指标入手,限制政府性融资担保机构在相关领域扩大业务规模、限制业务范围,也是为持续性健康经营作出考虑。但债券融资担保业务实际开展中,仍缺乏规范的业务操作指引,员工依规依法执业、融资担保机构提高运营绩效等方面存在需要进一步平衡的地方,甚至许多盈利的项目也不得不退出,推动政府性融资担保长远发展,需要稳定的制度规范来进行保障。

四、知识产权质押担保法律制度分析

2020年11月30日,习近平总书记主持中央政治局第二十五次集体学习时作出“知识产权保护工作关系国家治理体系和治理能力现代化……”重要论断和指示。1996年国家知识产权局出台《专利权质押合同登记管理暂行办法》,知识产权质押融资开始进入大众视野。自2006年起,国家层面大力推进知识产权质押融资,出台了《关于加强知识产权质押融资与评估管理支持中小企业发展的通知》(财企〔2010〕199号)、《关于商业银行知识产权质押贷款业务的指导意见》(银监发〔2013〕6号)、《关于进一步加强知识产权质押融资工作的通知》(银保监发〔2019〕34号)等一系列政策文件,积极引导知识产权服务机构、评估机构、担保机构和金融机构多方发力,共同破解科技型中小微企

[1] 国务院43号文明确:“大力发展政府支持的融资担保机构。以省级、地市级为重点,科学布局,通过新设、控股、参股等方式,发展一批政府出资为主、主业突出、经营规范、实力较强、信誉较好、影响力较大的政府性融资担保机构。”

业的融资难题。鉴于知识产权质押担保融资对中小微企业，尤其对科技型企业的孵化发展有着重要意义，融资担保机构可以拓展知识产权质押担保业务，更好发挥资金融通积极作用。目前主要用于质押融资且可以依法登记的知识产权有：注册商标专用权；专利权，包括发明、实用新型、外观设计；著作权，包括作品、计算机软件等。根据法律法规的规定，知识产权用于出质担保应满足以下几个条件：知识产权可以转让；质押物实际为知识产权的财产权；必须订立书面质押合同；办理出质登记时质权设立。

（一）知识产权规范体系对融资担保机构的影响

1. 知识产权质押法律规范对质权人（担保机构）的保护作用

质押效力的认可。现有的法律规范对知识产权质押有明确的规定和登记规范。《民法典》第444条规定“以注册商标专用权、专利权、著作权等知识产权中的财产权处置的，质权自办理出质登记时设立”，知识产权出质必须办理登记，有关部门针对商标专用权、专利权和著作权质押已出台《注册商标专用权质押登记程序规定》、《专利权质押登记办法》（已废止）和《著作权质权登记办法》，分别对三类知识产权的质押要求、程序等进行了规范。按照上述规范办理了出质登记的，法律认可知识产权质押的效力，担保机构可以就知识产权的转让费、许可费等优先受偿，担保机构的质权具备法律效力。

登记公示制度。知识产权质押属于权利质押，原则上不允许重复质押。同时知识产权作为无形资产，质权人虽享有质权，但无法直接占有使用，也很难防止出质人违反约定将知识产权擅自转让或许可他人使用。为保护质权人的基本权益，法律对知识产权质押登记的公示有一定的要求。《著作权质权登记办法》要求登记机构要通过国家版权局官方网站公布著作权质权登记信息，并设立著作权质权登记簿，记载质权登记信息并供公众查询；《注册商标专用权质押登记程序规定》要求国家知识产权局对注册商标质权登记的相关信息进行公告；《专利权质押登记办法》要求国家知识产权局在专利公报上公告专利权质押登记信息。

通过质押公示制度，知识产权的受让人、被许可人或准备接受知识产权质押的质权人可以公开信息查询质押情况，尽可能避免重复质押或未经质权人同意擅自出售、许可使用知识产权，对质权人起到应有的保护作用。

登记机关对专利权质押后有审查和通知义务。作为知识产权中价值最受认可、质押率最高的专利权，现有的《专利权质押登记办法》对质权人采取了一定的保护措施，如质押期间注重对质权人意思表示及相关法律行为的审查，未经质权人同意的转让行为、放弃行为，国家知识产权局不予办理相应业务；质押期间专利权发生变化的，国家知识产权局负有及时通知的义务。《专利权质押登记办法》通过规定登记机关的通知义务,能够让质权人及时了解质权可能无效的风险,同时登记机关将质权人同意作为专利转让和专利放弃的必要审查条件,也能够有效保护质权人权益。

2. 知识产权质押法律规范对质权人(担保机构)的特殊风险

相较传统的不动产抵押、保证担保等,知识产权由于具有无形性、专有性、地域性和时间性等特征,其质押存在一些特殊风险,即使在国家和地方政府的大力支持下,知识产权质押融资发展仍面临一定的困难。

一是价值难以准确衡量。知识产权由于自身的独立适用性、可分割转让性、价值波动性等特征,其价值很难准确界定。目前有一些通行的评估依据,如财政部《关于印发〈资产评估基本准则〉的通知》(财资〔2017〕43 号)和中国资产评估协会《关于印发〈资产评估价值类型指导意见〉的通知》(中评协〔2017〕47 号),但仍存在评估可操作性弱、随意性强等问题,不同评估机构对同一知识产权在相同时点评估的结果可能差异很大,知识产权质押时的内在价值难以衡量,质权实现时的价值更难以确定。二是处置变现难度大。目前国内虽然有多个知识产权交易中心,如上海知识产权交易中心、中国知识产权交易网、北京知识产权交易中心等,但知识产权的交易对象相对有限,目前知识产权交易仍存在流转难度大、处置变现较为困难的问题。三是质押期内灭失风险高。注册商标专用权、专利权和著作权均有有效期或保护期,如果权利所有人未履行年检、续期、年费缴纳等手续,知识产权可能被提前终止。即使在有效期或保护期内,也可能有第三人向专利复审委员会或者商标评审机构等提出异议,因此出现知识产权被宣告无效的风险。四是存在超期风险。鉴于知识产权有期限性,质押期限一般要短于权利期限,但质权实现时仍可能出现权利期限剩余时间较短的情况,处置变现时可能存在价值损失。且主债权一旦展期或延期主张权利,都可能发生知识产权超出有效期的风险。五是侵权风险高。我国知识产权保护体系虽然在逐渐完善,但知识产权侵权现象仍层出不穷。质押期间知识产权如果被侵权,极有可能发生价值减损,损害质权人利益。

(二)知识产权质押担保业务的风险防控

1. 全面调查质押标的

办理知识产权质押业务,需要对质押标的进行全面、细致、深入的调查。可用于质押的知识产权应当完整、有效、合法、权属清晰、依法可转让,且不违反国家保密法规和国有资产管理有关规定。存在共同知识产权人的,进行权利质押时,应当以取得共同知识产权人的同意为前提条件。属于被许可权人出质的,应当以取得原知识产权人或授权人的同意为前提条件。用于质押的知识产权剩余有效期或保护期,应当超过担保贷款期限,专利权和著作权的剩余有效期或保护期一般不应少于5年。出质人要承诺按时缴纳相关费用,并及时办理相关权利续展手续。还要重点关注国家行业政策的发展趋势、质物所属行业的发展情况、质物对出质人的重要性、相关市场的技术发展水平,包括对质物具有替代性或竞争性的同类产品的发展情况等外部因素,以及在不造成债权损失的前提之下及时处置质物的可行性、时效性。

2. 建立价值评估管理机制

知识产权价值不易准确界定,可以委托一家或多家知识产权评估机构进行知识产权评估工作。应对评估结果进行差异比较,评估机构出具的知识产权评估价值与市场交易价格之间有明显差异的,或质权人认为不合理的,可以重新聘请中介机构进行评估。应建立知识产权价值动态管理制度,定期或不定期地动态评估质物状态、质量、价值。对出质知识产权的权属关系、有效性、相关维护费用缴纳情况,以及经济价值变化等因素要进行重点监控,持续了解出质知识产权的使用情况。必要时,可由评估机构对影响质物价值的重要因素定期展开深入、准确、全面的调查,并出具动态评估报告。

3. 完善质押合同

质权人要与出质人签订书面质押合同,明确出质知识产权的名称、内容、权属状况及其证明、质权登记安排、保护期、质押担保范围、出质人维护知识产权权利完整性的义务、许可他人使用、质权实现方式,以及质押期间知识产权转让、被撤销或被宣告无效时的处理等事项。质押合同还要明确出质人维护质权人质权有效性的义务,未取得质权人本人同意,不得转让或许可他人使用;发生影响出质知识产权权属经济价值、权属有效性的重大事件的,应及时告知质权人并积极采取应对措施;转让或者许可他人使用出质的知识产权所得价款,优先用于清偿对质权人的债务。以注册商标专用权出质的,应要求出质人将在相同或者类似商品、服务上注册的相同或近似商标一并质押;以专利权出质的,可以要求出质人承诺将今后改进专利一并质押;以著作权出质的,可以要求出质人将其拥有或将来拥有的该著作权改编作品的著作权一并质押。总体上看,即确保出质人遵守相关法律规定,不擅自转让或许可使用该知识产权而使质押权受损或落空。

(三)知识产权质押业务发展前景

在推广知识产权质押融资的长期实践中,国内出现了一些典型的融资模式。例如:上海浦东推出的政府基金担保、银行贷款、专利权作为反担保的模式;北京推出的知识产权质押贷款品种的模式;武汉推出的银行贷款担保、专利权反担保、科技担保模式等。目前,知识产权质押融资环境正在不断优化,国家和地方政府正在积极促进知识产权评估标准的制定,正在加强知识产权质押评估技术的规范化发展,正在构建知识产权交易市场,正在提供知识产权交易信息发布平台。虽然知识产权质押风险较传统的担保措施风险更高,但知识产权质押融资是国家支持创新产业发展、扶持科技型企业孵化、缓解中小微企业融资难的重要举措。

政府性融资担保机构可以积极响应国家政策,开发知识产权质押的融资担保产品。从风险控制的角度出发,其应寻求"政银分担"的方式,与科技局、科技类产业引导基金合作,以财政补贴、风险分担等方式降低风险,或与银行合作知识产权贷款产品,争取与银行进行风险分担。这类业务的广阔发展前景需要相应的融资担保制度促进保障。

第四节　融资担保行业监管与考核制度规制

经济监管法是政府运用公权力手段,依照市场经济规律,介入市场主体经营管理活动,为解决市场自主调节不足而制定的各类法律规范的总称。其旨在充分发挥政府监管职能,以保障市场要素价值得到充分发挥、市场运行秩序高效有序、交易行为合法规范、市场失灵问题得到纠正、违法违规经营得到整治、市场主体合法权益得到保护。同时,市场监管主体必须厘清"可以为"与"不得为"的界限,使权力受到约束,在开展监督管理工作中,不得违背市场经济原则和秩序,不得侵犯市场主体的合法权益。其重点是市场交易活动中的市场准入、公平竞争和维权保护三个方面。监管适度才容易让监管效果得以显现,政府对市场的监管必须是有限度的。[1]

适度而有效的金融监管,对金融机构的运营绩效提升和实现政策目标是积极的,反之则是抑制的。目前政府性融资担保涉及的政策、法律法规、规范性文件,很大程度上抑制了担保机构提升运营绩效、发挥担保增信作用,未能聚焦政府性融资担保机构政策目标实现、金融风险防范和自身可持续发展的目标。

一、行业监管制度对融资担保机构的影响

(一)监管主体变动且不确定导致监管权责不分

过去10年,担保机构的监管主体发生了多次变动,甚至同一文件中对同一事项,竟然出现3个不同的监管责任主体(主管单位)。如国务院办公厅《关于

---

〔1〕 参见张文显主编:《法理学》(第5版),高等教育出版社2018年版,第302~335页。

进一步明确融资性担保业务监管职责的通知》(国办发〔2009〕7号),[1]同一文件中将同一监管事项授予了不确定的任一监管机构,即规定不同省、自治区、直辖市的融资性担保机构的监管部门可以是当地政府根据自己情况确定的中小企业局、商委、工商局、经信委、国资委、金融办等任一不同机构。原银监会等七个国家部门2010年3月8日联合发布了《融资性担保公司管理暂行办法》(2010年第3号令),2020年4月10日上海市第十五届人民代表大会常务委员会第二十次会议通过了《上海市地方金融监督管理条例》。[2] 从这两个跨度10年之久的文件中可以看出:国家有关部门对于融资担保机构的监管主体仍然持不指定或不确定之意见(同时期原银监会、原保监会、证监会、原国家食品药品监督管理总局等其他行业、市场主体机构的监管机构的名称和实际职能都是指向特定、名称特定的)。如原银监会等七个部门联合发布的2010年第3号令、银保监会等七部门《关于做好政府性融资担保机构监管工作的通知》(银保监发〔2020〕39号)。[3]

(二)监管重点较少涉及担保机构导致运营风险难管控

政府性融资担保机构高速发展的十多年间,国家出台了一系列文件,譬如:国务院办公厅《关于进一步明确融资性担保业务监管职责的通知》(国办发〔2009〕7号)、国务院《关于同意建立融资性担保业务监管部际联席会议制度的批复》(国函〔2009〕50号)、《融资性担保公司管理暂行办法》(银监会等七部门2010年第3号令)、《监管条例》(国务院令第683号)、《融资担保公司监

〔1〕 该通知中规定:"…… 二、各省、自治区、直辖市人民政府结合本地实际制定促进本地区融资性担保业务健康发展、缓解中小企业贷款难担保难的政策措施,负责制定本地区融资性担保机构风险防范和处置的具体办法并组织实施,负责协调处置融资性担保机构发生的风险,负责做好融资性担保机构重组和市场退出工作,督促融资性担保业务监管部门严格履行职责、依法加强监管,引导融资性担保机构探索建立符合国家产业政策和市场规律的商业模式,并完善运行机制和风险控制体系。省、自治区、直辖市人民政府按照'谁审批设立、谁负责监管'的要求,确定相应的部门根据国家有关规定和政策,负责本地区融资性担保机构的设立审批、关闭和日常监管。按照属地管理原则,对已设立的跨省区或规模较大的融资性担保机构,由地方负责监管和风险处置工作。三、联席会议要抓紧完善有关制度和政策。尽快对融资性担保机构的设立条件、业务规范、监管规则和法律责任做出规定,报国务院批准后施行。……"

〔2〕 《融资性担保公司管理暂行办法》第一章"总则"明确规定"本办法所称监管部门是指省、自治区、直辖市人民政府确定的负责监督管理本辖区融资性担保公司的部门",言下之意显而易见;《上海市地方金融监督管理条例》第5条规定:市地方金融监管部门负责本市地方金融组织及其活动的监督管理,开展调查统计,承担制定监督管理细则,组织有关风险监测预警和防范处置等工作。区金融工作部门根据市地方金融监管部门的要求,对登记注册在本行政区域内的地方金融组织承担初步审查、信息统计等职责,组织风险监测预警和防范处置的有关工作,并采取相应的监督管理措施。发展改革、经济信息化、商务、公安、市场监管、财政、国资、宣传、文化旅游、交通、农业农村、科技、教育、民政、住房城乡建设管理、网信、通信管理等部门按照各自职责,做好地方金融监督管理的相关工作。

〔3〕 银监会等七部门2010年第3号令与银保监发〔2020〕39号是跨度10年的两个文件,将负责对政府性融资担保机构进行监管的监管机构都笼统称为"负责省级融资担保公司监督管理部门"。

督管理补充规定的通知》(银保监发〔2019〕37号)、[1]银保监会等七部门《关于做好政府性融资担保机构监管工作的通知》(银保监发〔2020〕39号)等。[2]上述监管制度大都重点关注了机构经营许可和银担合作,更好支持普惠金融发展,促进小微企业和"三农"等普惠领域资金融通,以及及时报送资料等要求。对政府性融资担保机构是否坚持依法合规经营,是否加强风险防控及是否确保可持续发展,则并没有涉及或极少涉及。

尤其是近年发布的监管文件制度,例如:银保监会《关于印发融资担保公司非现场监管规程的通知》(银保监发〔2020〕37号),[3]该文件制度总共5章33条内容,主要包含"信息收集与核实、风险监测与评估、信息报送与使用、监管措施",主要规定要及时上报非现场监管情况资料,具体须通过六大附件来体现,附件分别涉及"年度监管报表、季度监管报表、银担合作贷款明细表、银担合作贷款报表"等。至于如何加强政府性融资担保机构自身风险防控,如何确保可持续发展,却并没有涉及,显示出该领域一直尚未得到足够重视,担保行业的发展与担保机构的主体权利发展未能同步推进。

（三）监管制度供给相对不足且公平性有待提高

政府性融资担保机构迅猛发展,融资担保业务规模快速扩大,但主要内容涉及融资担保监管制度的文件只有十来个。负责全国融资担保业务监管的融资性担保业务监管部际联席会议,从建立初始,便被要求"不刻印章,不正式行文"。即使研究出台了一些文件制度,由于牵头部门系原银监会,故而大多数仅涉及银担合作、隔离或防控融资担保机构给银行业金融机构带来风险等事项,至于如何促进政府性融资担保机构高质量发展,更好更快更多地创造社会效益和经济效益,则缺少相应制度供给。除上海市、天津市、重庆市、四川省等省市外,[4]还有许多省市尚没有出台相应的地方金融监管制度。同样道理,即使有,也大都是从机构经营许可、报表统计和情况报告、银担合作、更好支持普惠金融发展、促进小微企业和"三农"等普惠领域资金融通等方面提出了监管

〔1〕《融资担保公司监督管理补充规定的通知》主要包含从严规范融资担保业务牌照管理、做好融资担保名称规范管理、对《计量办法》作出补充规定等三方面内容,没有涉及政府性融资担保机构的风险防控。

〔2〕银保监会等七部门《关于做好政府性融资担保机构监管工作的通知》从开展政府性融资担保机构确认;坚守政府性融资担保机构功能定位;加强自身能力建设,提高服务质效;完善银担合作机制,凝聚机构合力;创造良好政策环境,加大支持力度;加强对政策性融资担保机构的监管指导等六个方面提出了要求,没有涉及政府性融资担保机构的风险防控。

〔3〕银保监会《关于印发融资担保公司非现场监管规程的通知》第一章第2条、第二章第9条、第三章第21条、第四章第23条以及6个附件清单。

〔4〕《天津市地方金融监督管理条例》《四川省地方金融监督管理条例》都已在2019年7月1日正式实施。

要求。至于如何通过监管促进融资担保机构运营绩效提升等内容，几乎不涉及。

(四)监管制度和监管手段针对性不足

目前，专门针对政府性融资担保机构监管工作而制定的监管制度比较少见。也就是说，无论是国家层面还是省、市级人民政府，尚没有一套比较成熟的、成体系的、专门针对政府性融资担保机构的监管方案、监管实施细则、现场或非现场监管的技术或工具。从全国来看，上海市推进得相对较早也相对较好，其及时出台的监管制度，较有针对性、操作性，如《上海市地方金融监督管理条例》(2020年4月10日上海市第十五届人民代表大会常务委员会第二十次会议通过)，[1]当然也都是普遍针对所有金融性地方组织，而没能聚焦于政府性融资担保机构之监管。再则，没有一支成熟的专业化的监管队伍，监管力度不足。以西部地区某市为例，该市辖内现有140多个融资担保法人机构(尚不包括分支机构)，由市地方金融监督管理局设置的"非银处"负责监管，该处共有5名干部员工。其中，现有处长、副处长各1名，专门负责融资担保机构监管的工作人员仅有1名，另外2名员工负责融资租赁公司、保理公司等其他非银行金融机构监管工作。如此精简的监管队伍，单是应付监管统计报表这一项工作都显困难，更别说组织开展现场监管。某省地方金融监管局中负责非银行金融机构(包括政府性融资担保机构)监管工作的干部员工，主要是前几年政府有关机构整合改革时从冗余人员分流而来，外加安置的"复、退、转"军人，这些同志没有金融从业资格、从业技能、从业经验，更缺乏从事金融风险监管的知识水平、方法技能和实践经验。上述类似的监管机构、监管制度下，当地政府性融资担保机构管理无序、风险潜藏、政策目标难以实现就不足为奇了。

二、绩效考核制度对融资担保机构的影响

绩效考核制度可以发挥"指挥棒""驱动器"的积极作用，科学合理的绩效考核制度，会较好激励市场主体的经济效益、社会效益，促进政策目标实现和可持续发展能力提升。反之，则会较大抑制市场主体的正常运营和可持续发展，出现同制度设计初衷相背离的结果，甚至会加速市场主体运营风险累积，使其破产倒闭。

[1] 《上海市地方金融监督管理条例》第2条第3款规定：本条例所称地方金融组织，包括融资担保公司、融资租赁公司、小额贷款公司、典当行、区域性股权市场、商业保理公司和地方资产管理公司，以及法律、行政法规和国务院授权地方人民政府监督管理的具有金融属性的其他组织。

这里主要针对政府性融资担保机构接受考核的权利主体、考核执行主管机构(部门)、考核原则和考核机制、考核重点和考核兑现方式进行文本分析,以期进一步揭示政府性融资担保运营绩效与绩效考核制度中所蕴含的制度经济与法律经济之间的关系,以及存在的问题。

(一)接受绩效考核的权利主体

如果我们把融资担保机构视同财政部门或中小企业服务中心(如中小企业局、招商局、国资服务中心、金融服务中心、地方政府平台公司等所属财务机构、派出服务机构等),若其管理干部是挂职、员工是兼职,没有完整的组织机构,也没有一支稳定的队伍,没有独立建账、独立核算,无法正常运营、可持续运营,它就不算一个市场责任主体,更谈不上运营绩效了。如1999年成立的深圳市中小企业信用担保中心,2000年成立的沈阳市中小企业信用担保中心、四川省经济技术投资担保中心,以及重庆市乡镇企业投资公司。[1] 由于“权、责、利”不对等,风险收益失衡,这样的“融资担保中心”虽然承担了政策性融资担保业务的职责,但由于没有确认它的市场责任主体,运营年限一般都坚持不到5年。最终都会经历“转型”、“划转”或“破产清算”类必由之路。如沈阳市中小企业信用担保中心,2000年5月成立时隶属于沈阳市中小企业局,被确认为“自收自支”事业单位,编制25人,实际在编8人,开办资金1.25亿元,系中英政府合作项目(中英国有企业重组及企业发展项目)的实施机构之一,英国政府无偿提供部分资本金和运营费用、赠款以及提供国际专家培训和技术指导。该中心的融资担保业务一直开展缓慢,政策目标基本没能实现,运行费用高,担保项目风险大。尽管多年免征营业税,获得政府财政补助、国际项目支助,但其仍近乎资不抵债,仍然难以持续运营。2012年在此基础上,由金融监管局批准成立沈阳市中小企业融资担保有限责任公司。目前,其政府性融资担保机构的特殊作用得以更好发挥。1999年12月成立的深圳市中小企业担保中心,当时是深圳市人民政府批准设立的事业单位。2014年在此基础上,经深圳

---

〔1〕 深圳市中小企业信用担保中心于1999年12月成立,是市政府批准设立的事业单位,坚持市场化运作,企业化管理,是广东唯一一家全国中小企业信用担保体系首批试点单位。沈阳市中小企业信用担保中心是2000年5月成立的事业单位,自收自支,类机关化管理。重庆市乡镇企业投资公司是1993年7月31日成立的国有独资公司,系重庆市乡镇企业发展公司的前身。1999年市政府对农村“三金”进行清理整顿后,由重庆市乡镇企业投资公司更名为重庆市乡镇企业发展公司,2004年成立重庆市乡镇担保公司之后,“发展公司”与“担保公司”这两个公司一直以“两块牌子、一套人马”的模式运营。连续数年,乡镇企业发展公司已无实际业务经营活动,主要承接了乡镇企业发展公司与合作银行的不良担保贷款的债权转让以及多年的乡镇企业发展基金遗留问题等。长期以来,乡镇企业担保公司因市场责任主体不清不明,风险大、成本高、管理混乱,濒临破产、转制。2020年,市政府已决定将乡镇企业担保公司划转至重庆市兴农融资担保集团托管并帮助处置风险,以遏制可能出现的风险,避免危及社会安全与稳定。

市市场监督管理局注册登记，深圳中小企业融资担保有限公司成立了。2018年，深圳市地方金融监督管理局批准成立了深圳市中小企业信用融资担保集团。这几家机构之所以能由弱变强，主要是因为赋予了担保机构主体地位，且赋予其从事一定经营活动的自主权利，从而推动其不断实现盈利而且持续发展。

（二）执行绩效考核的主管机构

不同的绩效考核主管机构，在执行绩效考核过程中，按道理会对标对表不同的绩效考核原则、考核机制、考核重点。关于政府性融资担保机构绩效考核的管理机构，目前国内主要有四种情况，即国资委、财政局、中小企业局等中小企业服务管理部门，以及农业、交通、教育等相关行业主管部门。如果由国资委执行考核，考核时会对标对表国务院《关于改革国有企业工资决定机制的意见》（国发〔2018〕16号），中共中央、国务院《关于完善国有金融资本管理的指导意见》等文件制度，[1]会充分考虑政府性融资担保机构的经济效益，以及国有资本回报率、利润率等。其中比较有代表性的机构，如重庆三峡融资担保集团公司、重庆进出口融资担保公司、重庆兴农融资担保集团公司等机构，属于重庆市国有资产监督管理委员会管理，它们主要以经济效益为导向，做了大量的商业性融资担保项目，债券融资担保项目占比较高，而小微企业和"三农"主体融资担保项目占比较低；如果由财政部门执行考核，它们会对标对表财政部、原农业部、原银监会《关于印发〈关于财政支持建立农业信贷担保体系的指

---

〔1〕 国务院《关于改革国有企业工资决定机制的意见》中"一、总体要求（二）基本原则"部分明确要求要"坚持市场决定与政府监管相结合。充分发挥市场在国有企业工资分配中的决定性作用，实现职工工资水平与劳动力市场价位相适应、与增强企业市场竞争力相匹配"；"二、改革工资总额决定机制（三）改革工资总额确定办法"部分明确规定按照国家工资收入分配宏观政策要求，根据企业年度生产经营目标和经济效益，发展战略和薪酬策略，综合考虑劳动生产率提高、职工工资水平市场对标、人工成本投入产出率等情况，结合政府职能部门发布的工资指导线，合理确定年度工资总额。中共中央、国务院《关于完善国有金融资本管理的指导意见》中"三、优化国有金融资本管理制度（十三）健全国有金融机构薪酬管理制度"部分明确指出："对国有金融机构领导人员实行与选任方式相匹配、与企业功能性质相适应、与绩效考核相挂钩的差异化薪酬分配办法。对党中央、国务院，地方党委和政府及相关机构任命的国有金融机构领导人员，建立正向激励机制，合理确定基本年薪、绩效年薪和任期激励收入。对市场化选聘的职业经理人，实行市场化薪酬分配机制。探索建立国有金融机构高管人员责任追究和薪酬追回制度。探索实施国有金融企业员工持股计划。"

导意见〉的通知》(财农〔2015〕121号)、[1]财政部《关于印发〈政府性融资担保、再担保机构绩效评价指引〉的通知》(财金〔2020〕31号)等制度,会重点考核政府性融资担保机构支持"三农"主体的社会效益、财政资金功能作用的发挥,至于运营效益、运营风险、可持续发展等,则考虑较少或会被忽略掉。其中较有代表性的机构,如安徽省融资担保集团、河南省担保公司等,它们为了发挥支农支小作用,履行政策性义务,追求社会效益,主要担保支持省内、辖区内的中小微企业和"三农"主体,难以兼顾管控运营风险,提高运营效益,自身可持续发展能力会一直困扰着它们,如果不能得到政府财政资金持续注资、增资,它们难以避免出现流动性风险,甚至面临资金"断链";如果由中小企业服务管理部门管理,考核时会对标对表工信部《关于进一步促进中小企业信用担保机构健康发展的意见》(工信部企业〔2015〕83号)、财政部及税务总局《关于中小企业融资(信用)担保机构有关准备金企业所得税税前扣除政策的通知》(财税〔2017〕22号)、工信部等十七部委《关于健全支持中小企业发展制度的若干意见》(工信部联企业〔2020〕108号)等文件制度,[2]重点考核政府性融资担保机构是否执行较低的融资担保费率、是否提供快速融资担保、是否解决小微企业融资难问题,至于政府性融资担保公司自身的运营风险、运营效益,它们也会忽略掉。例如,陕西省部分融资担保公司,为了帮助支持政府给企业提供优质服务,培育弱质弱势行业或新兴产业,增加出资股东回报,增大招商引资效果,难以兼顾融资担保机构自身的运营风险、运营效益和可持续发展能力,不得已逐渐转型或转向。近年来,陕西省内有部分担保公司朝着投资类公司方向陆续完成改革改制,出现了西安投融资担保公司、陕西投资担保集团公司等新型投资担保公司。准确来讲,这类担保机构已属非政府性融资担保机构。它们无法像其他财政考核管理的融资担保机构一样,获得持续注资、增资

---

〔1〕 财政部等《关于印发〈关于财政支持建立农业信贷担保体系的指导意见〉的通知》明确规定"三、财政支持建立农业信贷担保体系的政策措施……(十六)完善对农业信贷担保机构的考核机制",明确提出"……重点考核其农业信贷担保业务规模、项目个数、为农服务、风险控制等情况,建立持续性和政策性并重的业务绩效考核评价指标体系";财政部《关于印发〈政府性融资担保、再担保机构绩效评价指引〉的通知》第8条规定,绩效评价采取百分制,具体绩效评价指标如下:(一)政策效益指标,主要反映政府性融资担保、再担保机构在聚焦支小支农、坚守融资担保主业、主动降费让利等方面发挥效益的情况。(1)当年新增小微企业和"三农"融资担保(再担保)户数。其中,小微企业包括小型、微型企业、小微企业主以及个体工商户,"三农"主体包括农户、新型农业经营主体。(2)当年新增小微企业和"三农"融资担保(再担保)金额占比。(3)新增单户1000万元及以下"三农"和小微企业融资担保(再担保)金额之占比。(4)平均综合融资担保(再担保)之费率。(二)经营能力指标,主要反映政府性融资担保、再担保机构业务拓展和可持续经营之情况……

〔2〕 工信部联企业〔2020〕108号文明确"……实施小微企业融资担保降费补奖政策,完善风险补偿机制和绩效考核激励机制,引导各级政府性融资担保机构扩大小微企业融资担保业务规模、降低保费水平……"

的政策保障，便被动转型成真正的商业性融资担保公司、投资公司，或被迫接受破产、歇业、划转、拆并等安排处置；如果由农业、交通、教育、建设等行业主管部门或母公司负责考核，它们则会把融资担保机构当作该行业的某个职能部门一样对待，顶多是部门职能的延伸，考核时会对标对表该行业一般干部员工当期正在执行的考核办法，参考已经为大家所接受的薪酬标准，最多略有上浮。如《重庆市交通融资担保有限公司薪酬管理制度》（交通担保发〔2019〕42号）。[1] 有的省（市）、区（县）将政府性融资担保机构划归省（市）、区（县）级政府平台公司管理，将其作为二级企业或三级企业，参照交通、建设、水务等行业的二级国有企业、三级国有企业绩效薪酬考核标准进行考核，没能区分出它的金融企业属性，没能反映出风险收益情况。这样的考核对干部员工无法起到积极促进作用。例如，《重庆黔江区融资担保公司考核办法》规定考核内容、标准、要求都须按照其母公司的有关内容、标准、要求，导致该公司干部员工的积极性、创造力、责任感难以得到充分调动和激发，虽然该公司已经成立近20年，但目前该公司经济效益、社会效益不高，经营风险较大，管理欠规范，可持续发展能力较弱，若不增加注册资本金就难以正常运行。

（三）按照市场规律探索执行的绩效考核效果

在执行绩效考核时，如果由融资担保公司出资人、股东单位、股东会、董事会负责执行，考核时一般会参照《中小企业促进法》，遵循市场经济规律，对标近年刚出台的中共中央、国务院《关于新时代加快完善社会主义市场经济体制的意见》。[2] 其中较有代表性的机构，如深圳中小企业担保集团公司，由股东会、董事会研究、制定、执行绩效考核，考核时特别注重运营绩效，重点考核运营风险、运营效益、可持续发展能力。该公司几乎没有涉及债券融资担保，适度支持了"三农"主体，大量支持了一批对标国际一流企业治理管理、符合国家产业政策导向、项目前景好、经营能力强、管理水平高、价值增长快、有较强市

---

〔1〕 重庆交通融资担保有限公司隶属于重庆城市交通开发投资（集团）公司，该担保公司考核管理办法一直参照交通行业薪酬体系的标准而制定，且须报母公司审查备案同意后方可执行。由于没有按照金融企业属性、规律进行考核管理等原因，虽然已经发展20余年，但该担保公司经济效益和社会效益不高，运营风险累积，经营难可持续，运营绩效不高，一旦风险爆发，还可能危及社会安全与稳定。近期，重庆市人民政府不得不决定将其整体划转至另外一家专业担保集团公司管理。重庆市国资委《关于无偿划转重庆城市交通开发投资（集团）有限公司所持重庆市交通融资担保有限公司全部股权的批复》（渝国资〔2020〕437号）明确要求重庆城市交通开发投资（集团）公司将该担保公司限期划转至重庆兴农融资担保集团进行管理。

〔2〕 中共中央、国务院《关于新时代加快完善社会主义市场经济体制的意见》"六、坚持和完善民生保障制度，促进社会公平正义。（一）健全体现效率、促进公平的收入分配制度"中明确提出，"……在劳动生产率提高的同时实现劳动报酬同步提高。健全劳动、土地、知识、资本、管理、技术、数据等生产要素由市场评价贡献、按贡献决定报酬的机制……"

场竞争能力的中小企业。这些获得融资担保支持培育的中小微企业,由于得到了较好的金融服务,突破了资金"瓶颈",抓住了发展机遇,实现了高质量发展。深圳中小企业担保集团公司所担保支持的中小企业中,目前已经有20多家成长为上市公司,这些公司在促进就业、促进纳税、丰富产品、提升社会服务能力等方面发挥了突出而重要的作用,取得了较好的社会效益和经济效益,其自身也因此取得了较好的经济效益和持续成长能力。

第五节　本章小结

政府对融资担保的机构准入、服务方向、业务产品、担保费率、担保规模等进行监督与管理,实质就是经济规制,规制研究可以检视制度作用效果。通过研究政府性融资担保制度,不难发现现行制度规制尚存在不足、不当、不平衡、不配套等突出问题。

在以现行法律、行政法规和司法解释为主体的制度体系中,融资担保业务开展所涉及的担保、合同等民事法律行为主要由废止前的《担保法》、《物权法》和新颁布的《民法典》等法律进行规制。政府性融资担保机构作为金融市场主体的一个重要组成部分,与其有关的规定并未形成完整的行业法律体系,也未规定组织章程、职能定位、业务活动、风险控制等内容,而是散见于经济法部门下的各项行政法规、部门规章或地方性法规之中。政府性融资担保制度供给不足,即便是2020年以来相对丰富的监管制度供给中,也主要倾向于为中小微企业和"三农"等弱质弱势行业产业增信,为银行业金融机构开展合作业务并隔离风险。

现行立法中,法律制度规范对融资担保机构的权利义务调整亦未达到平衡状态。由于政府性融资担保机构在经济社会活动中所扮演的角色,其在民事权利义务关系中,天然地处于"弱势"一方,立法对其权益保护的缺位,对其业务发展、风险控制、运营绩效提升等形成了较强制度约束。《担保法》《民法典》《监管条例》等法律法规,尚停留在对担保行为的规制,并没有针对政府性融资担保机构这个市场主体的权利义务责任进行较好规制,更少有考虑其在金融交易活动中的实质公平,导致融资担保机构法律纠纷较多,运营风险较大,难以有效发挥其"增信融资"的财政金融杠杆作用,难以履行好社会责任。

融资担保主要业务所涉及的相关制度不配套。实践中,融资担保机构属性存在争议,众多法律规范对授予其权利似乎存在回避之嫌,而涉及融资担保行业调整、规范行业发展、金融业务开展等方面的规定,却较少将促进融资担保机构健康持续发展所应获得的权利落实到位,反而不断增加融资担保机构的义务。作为近年来政府财政大量投入,大力发展的政府性融资担保,有的制度规范对其业务开展却作出了严格限制,并未规定其作为市场经济主体所应享有的发展权利,与其迅猛的业务发展趋势、重要的金融市场地位、紧密的金融风险关联、重大的政策目标工具不够匹配。

第五章　政府性融资担保制度规范研究

从前面章节分析中可以发现，政府性融资担保制度大都散见于不同时期的不同法律法规、政策文件当中，不便于运用常规研究方法进行研究，故本章运用类型化分析方法对政府性融资担保制度进行规范研究，以期取得更大突破。[1] 考虑到政府性融资担保与政策性担保之间的特殊渊源，以及融资担保行业历史和现实基础，为了使本研究更加真实全面、准确透彻，本书适当拓宽了研究对象和范畴，即“制度”既包括国家层面的法律、法规，也包括国家部委以及部分省（市）人民政府正式印发的文件通知，以及公开发布的其他政策文件。笔者选取1995年以来，特别是2009年以来，中共中央、国务院、全国人大、建设部（现住建部）、财政部、发改委、农业部（现农业农村部）、中国人民银行、银监会、保监会（现银保监会）、工信部、国家税务总局、市场监督管理总局等国家机关正式颁布的政策法规、规范性文件等共计123个作为研究对象（见表2-1），根据政策目标与担保行为的共同性与差异性，按照权利、义务和责任进行归类，依照权利激励、义务约束、责任界定等标准将所有制度条文资料归为性质相同或相似类别，围绕法律制度的价值目标，条分缕析，通过类型化分析，展开规范研究。

第一节　政府性融资担保制度权利激励法律机制的类型化分析

法律的核心在于调整人与人相处中的权利与义务。权利和义务在法律主体从事法律行为的各个环节、法律文本的制定乃至法律部门的形成中都有体

〔1〕 本章参照和借鉴西南政法大学胡元聪教授《农村消费信贷促进法律机制研究》一书中运用的学术研究方法，即类型化分析方法。

现,是法律行为规范、法律关系、法律责任界定等各个环节的组成部分。权利和义务是对法律主体的各类行为进行规范的标准,从权利的角度来看,它赋予法律主体实现其利益和主张的力量,在“可为”的范畴内,主体可以选择作为或不作为以实现其目的、利益,国家对法律主体实现其利益价值和主张的过程进行保护;从义务的角度来说,它为法律主体“应为”“必为”“禁为”划定行为尺度。权利和义务贯穿于法律的一切部门,贯穿于法律的运行和操作的整个过程。权利和义务全面地表现和实现法的价值。〔1〕

权利和义务是法的核心内容,也是法学的核心概念,是法理学、经济法学、制度经济和法经济学的核心概念。从某种意义上讲,法学、经济法学、制度经济和法经济学都是权利义务之学。据此,本章谨以权利和义务为中心范畴和分类标准,主要运用类型化分析方法,对政府性融资担保制度展开规范研究。

一、赋予权利

(一)赋予担保机构设立、兼并、重组、建设权利

这些制度主要是赋予一些特殊主体机构设立、兼并、重组、建设的权利,从而促进政府性融资担保体系以及政府性融资担保机构业务运营快速开展。具体包括:一是关于影响较大的政府性融资担保机构的发展的制度规范。如国务院43号文,〔2〕国务院办公厅《关于有效发挥政府性融资担保基金作用切实支持小微企业和“三农”发展的指导意见》(国办发〔2019〕6号),〔3〕原银监会、工信部、财政部、发改委、证监会等国家六部委《关于融资担保机构支持重大工程建设的指导意见》(银监发〔2016〕1号)。〔4〕 二是关于政府性融资担保组织体系的发展的制度规范。如中共中央、国务院《关于深入推进农业供给侧结构性改革 加快培育农业农村发展新动能的若干意见》(中发〔2017〕1号),〔5〕

---

〔1〕 参见张文显主编:《法理学》(第5版),高等教育出版社2018年版,第98~105页。

〔2〕 该规定提出通过新设、参股、控股等方式,发展一批以政府出资为主、经营规范、信誉较好、主业突出、实力较强、影响力较大的政府性融资担保机构,作为服务小微企业和“三农”的“主力军”,支撑行业产业发展;支持专注服务小微企业和“三农”、有实力的融资担保机构开展兼并重组,发挥资本、品牌、人才、风险管理、业务经验等方面的优势,做精做强,引领行业发展。

〔3〕 该规定鼓励通过政府注资、兼并重组等方式加快培育省级担保机构、再担保基金机构,原则上每个省(自治区、直辖市)培育一家在资本实力、风险管控和业务规模等方面优势突出的龙头机构。

〔4〕 该规定提出大力发展政府性融资担保机构。鼓励以财政资金和国有资本为主,以省级、地市级为重点,通过设立、参股、控股等多种方式,发展一批主要服务于小微企业和“三农”、信誉较好、经营规范、主业突出、实力较强的政府性融资担保机构。

〔5〕 该规定提出改革财政支农投入机制。建立健全全国农业信贷担保体系,推进省级信贷担保机构向市县延伸,支持有条件的市县尽快建立担保机构,实现实质性运营。

国务院43号文,[1]财政部、原农业部、原银监会《关于印发〈关于财政支持建立农业信贷担保体系的指导意见〉的通知》(财农〔2015〕121号),[2]国务院办公厅《关于有效发挥政府性融资担保基金作用切实支持小微企业和“三农”发展的指导意见》(国办发〔2019〕6号)。[3]

(二)赋予特种担保业务开展权利

这些制度主要是基于一些特殊情形,赋予政府性融资担保机构系列特殊权利,以激励政府性融资担保业务运营和快速发展,进而有效促进其解决小微企业和“三农”主体融资难、融资贵的问题。具体包括:一是协调资金方及时放贷出账的特殊权利的制度规范。如财政部《关于充分发挥政府性融资担保作用 为小微企业和“三农”主体融资增信的通知》(财金〔2020〕19号)。[4] 二是开展非融资担保业务和债券担保的特权的制度规范。如原银监会、发改委、财政部、证监会等国家六部委《关于融资担保机构支持重大工程建设的指导意见》(银监发〔2016〕1号),[5]中国证券业协会《关于发布〈融资担保公司证券市场担保业务规范〉的通知》(中证协发〔2016〕11号),[6]工信部《关于进一步促进中小企业信用担保机构健康发展的意见》(工信部企业〔2015〕83号)。[7]三是创新担保方式和业务产品的设计权的制度规范。如国务院《关于创新重点领域投融资机制鼓励社会投资的指导意见》(国发〔2014〕60号),原银监会、发改委、工信部、中国人民银行等国家六部委《关于融资担保机构支持重大工程建设的指导意见》(银监发〔2016〕1号),[8]国务院办公厅《关于金融服务

---

〔1〕 该规定提出构建国家融资担保基金、省级再担保机构、辖内融资担保机构的三层组织体系,有效分散融资担保机构风险,发挥再担保“稳定器”的作用。

〔2〕 该规定提出逐步建成覆盖粮食主产区及主要农业大县的农业信贷担保网络,推动形成覆盖全国的政策性农业信贷担保体系。力争用3年时间建立健全具有中国特色、覆盖全国的农业信贷担保体系框架。

〔3〕 该规定提出加快发展市、县两级融资担保机构,争取3年内实现政府性融资担保业务市级全覆盖,并向经济发达、小微企业和“三农”主体融资需求旺盛的县(区)延伸。

〔4〕 该规定提出协调金融机构尽快放贷,不抽贷、不压贷、不断贷,着力缓解小微企业“融资难、融资贵”问题。

〔5〕 该规定提出融资担保机构要积极为小微企业提供投标保函、履约保函等非融资担保业务;鼓励融资担保机构为小微企业发债提供担保服务,支持其参与重大工程建设项目,有关部门要对有融资担保机构提供担保的企业发债提供审批绿色通道。

〔6〕 该文件第2条规定,融资担保公司开展证券市场担保业务的,可以成为中国证券业协会会员。

〔7〕 该文件规定,引导担保机构创新发展。鼓励担保机构在政策允许范围内拓展业务范围,积极开展履约担保等非融资性担保业务,探索开展互联网融资业务,试行中小企业担保贷款保证保险业务,开发中小企业集合债券、集合信托、短期融资券、融资租赁、票据业务等新型担保产品和服务,增强盈利能力。

〔8〕 该文件规定,灵活运用排污权、收费权、特许经营权、购买服务协议预期收益、集体林权以及试点地区的承包土地经营权等作为抵质押,不断创新反担保方式。探索利用工程供水、供热、发电、污水垃圾处理等预期收益质押作为反担保,允许利用相关收益作为还款来源。

“三农”发展的若干意见》(国办发〔2014〕17 号)。〔1〕 四是重大工程建设和“走出去”项目的参与权的制度规范。如发改委、工信部、财政部、证监会等国家六部委《关于融资担保机构支持重大工程建设的指导意见》(银监发〔2016〕1 号)。〔2〕 五是跨区域设立分支机构或开展融资担保业务的开办权的制度规范。如《国务院办公厅转发银监会、发改委等国家八部委〈关于促进融资性担保行业规范发展的意见〉的通知》(国办发〔2011〕30 号),〔3〕工信部《关于进一步促进中小企业信用担保机构健康发展的意见》(工信部企业〔2015〕83 号)。〔4〕

(三)赋予担保机构部分优先权利

这些制度主要体现在市场准入、市场竞争中赋予政府性融资担保机构一定的优先权利,让其尽快建立并开展融资担保业务,不断壮大实力,更好缓解小微企业和“三农”主体融资难、融资贵问题。具体包括:一是政府性融资担保机构自身优先获得增资入股,壮大实力的权利的制度规范。如工信部《关于加强中小企业信用担保体系建设工作的意见》(工信部企业〔2010〕225 号),〔5〕财政部《关于充分发挥政府性融资担保作用　为小微企业和“三农”主体融资增信的通知》(财金〔2020〕19 号)。〔6〕 二是政府性融资担保机构为小微企业提供担保服务,支持其参与重大工程建设项目时,国家发改委、证监会等部委对于此类型发债业务在审批过程中,可以为其开辟绿色通道,提供优先权的制度规范。如原银监会、发改委、工信部、财政部、中国人民银行、证监会等六部委《关于融资担保机构支持重大工程建设的指导意见》(银监发〔2016〕1 号),〔7〕国务院《关于进一步促进资本市场健康发展的若干意见》(国发〔2014〕

〔1〕 该规定提出创新农村抵(质)押担保方式。健全完善林权抵押登记系统,扩大林权抵押贷款规模。推广以农业机械设备、运输工具、水域滩涂养殖权、承包土地收益等为标的的新型抵(质)押担保方式。

〔2〕 该规定提出加快建立统一规范的政府性融资担保体系,推动融资担保机构加大对小微企业参与重大工程建设、“走出去”等项目的支持力度。重大工程项目是指由国家或省级政府立项的项目及涉及“走出去”“西部大开发”等国家重大战略项目。

〔3〕 该规定提出鼓励规模较大、实力较强的融资性担保机构在县域和西部地区设立分支机构或开展业务。

〔4〕 该规定提出做强各类担保机构。支持一批实力强、风险控制好的担保机构跨区域合作经营,带动欠发达地区担保机构发展,扩大服务小微企业范围。

〔5〕 该规定提出,各级中小企业管理部门要按照国发 36 号文和国办发 90 号文要求,采取中央财政、地方财政出资与社会资本联合组建等形式,重点推进省级中小企业信用再担保机构(再担保基金)设立与发展,积极完善多层次担保体系建设;各地要积极争取在本级财政预算中安排好中小企业信用担保体系建设专项资金,以资本金投入、保费补贴、业务补助、创新奖励、风险补偿等多种方式,提升中小企业信用担保(再担保)机构对中小企业的担保能力。

〔6〕 该规定提出推动国家融资担保基金加快开展股权投资,力争 2020 年投资 10 家支小支农成效明显的地市级政府性融资担保机构。

〔7〕 该规定提出鼓励融资担保机构为小微企业发债提供担保服务,支持其参与重大工程建设项目,有关部门要对有融资担保机构提供担保的企业发债提供审批绿色通道。

17号),[1]工信部《关于进一步促进中小企业信用担保机构健康发展的意见》(工信部企业〔2015〕83号)。[2] 三是针对涉及突破现有制度规定的重点改革事项授予优先权的制度规范。如发改委、中央农村工作领导小组办公室、公安部等十八部委《关于开展国家城乡融合发展试验区工作的通知》(发改规划〔2019〕1947号)。[3] 四是作为非银行金融机构,优先接入征信管理系统,并有权与市场化征信机构开展合作的制度规范。如银保监会等七部门《关于做好政府性融资担保机构监管工作的通知》(银保监发〔2020〕39号),[4]中国人民银行、原银监会《关于印发〈融资性担保公司接入征信系统管理暂行规定〉的通知》(银发〔2010〕365号)。

(四)赋予担保机构税收减免、豁免权利

这些制度主要通过赋予税收减免、豁免权利,对政府性融资担保机构进行激励。具体包括:一是落实相关税收优惠政策的制度规范。如财政部、国家税务总局《关于中小企业信用担保机构有关准备金企业所得税税前扣除政策的通知》(财税〔2012〕25号,已失效),国务院43号文,[5]财政部、原农业部、原银监会《关于印发〈关于财政支持建立农业信贷担保体系的指导意见〉的通知》(财农〔2015〕121号),[6]财政部、原农业部、原银监会《关于做好全国农业信贷担保工作的通知》(财农〔2017〕40号),[7]国务院办公厅《关于有效发挥政府性融资担保基金作用 切实支持小微企业和“三农”发展的指导意见》(国办发〔2019〕6号)。[8] 二是兑现税前扣除政策的制度规范。如财政部、国家税务总局《关于中小企业融资(信用)担保机构有关准备金企业所得税税前扣除政

---

〔1〕 该规定提出强化债券市场信用约束。完善债券增信机制,规范发展债券增信业务。

〔2〕 该规定提出引导担保机构创新发展。开发中小企业集合债券、集合信托、短期融资券、融资租赁、票据业务等新型担保产品和服务,增强盈利能力。

〔3〕 该规定提出,有关部门要针对涉及突破现有制度规定的重点改革事项,如允许符合条件的试验区开展深化农村宅基地制度改革试点、农村各类产权抵押担保融资等,通过有效途径和程序进行授权,积极创造有利条件,允许并深度指导试验区进行改革探索。

〔4〕 该规定提出创造良好政策环境,加大支持力度。中国人民银行对政府性融资担保机构接入金融信用信息基础数据库予以重点支持;鼓励政府性融资担保机构按照商业合作原则与市场化征信机构开展合作。

〔5〕 该规定提出,落实好融资担保机构免征营业税和准备金税前扣除等相关政策。

〔6〕 该规定提出,符合条件的农业信贷担保机构从农业中小企业担保或再担保业务取得的收入,执行现行中小企业信用担保机构免征营业税政策。符合条件的农业信贷担保机构的所得税税前扣除政策。按照财税(2012)25号文有关规定执行。

〔7〕 该规定提出,政府性融资担保机构按照现行规定享受中小企业信用担保机构免征增值税政策。

〔8〕 根据该规定,符合条件的融资担保、再担保机构的担保赔偿准备金和未到期责任准备金企业所得税税前扣除,按照中小企业融资(信用)担保机构准备金企业所得税税前扣除政策执行。

策的通知》(财税〔2017〕22号),[1]财政部、原农业部、原银监会《关于做好全国农业信贷担保工作的通知》(财农〔2017〕40号)。[2]

(五)赋予担保机构获得奖励、补助等权利

这些制度主要通过奖励、补助,通过营造有利于政府性融资担保机构业务运营和业务发展的良好环境,激励其获得更多发展壮大的机会。具体包括:一是奖励、补助政策的制度规范。例如:中共中央、国务院《关于深入推进农业供给侧结构性改革 加快培育农业农村发展新动能的若干意见》(中发〔2017〕1号),[3]财政部、原农业部、原银监会《关于做好全国农业信贷担保工作的通知》(财农〔2017〕40号),[4]国务院办公厅《关于有效发挥政府性融资担保基金作用 切实支持小微企业和"三农"发展的指导意见》(国办发〔2019〕6号),[5]财政部、工信部《关于对小微企业融资担保业务实施降费奖补政策的通知》(财建〔2018〕547号)。[6] 二是营造支持有利于政府性担保机构发展的良好环境的制度规范。例如:国务院《关于促进融资担保行业加快发展的意见》(国发〔2015〕34号),[7]中共中央、国务院《关于构建更加完善的要素市场化配置体制机制的意见》(2020年3月30日发布),[8]发改委等十八部委《关于开展国家城乡融合发展试验区工作的通知》(发改规划〔2019〕1947号),[9]

---

〔1〕 根据该规定,符合条件的中小企业融资(信用)担保机构按照不超过当年担保费收入50%的比例计提的未到期责任准备,允许在企业所得税税前扣除;实际发生的代偿损失,符合税收法律法规关于资产损失税前扣除政策规定的,应冲减已在税前扣除的担保赔偿准备,不足冲减部分据实在企业所得税税前扣除。

〔2〕 该规定提出,政府性融资担保机构按照财税〔2017〕22号文有关规定执行所得税税前扣除政策。

〔3〕 该规定提出,创新财政资金使用方式,推广政府和社会资本合作,实行以奖代补和贴息,支持建立担保机制,鼓励地方建立风险补偿基金,撬动金融和社会资本更多投向农业农村。

〔4〕 该规定提出,各省根据财力情况,可在综合考量省级农担公司政策性担保业务余额等指标基础上,结合其是否违反相关政策要求等因素,制定担保业务奖补办法,对满足一定条件的省级农担公司给予一定比例的奖补。统筹安排中央财政补助资金。各省可给予省级农担公司符合"双控"标准的政策性业务适当的担保费用补助。

〔5〕 该规定提出,中央财政要对扩大实体经济领域小微企业融资担保业务规模、降低小微企业融资担保费率等工作成效明显的地方予以奖补激励;有条件的地方可对担保业务给予适当担保费补贴,同时还要完善资金补充、探索风险补偿、落实扶持政策等。

〔6〕 文件从"总体要求、实施内容、组织实施"三部分决定实施小微企业融资担保业务降费奖补政策,引导地方支持扩大实体经济领域小微企业融资担保业务规模,降低小微企业融资成本,促进专注于服务小微企业的融资担保机构可持续发展。

〔7〕 依法为融资担保机构进行抵(质)押登记,并为其债权保护和追偿提供必要协助,维护融资担保机构合法权益;要继续开展对非融资担保公司的清理规范;规范有序地将融资担保机构接入金融信用信息基础数据库,将担保机构信用记录纳入国家统一的信用信息共享交换平台。

〔8〕 该规定提出,鼓励要素交易平台与各类金融机构、中介机构合作,形成涵盖产权界定、价格评估、流转交易、担保、保险等业务的综合服务体系。

〔9〕 该规定提出,完善农村产权抵押担保权能。推进农村集体经营性建设用地使用权、集体林权等抵押融资以及承包地经营权、集体资产股权等担保融资。

工信部《关于进一步促进中小企业信用担保机构健康发展的意见》(工信部企业〔2015〕83号),[1]财政部、国家税务总局《关于中小企业融资(信用)担保机构有关准备金企业所得税税前扣除政策的通知》(财税〔2017〕22号)。[2]

通过赋予上述多方面权利,可以激励政府性融资担保机构的运营发展,但如果风险防控、风险补偿、风险监管等配套制度不健全、不完善,加之要求政府性融资担保机构承担更多的社会责任,上述各种权利不仅无助于融资担保项目调查、项目评审、项目决策等业务运营秩序和运营规则,还可能成为累积风险的不利因素,很大程度上影响运营绩效的提高,挫伤可持续发展能力。

二、权利约束

(一)银担合作过程中的权利约束

银担合作过程中的权利约束主要反映在银保监会等国家部委主导或牵头制定出台的18个文件中。这些文件中,第一类是银担合作带有倾向性的制度规范,如中国人民银行等六部委联合发布的《关于金融支持新型农业经营主体发展的意见》(银发〔2021〕133号)中明确要求"充分发挥全国农业信贷担保体系和国家担保基金作用,适当简化担保业务流程,维持较低的担保费率,降低反担保要求,采取有效措施进行代偿"。银保监会等七部门《关于做好政策性融资担保机构监管工作的通知》(银保监发〔2020〕39号)"四、完善银担合作机制,凝聚机构合力"中明确指出"银担双方要加强'总对总'合作,统筹制定合作标准模式,建立良好的信息沟通机制,保持合作的持续性和稳定性"。全国政府性融资担保机构都是以省(自治区、直辖市)为单位,根据各自情况组建而成,尚没有全国性自上而下的担保体系,在"总对总"时显然不及拥有全国体系的"工、农、中、建"等大型银行金融机构有话语权。原银监会《关于加强融资性担保贷款统计和有关资料转送工作的通知》(银监发〔2010〕95号,已失效)、原银监会《关于加强融资性担保行业统计工作的通知》(银监发〔2010〕80号,已失效),[3]原银监会《关于促进银行业金融机构与融资性担保机构业务合作的通知》(银监发〔2011〕17号),通知各监管局、银行业金融机构要"注重对融资性担保机构资质的审查,并根据经营业绩等实际情况确定合作的深度与广

〔1〕 该规定提出,提高对新形势下促进担保机构发展重要性的认识、做强各类担保机构、加快再担保机构建设、完善担保体系、引导担保机构创新发展、加大政策扶持和引导、加强组织领导和协同推进。

〔2〕 该规定提出,对于担保赔偿准备金和未到期责任准备金,允许按一定比例提取后,在企业所得税税前扣除。同时允许将上年计提的相关余额转为当期收入。

〔3〕 两个文件都要求各省(自治区、直辖市)融资担保机构监管部门,按期按时采集、审核、汇总、复核、分析、存档有关融资担保机构和行业的数据资料,并及时上报银监会融资担保部,供银行业金融机构掌握运用,而对于银行业金融机构的有关信息资料,融资担保机构却没有任何渠道和机会获得、悉知。

度”。这样的制度规定难免使人疑惑,政府性融资担保机构作为非银行金融机构,在与银行业金融机构合作过程中,却被作为严格的审查对象,即便是出于对金融市场健康发展的考量,也应同时考量在金融市场主体中,政府性融资担保机构是否拥有足够的市场经济地位、相应的权利以及权利是否受到不恰当的约束。且上述规定并未严格区分政府性融资担保机构和民营融资担保机构。以偏概全的规定下,难以保障政府性融资担保机构的权利。政府性融资担保机构作为中央和省市级政府扶持的金融机构,所承担的社会义务与其社会地位不相匹配时,让其更好地与银行等金融机构开展合作、缓释风险、提升运营绩效绝非易事。此外,银行等金融机构大都看重担保机构的经营业绩,这样的价值导向,却没能在政府性融资担保制度建设中得到充分体现,实体立法与立法价值的差距显而易见。第二类是对于承接融资担保项目和承载项目风险时风险分担比例及分担机制的制度规范。政府性融资担保机构是接受“命令、要求”,对于银行业金融机构则仅仅是接受“引导、倡导”。如《银行业金融机构与融资担保公司业务合作指引》总共 36 条。其中,第二章第 5、6、7、22 条等 13 条是明显有利于银行业金融机构的,第二章第 19 条和第三章第 24、26 条等 15 条是基本中立的,第二章第 17 条等 8 条是明显限制担保机构的。《监管条例》,[1]原银监会、发改委等六部委《关于融资担保机构支持重大工程建设的指导意见》(银监发〔2016〕1 号)的“三、(八)加快建立政银担三方风险分担机制”内容中明确要求“各省、自治区、直辖市人民政府要发挥作用,推动以省级再担保机构为平台与银行业金融机构开展合作,对银行业金融机构小微企业贷款发生的风险进行合理补偿,引导银行业金融机构适当分担风险”。第三类是银担合作时双方的知情权不平等的制度规范。银行业金融机构可以随时通过原银监会获得融资担保机构穿透式监管信息;反之则是屏蔽的。如原银监会《关于促进银行业金融机构与融资性担保机构业务合作的通知》(银监发〔2011〕17 号)相关条款内容提出了“注重对融资担保机构资质的审查、及时掌握融资性担保行业动态信息”等工作要求,明显旨在方便银行业金融机构获取合作对方的信息。原银监会《关于加强融资性担保行业统计工作的通知》(银监发〔2010〕80 号),[2]原银监会《关于印发〈××省(自治区、直辖市)融资性

〔1〕 该规定第 3 章第 15 条至第 19 条都是要求融资担保机构承担风险,第 4 章第 30 条至第 35 条以及第 5 章全部内容都是对融资担保机构风险监管和风险责任的明确。

〔2〕 根据该规定,为建立健全融资性担保行业统计制度,全面、准确、及时地掌握融资性担保行业经营情况,持续跟踪监测融资性担保业务风险……各地监管部门要抓紧研究制定本辖区融资性担保行业统计信息的采集、审核、汇总、复核、分析、报送、存档等制度……加强对本辖区融资性担保机构经营情况和风险状况的监测、分析、评估和预警,全面揭示风险问题……

担保行业××××年度发展与监管情况报告〉和〈××机构概览〉编写说明的通知》(银监发〔2010〕76 号),[1] 原银监会《关于加强融资性担保机构贷款统计和有关资料转送工作的通知》(银监发〔2010〕95 号)中也有相关规定。[2] 第四类是国家层面的文件,关于一定程度上存在牺牲政府性融资担保机构利益,削减政府性融资担保机构权利,保障银行业金融机构权利的倾向的制度规范。如国务院办公厅《关于有效发挥政府性融资担保基金作用　切实支持小微企业和"三农"发展的指导意见》(国办发〔2019〕6 号)等文件制度。[3] 近年来,即使有"风险共担保"的政策导向,也依然明显存在限制融资担保机构,约束其相关权利的情形。如 2021 年 5 月中国人民银行等六部委联合发布的文件[4]中明确要求"支持政府性融资担保机构和银行业金融机构在风险共担的前提下,共同创设'见担即贷''见贷即担'等产品模式,开展银担'总对总'批量担保业务,开发首次贷款担保产品,做到'应担尽担'"。

(二)业务运营过程中的权利约束

这里主要是指业务运营过程当中,政府性融资担保机构控制运营成本,提高运营收益的权利被约束。政府性融资担保有关制度中,明确要求其承担运营成本、让渡收益,这无疑会让政府性融资担保机构获得应有收益,确保持续发展之权利受到不适当的约束。国家和部委多个文件制度中明确要求政府性融资担保机构要无条件承担业务运营成本,减少或放弃业务运营收入中部分收益权利。这些规范的意义,一是限制政府性融资担保费率。如国务院 43 号文中明确要求"政府性融资担保、再担保机构不以盈利为目的,保持较低费率水平,切实有效降低小微企业和'三农'综合融资成本"。同样在该文件的"三、(八)"中明确要求"坚持保本微利经营原则……着力降低融资担保和再

---

〔1〕 年度情况报告反映辖区融资性担保行业年度发展情况与监管工作成效,"机构概览"是融资性担保机构经营管理与监管有关情况的历史记录,要求各地监管部门和各银监局结合日常监管情况,从不同角度加强对本地区融资性担保业务的分析,准确把握风险动态,积极向有关部门提出意见建议。这里"有关部门"主要是指银监会(局)。

〔2〕 根据该规定,各银监局要明确统计信息整理方法、报送时限和报送途径,妥善安排并做好有关统计信息的审核、汇总、复核、分析、报送、存档等各项工作。各银监局应在规定时限内将统计报表发送至银监会融资担保部。要加强对本辖区融资性担保贷款情况及相关风险状况的监测、分析、评估和预警,把握融资性担保贷款发展趋势,及时揭示潜在风险与重大问题。

〔3〕 国务院办公厅《关于有效发挥政府性融资担保基金作用　切实支持小微企业和"三农"发展的指导意见》(国办发〔2019〕6 号)明确规定"原则上国家融资担保基金和银行业金融机构承担的风险责任比例均不低于 20%,省级担保、再担保基金(机构)承担的风险责任比例不低于国家融资担保基金承担比例。对于贷款规模增长快、小微企业和'三农'主体户数占比大的银行业金融机构,国家和地方融资担保基金可以提高自身承担的风险责任比例或扩大合作贷款规模","银担合作各方要细化业务准入和担保代偿条件,明确代偿追偿责任。各级政策性融资担保机构要按照'先代偿、后分险'原则,落实代偿和分险责任"。

〔4〕 中国人民银行、中央农办、农业农村部、财政部、银保监会、证监会联合发布的《关于金融支持新型农业经营主体发展的意见》(银发〔2021〕133 号)。

担保业务收费标准"。2019年4月中共中央办公厅、国务院办公厅印发《关于促进中小企业健康发展的指导意见》的"三、(四)"部分内容中明确指出要"引导担保机构逐步取消反担保,降低担保费率",国务院办公厅《关于有效发挥政府性融资担保基金作用 切实支持小微企业和"三农"发展的指导意见》(国办发〔2019〕6号)"三、(八)引导降费让利"中明确要求"各级政府性融资担保、再担保机构要适时调降担保费率,引导合作机构逐步将平均担保费率降至1%"。2020年5月25日,第十三届全国人民代表大会第三次会议表决通过的《政府工作报告》"三、加大宏观政策实施力度,着力稳企业保就业"中明确要求"大幅拓展政府性融资担保覆盖面并明显降低费率"。中国人民银行等六部委联合发布的文件[1]中明确"要充分发挥全国农业信贷担保体系和国家融资担保基金作用,适当简化担保业务流程,维持较低的担保费率,降低反担保要求,采取有效措施进行代偿"。另外,有的地方政府为了显示本地贯彻落实国家、部委和省市有关文件精神,不结合实际情况,违背市场主体的运营规律,作出了一些限制。如河北省工业和信息化厅《关于转发融资性担保业务监管部际联席会议〈关于促进融资性担保机构服务小微企业和"三农"发展的指导意见〉的通知》(冀工信融〔2014〕420号)中就明确要求"融资性担保机构在为小微企业和'三农'提供担保服务时,应采取低收费政策,收取的担保费原则上不超过银行同期利率的50%,不收取客户保证金,确需收取客户保证金的,收取比例不得超过担保金额的10%"。二是限制政府性融资担保业务结构。如财政部、原农业部、原银监会《关于印发〈关于财政建立农业信贷担保体系的指导意见〉的通知》(财农〔2015〕121号)"一、(三)"要求政府性融资担保机构"专注农业",即"必须专注于支持粮食生产经营和现代农业发展,对从事粮食生产和农业适度规模经营的新型经营主体的农业信贷担保余额不得低于总担保规模的70%",该文件"三、(十六)"中也明确要求"重点考核其农业信贷担保业务规模、项目个数、为农服务、风险控制等情况……"43号文及中共中央办公厅、国务院办公厅《关于加快构建政策体系培育新型农业经营主体的意见》(中办发〔2017〕38号)、[2]国务院办公厅《关于有效发挥政府性融资担保基金作用 切实支持小微企业和"三农"发展的指导意见》(国办发〔2019〕6号)等多个文件当中,对融资担保业务结构都有明确要求和严格限制。限制了业务结构,就限制了收入结构、客户结构,限制了运营能力和运营绩效。

---

〔1〕 中国人民银行、中央农办、农业农村部、财政部、银保监会、证监会联合发布的《关于金融支持新型农业经营主体的发展意见》(银发〔2021〕133号)。

〔2〕 该规定"三、(十)改善金融服务"中明确要求建立健全全国农业信贷担保体系,确保对从事粮食生产和农业适度规模经营的新型农业经营主体的农业信贷担保余额不得低于总担保余额的70%。

通过以上分析不难发现，现行政府性融资担保制度既限制政府性融资担保业务运营费率和效率，又限制其客户结构、业务结构、收入结构，要求其削减或放弃业务运营部分收益权利，但政府性融资担保机构却要独立支付高额运营成本，承担较大运营风险，发展能力不可持续。

三、管理权限设定

（一）行业管理主体责任有待理顺

这里主要是指政府性融资担保机构的管理主体交叉多变，导致管理责任界限不明，难以理顺。一是同一文件制度把管理职责划分给不同部门，以致政府性融资担保机构被视同有关职能部门向下延伸的触角，其市场主体地位被严重弱化，主体责任很难明确。例如，国务院办公厅《关于有效发挥政府性融资担保基金作用　切实支持小微企业和“三农”发展的指导意见》（国办发〔2019〕6号）规定，[1]以及财政部、原农业部、原银监会联合印发的指导意见。[2]二是同一文件中多个国家部门被赋予某种行政管理或监管处罚权限，但实际情况看似各有分工，实则有关部门都会互相推诿，难以付诸实施，如银保监会等七部门联合发布的通知。[3]

（二）行业管理标准应该分类指导

权限应量化标准，否则难以设立、实施。这里主要是指行业管理标准应分类指导。按道理，全国各行业、各地区情况千差万别，在坚持基本法律制度的前提下，应该因地制宜、分类指导，保持适当的灵活性、创造性，才有可能更好发挥政府性融资担保作用，然而现行政府性融资担保制度并非如此。现行制

---

〔1〕根据该规定，县级以上地方人民政府要落实政府性融资担保、再担保机构的属地管理责任和出资人职责；各级财政部门要会同有关方面研究制定对政府性融资担保、再担保机构的绩效考核办法。

〔2〕财政部、原农业部、原银监会《关于印发〈关于财政支持建立农业信贷担保体系的指导意见〉的通知（财农〔2015〕121号）》规定“财政部门要负责制定对农业信贷担保机构的财政支持政策和资金管理办法，会同农业部门、银监部门研究确定农业信贷担保业务范围界定、农业信贷担保的资格认定条件，梳理农业信贷担保公司设立的流程和组织结构，做好融资担保公司筹备设立的前期工作。农业部门要会同财政部门，提供农业信贷担保项目的设计指导与推介，在担保机构申请财政经营风险费用补助时确认担保业务是否属于支持范围；对于农业信贷担保支持的项目，农业部门在其后续发展中给予积极支持和辅导，降低贷款的风险。银监部门负责农业信贷担保业务推动与指导。省级人民政府和融资性担保机构监管部门要加强对农业信贷担保机构的日常监管”。

〔3〕银保监会等七部门《关于做好融资担保机构监管工作的通知》（银保监发〔2020〕39号）“六、加强对政府性融资担保机构的监管指导”中明确规定“对于支农支小成效显著、经营管理规范的政府性融资担保机构，监督管理部门要加大总结宣传力度；对偏离支小支农定位，经督促整改不到位的机构，监督管理部门可对其进行监管通报，并抄送有关组织部门、纪检监察机构和财政、国资等主管单位。对存在持续偏离支小支农定位、严重损害政府性融资担保体系信誉等问题的机构，财政部门应当会同监管部门将其剔除名单，并将相关情况向省人民政府、财政部、银保监会报告”。

度一是要求政府性融资担保机构聚焦或回归主业时，有关业务指标的比例控制、额度控制都是全国“一刀切”，缺乏分类指导。例如：《中小企业信用担保资金管理暂行办法》（财企〔2010〕72 号）、[1]国务院办公厅《关于有效发挥政府性融资担保基金作用　切实支持小微企业和“三农”发展的指导意见》（国办发〔2019〕6 号）。[2] 全国东西差别、城乡差别、产业行业差别都较大，对政府性融资担保机构的业务指标的比例控制、额度控制采取“一刀切”，显然会抑制不同地区的政府性融资担保机构积极性、灵活性、创造性。二是要求政府性融资担保机构开展融资担保业务时，将担保费率、担保放大倍数、单笔额度上限等控制在硬性指标内。不同行业产业的客户，不同经营主体，其行业利润率、风险度等差别较大，不同区域、不同行业产业的融资成本差别较大，然而财政部《关于印发〈政府性融资担保、再担保机构绩效评价指引〉的通知》（财金〔2020〕31 号）等相关文件中，明确要求对担保费率、担保放大倍数、单笔额度上限、单户额度上限标准等作出统一的、硬性的制度规定。这类制度规定明显影响政府性融资担保机构风险控制、运营成本等因素，进而影响运营绩效。

（三）利益关联机构行使管理制度制定权

存在利益关系的机构行使着利益相关各方管理政策制度制定权，难以确保市场交易所涉及的市场主体权利的公正性，难以有效发挥市场主体的经济效益和社会效益。在融资担保增信过程中，政府性融资担保机构并不直接放款，而是通过给借款人增信，让其更便捷有效地从银行业金融机构获得资金，从而解决小微企业和“三农”企业的融资难、融资贵问题。有了政府性融资担保机构的介入，银行业金融机构更容易发掘客户、获得客户，更容易防范风险、化解风险，更容易提高金融市场占有份额，更容易持续服务风险较高的客户，特别是更容易拓展小微企业和“三农”这类弱质产业和风险较高的业务领域。从某种意义上讲，政府性融资担保机构充当了银行业金融机构“防火墙”的角色。就政府性融资担保业务而言，银行业金融机构既是合作方，更是得利方。这种情况下，如果有关政府性融资担保机构业务运营、风险管理、行业监管等

---

〔1〕 财政部、工业和信息化部《关于印发〈中小企业信用担保资金管理暂行办法〉的通知》（财企〔2010〕72 号）“第三章、申请条件及要件”中明确要求“当年新增单笔担保责任金额 1500 万元以下担保业务余额在 3 亿元以上的或者当年新增中小企业担保业务额占新增担保业务总额的 70% 以上，或者新增单笔担保责任金额 1500 万元以下担保业务占新增担保业务总额 70% 以上”。同时，对担保费率、担保放大倍数等都作出了准确、统一的规定。

〔2〕 该规定提出，坚守政府性融资担保机构的准公共定位，降低服务门槛，弥补市场不足，着力缓解小微企业、“三农”等普惠领域融资难、融资贵，支持发展战略性新兴产业，促进大众创业，万众创新；严格控制闲置资金运作规模和风险，主动剥离政府债券发行和政府平台融资担保业务，逐步压缩大中型企业担保业务规模，确保支农支小担保业务占比达到 80% 以上。

政策制度都由银保监会来制定,同时又缺乏再监督等制度安排,势必有失公正性,也会抑制政府性融资担保机构运营绩效的提升。经考察,自2009年建立部际联席会议制度至2012年,作为召集人、负责日常工作的银监会,发出正式文件18份,多涉及银担合作过程中如何理清、规避融资性担保业务风险责任问题的文件,如原银监会关于印发《融资性担保机构重大风险报告制度》的通知(银监发〔2010〕77号)等共12份,占发出正式文件总数的75%。有的文件甚至直接针对具体如何规避融资性担保业务风险,或针对如何控制银行金融机构的不良率,如银监会办公厅《关于近期银行金融机构与融资性担保机构业务合作风险提示的通知》(银监办发〔2012〕141号)。至于如何规范管理融资担保机构,开拓融资担保业务,创新融资担保业务品种,更好促进政府性融资担保机构支持小微企业和"三农"发展等内容却较少。至于如何促进政府性融资担保更好发挥经济效益、社会效益、控制风险,实现可持续发展,直接相关的文件制度则不多见,至少还没有配套,更没有形成制度体系。

第二节 政府性融资担保制度义务约束法律机制的类型化分析

经济法调整国家在经济管理活动中所发生的国家与经济组织之间、经济组织与经济组织之间的权利和义务。法的价值通过权利和义务得以实现,权利则体现目的与利益价值,义务是实现目的与利益价值的手段。社会主流价值观也体现着最广大阶层的利益取向,当国家将其上升为国家和法的价值取向和选择,通过立法等程序实现,并得到国家公权力机关保证其强制力时,权利便得以实现。权利与义务的关系,反映法的价值的变化。权利和义务归根结底都是工具而不是目的,表现为它们是国家调整分配利益和负担,从而维护和促成一定阶级(阶级集团)的利益或社会普遍利益,实现政治经济统治和公共管理(社会控制)的手段,是社会成员或其集体实现主体自我利益的手段。[1]

马克思指出:"权利决不能超出社会的经济结构以及由经济结构制约的社会的文化发展。"[2]经济基础决定社会意识、文化水平等上层建筑,在阶级社会中,法律是统治阶级意志的体现,法律规范中的权利和义务实质上体现了占据支配地位的统治阶级的共识,其所保护的权益以及为了实现该权益而对相对

〔1〕 参见张文显主编:《法理学》(第5版),高等教育出版社2018年版,第268~283页。
〔2〕 《马克思恩格斯文集》(第3卷),人民出版社2009年版,第435页。

方行为的约束，固然被限制在统治阶级的根本利益之中，也当然地受到当时社会发展程度的限制。被限定在社会发展程度内的权利义务，才能与上层建筑相融合，并起到促进社会发展的作用；反之，对权利义务界定不当，将阻碍经济社会的发展。

法律义务是设定或隐含在法律规范中、实现于法律关系中的，主体以相对抑制的作为或不作为的方式保障权利主体获得利益的一种约束手段。〔1〕

基于此，这里仅从政府性融资担保制度法律的实然状态，通过义务约束法律机制类型化分析来研究其应然状态。

一、不断强化政策性义务

（一）强化担保增信的政策性义务

在梳理国家或部委制定的文件制度过程中，我们不难发现融资担保业务发展的几十年来，特别是最近十多年来，政府性融资担保机构担保增信的政策性义务，从“体现”“鼓励”“引导”，到最后的“强化”。例如，原国家经贸委《关于建立全国中小企业信用担保体系有关问题的通知》（国经贸中小企〔2001〕198 号），〔2〕2002 年九届全国人大二十八次会议通过的《中小企业促进法》，〔3〕国务院《关于进一步促进中小企业发展若干意见》（国发〔2009〕36 号），〔4〕国务院办公厅《关于印发进一步支持小微型企业健康发展重点部门分工方案的通知》（国办函〔2012〕141 号），〔5〕国务院办公厅《关于金融支持小微企业发展的实施意见》（国办发〔2013〕87 号），〔6〕融资性担保业务监管部际联席会议《关于促进融资性担保机构服务小微企业和“三农”发展的指导意见》，〔7〕中共中央、国务院 2018 年 1 月 2 日发布的《关于实施乡村振兴战略的意见》“十一、（一）确保财政投入持续增长”部分内容中，明确要求“加快设立国家融资担保基金，强化担保融资增信功能，引导更多金融资源支持乡村振兴”。2018 年 11

---

〔1〕 参见张文显主编：《法理学》（第 5 版），高等教育出版社 2018 年版，第 98 ~ 105 页。

〔2〕 根据该规定，专门从事担保的机构要符合该指导意见规定的业务范围，体现和执行全国推动中小企业发展工作领导小组和所在地人民政府有关扶持中小企业发展的政策意图和调控要求……

〔3〕 该法第 3 章第 21 条规定：“县级以上人民政府应当建立中小企业政策性信用担保体系，鼓励各类担保机构为中小企业融资提供信用担保。”

〔4〕 该规定明确要求完善中小企业信用担保体系，提高担保机构对中小企业的融资担保能力，履行好政策性义务，加强对融资性担保机构的监管，引导其规范发展。

〔5〕 该规定提出，加强对小微企业的信用担保服务。

〔6〕 该规定提出，建立健全主要为小微企业服务的融资担保体系……着力强化对小微企业增信服务和信息服务。

〔7〕 该规定提出，引导融资性担保机构增强资本实力，强化风险责任意识，促进融资性担保机构规范经营、稳健发展，夯实服务小微企业和“三农”的基础，加大融资性担保机构服务小微企业和“三农”的力度。

月，工信部等国家四部委联合印发的《促进大中小企业融通发展三年行动计划》中，[1]“引导融资担保和再担保机构支持大中小企业融通发展”等通知要求，是放在“三、保障措施（三）加大财政支持”之下来进行阐述的，看似“引导”，实则“加强”或“强化”。中共中央、国务院2019年12月4日发布的《关于营造更好发展环境支持民营企业改革发展的意见》“三、（十）健全民营企业融资增信支持制度”等内容中，明确要求“民营企业、中小企业以应收账款申请担保融资的，国家机关、事业单位和大型企业等应付款方应当及时确认债权债务关系”。中共中央、国务院2020年5月11日正式发布的《关于新时代加快完善社会主义市场经济体制的意见》“二（四）营造支持非公有制经济高质量发展的制度环境”内容中，也明确指出“要完善民营企业融资增信支持体系”。2021年5月人民银行等六部门发布的《关于金融支持新型农业经营主体发展的意见》中明确“要充分发挥全国农业信贷担保体系和国家融资担保基金作用，适当简化担保业务流程，维持较低的担保费率，降低反担保要求，采取有效措施进行代偿；加强对农业信贷担保放大倍数的量化考核，推动其提高担保规模、优化担保服务。共同创设‘见担即贷’‘见贷即担’等产品模式；开发首次贷款担保产品，做到‘应担尽担’”。

（二）强化普惠金融政策性义务

国家或部委制定的文件制度中，明显透露出要不断强化政府性融资担保机构的政策性义务，以促进解决普惠金融领域“融资难、融资贵”问题。例如，财政部、原农业部、原银监会《关于印发〈关于财政建立农业信贷担保体系的指导意见〉的通知》（财农〔2015〕121号）文件的“一、（二）主要目标”部分内容中，明确要求“以建立健全省级农业信贷担保体系为重点……切实解决农业发展中的‘融资难、融资贵’问题，支持新型经营主体做大做强，促进粮食稳定发展和现代农业建设”；银监会办公厅《关于2016年推进普惠金融发展工作指导意见》（银监办发〔2016〕24号）文件从“指导思想、主要目标、拓展渠道、丰富手段、完善体系、组建担保联盟”等方面，强化融资担保机构在解决普惠领域融资难、融资贵中的政策性义务；[2]原农业部、发改委、财政部《关于加快发展农业生产性服务业的指导意见》（农经发〔2017〕6号）的“（二十三）加大政策落实力度”部分内容中，明确要求“充分发挥全国农业信贷担保体系的作用，着力解

[1] 工信部、发改委、财政部、国资委《关于印发〈促进大中小企业融通发展三年行动计划〉的通知》（工信部联企业〔2018〕248号）。

[2] 该规定提出，要落实《推进普惠金融发展规划（2016—2020年）》的总体部署，按照“立足改善民生，聚焦薄弱领域，深化金融创新，推进普惠建设”的指导思想……着力加强普惠金融服务和产品供给，明显改善对小微企业、“三农”、贫困人口、特殊人群等薄弱领域的金融服务水平。

决农资、农机、农技等社会化服务融资难、融资贵的问题”；国务院办公厅《关于有效发挥政府性融资担保基金作用切实支持小微企业和“三农”发展的指导意见》（国办发〔2019〕6号）的“一、总体要求（一）指导思想”等内容中，明确要求“坚守政府性融资担保机构准公共定位……着力缓解小微企业、‘三农’等普惠领域融资难、融资贵……”；人民银行等五部委《关于金融支持新型农业经营主体发展的意见》（银发〔2021〕133号）文件“十一、强化金融支持新型农业经营主体的政策激励”内容中明确“要积极支持符合条件的新型农业经营主体申请创业担保贷款”。

二、反复强调社会性义务

多年来，国家和部委多个文件制度反复强调、明确要求政府性融资担保机构要无条件承担社会义务。只不过，这些文件制度并没有通盘考虑政府性融资担保机构有限的承受能力，特别是正常的运营能力、抗风险能力、可持续发展能力。

（一）强调在支持小微企业和“三农”中要承担义务

对“三农”主体和小微企业的资金融通和资金投入问题，国家或部委下发的文件制度中，都是把它作为政府性融资担保机构的一项必须要承担的社会义务，而且一直以来都反复强调。例如：国务院《关于促进融资担保行业加快发展的意见》（国发〔2015〕43号），从文件名中就可以看出其出发点是为促进发展，措施是为优化发展，但是恰好没有平衡好政策性义务与发展的关系，如在“一、总体要求”等多个部分内容当中，对政府性融资担保机构主要承担解决“三农”主体和小微企业资金支持的社会责任，都提出了明确而具体的要求，即“……小微企业和‘三农’融资担保在保户数占比五年内达到不低于60%的目标”。同时，在该文件“二、（四）”部分中还明确要求“……政府性融资担保机构，作为服务小微企业和‘三农’的主力军，支撑行业发展”。此外，2017年5月31日中共中央办公厅、国务院办公厅共同印发的意见，〔1〕以及2019年国务院办公厅印发的意见，〔2〕都运用了具体的、量化的融资担保业务规模指标、小微企业和“三农”融资担保业务在融资担保机构总的担保业务中的占比等比例

---

〔1〕 2017年5月31日，中共中央办公厅、国务院办公厅印发的《关于加快构建政策体系培育新型农业经营主体的意见》“三、（十）改善金融信贷服务”中明确要求“建立健全全国农业信贷担保体系，确保对从事粮食生产和农业适度规模经营的新型农业经营主体的农业信贷担保余额不得低于总担保规模的70%”。

〔2〕 国务院办公厅《关于有效发挥政府性融资担保基金作用 切实支持小微企业和“三农”发展的指导意见》（国办发〔2019〕6号）的“二、（六）”等内容中，明确要求“国家融资担保基金和省级担保、再担保基金（机构）……合作机构支小支农担保金额占全部担保金额的比例不得低于80%，其中单户担保金额500万元及以下的占比不得低于50%”。

控制值,明确强调融资担保机构在支持解决小微企业和“三农”过程中要承担义务。2021 年 5 月,农业农村部办公厅、中国农业银行办公室《关于加强金融支持乡村休闲旅游业发展通知》中要求开展保证担保等多样化担保方式,加大对乡村旅游业的金融支持。[1]

(二)强调在应对国家“四重”时必须履行义务

对在经济社会发展的某个时期、某个阶段,可能需要实施的重大战略、重点工程,可能需要应对的重大改革、重大事件(以下简称国家“四重”)等,国家或部委出台的政府性融资担保制度中,明确要求政府性融资担保机构必须提供融资担保支持,必须履行义务。亦即,支持服务国家“四重”等重大工程或事件,是政府性融资担保机构必须要履行的社会义务,而且一直以来国家都反复强调。例如:中共中央、国务院《关于实施乡村振兴战略的意见》,[2] 原银监会、发改委等国家六部委《关于融资担保机构支持重大工程建设的指导意见》(银监发〔2016〕1 号),[3] 中共中央、国务院《关于深入推进农业供给侧结构性改革加快培育农业农村发展新动能的若干意见》(2015 年 3 月 13 日发布),[4]《关于引导金融强化服务支持企业复工复产的财政政策措施》(吉财金〔2020〕131 号)。[5]

对政府性融资担保机构支持小微企业和“三农”资金、支持国家“四重”而带来的机构运营风险,却没有相应的配套制度文件来解决问题。政府性融资担保机构要履行这类政策性义务,无疑会影响其经济效益、风险控制、可持续发展和运营绩效,也必然会影响其社会效益和政策性目标的实现。

---

〔1〕 农业农村部办公厅、中国农业银行办公室《关于加强金融支持乡村休闲旅游业发展通知》(农办产〔2021〕4 号)中明确要求各相关主体可以通过保证担保等方式贷款;合作社及其成员,要发挥合作社内部联保、互助担保等多样化担保方式提供信贷支持。要发挥融资担保基金、产业基金作用,通过第三方增信方式提升承贷主体的融资能力,进而加大对乡村旅游业的金融支持。

〔2〕 该规定指出,加快设立国家融资担保基金,强化担保融资增信功能,引导更多金融资源支持乡村振兴。

〔3〕 该规定明确要求“融资担保机构要发挥担保增信作用,缓解小微企业在投标重大工程建设项目中的信用不足问题……”

〔4〕 该规定指出,建立健全全国农业信贷担保体系,推进省级信贷担保机构向市县延伸,支持有条件的市县尽快建立担保机构,实现实质性运营。

〔5〕 该规定“五、加大政策性农业信贷担保支持力度”中要求,“对符合条件受疫情影响较大的复工复产‘菜篮子’、‘米袋子’等相关农业适度规模主体,优先提供担保贷款支持;对家庭主要成员有确诊或疑似病例的在保客户,免收担保费;对因疫情影响逾期的项目,免收担保费和违约金”。

第三节　政府性融资担保制度社会责任法律机制的类型化分析

余绪新在《权利与义务　权力与责任》一书中，对权利、义务和责任的区别联系、类别形态及其实现过程中的保障机制进行深入阐述。有关法律责任之学术研究中，国内学者有义务说、不利后果说、责任能力与心理状态说，这些均具有消极责任含义，忽略了法律责任可具有积极含义，担保责任、举证责任等都是积极责任，忽略了无过错责任等特殊法律责任的存在。责任与义务之间具有包容性，有时含义相同。责任是特殊的义务，即具有特殊身份的人应负的义务或者一种对自己错误行为承担不利后果的义务。对一个主体来说，责任比权力更本质，权力只是尽到责任的手段，责任才是主体价值存在的真正象征。权利与义务不可分割，两者之间是互相依存的关系，没有权利，便没有义务存在的必要。同时义务是权利的保障。作为法律所规定的权利的实现，当然离不开义务的履行。实际上，此过程也是权力作用的结果。作为责任主体，如果被反复强调其准公共产品地位，也会使其市场定位游离不定，责任难以界定、履行。

政府性融资担保制度目的之一是让担保机构这一市场主体更好履行社会责任，更好实现政策性目标。实际运行如何呢？下文通过社会责任的类型化分析展开研究。

一、公共产品属性难以界定社会责任

国务院《关于促进融资担保行业加快发展的意见》（国发〔2015〕43 号）中明确指出要“尊重其准公共产品属性”，国务院办公厅《关于有效发挥政府性融资担保基金作用　切实支持小微企业和“三农”发展指导意见》（国办发〔2019〕6 号）中明确规定“坚守政府性融资担保机构的准公共定位”，银保监会等七部门《关于做好政府性融资担保机构监管工作的通告》（银保监发〔2020〕39 号）中明确规定“政府性融资担保机构应当坚守准公共定位”，诸如以上文件多次这样界定、反复强化其准公共产品属性和功能定位。最直接的影响便是它作为市场主体，其生存和发展权利难以实现，难以控制自身的金融风险，无法保障自身的金融安全，无法保持可持续发展能力，难以更好提供担保增信的金融服务能力和履行社会责任。将其界定为准金融公共产品，使其市场主体定位更加不清晰，自身权利得不到保障，也难以履行责任，不利于提升政府性融资担保机构的社会效益和经济效益。

目前，一些正式颁布的文件将政府性融资担保界定为准公共产品，在理论和实践中颇具争议。公共产品是相较私人产品而言具有两方面特点：一是消费或使用上的非竞争性。即对该产品的消费或使用不会使受益对象之间产生利益冲突，不会因为一方的消费或使用，排斥另一方对它的消费或利用，受益对象之间不存在利益冲突。二是非排他性。在消费产品的过程中所产生的利益并非专属于某类人或某个人，无法排除其他人享有这类好处。例如：对水源的保护和污水的处理，可以使人们使用清洁的水资源，但无法排除生活在那个区域的某一类特殊群体同等享受这个区域的优质用水。因此，为了保证最优化的公共产品的供应量，就只能由政府来供应公共产品。

公共产品又有准公共产品和纯公共产品的区分。纯公共产品同时满足效用的不可分割性、消费的非竞争性和受益的非排他性等三个特点。而准公共产品是指具有有限的非竞争性或有限的非排他性的公共产品，即无法同时满足上述的两个特点，其具有“拥挤性”的特点，它介于纯公共产品和私人产品之间，如划片区的教育、公共体育馆。

政府性融资担保机构及其融资担保业务本质上是金融机构和金融产品，而且因为融资担保机构对资本金具有1～10倍，甚至15倍的杠杆放大作用，对信用和风险都具有倍增效应。它提供金融服务的前提是资本充足率高、资产负债率合理、抗风险能力强。而且其需要承载必要成本，维持业务正常运营，故需要政策支撑，确保可持续发展。它具有竞争性，也具有排他性，并不具有公共产品的典型特征。根据《公司法》的有关规定，政府性融资担保机构，无论其资本金来自国家财政拨款、国有控股企业投资入股，还是来自国有基金公司股权投入，一旦工商注册成法人机构，就不应该因为资金来源的特殊性而被贴上某种特殊标签。凡是进入市场的资金，其属性本应是高度一致的，不能因为资金出处、资金来源的不同而存在明显不同。从这个意义上讲，这个融资担保法人机构应当是一个完整的独立的市场主体，应该具有相应的权利、义务和责任，而且这些权利、义务和责任应该是赋予政府性担保机构本身而非其他。

既往的政府性融资担保制度，一方面，用淡化主体地位和责任来对待政府性融资担保机构；另一方面，则从强调准公共产品、回归主业、规范管理、严控风险等方面对其提出严苛要求，进行权利约束。这本来是难以协调一致的两个法律制度规制目标，政府性融资担保机构的责任难以界定就不难理解了。

二、部际联席会议制度尚未廓清社会责任

国务院《关于同意建立融资性担保业务监管部际联席会议制度的批复》（国函〔2009〕50号）等文件明确了部际联席会议制度，但在贯彻落实有关精神

和实际运行当中,存在一些不足:一是“部际联席”意味着多头监管,由于没有理清担保行业的监管主责部门,相关制度政策也不够统一,包括目前对融资担保机构属性、价值作用等的认定仍然存在争议,管理有时较混乱。本书中制度创新研究内容之一也旨在探究制度制定的合法主体,即主责主管部门作用发挥的理论和实践路径。二是部际联席会议难以履行应该承担的主要职责。有关文件明确规定“融资担保业务监管部际联席会议制度,是在国务院领导下,研究制订促进融资担保业务发展的政策措施,拟定融资担保业务监督管理制度,协调相关部门共同解决融资性担保业务发展中的重大问题,指导地方人民政府对融资性担保业务进行监管和风险处置,办理国务院交办的其它事项”。实际运行过程当中,由于它并不是固定的完整组织,不是常设机构,不是责任主体,难以发挥好、履行好公众期望它应当、可以或需要承担的主要职责。三是在设置联席会议成员单位时,各成员单位相互之间缺乏监督制约,没有任何一方能够代表融资担保机构的利益,任何一方都难以照顾到全局。会议召集人为银监会,办公室设在银监会普惠金融部,由该部门负责和承担联席会议日常工作,会议有发改委、工信部、财政部、商务部、人民银行、工商总局、国务院法制办、原银监会等八个成员单位,实践中主要由原银监会一个单位在主导、引导、设计、推动。四是担保行业监管法律法规过于分散,未形成完整体系,也不利于形成监管合力,“联席监管”“多头监管”的弊端比较明显,较难规避。目前我国融资担保机构监管所依据的规范性文件多来自国务院有关部门,制定制度的责任主体多样,监管规则或标准常散见于不同文件中,缺乏专门的、系统的监管规则。健全政府性融资担保制度完整的法律法规体系,不仅有利于为融资担保机构创造公平合理的制度环境,也有利于维护担保行业主体地位、厘清监管部门归属,形成监管合力。五是部际联席会议制度规制的是融资性担保业务,有意回避了融资担保机构这个市场主体。按理来讲,法人机构才是市场主体和责任主体。融资性担保业务能否实现“担得起、放得出、收得回、能生效”的目标,能否体现应有的价值意义,必须依靠融资担保机构的推动、实施才能实现,通过依靠融资担保机构提高运营绩效,才能创造出更好的社会效益和经济效益。六是牵头单位不但没有监督约束,而且反复被强化其优先权、主导权。现行多个制度中均规定“联席会议召集人由银监会主席担任”,没有回应是否可以由成员单位轮职担任。其工作规则中明确“联席会议不定期召开,由召集人或召集人委托的同志主持,以会议纪要形式明确会议议定事项,经与会单位同意后印发有关方面,同时抄报国务院”,各与会单位具体承办部门、承办人会不同,分管领导会不同,没有约定与会单位对此项工作的决策流程和层级,也没有回应对召集人如何实施好行为监督。七是各成员单位没有明确分工,其责任和权利模糊。如文件中规定“各成员单位要按照职责分工,积极参加联席会议,主动研究融资性担保业务监管工作的有关问题,认真落实联席会议布置的工作任务”。至于各成员单位到底如何分工、怎样分工,没有正式文件制度予以明确,仅仅是倡导。这样的制度设计,难以促进政府性融资担保机构履行好社会责任。

三、抑制法人治理结构完善不利于明晰社会责任

市场责任主体应当拥有决策的权利或权力,获得平等发展权利或权力,否则其责任主体将被模糊,难以履行义务和承担责任。建立和完善法人治理结构,是确保现代企业逐步实现现代治理管理的重要途径,同时也是明晰社会责任的重要途径。《公司法》明确要求各类企业都要建立健全公司法人治理机构,明确股东会是公司最高权力决策机构,要通过公司章程以及章程指引下的“议事规则”明确议事决策程序,通过公司董事会设立的“风险管理委员会”“薪酬委员会”“资产负债比例管理委员会”“战略规划委员会”等来推动公司经营管理各项工作的科学高效运转。对照《公司法》相关法律条文之规制,虽然有部分政府性融资担保机构的相关制度作出过类似规定,如《融资性担保公司管理暂行办法》(银监会等七部委令2010年第3号),[1]但是,来自金融资本出资人(财政部门)和行业主管部门(农业部门等)的文件制度,却明确淡化或抑制了政府性融资担保机构法人治理结构的建立与完善,而强化了有关部门直接或间接干预议事规则、决策程序、绩效考核等。如中国人民银行等六部门发布的《关于金融支持巩固拓展脱贫攻坚成果全面推进乡村振兴的意见》(银发〔2021〕171号),[2]银保监会等七部门《关于做好政府性融资担保机构监管工作的通知》(银保监发〔2020〕39号),[3]国务院办公厅《关于印发国有金融资本出资人职责暂行规定的通知》(国办发〔2019〕49号),[4]财政部、原农业

---

〔1〕《融资性担保公司管理暂行办法》(银监会令2010年第3号)第四章第22条规定“融资性担保公司应当依法建立健全公司治理结构,完善议事规则、决策程序和内审制度,保持公司治理的有效性”。

〔2〕该规定指出“强化对银行业金融机构的激励约束。努力做大担保业务规模,根据合作担保机构支农业务规模降低或减免担保费用。加强对农业信贷担保体系的绩效评价,提高放大倍数在绩效评价中的权重,评价结果与中央财政奖补资金规模挂钩”。

〔3〕该规定指出:“完善银担合作机制,凝聚机构合力。要探索与政府性融资担保机构开展并行审批,建立贷款全流程限时制度……银保监会将银行与政府性融资担保机构合作情况作为单独指标,纳入商业银行小微企业金融服务监管评价体系……”

〔4〕根据该规定,参与所出资金融机构管理者的任免、考核,根据考核结果对其进行奖惩。负责国有及国有控股金融机构薪酬监管,完善激励约束机制;履行出资人其他职责和承办本级政府交办的事项。

部、原银监会《关于做好全国农业信贷担保工作的通知》(财农〔2017〕40号)。[1] 在实权管理部门制定的相关制度规定下,部分省市、区县的政府性融资担保机构的内部岗位设置、员工招聘、融资担保项目评审、干部员工考核分配等事项须交由财政局办公会,甚至报请同级政府常务会研究决定。这种现象和情形,在省(市)一级不是个别现象,在区(县)一级,则带有相当大的普遍性。此类情形,在另外的文件制度内容中可以得到印证。如《关于部分融资性担保机构违法违规经营的提示和开展风险排查的函》(融资担保函〔2012〕3号)。[2] 不难看出,现行部分制度对政府性融资担保机构法人治理结构的建立完善是呈抑制状态的。那么政府性融资担保机构对特定行业产业担保增信的主体责任难以履行或履行不畅,就不足为奇了。

第四节　政府性融资担保制度实质公平法律机制的类型化分析

"法的价值"是指,在发挥社会作用的过程中能够保护和促进那些值得期冀或美好的东西,也是指法律所包含的价值评价标准。法的基本价值集中体现在秩序、自由、效率、正义、人权等目的价值上。[3] 但唯有公平正义才是法的价值的生命线。习近平总书记指出:"公正是法治的生命线。全面依法治国,必须紧紧围绕保障和促进社会公平正义来进行。"[4]法律所体现出的公平正义这一价值,必须在规则的制定、权利的享有、机会的均衡、受众的平等等方面得到贯彻。

一、维护实质公平对政府性融资担保机构的影响

改革开放40多年来,我国经济社会得到快速发展,城乡差距、贫富差距、东西差距等差距正在逐步缩小。"十三五"时期,我国决胜全面建成小康社会取得了决定性成就。经济结构持续优化,2020年国内生产总值超过100万亿元,脱贫攻坚成果举世瞩目,现行标准下接近1000万农村贫困人口全部脱贫,经

〔1〕 该规定中明确要求"财政部、农业部、银监会要密切配合,进一步明确农业担保公司主要支持对象、重点产业和关键环节;省级农担公司组建与运营由省级财政部门会同农业部门共同负责"。

〔2〕 该规定指出,实际控制人模式和关联交易的问题比较严重。有的投资人通过其他公司代持股份的方式跨区域设立若干家担保机构掩盖其实际控制人身份,这些关联担保公司之间存在着复杂的业务往来关系,还与其实际控制人的关联企业在账外开展了大量关联交易。

〔3〕 参见张文显主编:《法理学》(第5版),高等教育出版社2018年版,第20、21章。

〔4〕 习近平:《在省部级主要领导干部学习贯彻党的十八届四中全会精神全面推进依法治国专题研讨班上讲话》,载《习近平关于全面依法治国论述摘编》,中央文献出版社2015年版,第38页。

济实力、科技实力、综合国力跃上新的大台阶。然而,农业基础还比较薄弱,城乡区域发展和收入分配差距较大,生态环保任务艰巨,民生保障存在"短板",社会治理还有弱项,"十四五"时期及未来相当长时间内,"三农"仍然是重点难点,农村金融仍然是农村经济发展中的薄弱环节。因为农业的弱质性,寄生于农业之上的涉农金融风险高、成本高、绩效低。小微企业能广泛吸纳大众创业就业,促进经济繁荣。然而,由于小微企业轻资产、少资本、欠规范,生命力弱、成活率低、抗风险能力也相当有限。"三农"主体和小微企业"融资难、融资贵"问题仍然突出。让广大农民、"三农"主体,广大创业者、小微企业公平地获得发展机会,公平地享受优质高效的金融服务,是贯彻新发展理念,构建新发展格局,实现高质量发展的必由之路。2015 年党的十八届三中全会提出要发展普惠金融和全面建成小康社会目标,2017 年党的十九大提出实施乡村振兴战略。无论是普惠金融还是共享经济,都是在坚持维护社会公平正义。这直接拷问着我们的金融服务质量,拷问着融资担保金融服务相关制度构建是否坚持了公平正义之原则。对公平正义原则的坚持和执行程度、实现途径、实现方式,会直接影响所有参与主体的权利义务和责任的实现。

政府性融资担保旨在为"三农"和小微企业等弱质弱势产业行业提供优质高效的金融服务,现有制度的法律价值和意义是否充分体现促进金融服务的公平正义呢?本节对此专门展开类型化分析。

(一)应进一步平衡好提供社会金融服务与推动自身可持续发展之间的关系

"三农"主体和小微企业,应该同其他行业产业,以及其他市场主体一样,在金融支持、金融服务方面获得公平之机会,这样才是维护法制的生命线,维护制度的生命线,才能真正统筹兼顾、和谐发展、共享发展。但是,由于金融服务社会公平的实现途径、实现方式不恰当,相关制度设计不系统、不科学等问题尚未解决,难以给那些参与金融服务以及提供金融服务的政府性融资担保机构等金融机构带来公平正义。这主要反映在三个方面:一是对其在金融交易过程中的基本权利考虑不够。制度设计时,要么强调保护债权人利益,要么强调保护债务人利益,而对于为促进金融交易、金融服务实质公平的融资担保机构的自身利益,却一直未得到较好考虑和体现,如《担保法》《民法典》。[1]

---

〔1〕《担保法》第 1 条规定"为了促进资金融通和商品流通,保障债权的实现,发展社会主义市场经济,制定本办法",明显强调保护债权人的利益;《民法典》第 687 条第 2 款规定"一般保证的保证人在主合同纠纷未经审判或者仲裁,并就债务人财产依法强制执行仍然不能履行债务前,有权拒绝向债权人承担保证责任,但有下列五种情形之一的除外:(一)债务人下落不明,且无财产可供执行……"针对这多种情形之制度设计,明显是强调保护债务人的利益。

二是对其提供金融服务过程中产生的金融风险考虑不够,本书考察的100余个制度中,仅有少数制度涉及政府性融资担保机构风险问题,而且这少数制度也并未给出防范化解风险、如何补偿风险的答案。如在银保监发〔2020〕39号文中,本来金融监管制度设计思想、原则、逻辑等应该是防控运营风险,但该文件通篇都在强调"坚守功能定位、完善银担合作、更多为'三农'主体和小微企业提供金融服务"。[1] 有的文件制度同一条款内容中对提供金融服务与机构自身可持续发展作出了相互矛盾的表述。[2] 三是对提供金融服务的政府性融资担保机构自身的可持续发展重视不够。譬如:中共中央、国务院《关于全面推进乡村振兴加快农业农村现代化的意见》(2021年1月4日发布)等制度片面强调担保放大倍数;注重担保业务规模而忽视了担保业务风险。[3] 许多制度、办法都特别强调要通过降费、减少或免除反担保抵押品、简化手续、减少流程等措施,为"三农"主体、小微企业提供融资担保服务,强调要为不同时期国家组织号召的重大工程、重大事项提供融资担保服务,但对于政府性融资担保机构自身的可持续发展能力建设等却几乎没有提及,更没有相应的政策提供风险补偿、风险防化、风险覆盖,如财政部等三部门《关于进一步加大创业担保贷款贴息力度全力支持重点群体创业就业的通知》(财金〔2020〕21号),从便利市场主体获得担保方面提出了"扩大范围、降低利率、简化审批、免除反担保"等要求,却只字未提如何保障政府性融资担保机构自身的可持续发展。[4]

(二)应进一步平衡好财政出资与市场主体属性之间的关系

政府性融资担保机构的资本金一般来自政府及其授权机构或国有企业。无论哪种情况,都出自国家财政资金,只是存在直接出资(投资)或间接出资(投资)之区分而已。《公司法》《中小企业促进法》相关条款表明,政府性融资

---

〔1〕 银保监会等七部门《关于做好政府性融资担保机构监管工作的通知》(银保监发〔2020〕39号)规定,"一、开展政府性融资担保机构确认工作;二、坚守政府性融资担保机构功能定位;三、加强自身能力建设,提升服务质效;四、完善银担合作机制,凝聚机构合力;五、创造良好政策环境,加大支持力度;六、加强对政府性融资担保机构的监管指导"。

〔2〕 银保监会等七部门《关于做好政府性融资担保机构监管工作的通知》(银保监发〔2020〕39号)"五、创造良好政策环境,加大支持力度"中明确"地方政府应当完善政府性融资担保机构支持措施,落实支小支农贷款担保降费补贴政策,推动政府性融资担保机构发挥功能作用,实现可持续经营,逐步降低支小支农贷款担保费率",同时该部分内容中也有"突出支小支农、扩展覆盖面、降费让利等导向,降低盈利要求,提高风险容忍度;监管部门应当优先审批、备案等监管工作程序,依法合规提高其放大倍数上限、扩大其业务规模"等表述。

〔3〕 该文件第20条规定,"强化农业农村优先发展投入保障"中强调"要加强对农业信贷担保放大倍数的量化考核,提高农业信贷担保规模"。

〔4〕 财政部等三部门《关于进一步加大创业担保贷款贴息力度全力支持重点群体创业就业的通知》(财金〔2020〕21号)规定,"一、扩大覆盖范围;二、适当提高额度;三、允许合理展期;四、降低利率水平;五、合理分担利息;六、简化审批程序;七、免除反担保要求;八、提升担保基金效能;九、鼓励地方加大支持力度;十、强化统筹协调与激励约束;十一、政策衔接"。

担保机构作为市场经济主体,投入其中的资金与其他任何资金的属性应该是一样的,即资本金、股金。我们不应该给财政出资的资本金贴上特殊标签,人为打上"计划经济""政府背景""政治资本"等烙印,甚至因为它是国家财政出资而存在"每股价值意义不同""同股不同权""股东的权利范围和权利大小不同"等例外情况。法经济学相关理论表明:资金一旦进入市场,一旦成为市场主体的股金,它的属性就是"货币资本",与其他资金的属性是天然一致的,不应该附加其他色彩。然而,具体实践中,与其他资本的属性相比,财政出资的资本金还确实带有某种特殊性。这里主要体现在三个方面:一是过分强调国有金融资本出资人职责而淡化了股东职责。如国务院办公厅《关于印发国有金融资本出资人职责暂行规定的通知》(国办发〔2019〕49 号)共 7 章、39 条,对于出资人权利、职责等,从接受财政出资或注资,相关机构的战略规划、经营目标、日常管理、基本制度、重大事项决策管理、管理者选择与考核等多个方面提出了具体要求,甚至具体到该类公司章程制定、统计监测这些细节问题,[1]这显然远远超出了股东职责的边界。二是以出资人身份直接负责监管,如国务院办公厅《关于印发国有金融资本出资人职责暂行规定的通知》(国办发〔2019〕49 号)第 4 条规定"财政部门以管资本为主加强国有金融资产监管……参与重大决策和选择管理者等出资人权利"。三是财政出资股东同其他股东之间的职责划分,在多个文件或同一文件不同地方的表述存在自相矛盾之处,更难以维护金融市场秩序、金融机构发展权利、运营秩序等实现实质公平,譬如,2018 年 6 月 30 日发布的中共中央、国务院《关于完善国有金融资本管理指导意见》明确规定:"充分尊重企业法人财产权利,赋予国有金融机构更大经营自主权和风险责任",但在另外的文件中的表述却明显不一致。如国务院办公厅《关于印发国有金融资本出资人职责暂行规定的通知》(国办发〔2019〕49 号)第 4 条规定:"财政部门以管资本为主加强国有金融资产监管,重点管好国有金融资本布局、规范资本运作、提高资本回报、参与重大决策和选择管理者等出资人权利。"再者,同样是在国办发〔2019〕49 号这个文件中,"总则"第 3、4、5、6 条等同一文件中不同条款所阐述的内容和提出的要求明显不一致。同时也说明有关制度的指导意见、政策措施不够统一,导致前后矛盾,有关部门因没有健全总体制度体系,并通过总体制度进行指导指引,导致中央与国家部委以及地方政府存在不一致之处,有时针对有的问题甚至存在

---

〔1〕 国务院办公厅《关于印发〈国有金融资本出资人职责暂行规定〉的通知》(国办发〔2019〕49 号)中明确规定"按照公司治理程序,制定或参与制定所出资金融机构章程,依法选派董事、监事,委派股东代表参与股东(大)会;……(八)建立统一的国有金融资本统计监测体系"。

朝令夕改等情况。

(三)应进一步平衡好提供金融服务与区别对待服务对象之间的关系

金融服务的过程是对金融风险不断揭示,对金融风险不断管控、不断化解、不断缓释、不断覆盖的过程。针对不同的服务对象,政府性融资担保机构应该视其风险程度不同、金融服务需求不同而给予不同的担保费率,设计不同的风险控制措施。一旦违约,对其风险处置方案、代偿、追偿方案也应该区别不同情况,这样才有助于改善信用环境、金融生态环境,才有助于将有限的金融资源更好、更精准地配置到有融资担保需求的金融服务对象当中。然而,前述考量在现有政府性融资担保制度中都存在部分缺失,这就造成了政府性融资担保机构提供金融服务时难以做到实质公平。一是对那些信用程度不高,有逃废债倾向和违约记录的对象,并没有通过提高费率、缩减额度、增加反担保等措施,以增大其违约成本;二是对那些符合国家产业导向,属于重点支持对象,诚实守信,懂经营、善管理、风险小、有前景的对象,并没有降低费率、延长期限、放大授信用信额度;三是同样遭受地震、疫情、泥石流、旱灾、水灾等极端事件,有的主动核对确认债务,想尽办法变卖资产、筹措资金偿还担保融资等债务,有的却编造谎言,虚构灾情、篡改账目,借机关门停业、破产清算,甩债赖债逃废债务。前者没有豁免或减少融资担保债务,后者却可能被一笔勾销。相关规定可参见《关于引导金融强化服务　支持企业复工复产持续经营的财政政策措施》(吉财金〔2020〕131 号)、四川省地方金融监管局等五部门《关于进一步加强金融服务　支持疫情防控和企业复工复产的通知》。[1]

二、促进公平实现的目标政策对政府性融资担保机构的影响

(一)促进公平实现的目标政策有待进一步统一

这里的有待进一步统一是指有关政府性融资担保机构的制度规定或政策要求,包括同一个问题之界定、概念之表述,或目标任务之要求,在不同文件制度中体现得不一致,即制度规定同目标政策不一致。

一种情况是在同一文件中对同一问题表述和要求不一致,例如,对融资担保机构属性之表述,国务院《关于促进融资担保行业加快发展的意见》(国发〔2015〕43 号)第一部分"总体要求"中有明确"尊重其准公共产品属性"的表

---

〔1〕 吉财金〔2020〕131 号文件"五、加大政策性农业融资担保支持力度"中明确要求"对因疫情影响逾期的项目,免收担保费和违约金";四川省地方金融监管局等部门通知要求融资担保机构"不盲目抽贷、断贷、压贷",要"免收罚息"对受疫情影响未按期还款的中小企业,要求"不随意下调信用评级和贷款风险分类"。

述，足以证明政府性融资担保是“准公共产品”。但是，在该文件第二部分“发挥政府支持作用，提高融资担保机构服务能力”之“（五）加强融资担保机构自身能力建设”内容中则明确“按照信用中介的内在要求……”这里却清楚表明又把政府性融资担保机构视同信用中介机构对待。足见，在同一文件中，前后两部分内容中界定的概念存在较大分歧。又如，对政府性融资担保机构功能定位的表述，银保监〔2020〕39 号文第二部分在前面提及要“以贷款担保为主，聚焦支小支农主业，稳步提高小微企业和‘三农’融资担保在保余额占比”。但该文件第二部分却强调“政府性融资担保机构要围绕战略性新兴产业集群，扩大对高成长型、知识密集型企业的融资担保规模，对暂时遇到资金困难的商贸流通、居民生活服务、外贸、外资企业加大担保支持力度，积极为产业链、供应链中的核心企业以及上下游企业提供担保服务”。后面这个表述对前述“支小支农”和“三农”占比等功能定位明显不一致。

另一种情况是不同文件中对同一问题的表述和要求不一致。对政府性融资担保机构的概念，在不同文件中表述和要求不一致。如国务院《关于促进融资担保行业加快发展的意见》（国发〔2015〕43 号）文件中将其概念表述为“政府出资为主、主业突出、经营规范、实力较强、信誉较好、影响力较大”，而在银保监〔2020〕39 号文中表述为“依法设立，由政府及其授权机构出资并实际控股，以服务小微企业和‘三农’主体为主要经营目标的融资担保、再担保机构”，后者至少包含了要依法设立，由政府及其授权机构出资并实际控股、业务范围主要以服务小微企业和“三农”主体为主要经营目标等多层含义。而前者对于“是否依法设立”“谁实际控股”“主要支持服务对象是谁”等问题都显得模糊不清。至于融资担保机构的支持服务对象，更是存在不同文件制度规定大不相同的情况。如 2014 年 7 月 15 日，融资性担保业务监管部际联席会议发布的《关于促进融资性担保机构服务小微企业和“三农”发展的指导意见》中，反复强调政府性融资担保机构的支持服务对象是小微企业和“三农”。国务院办公厅《关于有效发挥政府性融资担保基金作用　切实支持小微企业和“三农”发展的指导意见》（国办发〔2019〕6 号）文件则明确“重点支持单户担保金额 500 万元及以下的小微企业和‘三农’主体，优先为贷款信用记录和有效抵押品不足但项目有前景、产品有市场、技术有竞争力的小微企业和‘三农’主体融资提供担保增信”。可以看出，时隔一年多，支持服务对象和制度规定的政策目标便发生了较大变化。原银保监会等七部门《关于做好政府性融资担保机构监管工作的通知》（银保监发〔2020〕39 号）文件规定“要围绕战略性新兴产业集群，扩大对高成长性、知识密集型企业的融资担保规模，对暂时遇到资金困难的商贸流通、居民生活服务、外贸、外资企业加大担保支持力度，积极为产业链供应链中的核心企业以及上下游企业提供担保服务”。如此这般变化，使政府性融资担保机构的属性、市场定位、客户选择、支持服务对象和目标政策等，变得含糊不清。

（二）目标任务应更加充分考虑行业发展规律

行业发展目标的制度设计，应当充分考虑该法律主体权利义务的平衡，其目的应当是促进行业的健康可持续发展。通过融资担保增信，加大金融供给，服务支农支小的政策目标从理论和实践来看都是正确的。然而，要求政府性融资担保机构支小支农业务占比不断提高，这项强制要求的目标任务，却违背了产业结构调整要求和行业运行基本规律。如财政部《关于充分发挥政府性融资担保作用　为小微企业和“三农”主体融资增信的通知》（财金〔2020〕19号）、国务院办公厅《关于有效发挥政府性融资担保基金作用　切实支持小微企业和“三农”发展的指导意见》（国办发〔2019〕6号）都规定“确保当年新增小微企业和‘三农’融资担保金额和户数占比不低于80%，其中新增单户500万元以下的小微企业和‘三农’融资担保金额占比不低于50%。”这两个文件相隔不到1年，有关额度和比例等量化指标要求基本一致，本无可厚非，但是，类似或基本相同之规定同5年之前国务院《关于促进融资担保行业加快发展的意见》（国发〔2015〕43号）中“‘小微企业’和‘三农’融资担保业务较快增长，融资担保费率保持较低水平，小微企业和‘三农’融资担保在保户数占比五年内达到不低于60%的目标”等规定相比较来看，不难发现：经过5年发展，小微企业和“三农”主体的结构占比，不但没有根据实际情况和发展趋势作出适当“调低”处理，反而硬性“调高”了20个百分点。最近5年来，我国经济社会发展，从中央到地方一直都在贯彻落实“调整产业结构、调整升级提高、解决结构性矛盾”等举措，并已经取得了历史性成就，我国第二、第三产业占比已大幅度提升，农业与其他产业的结构比例早已发生了巨大变化。这种情况下，小微和“三农”融资担保金额和户数占比要求不降反升，似有违背规律之嫌。强调政府性融资担保机构履行支小支农的政策性义务、践行支持“三农”使命是正确的，但是基于政府性融资担保机构这个市场主体之责任作出违背行业发展规律的强制要求，这无疑从此类制度设计之初就注定了政府性融资担保机构主体责任无法落实到位。

（三）应使现行评价制度更利于实质公平之实现

评价制度直接关系相关机构的运营目标、运营能力和风险控制水平等企业价值目标能否顺利实现。一个时期以来，政府性融资担保机构评价制度缺失、散乱、没有体现应有的公平正义，当然也难以实现应有的权利义务。主要体现在：一是评价制度缺失。近200个制度文件中，只有9个制度文件中提及过“绩效”,5 个制度文件中提及过“绩效考核”,3 个制度文件中提及过“绩效评价”。涉及政府性融资担保的绩效评价制度有 2 个,[1] 直接针对政府性融资担保机构绩效评价的制度有 1 个。二是绩效评价制度散乱。多头管理导致存在绩效评价制度散乱等现象,全国各地政府性融资担保机构的主管部门不尽一致,有的是国资委,有的是财政局,有的是工业和信息化部(局),有的甚至因为融资担保业务涉及农业、交通、教育、旅游等不同行业而将绩效评价制度的制定权授权给相应的行业主管部门。不同的主管部门,当然就会制定出不同的绩效评价制度。国资委主要评价考核国有资本保值增值情况,即利润、资本回报率、成本收入比等;财政部等主要评价考核资产运营质量情况,即资产利润率、加权平均净资产收益率、流动比率、资本充足率、预算执行情况以及资金实际产出和效益;[2] 农委主要评价考核担保业务规模、担保户数、担保放大倍数;[3] 工业和信息化部(局)主要评价考核资金使用情况、资金支持中小微企业的运行情况,[4] 至于其他行业,主要评价考核支持相关行业发展的资金投入量的大小。三是同样是用财政资金作为资本金设立的金融机构,对银行业金融机构与政府性融资担保机构的绩效评价,以及对相应机构金融高管绩效评价之重点内容和考核兑现方式差别太大,有失公平。前者主要考核合规经营、风险管理、经营效益、发展转型,力图控制好经营风险,强调经营成果、经营效率、价值创造,要求按照董事会批准的年度计划,制定考评制度和指标,核定其薪酬总额。[5] 而后者主要考核新增小微企业和“三农”主体获得融资担保业务的笔数、户数、担保放大倍数、机构覆盖面、银担合作额度等,力图对涉及财政税收的行业产业普遍增信,强调财政资金政策性支持力度、广度,要求按照财政等主管部门的指令确定考评制度和指标,核定薪酬总额。作为市场经济主体,即便是政府性融资担保机构,也是被鼓励参与市场竞争的营利性法人组织,而非财政拨款扶持。参与市场竞争的金融机构必然需要考虑营利与风控,而制度设计上的绩效评价却并未真正反映出融资担保机构的经济市场主体身份。实际上,对银行业金融机构的部分绩效评价指标在融资担保机构这类非

---

〔1〕 这两个制度系指:财政部《关于印发〈金融企业绩效评价办法〉的通知》(财金〔2016〕35 号)、财政部《关于印发〈政府性融资担保、再担保机构绩效评价指引〉的通知》(财金〔2020〕31 号)。

〔2〕 财政部、人保部、原银监会《关于进一步做好创业担保贷款财政贴息工作的通知》(财金〔2018〕22 号)“四、(十)加强绩效评价”部分相关内容。

〔3〕 财政部、原农业部、原银监会《关于做好全国农业信贷担保工作的通知》(财农〔2017〕40 号)“六、(一)分级开展绩效考核”部分相关内容。

〔4〕 财政部、工信部《关于对小微企业融资担保业务实施降费奖补政策的通知》(财建〔2018〕547 号)“三、(四)绩效监测和评价”部分相关内容。

〔5〕 原银监会《关于印发〈银行业金融机构绩效考评监管指引〉的通知》(银监发〔2012〕34 号)第二章第 5、8 条。

银行金融机构上同样适用。四是绩效评价制度尚没能让“社会效益、经济效益、可持续发展能力”三者两两之间利益实现彼此转化,导致在较好提供金融服务、创造社会效益之同时无法控制好运营风险,保持可持续发展能力。在追求经济效益时,较少体现社会效益。在实现社会效益时,难以兼顾经济效益。在注重社会效益时,难以顾及运营风险。在防控运营风险时,难以体现出经济效益和社会效益。最终结果就是没能较好实现政策性目标。“债权人、担保人、债务人”三者两两之间的信用和价值没能实现彼此转化,导致既没能解决好金融服务的社会公平,也没能解决好机构自身在金融市场中的社会公平。[1]

第五节 本章小结

本章通过对权利、义务、责任等类型化分析,发现既往的政府性融资担保制度有些片面强调某类业务开展的某几项权利而忽略了业务开展中获取基本收益的权利、加强风险防范和风险管控的权利等;片面强调政策性义务履行而忽略了权利保障,对有关权利、义务、责任的激励与约束不对应、不平衡,导致运营绩效不高,运营风险较大,可持续发展能力不强,最终丧失了更好支持服务小微企业和“三农”的能力,偏离了政策目标。银行金融机构同政府性融资担保机构之间系业务合作关系、风险分担关系,国家授权管辖银行业金融机构的银监会牵头负责制定政府性融资担保制度,难以确保制度的公平。有关文件制度要求其向不同信用等级的客户提供普惠性融资担保服务,对整个金融市场,难以体现实质公平。

本章规范研究进一步发现,既往的政府性融资担保制度,无论是法律、法规、条例,还是政策文件,都没有充分将融资担保机构视作一个市场主体。因此,需要借助市场机制才能更好配置相关资源,更好发挥融资担保增信作用,更好实现经济效益、社会效益和政策目标。现有制度弱化了政府性融资担保机构的权利、义务和责任及其相互间激励约束之对应性、平衡性,较少考虑政府性融资担保在金融交易活动中的实质公平之原则目标和方法路径等问题,一定程度上影响了法律价值目标的实现。因此,在未来的制度重构或制度完善当中,需切实有针对性地解决。

---

〔1〕 参见财金〔2020〕31 号文第 13 条、第 14 条。

第六章　政府性融资担保制度经验研究

前面几章从政府性融资担保制度理论、演进、绩效等方面进行了研究，找出了该制度尚存的问题及其原因，要解决好这些问题，更好发挥该制度的积极作用，提升该制度绩效，实现该制度政策目标，我们还应在法理学、制度与法律经济学等基本理论指导下，对国际实践、国内典型做法进行分析研究。

围绕本研究的核心问题，本章着重对美国、德国、意大利、法国、日本等国家，以及我国安徽、浙江、重庆、广东等省(市)的政府性融资担保制度展开分析研究，以期为政府性融资担保制度构建完善提供鲜活素材。

第一节　国外政府性融资担保制度构建

一、美国

在美国，有2700多万家小企业，它们在创造就业岗位、丰富市场、活跃经济以及推动科技创新等方面发挥了重要作用。但受规模小、信用记录不全、抵押品不足等因素制约，小企业难以获得银行信贷的直接支持。为此，美国建立了由政府机构直接操作的多层次小企业融资担保体系，用以缓解小企业"融资难"问题。

美国小企业融资担保体系可分为三个层面：一是由联邦小企业管理局(Small Business Administration，SBA)直接操作的全国性小企业融资担保体系；二是由州政府操作的区域专业性担保体系；三是由地方政府操作的社区性融资担保体系。本章以SBA融资担保制度为例。

SBA成立于1953年，作为美国"永久性联邦机构"，"为小企业创办和发展提供资金支持、技术支援、政府采购、紧急援助和市场开拓的全方位、专业化服务"是其宗旨。SBA总部设在华盛顿，在十大城市设有分局，分局下设地区办公室和分支办公室,共计 96 个实体服务网点,平均每个州至少有 1 个办事机构。SBA 对小企业的担保支持包括三类,即贷款担保计划、小企业投资公司计划(债券担保)和履约担保计划(再担保业务)。

SBA 贷款担保业务是美国小企业融资担保制度的集中体现。其定位及运行机理主要体现在:一是担保对象。主要是面向创新型、成长型小企业法人,不向个人提供担保,禁止向房地产投资和非营利企业提供贷款担保。按照 SBA 规定的标准,目前全日制雇员在 500 人以下的制造业,全日制雇员在 100 人以下、年营业收入在 500 万美元以下的批发零售业,年营业收入在 1000 万美元以下的服务业企业均为小企业。二是贷款限额。对单个企业一般贷款单笔不超过 500 万美元,固定资产贷款最高不超过 550 万美元。三是担保期限。主要为中长期贷款提供担保,担保贷款采取分期还款方式,减轻小企业还款压力。流动资金担保贷款期限为 7 年,购置机器设备的担保贷款期限最长可达 10 年,购置不动产的担保贷款最长期限可达 25 年。四是业务品种(见表 6-1)。主要包括三类:7(a)贷款担保计划、504 贷款担保计划和灾后恢复贷款担保计划,其中以第一种居多,约占到计划担保总金额的 80%。第一类即 7(a)贷款担保计划,其是根据美国《小企业法》第 7 条 a 款[简称 7(a)]的要求组织实施的,针对绝大多数小企业,主要满足小企业生产常规性经营需求,是最为普及、占比最大的贷款担保产品。单笔金额通常不会超过 100 万元,担保比例通常不会超过 75%。第二类是 504 贷款担保计划,该类贷款主要是支持成长中的小企业购买发展所需的固定资产,属于国家贷款项目,一般由三部分资金构成,贷款企业的所有者注入资金最低为 10%,银行注资占 50%,美国认证发展公司(Certified Development Company,CDC)代表政府提供剩余 40% 的资金。SBA 仅对 CDC 发放的贷款部分给予担保,单笔不会超过 550 万美元。2020 年年末,经过 SBA 认证的非营利"认证发展公司"有 504 家。如果借款人违约,其资本优先偿还银行和金融机构贷款金额,政府则为第二顺位人。第三类为灾后恢复贷款担保计划,其是 SBA 向受灾地区的企业、非营利组织及个人提供灾后恢复贷款担保,帮助他们恢复或替换受损的房产、个人财产、机器设备、库存和商业资产。此类业务属非常规业务,业务量波动较大。五是担保费率。根据贷款担保金额和期限不同,SBA 制定了较为灵活的保费政策,期限越长、担保额越高,则担保费率越高。SBA 收取的担保费包括两部分:一是在承保时由银行一次性收取的担保前端费;二是对超过一年的,按年收取服务费。7(a)贷款担保计划业务担保前端费率为:15 万美元以下的为零;一年期以内、15 万美元以上的为 0.25%;一年期以上、15 万美元以下的为 2%;一年期以上、15 万~70 万美元的为 3%;一年期以上、70 万美元以上的为 3.5%,100 万美元以上再加收 0.25%。504 贷款担保计划业务担保前端费率为 0.5%。担保前端费收取公式为:担保前端费 = 贷款金额 × 担保比率 × 担保前端费率。年服务费率:7(a)贷款担保计划业务为 0.55%,504 贷款担保计划业务为 0.32%。担保费通常由合作金融机构先向 SBA 支付,再向客户收取。六是贷款成本。担保贷款利率由基础利率和利差两部分组成。SBA 认可的基础利率有三个:《华尔街日报》公布的利率、1 个月 LIBOR + 3%、[1] SBA 挂钩利率。利差与期限关联,7 年以下担保贷款,利差不超过 2.25%;7 年及以上的担保贷款,利差不超过 2.75%。

表 6-1 SBA 担保贷款规模情况

年份	年末在保余额/亿美元			当年新增金额/亿美元			小微企业贷款余额/亿美元	担保贷款占比/%
	7(a)贷款担保计划	504 贷款担保计划	小计	7(a)贷款担保计划	504 贷款担保计划	小计/亿美元		
2010	508.46	255.18	763.64	124.24	45.12	169.36	22513	3.39
2011	564.37	265.79	830.16	197.03	46.24	243.27	22982	3.61
2012	600.79	269.11	869.90	152.56	45.07	197.63	24815	3.51
2013	636.71	268.51	905.22	180.61	53.31	233.92	26466	3.42
2014	681.86	271.86	953.72	194.46	42.92	237.38	—	—
2015	730.19	264.72	994.91	238.84	44.08	282.92	—	—
2016	787.88	257.85	1045.73	245.09	47.88	292.97	—	—
2017	861.95	254.94	1116.89	258.09	48.33	306.42	—	—
2018	924.16	258.32	1182.48	257.87	46.89	304.76	—	—
合计	—	—	—	1591.82	419.84	2011.66	—	—

注:表中数据根据 SBA 年报整理。SBA 贷款担保业务数据均以“7(a)贷款担保计划”和“504 贷款担保计划”数据代表,该两个产品占全部贷款担保业务金额平均超过 90%,绝大多数年份超过 95%。表 6-1 年份系指财年,而非自然年,下同。担保贷款占比 = 年末在保余额/小微企业贷款余额。

SBA 贷款担保业务的风险管控包括三个层次:其一,对银担实行分险。一方面,开展比例担保。对常规贷款,SBA 一般提供比例担保,仅对 CDC 发放的固定资产贷款部分进行全额担保。一般而言,15 万美元及以下的担保比例不

[1] LIBOR,一般指伦敦同业拆借利率。伦敦同业拆借利率(London InterBank Offered Rate, LIBOR),是指伦敦的第一流银行之间短期资金借贷的利率,是国际金融市场中大多数浮动利率的基础利率。

超过85%，15万美元以上的担保比例不超过75%，遭遇重大经济危机时担保比例均提高到90%，且对单个项目承担的最高风险责任不超过375万美元。另一方面，合作银行承担风险敞口。对SBA没有担保的那部分贷款，要求贷款人不得另外设置担保措施。承担担保责任后，贷款人和SBA作为共同贷款人向企业追偿，任何一方追回的款项，扣除追偿成本后按照原风险分担比例在双方之间分配。此外，共同缓释和控制风险。当担保贷款出现风险时，如果企业连续2个月未能偿还贷款本息，银行有权利要求SBA代偿担保部分的贷款本息，同时终止贷款，让双方损失降至最低。SBA还设有一个专职部门负责说服银行延长贷款偿付期或者请求减免部分本息，同时为小企业提供管理等方面的咨询服务，帮助其渡过难关，以争取“银、担、企”三方有更好的结果。如遇到企业不诚信的情况，SBA会采取强制措施，冻结小企业主个人资产，然后拍卖，一般情况下能收回贷款本息的60%。因此，SBA代偿回收率较高（见表6－2）。

表6－2　SBA担保贷款业务风险情况（2010～2018年）

年份	累计解保金额/亿美元	代偿金额/亿美元	代偿率/%	代偿率/%	银行贷款不良率/%	代偿回收金额/亿美元	代偿回收率/%	代偿核销/亿美元
2010	缺失	42	5.50	缺失	4.39	3.81	9.07	19.67
2011	176.75	29.62	3.57	16.76	3.78	4.72	15.94	17.97
2012	157.89	21.94	2.52	13.90	3.32	5.43	24.75	18.13
2013	198.60	16.47	1.82	8.29	2.45	6.04	36.67	16.50
2014	188.88	11.58	1.21	6.13	1.85	6.47	55.92	12.10
2015	241.73	9.35	0.94	3.87	1.47	6.34	67.81	17.93
2016	242.15	7.98	0.76	3.30	1.32	5.99	75.06	16.48
2017	235.26	8.19	0.73	3.48	1.13	6.03	73.63	7.92
2018	239.17	9.24	0.78	3.86	缺失	5.41	58.55	5.77
合计	1680.43	156.37	—	平均 7.45	—	50.24	平均 46.38	132.47

注：表6－2中数据根据SBA年报整理，仅包含“7（a）贷款担保计划”和“504贷款担保计划”两个产品数据，代偿率指标是使用的指标，即年度累计代偿金额/当年年末在保规模，与银行贷款不良率指标一致，代偿率指标是按照我国代偿率指标（当年累计代偿金额/当年累计解除担保金额）修正的。

其二，对贷款人实行风险管控。一方面，实行合作准入。对申请合作的金融机构，SBA会对其经营的合规性、风险性等进行资格考查和风险评估，进而择优选择银行开展合作。为了提高效率，还就贷款人实施分类管理，设置差异化审批程序和担保金额。目前，全美有超过7000家商业银行与SBA建立了贷款担保合作关系。另一方面，对合作业务进行监管。SBA要求合作银行对担保贷款与其直贷业务同等看待，贷款人不得对申请担保贷款的企业同时发放其他贷款，除非SBA能够了解这些贷款。对合作业务发生风险的，SBA及时与贷款人沟通。除此之外，是开展合作评价。SBA对贷款人的风险状况、合作业绩等情况进行跟踪分析和监测，对代偿率超过平均水平的必须上门沟通，对出现重大合作风险的则给予警告，直至解除担保合作协议。对于合作业务开展状况好的"优先贷款人"（约占合作银行的65%）SBA会优先合作，并给予政策支持。

其三，对借款人实行风险管控。当小企业向SBA合作银行申请贷款时，银行首先要进行评估，如果评估认为风险不大，银行便直贷；如果评估认为风险较大且需要SBA担保的，则完成评估报告后再提交SBA申请担保，SBA的地方办事处负责人再次审核小企业的担保贷款申请材料。SBA通常要求小企业准备一份企划书，阐述商业模式（运作方式）、与竞争对手的异同点、产品和服务的定价方式、资金的流动方式等，并严格按照"5C"原则对担保进行评审，评审内容包括：担保贷款资格审查、企业经营管理能力审查、财务报表审查等，以及反担保措施审查。SBA在两周内完成审核，对符合条件的予以担保。经过贷款人严格审核通过的贷款项目，原则上绝大多数能够通过SBA的审查。

SBA贷款担保业务在政策支持方面：

一是构建了小企业融资担保法律制度体系。为了更好促进小微企业的发展，美国通过《小企业投资法》《小企业法》等一系列法律法规，确立了SBA的融资担保业务操作、运行等规则，尤其是明确了风险分担等合作银行应该履行的义务，保障了融资担保业务的健康持续发展。信用的政府化、法律化，有效地调动了银行与担保合作的积极性。对于联邦小企业管理局担保的那部分贷款，银行则进行资产证券化，放在金融市场上进行转让，从而有效地降低了风险，提高了经营效率。美国《中小企业法》对中小企业信用担保的对象、用途和担保金额等都给予了明确规定，而且可以动态调整。例如：在金融危机时，为激活小企业信贷市场，担保比例临时提高到90%，担保上限扩大至500万美元，担保费率降至0.25%；而在经济活跃时期，美国SBA的担保比例为75%～85%，担保上限为200万美元，担保费率高达3.75%。

二是建立了担保业务财力支撑机制。通过联邦财政预算，可以对SBA的担保资金的来源提供全额保障。SBA历年财务收支情况分析表明：SBA绝大多数年份的收入覆盖不了支出,存在较大赤字。这时,SBA 主要依靠联邦政府财政补贴才得以正常运转。联邦国会每年会通过预算法案来确定 SBA 年度担保贷款计划,借此方式保障计划执行的债务上限授权和拨款额度。在测算财政补贴时,他们将代偿率设为 15%,这表明联邦政府对担保风险容忍度较高。联邦财政近年来给予 SBA 的年度补贴大体在 2 亿~6 亿美元,其中仅 2019 年补贴就高达 8.34 亿美元。财政补贴间接地影响或决定着年度贷款担保规模,这算是在宏观调控贷款担保总体额度。

SBA 贷款担保业务成效明显,SBA 已经成为美国小企业的最大金融支柱。截至 2019 年 3 月,美国小企业局的担保贷款余额已达 1193.52 亿美元,占同期小企业银行贷款余额近 4%。2010 年至 2018 年累计发生担保贷款 2011.66 亿美元(见表 6-2),支持和稳定就业人数年均近 70 万人。

SBA 为美国小企业提供咨询协助和资金支持,其运营资金由联邦财政负担,每年按照其提供的中小企业担保数额以及当年的赔付情况从政府预算中拨款进行补贴,其成立、运行、赔付都由政府负责。毋庸置疑,SBA 是美国的政府性担保机构,其担保服务主要包括 7(a)贷款担保计划、CDC/504 贷款担保计划、微型贷款担保计划以及灾难贷款担保计划等,满足小企业的多样化需求,2016~2018 年提供的 SBA 计划担保金额如表 6-3 所示:

表 6-3　2016~2018 年 SBA 计划担保金额

单位:亿美元

项目	2016 年	2017 年	2018 年
7(a)贷款担保计划	241	258	254
504 贷款担保计划	47	50	48
微型贷款担保计划	3.50	4.44	3.59
灾难贷款担保计划	14.07	16.66	69.95

资料来源:SBA 年度绩效报告。

这种由政府直接操作型模式运行成败的关键因素在于政府能否全额资助、提供比例担保等。美国担保行业的模式具有以下特点:联邦小企业管理局的运行由联邦政府全部出资,每年国会从预算中拨款补贴,补贴的数额取决于补贴率。SBA 以比例担保的方式与协作银行共担风险,中小企业信贷保证计划的担保金额一般不超过 75%~80%。SBA 也会根据经济社会形势的变化,配合政府适时进行宏观调控,发挥政策引导职能,结合实际情况对担保比例、担保上限及费率等进行适时调整。在经济持续向好期间,担保比例控制在

75%～85%;而在发生金融危机以后,担保比例调高至90%。通过建立损失申请补偿机制,银行可以将SBA提供担保比例的贷款部分转换为有价证券在市场上交易,形成三方权责。建立担保机构运作机制,一般采用单级担保体系。SBA总部和地方分支机构在开展担保活动时,他们之间并非担保与再担保的关系,最多可为中小企业提供100万美元的短期、长期贷款,比例控制在75%内,至于其他部分则由协作银行承担。

由此可见,美国政府性融资担保机构的发展,离不开制度设计与创新运用:一是政府性融资担保运营绩效主要体现为担保机构的经济效益、社会效益、经营风险、可持续发展等,特别是体现为特殊时期对特殊行业和产业的融资担保支持。二是政府性担保是在市场失灵时,政府发挥重要作用的金融工具或载体。三是通过担保比例、费率高低来调动担保机构推动融资担保业务运营的积极性,来调节担保机构的运营绩效,进而体现担保机构的支持促进作用。四是政府性担保机构会直接或间接参与或支持促进债券类证券担保业务。公共金融担保业务、结构金融担保业务、国际担保业务比较发达。五是风险管理机制较健全,担保程序较严格。建立有效的风险管理机制,贯彻该机制的是风险管理机构,不是政府职能或主管部门,而是风险管理委员会、业务标准委员会以及运营管理层。六是政策支持方面主要体现在法律制度保障、财政资金支撑业务运营和风险分担之保障。

二、欧洲

(一)德国

德国将担保定义为公共产品,由商业银行、保险公司以及工商业联合会等股东组建担保银行(融资担保公司)。德国的担保银行专门为不能提供足够贷款抵押的中小企业提供担保,解决其融资问题。德国拥有良好的信用评价体系,借助信用评价体系,经过50多年的发展,担保银行已形成完善的风险分担和风险补偿机制(见图6－1)。当担保银行发生贷款损失时,由政府承担损失额的65%,剩余的35%由担保银行和贷款银行按照8∶2的比例承担,担保银行实际上仅承担了信贷损失的28%。"4321"风险比例分担的"安徽担保模式",与德国较为类似。在此重点梳理一下该国政府性融资担保制度经验。

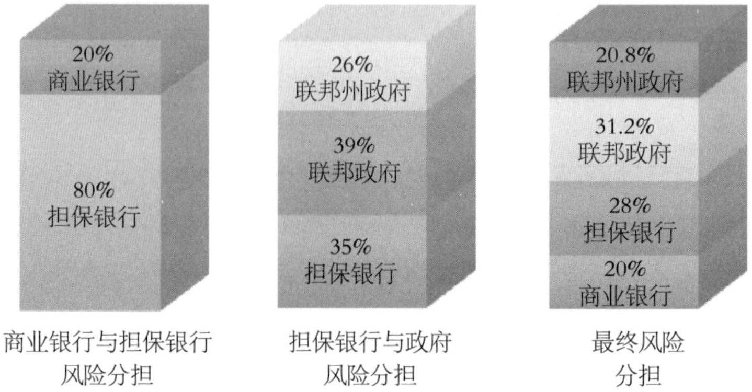

图 6-1　德国柏林—勃兰登堡州担保银行的风险分担情况

在德国，为了加速战后重建，重振工业，改善企业融资环境，各级政府高度重视中小企业融资担保体系建设。1954 年，德国第一家担保银行创立，其股东为工商业协会、商业银行、保险公司和私人自由体。德国担保银行主要采取公司制管理，其最高权力机构是公司股东大会，其具体职责包括决定公司章程、年度结算报告、最终审计报告等，并选举产生董事会（管理委员会）。董事会（管理委员会）负责检查公司的经营政策制定和落实情况，监督公司管理层的履职能力和履职成效。董事会（管理委员会）还会选举产生担保资金审查批准委员会。该委员会的任务主要是审查、批准和确认所有融资担保方案。目前，全德国共有 17 家担保银行，大多数州只有 1 家（仅巴伐利亚州有 2 家）。

德国中小企业担保体系较为特殊，政策性突出，主要由政府信用支撑，德国担保银行是其中唯一独立于政府、实行市场化操作的政策性担保机构，其实质就是政府性融资担保机构。60 多年来，担保银行体系一直稳健运行，即使在 2007 年年底国际金融危机爆发后，也未受到太多冲击，担保规模平稳增长，对德国中小企业健康发展发挥了重要作用。

目前德国中小企业获取政府性融资担保，主要有两种方式：一是政府通过财政部门或代理机构向企业直接提供融资担保。这主要是针对大中型企业，单户担保额度为 125 万至 1000 万欧元，此种担保方式占比相对较小。其中，125 万至 350 万欧元贷款，由州政府提供担保；350 万欧元以上贷款，由联邦政府提供担保。二是担保银行为中小企业提供融资担保。单户担保额度一般不超过 100 万欧元，最高不超过 125 万欧元，政府为担保银行提供风险补偿。

德国担保银行具有以下典型特征：一是行业的金融属性。德国担保银行是一种特殊的信用担保公司，虽然不吸收存款，不发放贷款，但其实际地位如同银行。在德国银行体系中，担保银行被定性为信贷机构，与商业银行属金融同业关系，同样受《巴塞尔协议》约束和金融监管。德国担保银行与商业银行同样接受联邦金融监管局(BaFin)和央行监管,监管环境一致,担保银行的内部组织结构、经营规则均要符合《德国银行法》和《德国信贷机构条例》规定,监管指标具有可比性,监管信息比较透明,有利于增进相互信任和深入合作。二是业务的政策性。德国担保银行不以营利为目的,不向股东付息、分红,担保费与管理费等收入在扣除营运成本后,如有盈余,全部留存为准备金,用于担保业务。三是银担合作动力机制。根据德国金融监管规定,商业银行发放的担保贷款按商业银行与担保银行承担的风险责任比例各自消耗资本金,即商业银行按担保贷款的20%～40%消耗资本金,担保银行按照担保贷款的60%～80%消耗资本金。这种资本资源共享制度既为银担深入合作建立了动力机制,也为降低金融服务成本腾出了空间。

德国担保银行有较好的风险防控机制:一是严格控制经营范围和业务方式。德国担保银行专注于担保业务,而且只被许可做贷款担保业务,具体包括:股权并购类贷款、新设出资和增资类贷款以及中小企业运营类贷款等。不与商业银行以外的融资渠道开展合作。充分发挥银行在金融风险管控方面的优势,担保银行不直接受理借款人的担保业务申请。企业首先要向商业银行提出贷款申请,如果企业达不到商业银行贷款条件或商业银行所放贷金额不能满足其融资需求,但其项目有前景、管理有水平、经营有效益、发展可持续,商业银行也可以代其向担保银行提交担保申请。担保银行对商业银行转交的担保申请进行评估。二是实行银担风险分担。其一,实行比例担保。担保银行对商业银行贷款提供比例担保,承担的风险责任一般不会高于贷款金额的80%,即使风险较高的业务,一般也不会高于60%,商业银行相应会承担20%～40%的风险责任。其二,抵质押权利设置于商业银行。借款人提供抵质押的,抵质押权利人为商业银行。其三,明确追偿责任和权利。如担保贷款出现逾期,商业银行首先向借款人追偿,处置抵质押物,抵质押实现价值的确定要经过担保银行、政府代表同意。追偿收入扣除费用后,在商业银行和担保银行之间分配。暂未追回的债务才由担保银行履行代偿义务。三是对客户开展信用评级。对受保企业开展信用评级,加强信用风险防控是德国担保业发展的基本经验。根据《巴塞尔协议Ⅱ》和德国银行监管法规的要求,担保银行与商业银行对贷款企业信用均要进行评级,信用评级方法和标准基本一致。担保银行对目标客户实行分级分类评价。按照客户营业额,一般分为三个级别(250万至500万欧元、500万至2000万欧元和2000万欧元以上);按照经营活动不同,分为贸易型、生产型、服务型等类型。担保银行的信用管理采用国际化通用的标准,对应标准普尔从"D"到"AAA"等不同信用等级,其评级结果一般分为18个等级。信用等级评定的结果不仅可以决定客户是否能够得到担保支持，而且也会决定客户取得担保融资资金的费率成本。一直以来，德国担保银行的评级标准和担保准入条件均未降低。针对金融危机影响，由担保银行股东另外出资设立投资公司(主要负责人由担保银行负责人兼任)，专门为尚未达到担保条件的小微企业提供融资支持，帮助其达到担保贷款条件，在支持企业融资的同时，实现风险隔离。四是建立终极风险防控机制。德国担保银行还形成了较为完善的风险补偿机制。如果其净损失率超过3%，则通常采取请求政府提高风险分担比例、提高担保费率、请求投资人增资等三种办法予以解决。尽管截至目前，德国尚未发生担保银行破产或解散等事件，但按照规定，如果担保银行破产或解散，首先应将剩余资产按联邦政府、州政府次序进行分配，政府分配剩余的资产才能分配给股东。

德国政府性融资担保政策和制度主要体现在：一是给予高比例风险补偿。为了更好扶持和保护担保银行的发展，德国联邦和州政府为担保银行提供风险分担("反担保")，至于风险分担比例，根据各州的经济社会发展程度会有所区别。联邦政府对担保银行的补偿资金，德国现行政策规定一般是五年作一次规划，并须经议会审定通过；各州政府的补偿资金，则根据自身情况确定。二是给予税收优惠。政府对担保银行的利息收入及担保业务收入免征流转税。同时对担保银行仍用于担保业务的新增利润，免征所得税。三是帮助增加收入。政府通过发行债券、安排政策性银行资金拆借，筹措低成本资金借给担保银行，用于投资无风险金融资产，以扩大其收入来源，增强抗风险能力。

德国担保银行合计在保规模约60亿欧元，占同期中小企业贷款比例超过2%。近10年来，担保银行新增担保额年均增幅3%，代偿比例基本维持在2.5%～3.5%，净损失率大约为1%，运行状况良好，成为小微企业和自由职业者获取融资支持的重要力量。

(二)意大利

在意大利，建立起了政府和私人混合出资的、多层次担保体系。该国互助性担保机构和担保体系比较完善，曾受到欧盟委员会大力推崇：担保机构可以对担保申请作出比较准确及时的评价；能改善中小企业的融资机构；可以为借款人争取更有利的贷款条件。该国的担保机构是在政府失效和市场失灵的历史背景和条件下逐渐发展起来的，主要是以中小企业互助担保组织的形式出现，这类组织在中小企业信用交易方面拥有信息、区位和监督等方面的比较优势。政府不会直接操纵、干预担保机构进行担保。担保机构以互助性担保机构(Mutual Guarantee Institutions，MGI)为主，提供的信用担保主要通过担保基金进行，分为私人基金(30%)和公共基金(70%)，实施多层次互助担保。意大利的担保结构如图6－2所示。

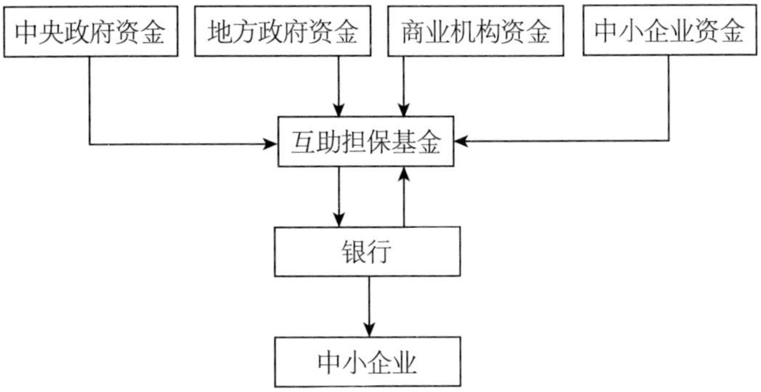

图 6－2　意大利担保结构

中央担保基金是意大利政府为支持中小企业信贷而为保管担保基金的银行设立的基金（见表 6－4），可以最多覆盖 80% 的中小企业，企业最高可以获得 150 万欧元额度的担保。

表 6－4　意大利中央担保基金担保数额

单位：亿欧元

年份	2016	2017	2018
基金总额	166.48	174.61	193.14
担保额	115.32	122.60	137.31

资料来源：意大利中央担保基金官网。

（三）法国

在法国，由成立于 1996 年的法国中小企业发展银行（定位为公益性金融机构，即担保机构）承担中小企业信用担保业务，该担保机构（中小企业发展银行）主要是为中小企业提供担保或者共同投资，与投资者分担风险，其所提供的担保资金额度一般占投资总额的 40% ～70%。至于担保费的计费标准，该国中小企业发展银行按照担保贷款总额的 6% 收取，远高于其他国家，但仍是扶持法国中小企业的重要工具。

法国担保体系的一大特点，就是国有担保机构占比大，由政府从预算中安排担保基金，并委托担保机构运作基金（见图 6－3）。法国 OSEO 集团是法国担保行业的核心机构［2013 年并入公共投资银行（BPI）］，其运作基于国家财政资源，受法国经济、金融和工业以及高等教育和研究等政府部门的监督。OSEO 在担保基金账户中，根据不同的服务对象、领域设置了不同的基金，不同的基金对应不同的放大倍数，创新基金最低，为 2 倍，而发展基金最高可达 30 倍。担保基金通常会同贷款银行签订风险分担协议，共同约定风险分担比例

(一般为承保贷款金额的40% ~70%),不会直接为债务人提供担保。基于此,当中小企业贷款出现风险或逾期时,担保基金并不需要马上代为偿付,而是在合作银行直接向企业追偿或处置抵押物,完成诉讼并拿到法律仲裁等文件之后,担保基金方才按约定比例对贷款银行的净损失额进行赔偿兑付。

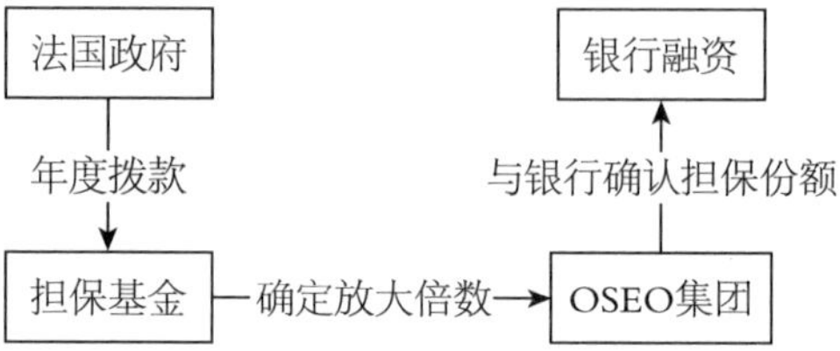

图6-3　法国OSEO集团信用担保体系运行

通过以上对德国、意大利、法国政府性担保制度及担保机构发展经验的梳理分析可见,欧洲政府性融资担保制度的设计与运用集中体现在六个方面:一是担保机构的注册资金、担保基金的资金主要源于国家财政,其运营活动的活跃程度主要基于财政资源的大小和调配能力。二是政府作为运营风险的主要分担者,最高承担损失额的65%,担保机构实际承担风险损失不足30%。三是根据不同对象、不同时期、不同领域设置不同的担保放大(担保杠杆)倍数,严控经营范围和业务方式。四是通过共同投资的理念和利益机制,使担保机构积极主动介入项目、共同经营项目、共同分担风险并分享效益。五是担保机构的运营绩效取决于承担风险损失比例、担保费率高低、投资回报大小。六是保持担保机构的独立性,政府不直接干预担保机构日常业务运营。

三、亚洲

(一)日本

日本在全世界率先建立了中小企业信用体系。第二次世界大战结束后,日本政府设立了中小企业厅,建立了"双层"中小企业信用担保体系,即中央与地方风险共担、担保与再担保(保险)有机结合。如图6-4所示,日本中小企业信用担保体系由地方直保机构——中小企业信用保证协会(以下简称保证协会)和中央再担保(保险)机构——日本政策金融公库(原中小企业信用保险公库)两部分构成。日本颁布的《中小企业信用保险法》《中小企业信用保证协会法》《中小企业基本法》《中小企业信用保险公库法》等相关配套法规,明确规定了中小企业信用保险公库和担保协会的职能与作用以及信用担保规则等。其中,自1937年设立第一家保证协会——东京中小企业信用保证协会以来,日本共设有52家保证协会(47个都道府县保证协会和大坂、名古屋、横滨、川崎、岐阜市5个保证协会）。保证协会是依据《信用保证协会法》，由地方政府主导设立的、不以营利为目的的政策性金融机构；组织形式实质是基金，其基本财产主要源于县、市级政府和町（相当于乡镇、社区）等公共团体的捐款、金融机构负担金和自身经营积累；具有独立法人资格，仅为本区域内中小企业融资提供保证服务，并通过向市、町设立分支机构实现服务全覆盖。

在金融公库方面，1958年，日本中央财政出资设立中小企业信用保险公库，取代原有的国家中小企业信用保险专项账户，专门为地方保证协会符合条件的保证业务分担风险，保障地方保证协会健康运行，该机构后并入日本政策金融公库。

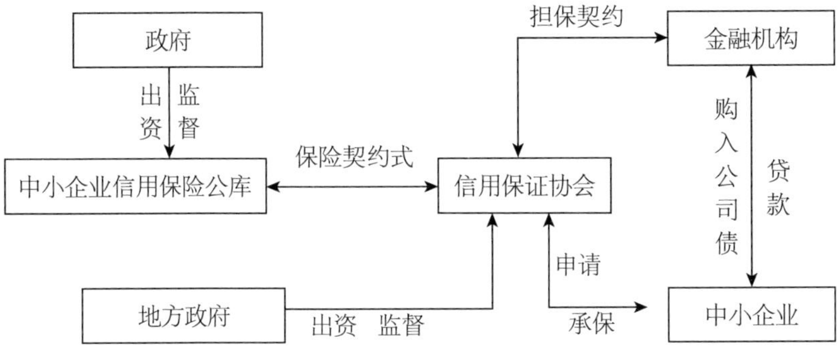

图6-4　日本信用担保体系运行架构

日本担保业务定位和运行机制如下：一是保证对象。保证协会主要为符合以下要求的中小企业融资提供保证服务（农业、非营利企业、宗教组织除外）。其一，制造业等生产性企业：资本金在3亿日元（折合人民币约1920万元）以下，常雇职员300人以下；其二，批发业：资本金1亿日元（折合人民币约640万元）以下，常雇职员100人以下；其三，零售和饮食业：资本金5000万日元（折合人民币约320万元）以下，常雇职员50人以下；其四，服务业：资本金5000万日元以下，常雇职员100人以下。二是保证限额及期间。分为普通保证业务、无抵押反担保的保证业务、债券保证业务。普通保证业务，是指个人和法人获取保证的最高额度不超过2亿日元（折合人民币约1280万元），同业互助组织获取保证的最高额度不超过4亿日元（折合人民币约2560万元）。无抵押反担保的保证业务，是指个人、法人和同业互助组织获取保证额度最高均不超过8000万日元；债券保证业务，是指个人和法人获取保证额度最高不超过4.5亿日元。保证期间平均约7年，最长30年。三是保证费率。保证协会的保证业务法定基础费率为1.3%，并按客户信用等级上下浮动，分9档收取，收费区间为0.5%~2.2%。对金融机构分担风险的保证业务，保证费率给予10%优惠,特别保证业务的保证费率为0.7% ~0.9%。金融公库按照保证费率的40%向保证协会收取再担保费(保险费),并与保证费率相对应分9档收取,收费区间为0.15% ~1.59%。四是业务种类。保证业务的政策性导向特别明显,按是否与特定政策挂钩,分为制度保证和普通保证。所谓制度保证,是指政府为引导中小企业发展、推动相关政策目标落实,并有风险补偿政策配套而设置的保证品种。普通保证并不负有特定政策使命。保证协会80%以上的业务品种属于制度保证,业务量上制度保证也处于主导地位。制度保证按实施期限长短,分为一般保证和特别保证;按实施范围,分为全国普遍适用保证品种和地方政府结合当地实际设置的保证品种。例如,日本政府针对经济不景气曾分别于1998年10月、2007年11月两次推出的总规模30万亿日元(折合人民币约1.92万亿元)的"金融稳定特别保证计划"就属于制度保证中的特别保证业务。该保证计划为鼓励银行向中小企业放贷,将代偿率容忍度提高到10%,安排专项风险补偿资金,引导保证协会进一步放低风控门槛,为上下游合作企业及合作金融机构破产、突发自然灾害以及经济危机等原因发生重大风险的中小企业提供担保,甚至为应对原材料上涨提供紧急担保,在额度上进一步放宽、在保证比例上进一步提高(甚至开展全额保证),降低或取消反担保措施,担保期限拉长,担保费降至0.8%以下。第一次"金融稳定特别保证计划"实施了两年半,累计提供172万笔、29万亿日元保证贷款。同期一般保证业务规模也达到300万笔、31万亿日元,信用保证的功能作用得到极大发挥。据日本相关方面评估,如果没有那次特别保证计划,受保中小企业有85%要遭遇减少生产、削减员工等经营问题。五是银担合作模式。其一,风险分担。除少数特别保证业务,均实行银担风险分担。风险分担模式分为两种,金融机构可二选一:一种是部分比例责任保证,保证协会按融资金额的80%提供保证,金融机构承担20%风险责任,此模式下的保证业务金额占比85%;另一种是全额连带责任保证,保证协会按照融资金额的100%向金融机构提供保证,当保证项目发生代偿时,保证协会先行全额代偿,其中20%从金融机构事后捐赠的负担金中列支。金融机构捐赠负担金,是根据此模式下业务合作规模和保证协会平均代偿率来确定的。此模式业务占比仅15%。其二,错位风险筛查。无论是银行推荐客户,还是保证协会推荐客户,银担双方对保证项目均要进行风险评估和审查。保证协会侧重于对客户的信用审查,以及按照标准化产品审查准入条件,银行侧重于对企业经营风险和财务风险进行尽职调查和评估。其三,抵质押权利设定。根据风控需要设置抵质押反担保措施的,要求抵质押权设置在金融机构。其四,融资成本控制。保证协会要求合作银行降低保证项目融资成本,保证贷款利率一般在基准利率基础上下浮10%。

其五,积极缓释风险。对经营正常的保证项目,如果发生逾期,金融机构则首先通过续贷帮助债务人缓释风险。六是再担保分险。根据信用保险法律规定,符合国家信用保险(再担保)要求的保证业务,在保证协会同意为企业提供保证且金融机构同意放款后,该保证项目就自动享有信用保险,保险费由保证协会向金融公库(再担保机构)支付。金融公库在保证协会承担的80%的风险责任中再分担70%～90%(占贷款总额的56%～72%),而再担保费标准只相当于保证费标准的40%。保证协会最终承担的风险责任只有融资总额的8%～24%,留下保证费的60%～70%,有效地降低了经营风险。

日本担保业务在风险防控机制方面:一是控制保证规模,根据法律规定,保证协会最高保证额为其基本财产、年度出捐金以及负担金之和的18倍。按照规模从小到大,信用保证协会担保放大倍数分别可达到14～15倍、16～17倍、18倍。扣除金融公库保险(再担保)分担的风险责任,实际放大倍数上限为60倍。同时,政府将信用保证作为逆经济周期调控和应对突发风险的重要工具,在经济上行期间,充分发挥市场作用,果断退出特别保证业务,逐步降低制度保证规模,及时释放担保和再担保机构风险压力。如图6－5所示,日本信用保证在保余额历史上最高规模接近40万亿日元(折合人民币约2.56万亿元),最近降至仅22万亿日元左右,降幅近45%。二是提足准备金,保证协会可计提保证责任准备金、求偿准备金、基金准备金、收支差额准备金四项准备金。保证责任准备金主要用于代偿支出,其计提公式为:保证责任准备金＝期末保证余额×0.6%＋逾期保证债务×10%;求偿准备金是在代偿后提取的,代偿1年的,按其金额的33%计提,代偿两年的,按其金额的67%计提,代偿3年的,按其金额的100%计提;保证协会出现盈余时,将盈余部分按1∶1计提为基本财产的基金准备金和收支差额准备金。保证协会收支出现赤字时,首先动用收支差额准备金弥补,弥补不足的方用基本财产冲减。三是强化代偿资产处置。由于90%以上的代偿债权没有设置抵质押反担保措施,年回收率持续徘徊在1.2%～1.4%,大量债权无法及时收回。因此,日本规定代偿债权超过3年无法收回的,即可核销。同时,保证协会设立代偿债权回收株式会社,金融公库也设置相应的代偿债权回收服务机构,加速代偿债权回收。

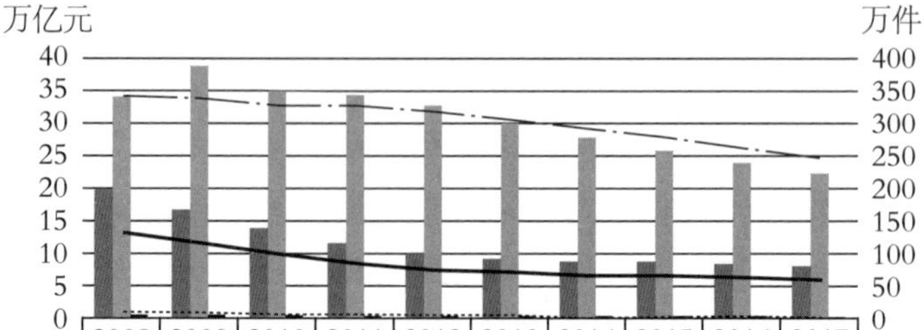

	2008年	2009年	2010年	2011年	2012年	2013年	2014年	2015年	2016年	2017年
新增担保金额	19.58	16.63	14.17	11.55	9.75	9.31	8.94	8.97	8.53	8.05
在保债务金额	33.92	38.85	35.07	34.45	32.08	29.78	27.70	25.76	23.87	22.22
代为赔偿金额	1.04	1.14	0.94	0.86	0.78	0.65	0.53	0.45	0.40	0.35
新增担保件数	133.09	117.91	100.30	87.00	76.24	73.17	71.43	69.45	66.32	63.29
在保债务件数	343.23	338.96	329.40	328.24	318.97	306.89	294.96	279.64	262.35	247.34
代为赔偿件数	10.47	10.75	8.68	7.76	7.11	6.05	4.98	4.43	4.04	3.60

图 6－5　2008～2017 财年日本中小企业担保件数和金额

在财政保障机制方面，日本中小企业信用保证制度之所以能够在宏观经济运行中持续发挥重大作用，其根本在于中央和地方财政的持续支持，且中央财政承担主要补偿责任。地方保证协会在金融公库“高比例风险转移、低水平收费”的支持下，正常年景可以实现保本微利，特别情况下如果出现赤字，地方政府将予以兜底，从而保证其财务可持续。金融公库除了保险费收入，主要依靠中央财政注资和设立的保险准备基金弥补亏损。具体支持政策包括：一是建立持续注资机制。日本法律明确政府对保证协会、金融公库的出资责任，并纳入财政预算管理。多年来各地方政府都能够根据保证业务发展需要，及时对保证协会进行资金补充，并且建立了与业务规模、财务状况挂钩的正向激励机制。截至 2018 年 3 月末，日本所有保证协会基本财产总额 1.88 万亿日元，其中基金 5170 亿日元，准备金 1.363 万亿日元，而来自地方政府和金融机构的出资分别为 6005 亿日元、2055 亿日元，分别占 31.9%、10.9%。此外，地方政府还通过安排无息和低息借款，充实保证协会基本财产，以此扩大保证业务规模。金融公库的资金主要源于财政拨款，具体由资本金、政府投资的保险准备金、保险费收入、保证协会回收的债务返还款项等构成。保险准备金不是由金融公库自行支配，而是存在财务省资金运用部，专门用于弥补保险收支缺口。2008 年至 2017 年，中央财政累计向金融公库注入资金 5.52 万亿日元（见表 6－5），其中保险准备基金 5.12 万亿日元，占注入资金总额的 92.75%。近几年，随着保证业务在保规模和风险逐年下降，各级财政投入的压力也逐步下降。

二是建立代偿损失补偿机制。为了进一步提高保证协会的收支平衡能力,对于保证协会实际承担的损失,日本政府会给予适当补偿。它一般包含两种情况:其一,地方政府为促进发展本地经济而委托保证协会开办保证业务,由于这部分业务往往并不符合法定保险条款,难以纳入金融公库保险范畴,如果发生代偿损失,根据事先约定,由地方财政予以补偿;其二,针对参保的保证业务,如果发生代偿,对于保证协会承担的剩余损失部分,地方政府会给予再补偿。这项制度承担了保证协会终极风险。三是实行免税政策。日本对保证协会的所有经营活动和收入均实行免税,金融机构向保证协会捐赠的资金均可在税前列支。

表6－5　日本中央财政对信用保证制度支持情况

单位:万日元

年份	基金补助金	经营安定关联保证等对策补助资金	对金融公库出资(包含保险准备基金)	经营支持强化促进补助金	总计
2008	42	554.75	7748	—	8344.75
2009	42	1040	20,516	—	21,598
2010	42	308	6013	—	6363
2011	42	1324	10,409	—	11,775
2012	42	39	2435.5	—	2516.5
2013	42	41	1047	—	1130
2014	42	135	1088	10	1275
2015	21	70	600	—	691
2016	—	92	851	12	955
2017	—	40	540	13	593
合计	315	3643.75	51,247.5	35	55,241.25

资料来源:表中数据根据日本信用保证协会联合会2018年度报告整理。

日本信用保证体系有力地支持了中小企业融资和发展。2008年至2017年,日本52家保证协会累计向中小企业提供851.21万笔、115.48万亿日元(折合人民币约7.39万亿元)融资保证。保证规模占同期中小企业银行贷款比例平均超过10%,最高年份超过15%,最低年份2017年也超过8.8%,保证协会成为中小企业融资重要渠道详见表6－6、表6－7。

表 6 - 6　日本信用保证协会历年保证业务情况

年份	新增保证金额		在保责任余额		代偿(本和利)		解保金额	代偿率/%
	金额/亿日元	笔数/万笔	金额/亿日元	笔数/万笔	金额/亿日元	笔数/万笔		
2008	195,811	133.09	339,192	343.23	10,358	10.47	150,301	6.89
2009	166,252	117.91	358,507	338.96	11,420	10.75	146,937	7.77
2010	141,723	100.3	350,683	329.4	9366	8.68	149,567	6.26
2011	115,533	87	344,464	328.24	8608	7.76	121,752	7.07
2012	97,518	72.24	320,786	318.97	7779	7.11	121,196	6.42
2013	93,068	73.17	297,785	306.89	6510	6.05	116,069	5.61
2014	89,394	71.43	277,017	294.96	5266	4.98	110,162	4.78
2015	89,671	69.45	257,616	279.64	4453	4.43	109,071	4.08
2016	85,348	66.32	238,738	262.35	3979	4.04	104,226	3.82
2017	80,514	63.3	222,151	247.34	3517	3.6	97,101	3.62
合计	1,154,832	851.21	—	—	71,256	67.87	—	—

资料来源：表内数据根据日本信用保证协会联合会 2018 年度报告整理。日本保证业务以中长期为主，一年期及以内业务占比约 20%，一年期以上的占比约 80%。

表 6 - 7　日本中小企业利用信用保证情况

年份	2013	2014	2015	2016	2017
中小企业数/万户	385.29	385.28	380.92	380.92	380.92
保证户数/万户	145.84	141.15	136.6	131.36	126.21
保证利用度/%	37.85	36.64	35.86	34.48	33.13

资料来源：表内数据根据日本信用保证协会联合会 2018 年度报告整理。

日本的信用担保体系由信用保证协会和信用保险公库构成，具有以下特点：第一，政府拨款是主要资金来源，政府资金实力雄厚。日本信用保证协会的自有资金由基金和基金准备金两部分构成。其中基金 80% 以上源于政府出资，基金准备金主要是内部收支盈余积累。信用保证协会除自有资金外，还可以从财政上获得政策性利率借款。信用保证协会将政策性借款按市场利率投资于国债等，转而获得利差收入，利差收入已成为其仅次于保费收入的第二大收入来源。第二，担保对象明确，收费低。日本信用保证协会的章程将信用担保对象规定为符合中小企业标准，符合国家产业标准，具备经营业绩。第三，政府财税支持力度大。为保障信用保证协会的偿付能力，日本政府出资 107 亿日元设立了中小企业信用保险公库,并对其收入完全免税,逐年增加其资本金,并列入国家预算。[1]

(二)韩国

韩国20世纪70年代起就开始建立政府背书的中小企业信用担保体系,历经50余年改革发展,其担保体系目前已经比较发达,对支持促进该国中小企业发展发挥了积极而特殊的作用。该国政府主导的融资担保体系建设相关经验也可供我们参考。

一是做好顶层法律制度设计。韩国早在1970年就制定了《中小企业专门化和系列化纲要》。1975年颁布了《中小企业系列化促进法》,以此鼓励金融机构向中小企业提供资金支持。1976年政府依据《信用保证基金法》成立了信用保证基金,以此解决中小企业信用不足的问题。1987年,韩国又设立技术信用保证基金,为高新技术型企业提供服务,促进高新技术企业发展。二是政府保障资金供给。信用保证基金源于政府出资、金融机构出捐和利润累积三个方面。凡是在韩国注册登记的银行须按照贷款余额的0.2%向基金出捐,此项占基金总资本金的60%以上。这种强制做法,比日本做法更能确保信用保证基金的资金来源。三是明确支持对象和业务范围。信用保证基金为每户中小企业提供担保贷款的余额不得超过15亿韩元。为了鼓励出口创汇型企业发展,对外向型中小企业提供的担保贷款可以扩大至30亿韩元。在为大企业提供融资担保时,担保贷款余额不得超过50亿韩元。韩国政府从信用保证基金中拆分出技术信用保证基金,专门为高新技术企业提供担保,促进具有技术优势的科技型企业创业展业。四是加强风险评估和管理。基金对企业开展深入细致的信用调查之后,才能给予企业一定期限的承保额度,企业在额度和期限范围内,方可多次向银行申请贷款。此外,韩国信用保证基金还出资组建了融资租赁公司和投资公司。这两个公司相互配套,既为中小企业提供多种担保融资服务,又全方位洞悉企业风险,便于对担保贷款风险进行有效管控。五是建立风险分担机制。信用保证基金同合作银行共同分担担保贷款风险,基金通常只承担贷款余额70%的担保责任,其余风险全由贷款银行承担。此外,韩国16家信用保证基金根据韩国《地方信用保证基金法案》,于2000年设立了韩国信用保证基金联合会,为各地信用保证基金担保的小微企业贷款实施再担保。六是收取担保费用,维持持续运营。信用保证基金会向小企业收取担保贷款余额1%的担保费用。同时,信用保证基金在为大企业提供担保融资

---

〔1〕 参见蒋平:《中国中小企业融资担保制度问题研究》,西南财经大学2011年博士学位论文,第42~44页。

时,会收取担保贷款余额1.5%的担保费用,这高出来的担保费收入,则会用于补贴小企业担保融资过程中的风险损失,确保信用保证基金能够持续运营。

通过以上分析,不难看出日本、韩国国家政府性担保制度设计与运用集中体现在:一是有法律制度进行顶层设计,国家信用作为政府性融资担保的信用背书;二是政府性担保机构的注册资金、自有资金主要源于政府拨款;三是建立有信用保证基金,基金绝大部分或全部都由政府出资,并通过担保机构运营时收支盈余积累进行补充;四是担保对象和业务范围由政府明确指定,主要是中小企业和国家重点扶持发展、鼓励发展的高新技术产业企业或弱势行业企业;五是完全免税;六是以国家财政预算作保障,逐年持续增加资本金;七是引入评估管理机制,重点考察技术评估和风险评估,主要看企业的成长性和风险度;八是技术创新和知识产权是增加信用担保能力的主要因素。

第二节　我国政府性融资担保制度构建

我国融资担保行业从1993年开始起步,已逐渐形成一定规模,在促进社会信用体系建设、支持社会经济发展尤其是缓解中小企业融资难问题方面发挥了积极作用。在此过程中,随着43号文出台,《监管条例》(国务院令第683号)、中国银行保险监督管理委员会等《关于印发〈融资担保公司监督管理条例〉四项配套制度的通知》(银保监发〔2018〕1号)、国务院办公厅《关于有效发挥政府性融资担保基金作用切实支持小微企业和"三农"发展的指导意见》(国办发〔2019〕6号)、银保监会等七部门《关于做好政府性融资担保机构监管工作的通知》(银保监发〔2020〕39号)等文件先后发布,有效促进了融资担保行业特别是政府性融资担保的快速健康发展。值得注意的是,国内担保体制、机制等方面多年来并没有实质性突破,但在银担合作等融资担保业务运营的具体方面进行了大胆尝试,且取得一定成效。近年来,国内一些省(市)考察,借鉴政府性融资担保制度建设、业务发展和运营管理有益经验,结合本区域实际情况,积极探索构建起新的制度,推动新的发展,取得了一些成效。

一、安徽模式

2014年以来,安徽省人民政府研究制定的《安徽省融资担保公司管理办法(试行)》(安徽省人民政府令第288号)、安徽省财政厅联合五部门发布的《关于印发安徽省政策性融资担保风险分担和代偿补偿试点方案的通知》(财金〔2014〕1980号)、安徽省金融办联合7部门发布的《关于贯彻落实安徽省人民政府关于金融支持服务实体经济发展的意见精神创新抵(质)押登记服务的通知》(皖金〔2015〕109 号)等文件制度,指导有关部门和政府性融资担保机构不断地探索,创新建立了安徽新型政银担合作模式,取得了突出成效。截至 2019 年 7 月底,在安徽新型政银担合作模式下,政府性融资担保体系和银行已累计完成担保贷款业务规模超过 2911.37 亿元,担保代偿金额 56.03 亿元,累计担保代偿率 2.64%,担保贷款业务规模稳定增长。

安徽模式有如下特点:一是坚持政策性业务合作定位。安徽省政府性融资担保体系按照专注服务小微企业和"三农"的经营宗旨,对单户 2000 万元以下的贷款担保业务,收取的年化担保费率不高于 1.2%;市级融资担保机构小微企业担保户数比重不低于 70%,县区级不低于 90%,有效厘清了政策性担保与商业性担保、准公共产品与市场化行为的关系,为银担合作明确了目标指向。二是构建统一的政府性担保体系。针对政府性融资担保机构存在小、散、弱,在银担合作中各自为战,不仅政策功能作用难以发挥,而且极易积聚风险等情况,安徽省以安徽省担保集团为龙头,通过股权和再担保业务纽带,建立了"扶小微、广覆盖、分层次、可持续"省市县三级全覆盖的政府性融资担保体系,为与银行业金融机构进行体系与体系的对接创造了条件。同时,全省政策性担保体系实行错位发展,集成体系优势,发挥综合效能,为企业提供低成本、高效率的担保服务。市县担保机构主要直接服务小微企业,省担保集团通过"4321"新型政银担分险合作机制给予支持;对市县做不了的集成集优骨干大项目,由省担保集团联合市县担保机构开展或直接来做,切实增强了融资担保服务能力。三是建立资本补充和风险补偿机制。其一,建立担保机构资本补充机制,做大资本规模,提升担保能力。自 2013 年起,连续 5 年,省财政每年安排 31 亿元用于支持政策性担保体系建设,并列入预算。其中,11 亿元直接用于补充县(市、区)政策性融资担保机构资本金;20 亿元由安徽担保集团向管理规范、风险可控的县(市、区)国有及国有控股融资担保公司注资参股。其二,建立风险补偿机制,增强抗风险能力。省、市、县政府都建立了担保风险补偿资金,列入财政预算,发挥政府信用和风险补偿作用。持续稳定的资本补充和风险补偿机制为安徽担保模式的持续健康发展夯实了资本基础,大大提升了担保机构的抗风险能力。四是建立"4321"新型政银担分险合作机制。对单户 2000 万元以下的贷款担保业务,由省担保集团、市县担保机构、银行和地方政府,按照 4∶3∶2∶1 的比例,承担风险责任,形成政银担优势互补、权责统一、风险共担、互助共赢的工作机制,通过分担实现共管,通过共管最终有效降低风险,从根本上提升银行参与合作的信心(与国家融资担保基金合作之前,市县担保机构承担 40% 担保业务风险责任,省担保集团承担 30%;合作之后,双方承担的风险责任比例对调)。目前,"4321"新型政银担分险合作业务已实现了“四个覆盖”，即覆盖全省所有省辖市，覆盖主要县区，覆盖主要银行业金融机构，覆盖所有政府性融资担保机构。[1]

安徽省政银担担保业务合作模式，致力于还原融资担保行业的本原属性，还原应有的银担合作关系，还原融资担保本应有的金融行业界定，它是以政府性定位为前提，以担保体系为支撑，以“4321”新型政银担分险合作机制为核心的。这种模式通过多方协作、风险共管共担，提升综合效益，形成了稳定和谐的金融环境；促进银行降低了小微企业风险的实际发生率，同时会培育更多客户资源；促进担保机构提高融资担保运行效率和质量，控制了担保风险，有助于形成持续发展的融资担保运营模式；促进小微企业获得有效的担保信贷支持，得到更优质的普惠金融服务，体会到深化金融改革发展的实际效果。安徽新型政银担合作模式受到了政府、银行、担保、企业等方面的广泛认同，在实践工作中表现出了良好的可操作性和可持续性，符合中国国情、具有安徽特色，是能够促进缓解小微企业融资难、融资贵问题的新型银担合作模式。

二、浙江探索

近年来，浙江省人民政府研究印发了《关于推进政策性融资担保体系建设的意见》（浙政发〔2015〕32 号），浙江省地方金融监管局联合省财政厅印发了《浙江省政府性融资担保机构小微企业和“三农”融资担保业务尽职免责工作指引》（浙金管〔2019〕56 号），各地市结合当地实际，研究出台了鼓励和规范政府性融资担保机构稳健发展，提升运营绩效的相关制度，如台州市人民政府《关于推进政策性融资担保体系建设的实施意见》（台政办函〔2017〕82 号）、台州市财政局等《关于印发〈台州市政府性融资担保业务风险补助实施细则〉的通知》（台财企发〔2018〕4 号）。浙江省政府性融资担保体系在陆续出台的政策、文件、制度指引下，坚持小微企业和“三农”政策性目标定位，积极探索与银行系统进行体系化合作，担保贷款合作业务规模稳步扩大，运营绩效不断提升。

浙江探索的有益尝试如下：一是浙江省担保集团有限公司（以下简称浙江担保集团）牵头政府性融资担保体系与银行构建“442”可持续银担合作机制。自 2016 年 3 月成立以来，浙江担保集团积极牵头全省政策性融资担保机构与 21 家合作银行签订“总对总”战略合作协议，落实银担“2∶8”风险分担及不缴存保证金等措施；主动对接已经与国家融资担保基金签订银担合作战略协议

---

〔1〕 参见谢科：《广西融资再担保体系构建研究》，广西大学 2016 年硕士学位论文，第 20～56 页。

的合作银行,进一步推动“担保体系+银行系统”合作落地;与农业银行、邮储银行、浙江省农信社等7家合作银行通过联合发文等形式,倡导银行实行有关优惠政策,初步建立了省担保集团、市县担保机构、银行三方“4∶4∶2”风险分担机制。目前,省级担保机构、新设立的国有独资或控股市县担保机构均可实现银担合作风险分担。二是探索开展“政银保”业务,政银担合力服务小微企业。浙江省担保集团、地方政府部门与银行、市县担保机构等按一定比例分别出资共同设立“风险池”基金,用于支持特定产业或特定区域内的小微企业。截至2018年年底,已设立6个风险池基金,合作总额度14亿元,已为119户科技人才企业提供2.9亿元担保授信额度。三是共同研发产品,共同推广业务。浙江担保集团围绕国家和省委省政府一系列战略部署,践行普惠金融和绿色金融理念,与各家合作银行共同研发银担合作产品,共同设计业务流程,并共同进行推广;建立以7个“保”业务产品为框架的小微企业和“三农”融资担保产品体系。根据市县实际,结合市县担保机构意愿,与合作银行开展相关技术输出,向多家担保机构转移直保业务,并提供专项再担保。会同多家担保机构及有关银行,联合创设“智能制造”“绿色保”“专利权质押融资”“门业改造升级”“小微创业贷”等专项再担保产品。

2014年,浙江省台州市委市政府根据经济发展需要和当地商业银行开展小微金融服务的实际情况,通过市政府、各区县政府出资和银行捐资,成立了台州市小微企业信用保证基金运行中心(以下简称台州信保基金),主要依托银行、共担风险开展融资担保业务。截至2019年6月底,台州信保基金累计承保26,037笔,承保金额275.10亿元,服务客户16,133家,在保余额93.58亿元,融资余额87.94亿元,实现了净资产的近9倍放大,在保户数11,221户,户均在保83.40万元,户均融资余额78.37万元;累计代偿70户,代偿金额7271.88万元,风险稳定可控。

浙江经验主要为:一是以银行审核为主,担保审核为辅。企业贷款担保先由银行进行严格风险审核把关,银行审核通过后提交到台州信保基金,由台州信保基金根据审核标准条件要求,进行合规性审核,快速完成担保审批。这样经过两道审核,既能充分利用银行的网点资源、人力资源、技术资源特别是风险控制能力的优势,快速铺开面、做大量,又在一定程度上满足了台州信保基金对银行合作业务进行管控的要求,降低整体风险,防止“业务冲动”。二是分类管理银行报送业务,建立信贷人员评价激励机制。根据各合作银行的风控能力及风险偏好采取不同的审查、审批策略和方案,并按照额度不同,分类简化审核方式,优化审核模板。根据合作银行经办客户经理日常报送资料的真实性、准确性、完整性等情况及业务报送量、业务风险情况等,积累评分数据,调整审核尺度，并对优秀人员每年年终给予表彰奖励，提高报送业务积极性。三是建立风险共担机制。中心采取与捐资合作银行风险“8∶2”共担、与非捐资合作银行风险“6.5∶3.5”共担的机制，使合作银行在对其所推荐的业务上仍承担一部分责任，从而要求银行对业务风险要有一定的把控而不能胡乱推荐。四是建立总体风险管控机制。合作银行出现一定程度的代偿后，采取警示、暂停新增业务等措施，引导银行对限额内的业务风险有总体的把握；通过设置暂停缓冲期，引导银行通过做大业务量降低不良指标。其中捐资银行和非捐资银行年新增代偿率分别超过1.5%、1.2%的予以警示，超过2%、1.8%的给予6个月缓冲期，若缓冲期内代偿率未下降，则暂停新增业务直至年底，第二年开始重新计算代偿额和代偿率，再视情况开展合作。具体的代偿风控指标及措施由台州信保基金根据每年实际情况报理事会同意后予以执行。据了解，目前已有几家合作银行触发暂停线，除一家银行经过缓冲期后仍未达到要求停止合作外，其余几家通过采取措施，经过缓冲期后已重新达到合作条件要求。五是纳入再担保风险分担机制。台州信保基金与浙江省担保集团建立了再担保分险合作，合作期限内办理的符合要求的业务在限额内由浙江省担保集团提供再担保，对于在再担保业务上限及代偿上限范围内出现的信保逾期代偿风险，省级担保集团按50%的比例分担风险，有效增强了抗风险能力。六是建立资金补充机制。为了调控或平衡地区和银行之间授信担保额度，同时防范道德风险的产生，根据地方可用财力和企业融资需求，以及融资项目的实际运行情况，台州信保基金会定期或不定期进行基金的补充；在基金代偿金额达到出资及捐资金额的50%时，他们规定县（市、区）政府、捐资银行及时对台州信保基金进行补充；如果县（市、区）本区域范围出现代偿额累计超过出资额的50%的情况，政府（包括开发区和集聚区）会视实际情况，以代偿金额的一定分担比例进行补充。

三、重庆版本

作为成渝双城经济圈战略主导城市，重庆市融资担保行业在国内起步较早、发展速度快，运营绩效已跃居全国担保行业前列，有效支持了重庆当地经济社会发展。重庆市人民政府《关于印发〈融资担保公司监督管理办法〉的通知》（渝府发〔2020〕8号）、重庆市人民政府《关于印发〈重庆市促进融资担保行业加快发展实施方案〉的通知》（渝府发〔2016〕15号）、重庆市地方金融监管局《关于印发重庆市融资性担保公司区县监管工作指引的通知》（渝金发〔2013〕9号）、《关于组织开展融资担保机构监管评价的通知》（渝金〔2017〕102号）、《关于进一步加强融资担保行业有关监管工作的通知》（渝金〔2020〕

65 号)等政府性融资担保制度文件,有效督促了各级政府及其职能部门积极创新,运用担保机构重组、财政支持和增加资本金等多种方式,鼓励建立规模较大、实力较强的融资担保机构,在确保行业安全稳健发展的前提下,有效促进全行业多元化、多渠道运行。截至 2019 年年末,重庆市共有融资担保机构 137 家,其中法人机构 126 家,全行业注册资本、总资产和净资产规模分别为 397.33 亿元、648.08 亿元、430.6 亿元;全行业在保余额、当年新增发生额、净利润分别为 3087.8 亿元、1732.07 亿元、7.81 亿元,与上年同期相比分别增长 13.54%、25.73%、25.56%;融资担保在保余额 2529.96 亿元,较年初增长 12.82%,担保放大倍数 4.85 倍。

近年来,重庆市政府性融资担保机构持续做大做强,在重庆市融资担保行业中占据市场主导地位,具体表现在:一是重庆市政府性融资担保机构资本金规模及业务规模占主导地位,截至 2019 年年末,重庆市 65 家政府性融资担保法人机构注册资本为 267.97 亿元,占全重庆市融资担保行业法人机构注册资本的 62.2%,政府性担保机构在保余额、当年新增担保发生额、支农支小余额分别为 2610.48 亿元、1489.33 亿元、1047.66 亿元,分别占全行业的 84.54%、85.99%、78.72%,政府性融资担保机构业务规模占重庆市全行业规模的 80% 以上。二是重庆市政府性融资担保机构盈利水平较高。重庆市担保行业盈利主要集中于政府性融资担保机构,2019 年年末,重庆市政府性融资担保机构保费收入 22.32 亿元,净利润 6.40 亿元,缴纳税金 6.73 亿元,分别占全市担保行业的 76.62%、81.95%、90.58%,奠定了该行业可持续发展的根基。三是普惠金融服务力度较大,重庆市政府性融资担保机构小微企业和"三农"在保余额 1000 多亿元,超过全市总体规模的 70%,是支持重庆市实体经济发展的主力军。[1]

重庆兴农融资担保集团有限公司(以下简称兴农担保集团)作为重庆市政府财政全额出资的融资担保机构,其注册资本较高、净资产规模较大、代偿率较低、运营绩效领先,经过十余年发展已成为重庆地区融资担保行业的主要代表之一,其代表性主要体现在以下几方面:

其一,树立了政策性导向与市场化经营相结合的业务发展理念。一方面,兴农担保集团成立之初即以盘活所有权、承包权、经营权"三权"资产、服务"三农"发展为使命,旨在增加农民财产性收入、助推统筹城乡发展,是全国第一家农村"三权"抵押融资担保企业。但农村融资担保需求主体弱势、业务风险偏

〔1〕 以上数据根据重庆市地方金融监督管理局《关于 2019 年度重庆市融资担保行业发展运行及监管工作情况的报告》整理。

大等特征决定政策性农业担保具有很强的准公共产品属性。兴农担保集团政策性导向的核心要义在于成立之初始终坚持以“三农”为主业,在业务开发、产品创新以及服务定价等方面以改善“三农”金融服务质量、降低服务费率为根本出发点和落脚点,始终做到改革发展不偏向、支农使命不漂移。截至2019年年末,兴农担保集团本部累计实现融资担保1192笔、1112.55亿元,累计支持“三农”融资790.62亿元,占比71.06%,盘活农村“沉睡”资源180多万亩。另一方面,兴农担保集团采取市场化运作方式经营管理,在市场化道路上运用灵活、高效、开放的体制机制集聚优质资源、提高市场敏感度,释放发展动能。通过准确研判宏观经济形势和市场变革态势,在稳步推进涉农借款类担保业务的同时,培育壮大债券发行担保业务,探索开展非融资性担保业务。截至2019年年底,兴农担保集团本部累计担保规模、在保余额分别达到1149.28亿元、519.14亿元,较2015年年底分别增长357.35%、371.13%;2019年营业收入、利润总额分别实现8.18亿元、2.66亿元,较2015年分别增长165.58%、123.53%。相关数据详见图6-6。

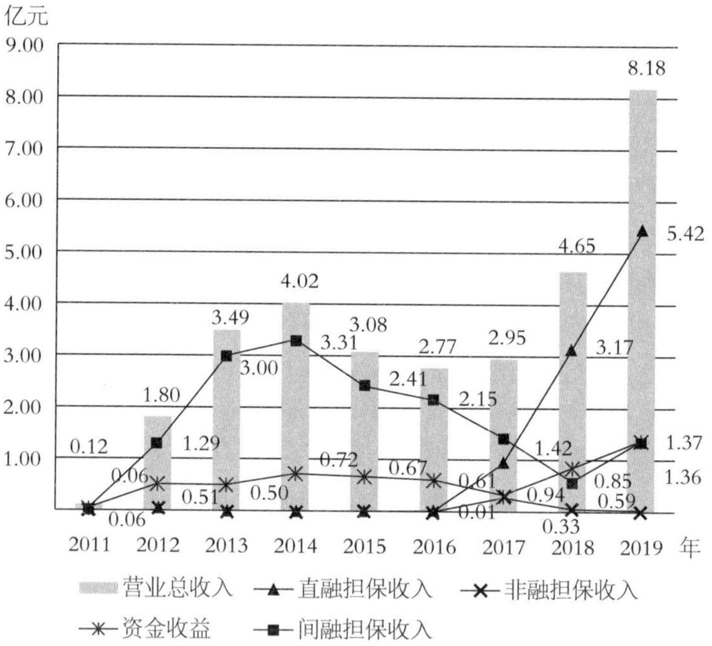

图6-6 2011~2019年兴农担保集团收入结构

由图6-6可知,兴农担保集团营业总收入呈现波动增长趋势,2017~2019年收入的增长主要源自直融担保收入的大幅度增长,间融担保收入呈现总体下滑趋势;而如图6-7所示,营业总收入、净利润的增长又源于注册资本金的增加，可见融资性担保机构的快速发展需要股东的持续资金投入。

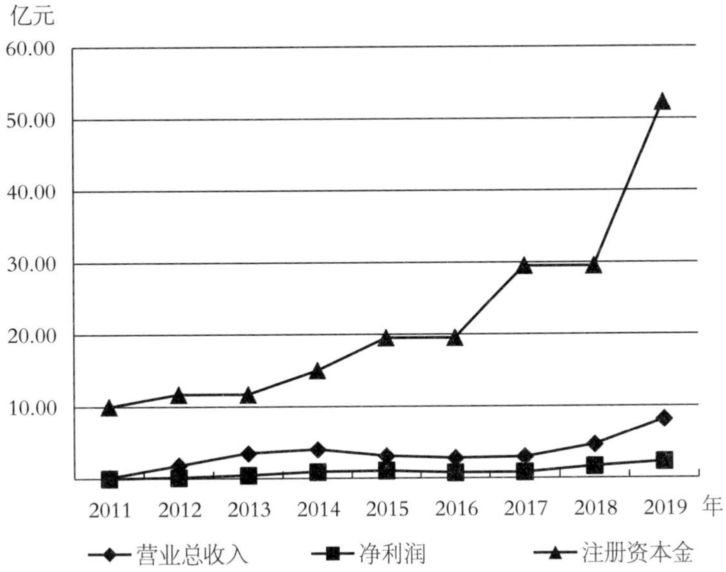

图 6－7　兴农担保集团历年注册资本金与营收示意

其二，建立了“风险为本、资本约束”的持续经营机制。风险管理是始终贯穿于融资性担保机构的生命线，风险控制能力是担保机构的核心竞争力，识别风险、管理风险、经营风险、化解风险是担保机构的核心要务。兴农担保集团近年来以防范化解重大金融风险为主线，建立保前、保中、保后“全面、全过程、全员”风险管理机制，建立信息化、系统化、标准化的风险控制体系，依法合规提足风险拨备，以此实现风险控制保障业务持续健康开展。如图 6－8 所示，近年来兴农担保集团拨备覆盖率与代偿水平呈反相关关系，拨备余额呈增长趋势，风险总体可控，但拨备余额的快速增加缘于 2017～2019 年直融业务的爆发式增长及注册资本金的不断增加。

同时，兴农担保集团坚持按照现代企业治理管理准则，健全治理结构、完善制度体系、优化内控机制、建立激励约束机制等，逐渐完善现代治理管理体系。并且根据担保行业特征，按照现行监管要求，实施资本约束，不得抽逃或变相抽逃资本金，不得集资或变相集资，不得非法从事资金业务，不得无限制放大杠杆倍数、无限制对外投资，不得对同一控制人或关联企业超集中度担保，不得不经风控程序随意承保，坚决杜绝行政干预、人情担保等现象，严防因风险聚集与承受能力不匹配，导致出现流动性风险，甚至引发金融风险。

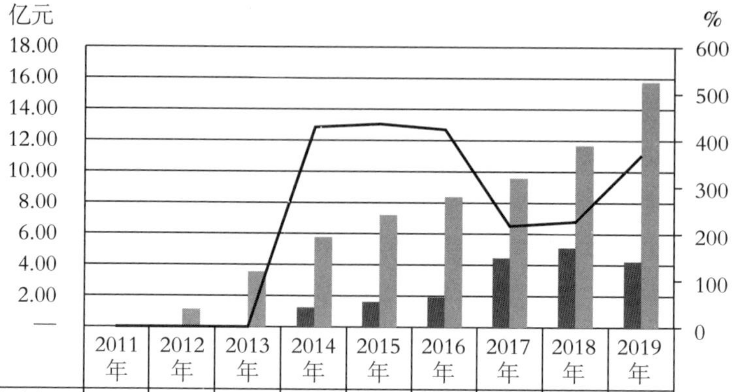

	2011年	2012年	2013年	2014年	2015年	2016年	2017年	2018年	2019年
代偿余额	—	—	—	1.35	1.66	2.01	4.46	5.19	4.28
拨备余额	0.06	1.17	3.57	5.77	7.22	8.43	9.67	11.82	15.83
拨备覆盖率	—	—	—	428.75	435.22	419.54	216.75	227.80	369.45

图6-8　2011~2019年兴农担保集团代偿余额及拨备情况示意

资料来源:图中数据根据兴农担保集团2011年至2019年审计报告整理。

其三,巧妙运用了“五个以小拨大”。兴农担保集团所建立的担保体系、构建的运营模式、打造的业务流程、创新的管理机制当中,都巧妙地融入了“五个以小拨大”,即市级财政首期出资入股30亿元组建兴农担保集团,按10~15倍放大倍数规则,运用担保公司的金融杠杆原理,3年内撬动1000亿元资金,用于支持促进中小微企业和“三农”领域的发展;市级担保集团出资10%,与辖区内各区县人民政府共同组建注册资金不低于1亿元的区县级担保公司,用于延伸支农服务触角,进村入户,解决农村金融服务质量不高、效率低下等难题,撬动长期低迷的农村金融市场;融资担保方案设计过程中,主动要求借款人将银行等传统金融机构不受理的“三权”(“三农”资产权益)用于担保抵质押融资,借此逐渐引导全社会发现、提升“三权”资产价值,进而撬动沉睡的巨量的“三权”资产;在银担保合作过程中,即使可以全额承担担保责任,也要让银行与担保公司至少按照“1∶9”的比例承担融资项目的风险,目的是用这“10%”的风险权重,调动、鞭策银行加强对于该项目的管理责任,有力防范融资担保项目的终极风险;担保公司所有干部员工,特别是从事具体业务运营的员工,都按照当年薪酬的15%,对应担保项目收入的10%~15%,提取风险保证金用于专门户留存,留存至该融资担保项目顺利解保,经过责任审计无任何违章违制、违规违纪行为之后,方可退还或补发。此举有力监督、鞭策了干部员工,告诉他们不能仅用行政指令开展金融服务工作,不能将融资担保项目当成“民政救济、财政补助”等类型的政策产品,以此增强他们的风险意识、责任意识、融资担保金融服务意识。

其四,建立了"1+n+x"伞形运营体系。兴农担保集团"1+n+x"组织体系中的"1"是指兴农担保集团本部,"n"是指兴农担保集团与n家区县政府联合组建的兴农区县担保子公司(以下简称区县公司),"x"是指兴农担保集团完全出资组建或与其他企业共同出资联合组建的多家全资或参控股的子公司,目前涉及评估、资产、基金、小额信贷、农畜产品交易、智能科技等新型金融服务板块。"1+n+x"组织体系蕴含了一个核心、两个层面、三个层次的组织联系与合作。一个核心是指市公司是"1+n+x"体系的组织核心,起到统揽全局、统筹调配、统分结合的核心作用,项目集中评审、客户集中管理、担保资源集中调配,是整个体系的中枢机构;两个层面分别是指"1+x"子体系层面与x家新型金融服务公司之间的组织联系与合作,以及"1+n"子体系层面与n家区县公司之间的组织联系与合作;三个层次分别是指兴农担保集团与n家区县公司之间的组织联系与合作,兴农担保集团与x家配套金融服务公司之间的组织联系与合作,以及n家区县公司与x家配套金融服务公司之间的组织联系与合作。

兴农担保集团"1+n+x"组织体系践行了担保融资服务实体经济发展的宗旨。其中,担保融资、价格评估、资产管理、小额信贷、农畜产品交易、股权基金、智能科技等体现了其多维度服务不同产业、不同行业的实体经济;分散各地的区县公司、子公司等则体现了其多层面服务中小微企业和推动"三农"主体发展。

除以兴农担保集团为代表的成功经验外,2019年重庆市融资担保行业近1/4的法人机构出现亏损,其中70%以上为民营机构。另有重庆市惠泉信用担保有限公司、重庆市乡镇企业融资担保有限责任公司、重庆旅游融资担保有限公司等政府性融资担保机构,它们虽然成立较早,已历经20多年改革发展,但目前地方金融监管局已经勒令其限期关停清算或停业整顿。这类担保机构陷入运营困境的原因主要有:一是业务品种单一,风险集中度较高。部分亏损机构涉及的网络担保业务、消费贷款担保业务等个人贷款担保业务占公司所有业务在保余额、营业收入的70%以上,业务模式及品种均较为单一,违背监管要求。二是风险管理制度不健全,且执行不到位。部分亏损融资担保机构内部职责权责不清,风控制度不健全,风险管理流程及风险调查的深度无法真正满足风险管理的需要,相关内部控制制度执行流于形式。三是未按监管要求规范经营,违规经营现象突出。部分亏损机构未按照监管要求履行放大倍数、对外投资、内控合规等方面的规定,对融资担保机构施行"小贷化"经营,造成亏损严重,导致被吊销融资担保行业经营许可证。四是管理体制长期不顺,频繁变换主管部门、变更股东单位,而且变换过程中交接不清。五是严重依赖政策补助,市场责任主体模糊不清,究竟是代行发挥机关职能的行政事业单位性质,还是独立核算企业属性,含混不清。六是监管缺位,由于主管部门变换不定,少有监管主体责任部门对其开展实质性的、专业化的、全方位的监督管理。

四、广东创新

广东省内的深圳担保集团有限公司(以下简称深圳担保集团)、深圳市高新投集团有限公司(以下简称深圳高新投)等公司的改革创新发展过程中,对政府性融资担保制度重构与完善等方面进行了生动实践和大胆创新。

(一)深圳担保集团

深圳担保集团成立于1999年12月,是深圳市政府出资设立的专业担保机构。2021年年初,注册资本114亿元,净资产182.96亿元,总资产291.57亿元。营业收入24.43亿元,利润总额12.92亿元,净利润9.69亿元,核心业务包括担保增信(直融)、融资担保(间融)、保证担保(非融)、创业投资、基金管理、小额贷款、商业保理、融资租赁、资产管理等。深圳担保集团的运营经验主要体现在三个方面:

1. 创造利润的专业机构下沉管理

深圳担保集团对其分(子)公司的管理思路与深圳高新投有些类似。专设机构下沉一级或两级进行管理,打造成市场定位清晰的八大利润中心。即(1)传统融资担保,以深圳中小企业投融资担保公司为平台开展传统间接融资性担保业务。(2)金融产品担保,以深圳市深担增信融资担保有限公司为平台开展债券担保、基金担保、信托资管担保业务。(3)保证担保,以深圳市中小担非融资性担保有限公司为平台开展各类履约、诉讼、工程保函业务。为了促进该类业务开展,还在多地区设立了分支机构。(4)产业金融服务,下设商业保理以及融资租赁公司专项开展商业保理、金融租赁融资服务。(5)创业投资业务,通过下设创业投资公司、基金管理公司为平台开展各类股权、债券投资业务。(6)资金业务,通过下设小额贷款公司等,开展委托贷款业务、典当业务,提升资金运营收益。(7)科技金融服务类业务。(8)其他资产管理、融资顾问服务业务。

深圳担保集团的组织架构及运营模式见图6-9。

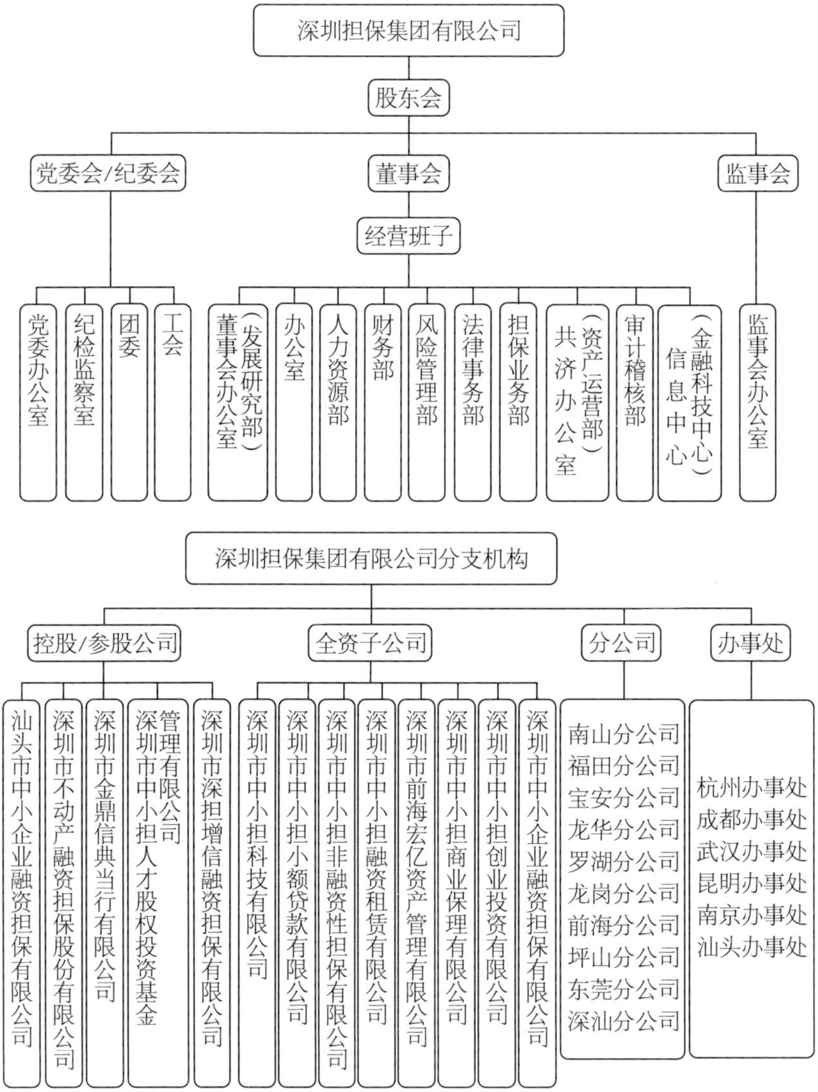

图 6－9　深圳担保集团组织架构及运营模式

2. 完善下沉机构科学运行机制

深圳担保集团对各个创造利润的专业机构实行下沉管理，为了更好提高其管理质量与效率，逐渐建立起了科学实用的运行机制。即（1）人事、财务集中管控机制。为了激发活力、创造力，该集团公司让专业机构下沉，作为相对独立的核算单位，自主经营，自我约束。但是作为财政出资的国有企业，党管干部必须强化，要将干部人事集中于集团本部进行管理；担保机构作为资金密集而又轻资产的企业，将资金集约化管理更加有利于减少低生息或非生息资金占用,提高资金使用效率和效益,同时也有利于确保资金安全,因此深圳担保集团以财务中心的形式强化了对整个担保集团资金的集中管控。(2)实行风险管控、法律事务半独立管理机制。为了提升其运营效率和效益,各个下沉机构独立保留自有的风控、法务机构,便于有针对性地开展风险管理、合规管理。同时,为了实现集团统筹管理风险与合规,由集团公司外派(下派)专业人员,具体负责履行下沉机构内设的风控、法务机构的工作职责。至于对该机构工作的考核,则由集团与下沉机构共同负责(深圳担保集团考核机制规定,集团考核占比 70%,所在机构考核占比 30%),这样既避免了风控部门与前台部门矛盾对立的情况,又总体守住了风险合规底线。(3)实现战略规划与运营管理分离机制。深圳担保集团在设置机构时,专设了发展研究部,专门负责集团公司战略、规划、改革、研究等重大工作事项。运营管理属于集团公司运营中枢,专项负责集团绩效考核、统计分析、产品研发等服务或促进前台业务运营的相关工作。

3. 风险管理既分散又集中

深圳担保集团实行全员风险管理模式,强化业务的事前、事中、事后风险管理。(1)树立全员风险管理文化。中后台人员入职之后,都会安排列席集团公司的风控会,让他们亲身感受风控文化氛围,让他们成为风险管理制度的理解者、践行者、执行者,从而孕育出更好的风险管理文化。前台人员入职之后,首先熟悉客户准入门槛、负面清单、风险控制指引、风险项目典型案例等,强化融资担保项目事前风险管理。(2)强化风险过程控制和管理。3 个风控专业部门(风控部、业务部和审计稽核部)全过程介入和参与担保后管理,基本形成了风控定标准、业务管执行、审计强监督的保后协同防控机制。(3)强化公司代偿风险问责机制。审计部门介入时主要关注业务操作流程、基本制度执行等情况。对业务、风控等隶属于业务前端的部门,建立起代偿强相关问责机制。若审计的项目中出现道德问题,则移交纪检监察部门查办。

(二)深圳高新投

深圳高新投成立于 1994 年 12 月,是 20 世纪 90 年代初深圳市委、市政府为解决中小科技企业融资难问题而设立的专业金融服务机构。目前,实收资本 138 亿元,净资产超 220 亿元,总资产近 340 亿元,营业收入 27 亿元,利润总额 16.08 亿元,净利润 12.01 亿元。其核心业务包括融资担保、创业投资、金融增信、保证担保、小额贷款、典当贷款、商业保理等。深圳高新投组织架构见图 6-10。其特点或经验主要有三点:

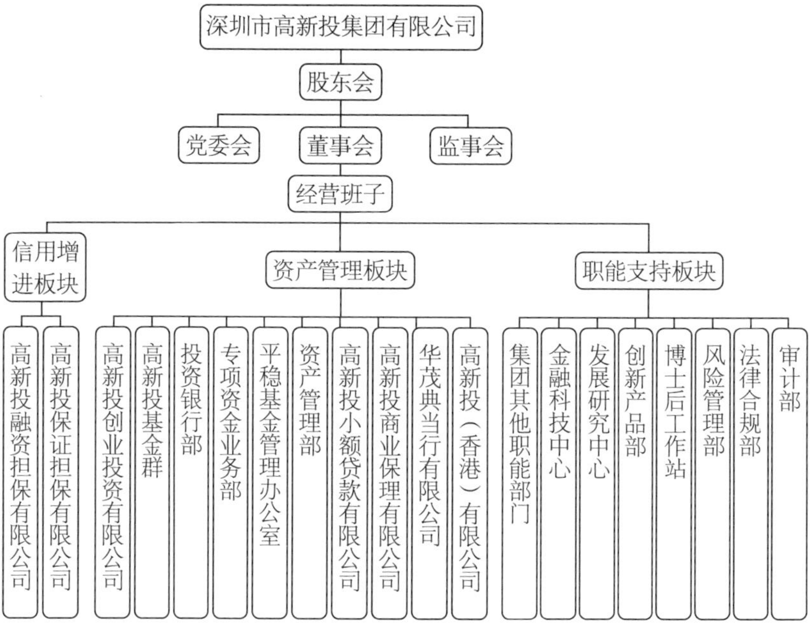

图 6-10 深圳高新投组织架构及运营模式

1. 创利专业机构下沉管理

深圳高新投的组织架构比较清晰，借助其强大的资本金实力，已经逐步转型升级成金控集团。该集团本部基本不开展业务，主要为各子公司提供战略规划、业务指导、风险管理、检查监督等服务。其业务拓展基本都依托于独立的子公司。这种运营管理方式具有较为明显的特点：(1)集团公司本部不再持有担保机构牌照，不再受制于监管政策约束，可以独立开展各种三类资产投资业务，如该集团公司委托贷款创收就达 11 亿元，占营业总收入的 40%；(2)各个利润中心依托自身开展专一而特色的业务，监管触线的概率降低，开拓创新的机制较活，更容易把某个领域某个行业产业做深做透，更容易提升核心竞争力；(3)在日常运营管理之外，设置有专门的发展研究中心，给集团公司转型发展做战略发展规划研究，做顶层设计。

2. "双轮驱动"主营业务发展

经过多年的业务拓展和客户培育，深圳高新投形成了较成熟的业务利润中心。其创利业务主要依托"双轮驱动"：(1)信用增进业务，即主要开展融资担保(间融担保)、保证担保(非融担保)、债券增信(资本市场业务担保)。这些业务分别以独立的专业机构为载体。(2)资产管理业务，即主要开展创业投资、基金管理、小贷公司、商业保理、典当公司、资产运作管理等业务，上述业务也基本以独立的专业机构为载体。

3. 投保联动提高项目运行绩效

基于深圳市较为良好的经济社会环境和相对宽松的监管政策，深圳高新投很早以前就涉足了投保联动业务，支持培育当地一些中小微科技型企业成长，先后扶持超300家企业“由小到大”并在境内外公开挂牌上市，被媒体称作资本市场的“高新投系”，较知名的企业包括比亚迪、大族激光、欧菲科技、海能达、沃尔核材、兴森科技、东江环保等。有的企业虽未上市，但在国际国内已经具有相当大的市场份额和影响力，如华为等。

深圳高新投主要投资活动大都依托旗下的创业投资公司、基金管理公司。这在一方面克服了集团公司为投资主体的监管障碍，另一方面实现了投资风险的有效隔离。深圳高新投旗下管理有多只基金，其中最大一只基金规模总计80亿元，实际募资20亿元，自有投入20%～30%，杠杆融资70%～80%。这些基金专注于深圳市内优势行业的早期投资项目，通过“股权+债权”的方式，为企业提供全方位投融资金融服务。

在深圳高新投投保联动的运营模式中，他们创造性建立了公司员工跟投机制，即公司员工在拓展投资业务、经办投资项目时，要求员工按一定比例跟投，尤其是要求负责营销和客户维护的客户经理跟投。一方面，这种跟投机制可以较好调动员工的积极性、创造力、责任感，较好转变工作作风，避免操作风险、道德风险，较好体现公司与员工“风险共担，利益均沾”，促进投资项目高质量运行，从而提高运行绩效；另一方面，也开辟了员工创收渠道，增强员工获得感、归属感，是保持员工队伍稳定的一种成功探索。

综上不难发现，广东省内的政府性融资担保机构身处相对发达的经济社会环境，在政府与市场相互融合、相互作用、相机发力等方面有许多新创造，在转型升级、深化改革过程之中有许多新探索。主要体现在：

一是走“政策性与商业化”两者相互交融、相互促进的发展道路。例如：深圳担保集团、深圳高新投等公司内部通过项目部制或设立分（子）公司的模式，让一部分业务支持高投入低回报的中小微企业和“三农”项目，以充分体现国有融资担保企业的宗旨使命。另一部分业务进入高风险、高收益、高回报的投融资领域，以充分体现现代企业商业化运营理念。二是多措并举做大资本金。政府性融资担保机构的价值体现在增加或提升信用，企业生命也是信用，而资本金是信用的重要支撑，任何国家或地区的政府性融资担保机构在发展过程中，资本金都是一个极其重要的因素，广东省内政府性融资担保机构在资本金筹集方面的探索经验比较典型。例如，深圳担保集团资本金从10年前的10亿元迅速增至114亿元，深圳高新投资本金从成立之初的1亿元逐渐增至138亿元。资本金的快速增长,源于他们思想解放、思路开阔,通过多渠道、多举措筹集。例如:深圳担保集团通过不良资产清收、利润转增等内部性挖掘来增加资本金,通过引进央企入股、区(县)政府或业务合作金融机构参股等外部性拓展来增加资本金。目前,这个经验正在从广东省迅速向全国其他省市推广。全国已经有近10家担保机构资本金超过100亿元,安徽省担保集团资本金更是高达186亿元。三是通过“四轮驱动”的业务架构,培育起忠实而稳定的客户群。所谓“四轮驱动”即“产品担保(直融)+保证担保(非融)+信贷担保(间融)+投保联动”。这固然受益于他们所处粤港澳大湾区这个相对发达而且开放的市场环境,但更取决于他们“专注专业+综合服务+产品创新”的经营理念。四是抓住数字化与数智化转型之契机,运用聚合、脱敏、同人、画像、物联网以及区块链等前沿技术,在融资担保智能合约、智能风控、信用评级、资产管理、资产交易等方面,突破传统担保业务操作流程,重新进行系统集成、组织架构、流程再造,进而在获客、风控、产品、服务等智能化方面成功实现迭代升级。广东省内的融资担保机构已经呈现“金融科技化”和“科技金融化”的双向发展态势,“数据+科技+金融”正在成为它们新的核心竞争力。涉及融资担保业务的中证信用也将“致力于成为中国领先的信用科技综合服务商”确定为该企业的发展愿景,其每年科研投入稳定在1.5亿元左右,该公司900人的员工队伍中,科技类人员占比甚至已超过60%,还成立了中证信用云、中证科技、寰擎信息、瑞庭狗4家金融科技公司,这些公司除为本集团公司提供服务外,其科技产品服务对象已经涉及国家政府机关和国内主流金融机构,科技金融已经成为该公司下一步谋求上市的重要引擎。深圳担保集团、深圳高新投也都设立了金融科技中心,前者还成立了专门的科技公司。五是建立起与多层次资本市场相对接的投贷联动机制,使传统的融资担保业务逐渐拓展至担保增信(直融)、融资担保(间融)、保证担保(非融)、创业投资、基金管理、小额信贷、商业保理、融资租赁、资产管理等综合性融资担保金融服务,让更多小微企业、“三农”主体获得更好金融支持,从而进一步促进担保对象和抵质押物的“信用创造”与“价值发现”,进一步促进当地经济社会更好发展。六是构建起适应高质量发展的运营模式。几家涉及融资担保业务的集团公司,几乎都在集团公司下面组建起一系列专业化的子公司,例如:非融、间融、直融、投资、租赁、典当、科技等诸多子公司。在不同时期,根据金融市场需求,与时俱进推动再造集团组织架构和运营模式,按照功能定位和金融市场需求设立子公司,顺应监管、隔离风险,激励各板块做大做强做优。这种在实际工作中探索出来的“机构下沉、业务延伸;部门精简、管理提升”之经验,让业务拓展职能借以子公司或项目部制、事业部制等方式,沿着各个领域、各个行业、各个市场下沉、深耕、精雕，延伸金融服务触角，让集团公司的管理职能，尤其是财务管理、风控管理、干部人事、绩效考核、资产管理、审计稽核、战略规划、产品研发等涉及“价值导向与评价、战略规划与实施、风险认知与防控、资源发掘与配置、绩效考核与提升”等主要问题的管理职能，借以通过组织架构、运营模式、业务流程的再造，提升其运营效率与质量，进而促进其高质量发展。此举让一些融资担保机构的金融服务能力由原来的年增长几百户，发展成为如今年增长上万户，甚至几万户、几十万户，原来本区域内的客户，现在已经成长为全国领军或世界知名的企业。七是提高投资业务收益，更好促进高质量可持续发展。虽然深圳担保集团、深圳高新投的注册资本金分别已经超过 110 亿元，但是他们的信用实力、经济效益、社会效益以及抗风险能力、可持续发展能力等，目前均已不再依赖政府财政资金投入，而是主要源于担保投资业务收入等创新业务利润转增。在这里，政府性融资担保表现出一种创新的投资行为，通过投资业务所获得的高收益转增资本金，覆盖融资担保业务可能产生的风险、损失，进而更好促进其高质量、可持续发展。担保投资业务是非传统融资担保业务，其业务拓展、风险控制、绩效考核等都区别于传统担保业务，要更多地体现效率与质量，更多地体现“信用创造与价值发现”。投资业务收入的多少取决于公司业务范围、产品设计、费率定价、运营模式、业务创新、绩效考核、激励约束等融资担保制度创新。八是建立起良好的风控文化。坚持风险与业务协同制衡的基础性制度不动摇，建立完善审、保分离制度，贯穿“四全”风险理念，让风险强相关的关键部门关键岗位员工能够相互监督制约，能够通过股权、跟投、绩效留存等正向激励相关各方，从而更好降低担保风险。从深圳担保集团、深圳高新投等担保机构的探索实践来看，还没有任何一家担保机构已经撤销风控部门，不但如此，风险防控部门的职能均有强化趋势。当然，强化风险防控并非让风控部门态度“武断”“蛮横”“强势”，而是通过模式创新、科技创新、产品创新、客户群培育、员工素质提升等举措来增强风险防控能力，提升风险防控水平。通过独立审批人制度、集体审批制度、客户经理制度、责任追究等制度的有机融合，更好提高集团公司总体风险管理水平。担保机构面临的风险，除债务人的偿债能力、诚信意识、还款意愿外，还包括政策风险、法律风险、市场风险、道德风险、行政干预，合作金融机构放宽贷款条件和放松贷后管理，以及担保机构自身的经营能力、风险意识、风控机制、管理制度建设等，任何一个方面的影响都有可能造成风险乃至导致损失发生。不断强化“全面、全员、全过程、全体系”风险管理理念，在风控部门设置、风控流程设计、风控机制建立等方面能够较好适应业务品类逐渐增多，业务规模快速扩张，风险衍生叠加日趋加剧等新情况新问题，有效避免一些技术性、操作性风险。加强风险防控的统筹协调管理，优化风险防控分工与协作机制，防止发生“合成谬误”风险事件。健全风险消减与风险应对机制，集团公司将消减风险的重心放在强化项目现场调查和执行行业产业负面清单准入制度上，特别是注重优化担保业务的品类、结构、区域、行业、产业链及客户群体布局，进而提高消减担保风险的整体效果。强化反担保措施设计，把股权、收益分红权、土地流转经营权、矿产开采权等权益类和仓单、订单、合约、裁决等契约类，以及账户监管、产业链监测等其他类作为反担保措施设计的创新项或强化事项。足额提取风险拨备，提高风险覆盖能力。扎实开展项目分保和探索建立信保基金。深圳的担保行业标杆企业，正在探索开展同业资产互换、风险互换，这些探索对承保体量大、结构不够优的担保集团公司来讲，是降低风险水平、增强风险应对能力的有效路径，已得到有关方面的支持鼓励，可望将风险有效控制在合理水平。九是不断深化人力资源制度改革。深圳担保行业标杆企业的“三项制度”基本实现了市场化，基本能够做到“员工能进能出、干部能上能下、薪酬能高能低”，这在其他一般的政府性融资担保企业是难以做到的。深圳高新投基于职能类部门工作业绩与业务创收的弱相关性，探索建立起了“基础收入＋基本固定年收入增长率”的薪酬制度，让效益增长部分更多地向业务类部门倾斜，有效防止了担保业务专业人才的逆向流动或流失。拉大业务一类、业务二类与职能类部门之间的收入差距，特别是针对业务类与职能类部门的不同属性特征，建立健全差别化绩效分配制度。加强干部能上能下的制度建设，以对市场和客户金融服务能力之高低，来评判业务能力之高低，让能者上、庸者下，让在位者有压力、能干者有动力。适时执行督导与副督导制度，对个别确实不作为、不会为、不能为的干部“一撸到底”，让干部能下制度释放出活力、创造力、震慑力。区别于全国其他地方担保公司干部员工主要源于行政事业单位或公务员队伍，他们的高端人才、产业技术类人才、科技复合型人才等已成为公司主流。深圳担保集团、深圳高新投根据公司发展战略目标，根据集团公司业务向“专精深”和“投行”转型的需要，已分期分批引进了现代金融企业高级专业人才和管理人才，目前该集团公司50%左右的人才均有多学科交叉背景，集团公司将有限的人员招聘指标用在具有多学科，特别是具有“理工科＋社科学科”双重背景的“985”“双一流”“世界名校”等高校毕业生上。对新招聘的应届毕业生或者工作年限较短的员工，执行多岗位锻炼制度（主流称谓为“管理培训生”制度）。岗位设置过于精细易造成员工能力、视野、思维局限于本岗位狭窄范围内，协同配合能力不强，不利于为客户提供优质的综合性金融服务。设置过于粗放，易造成员工能力空泛散乱、不精不专，业务杂而不精，难以按照市场需求及时完成新产品创新设计、新流程优化改进。对此，他们正在探索适度整合职能类部门岗位设置,明确职能类部门整体职责,至于具体分工,则交由部门内部灵活调度、统筹安排。

除以上4个省市的经验外,全国其他省(市)、地区在信保基金方面的探索实践经验也值得研究。

信保基金建立起以银行为主导的信保合作机制,一般可分为三种保证方式。一是间接保证。目前与信保基金签订合作协议的有银行、信托投资公司、信用合作社。中小企业大都就近通过金融机构申请信用保证。其中,间接保证业务金额占比较大,最高可以接近90%。二是直接保证。少数中小企业的科技创新突出,或管理比较突出,但缺少抵押品或少数财务指标达不到银行等金融机构要求,要直接获取融资难度较大,这种情况可以先向信保基金申请取得信用保证后,再获得金融机构融资。这类业务占比不高,约2%。三是相对保证。信保基金与产业龙头企业、政府相关部门、市(区)政府联合出资建立若干专项担保基金。向这类基金申请信用保证的,可以通过合作捐款单位申请,这类业务占比较小。对间接保证项目,信保基金在金融机构尽调取得的数据基础之上,运用内部积累的和外部提供的大数据,会重点对客户信用情况和业务准入条件进行核实,与金融机构实行差别化风险管控。对批量合作业务,信保基金要定期或不定期到金融机构开展风险检查或监测。

信保基金在构建银担合作机制方面的探索较有价值和意义。一是建立风险分担机制。信保基金与金融机构合作开展的保证贷款业务,除批量合作业务实行全额保证外,承保比例一般为50%~80%,特别业务承保比例达到90%,银行相应要分担10%~50%风险。正常年份,信保基金平均承保比例可以保持在60%左右,宏观经济环境趋紧时可以提高到80%以上。二是开展批量业务合作。信保基金与合作银行开展批量合作业务,在锁定代偿率的前提下,信保基金给予全额承保,并在约定代偿率范围内承担代偿责任,实际代偿率高于约定代偿率部分由合作银行承担,以增强银行管控风险的责任。此类业务金额占比在10%~20%。三是明确银行追偿责任。根据业务合作规则,保证贷款业务发生逾期的,银行首先向借款人追偿,通过法律诉讼后仍不能收回的,才能要求信保基金代偿,代偿债权仍然由金融机构负责追偿。绝大多数年份逾期保证业务回收率在20%左右,剩余80%金额由信保基金代偿,这样可以有效缓解信保基金流动性风险。为了调动银行积极性,提高银担合作业务质量,有效降低合作风险,在政府主导下可以建立一系列合作保障机制。如建立资金捐赠制度,银行业金融机构捐款金额与其上年度银担合作规模、代偿率等因素挂钩。建立合作评估机制,信保基金每年根据业务合作规模、代偿率、追偿率等指标对合作金融机构开展评估,评定风险等级,在不影响中小企业获取融资的情况下实行风险控制。鼓励银行清收,除对追偿清收有功的银行机构给予奖励外,还按照追偿金额的一定比例对银行员工给予奖励。四是给予税收优惠支持。信保基金运营没有任何税收负担,金融机构向信保基金捐赠资金可在税前列支,从而减少非运营资金损耗。五是推动银担合作。信保基金主管部门专门为金融机构制定了有关信用保证业务的业绩考核办法,设置"信保伙伴奖""协作贡献奖""促进政策推动奖"等奖项,给予银担合作工作优秀的金融机构表彰奖励,并作为核定金融机构年度保证贷款额度的参考依据。

信保基金每年根据具体情况推出专门业务品种,或调整现有业务政策,譬如:提高承保比例、降低收费标准等,配合政府宏观经济政策实施,应对重大自然灾害和突发经济事件,发挥逆周期调节、跨周期调节和稳定社会的作用。

第三节 国内外政府性融资担保制度分析

在对国内外政府性融资担保制度进行梳理之后,我们可以看出,美、日、德、法等国的政府性融资担保模式及其制度建设与运用具有一定代表性,安徽、浙江、重庆、广东等政府性融资担保制度建设与实践,可称为探索创造的样板。

美国政府性担保制度实践主要体现在:一是担保机构运营绩效主要体现为经济效益、社会效益、经营风险、可持续发展等,特别体现为特殊时期对特殊行业和产业的融资担保增信作用。二是政府性融资担保是在市场失灵时政府发挥重要作用的工具或载体。三是通过担保比例、费率高低等制度设计来调动担保机构推动业务运营的积极性,调节担保机构的运行绩效,进而体现担保机构的支持促进作用。四是政府性担保机构会直接或间接参与或支持促进债券类证券担保业务。其中,公共金融担保业务、结构金融担保业务、国际担保业务比较发达。五是风险管理机制健全,担保程序严格。建立良好的风险管理制度机制,贯彻该机制的不是政府职能或主管部门,而是风险管理委员会、业务标准委员会以及运营管理层等风险管理机构。

欧洲政府性融资担保制度实践主要体现在:一是国家财政实力较强,是担保机构的注册资金、担保基金的主要资金来源,融资担保运营活动的活跃程度主要基于财政资源的大小和调配能力。二是政府作为运营风险的主要分担者,最高承担损失额的65%,担保机构实际承担风险损失不足30%。三是根据不同对象不同时期不同领域设置不同的担保放大(担保杠杆)倍数,严格控制经营范围和业务方式。四是通过共同投资的理念和利益机制,使担保机构积极主动介入项目、共同经营项目、共同分担风险分享效益。五是担保机构的运行绩效取决于承担风险损失比例、担保费率高低、投资回报大小。六是政府不直接干预融资担保机构日常业务运营。

亚洲政府性担保制度实践主要体现在：一是政府性法律制度为融资担保体系作顶层设计，国家信用为融资担保信用背书。二是政府性担保机构的注册资金、自有资金主要源于政府拨款。三是建立信用保证基金，基金绝大部分或全部都由政府出资，并通过担保机构运营时收支盈余积累进行补充。四是担保对象和业务范围由政府明确指定，主要是中小企业和国家重点扶持发展、鼓励发展的高新技术产业行业或弱势产业行业。五是完全免税。六是逐年持续增加资本金，并以国家财政预算作保障。七是引入评估机制，重点是技术评估和风险评估，主要看成长性和风险度。八是技术创新和知识产权作为增加信用担保能力的主要因素。

国内政府性融资担保制度探索：一是国务院建立部际联席会议，督促指导地方政府对融资担保机构进行监督管理和风险处置，协调解决融资担保公司监督管理中的重大问题，并负责拟定融资担保公司监督管理制度。二是国家推动建立政府性融资担保体系，建立政府、银行业金融机构、融资担保公司合作机制，发展国家级的融资担保公司、担保基金公司、农担联盟。三是各级政府通过资本金投入、建立风险分担机制等方式，对主要为小微企业和“三农”服务的融资担保机构提供财政支持。四是政府性融资担保机构坚持准公共定位，以融资担保业务为主，以支小支农为主，提高小微企业和“三农”融资担保业务规模并降低费率水平。五是政府性融资担保机构按照审慎经营原则，在融资担保项目调查、项目评审、保后管理、代偿追偿、风险化解等方面，初步探索建立业务操作规范。六是政府性融资担保机构按照国家规定的风险管理、风险分担制度，积极主动计量和兑现担保责任余额。七是建立银行、担保、政府或保险等多方面业务合作、风险分担的综合性金融服务模式，探索建立信保基金以促进建立银担合作新机制。八是探索建立政府、金融机构、企业、社会团体和个人广泛参与，出资入股与无偿捐资相结合的多元化资金补充机制。九是通过先进的科技金融、高效的组织架构，以及模式重构、流程再造、全面风控、机构下沉、扁平管理等，使融资担保机构担保业务服务能力由原来的年增长几百户，转变为现在的年增长上万户，甚至几万户、几十万户，由原来的区域内客户，转变为现在的全国范围内客户。十是融资担保公司的注册资本金大小是其抗风险能力的重要因素，但是他们的信用实力、经济效益、社会效益，以及抗风险能力、可持续发展能力等不再依赖政府财政资金投入，而是主要源于担保投资业务收入，而担保投资业务收入大小则取决于公司业务范围、产品设计、费率定价、运营模式、业务创新、绩效考核、激励约束等融资担保制度创新。

国外政府性融资担保制度有几个共同特点：一是法律制度作顶层制度设计，国家信用作融资担保信用背书。二是依靠国家财政，对注册资本金、信用保证金、风险缓释金可持续注资，且有法定预算安排作保障。三是国家对经营范围和业务方式作严格界定，主要对国家鼓励发展的高新技术产业行业、战略性新兴产业或国家重点扶持发展的农业、中小微企业等弱质弱势行业产业提供融资担保服务。四是健全风险管理机制，严格融资担保程序。建立有良好的风险管理机制，贯彻该机制的不是政府职能或主管部门，而是风险管理委员会、业务标准委员会以及运营管理层等风险管理机构。政府及部门不干预担保机构运营管理。五是社会信用体系已经比较完备，融资担保中的逆向选择和道德风险等情况杜绝。六是引入评估评价机制。由负责评估评价的中介机构对融资担保项目和融资担保机构进行绩效、风险、收益等评价。

通过对国内外政府性融资担保制度的分析，不难看出：建立完备规范的法律制度体系、信用体系才能促进政府性融资担保机构高质量、可持续发展；明确政府性融资担保机构市场主体和功能定位是其运行效率提升的基础，政府财政保障等风险分担机制是其运行效能提升的关键；激励市场各方力量、配置多种资源是融资担保实现政策目标的保障。同时，我国应更多发挥融资担保机构作为市场主体增强经济效益、社会效益、控制风险、实现政策性目标的积极能动作用；鉴于社会信用体系有待完善，加之融资担保具有风险倍增效应，我们不宜将政府性融资担保当作纯公共产品，进行短期的消费性公共产品安排，而应作长期的金融投资制度设计；对于运行绩效不高、运营风险较大、政策目标偏离的现实问题，应加快建立合适的绩效考核机制、业务创新机制、风险控制机制、合规监管机制、协同保障机制等，尤其是绩效考核机制。

第四节　本 章 小 结

通过对国内外政府性融资担保制度的分析，不难发现：美国、德国、日本等国家政府性融资担保主要依靠健全的法律体系作制度设计安排，依靠财政来确保担保机构正常运营和风险兜底，有基本成熟的社会信用体系和风险管理机制。将其视作公共产品，给政府严格界定的弱质弱势行业、战略性新兴产业提供融资担保金融服务，其全过程都有市场机制在发挥积极作用。笔者认为，对政府性融资担保制度，构建好制度体系、信用体系，在政府严控下向指定行业产业提供融资担保服务，让风险控制机制独立发挥作用，让市场机制积极发挥作用，让政府更好发挥作用等有益经验是可以借鉴的。但是，如果忽视我国经济社会信用基础、国家财政实力、金融安全稳定，不统筹考虑公平合理地更好配置政府与市场相关资源,不加大担保机构市场主体责任,不通过科学有效的绩效考核激发责任主体的能动作用,不通过约束机制更好控制金融风险,仅采取加大财政投入的方式,将其视同公共产品,不考虑运行绩效高低而盲目提供融资担保服务,无疑是高风险、低效率、偏离政策目标、不可持续的。

第七章　政府性融资担保制度完善研究

习近平法治思想要求我们要从立足新发展阶段、贯彻新发展理念、构建新发展格局的实际出发，继续加强法治政府建设，构建职责明确、依法行政的政府治理体系，有效提升运用制度和法律管理国家各方面事务的能力。[1] 制度经济学也表明，通过将隐性制度显性化，将潜规则变成显规则，降低制度性交易成本，是市场经济良性运行法则之一。通过前面几章对政府性融资担保制度的演进研究可以看出，虽然我们已经有了一些政府性融资担保制度的相关文件，但还不够系统和全面，对政府性融资机构缺乏法律激励和约束，规范政府性融资担保的相关政策法规散见于不同文件中，难以形成制度合力，这也导致政府性融资担保制度运行绩效不高。因此，基于前文对政府性融资担保制度的理论研究、演进研究、绩效研究、规制研究等，本章旨在完善政府性融资担保制度。完善政府性融资担保制度，是将习近平法治思想运用到经济金融领域，实践到融资担保行业的重要议题，也是将制度与法律经济学科学原理应用到金融市场的有益探索。当然，重构和完善政府性融资担保制度，是一个系统工程，如果相关制度调整和规制对象不明确，制度规范不能遵循权利义务责任等基本原则，没有制度精神的价值引领，缺乏制度实现的手段与途径，预期的政策目标就难以实现。因此，本章研究和解决的重点是完善政府性融资担保制度的目标原则、思路方法、重点内容，特别是制定政府性融资担保机构的法律制度。

第一节　政府性融资担保制度的政策目标

担保行业的繁荣对社会经济的发展无疑具有明显促进作用，然而它在保

---

〔1〕 应松年：《在法治政府建设上率先突破》，载《人民日报》2020 年 12 月 4 日，第 9 版。

障经济安全的同时可能增加交易成本，妨碍资源的有效利用；在放大信用的同时放大风险，威胁宏观经济体系安全；在加速经济发展的同时可能助生经济“泡沫”，影响经济可持续发展；在满足社会资金需求同时可能加剧道德风险，危害经济生活秩序。[1] 因此，融资担保行业的发展需要贯彻新发展理念，构建新发展格局，同时要加快完善深化供给侧结构性改革，促进创新驱动发展，防范化解金融风险等急需的法律规范。[2] 而加快完善政府性融资担保制度体系和法律规范，既是深化金融供给侧结构性改革的现实要求，也是防范化解重大金融风险的客观要求。政府性融资担保制度的重构与完善要实现与国家宏观调控导向和市场经济发展方向保持一致的政策目标。

一、缓解中小微企业和“三农”融资难

中小微企业在解决就业、创新创业、促进经济增长方面具有不可替代的作用，“三农”又是国之根本，所以各国都将扶持推动中小微企业和“三农”发展作为重要的政府职责，在财政税收、货币金融、产业土地、工商信用等政策上给予扶持，但中小微企业和“三农”由于资产质量差、资质水平低、资金周转慢等诸多原因，抗风险能力不高，经常陷入“断粮”“断链”“断资”等困境，所以传统正规金融不愿意介入这些市场主体，中小微企业和“三农”主体融资难、融资贵、融资慢一直是世界性难题。一些发达国家的政府基于解决这一难题的目的已逐步建立政府性融资担保制度。设计政府性融资担保制度的目的在于通过制度性安排，为中小微企业和“三农”搭建融资通道、降低融资成本、改善融资环境，引导金融资源流向中小微企业和“三农”，推动金融供给侧结构性改革，真正解决中小微企业和“三农”融资难题。

二、促进弱质产业获得公平发展机会

实践已深刻揭示一个重要道理：产业链、供应链稳定是国民经济健康发展的基石。产业链、供应链稳定的前提是各个产业都能均衡发展，优势产业要锻长板，弱势产业要补短板，才不会因“一个零部件”断了“一条产业链”，“一个种资源”荒了“一片产业田”。所以我国“十四五”规划提出了要建立现代产业体系，其中一个重要内容是提升传统产业和弱质产业。以农业为例，这是一个

---

[1] 许明月：《论现代担保市场法律规制的理念与模式》，载《中国法学》2013 年第 6 期。

[2] 参见《法治中国建设规划》，载《人民日报》2021 年 1 月 11 日，第 1 版。

具有长周期、高投入、低产出、附加值低、不确定性大等特点的弱质产业，但又是承担了确保国家粮食安全重任的基础产业，涉及占人口大多数的农业人口的就业发展和增收致富的国家大政方针。撇开大型农业企业和农业龙头企业不谈，农户、专业大户、家庭农场、农业专业合作社等小农经济和新型农业经营主体的发展始终存在金融资本缺乏的问题，有的往往出现在即将“挂果”实现盈利的关键时期，若是有渠道获得资本支持就可以获得健康稳定的发展。而融资担保通过价值发现和信用创造，则可以在关键时点为小农经济、新型农业经营主体等注入资本，为他们及时“输血”，促进“造血”，从而使他们获得公平发展的机会。再从促进公有制经济和非公有制经济共同发展的基本经济制度来看，非公有制经济与公有制经济相比，仅从获取金融资本资源的视角上看，也是弱势群体，而政府性融资担保制度的设计就是要为民营经济增信，促进民间投资的增长。从中国金融的长期实践来看，没有担保增信，民营经济很难有机会获得更多金融资本支持。所以政府性融资担保就要起到促进各种所有制经济形态都获得公平发展的机会的作用。

三、顺畅传导国家宏观调控政策

我们要发展的中国特色社会主义法治理论，本质上是中国特色社会主义理论体系在法治问题上的理论成果，我们要建设的中国特色社会主义法治体系，本质上是中国特色社会主义制度的法律表现形式。[1] 我国的宏观调控政策是区别于其他任何国家的具有中国特色的宏观调控政策，构建完善好政府性融资担保制度，有助于顺畅传导国家宏观调控政策。深化“放管服”改革，优化营商环境，让“看不见的手”在资源配置中起决定性作用，建设高水平社会主义市场经济体系，要着力厘清政府和市场、政府和社会的关系，依法全面履行政府职能，更加注重用法律和制度遏制不当干预经济活动的行为。[2] 同时，要更好发挥“看得见的手”的作用，校正市场负外部性，用完善的制度规制市场行为，就必须加强政府宏观调控，确保顺畅传导国家宏观调控政策。融资担保素有“小担保、大作为”的政府定位和市场定位，融资担保在引导金融资本进入实体经济、扶持中小微企业、助力“三农”发展、补充传统产业融资渠道、促进创新创业、确保守住不发生系统性金融风险等方面都具有重要作用，政府性融资担保制度设计的目标就是要确保国家宏观调控政策和宏观治理方针

---

〔1〕 习近平：《坚定不移走中国特色社会主义法治道路　为全面建设社会主义现代化国家提供有力保障》，载《求是》2021年第5期。

〔2〕 参见《法治中国建设规划》，载《人民日报》2021年1月11日，第1版。

落实到经济运行的关键环节、重点领域、战略性新兴产业、涉及民生的重点行业产业。除此之外，政府性融资担保还要肩负起促进各类所有制经济共同发展、防止政府债务率过高、防止金融资本空转、防止金融资本脱实向虚变相进入房地产行业、防止平台经济垄断金融资本等使命，确保顺畅传导国家宏观调控政策和宏观治理方针，并落实到位。宏观调控政策关乎社会公平、民生福祉与百业昌盛，在政府性融资担保制度建构中，如何确保国家在不同时期、不同环境针对不同区域、不同产业以及不同人群的宏观调控管理政策达到应有的效果，是政府性融资担保制度设计必须要坚持和完善的宏观目标。

四、守住不发生系统性金融风险底线

防范化解重大风险是三大攻坚战之一。在确立政府性融资担保制度构建目标时，担保市场法律规制应体现出几个基本价值理念，即经济安全与经济效率并重，交易安全与宏观经济运行安全并重，激励性规制与约束性规制并重，道德性规制与风险控制性监管并重，统筹发展与安全。回溯担保演进发展的历程，以温州为代表的浙江中小企业连带担保和以河南为代表的政府性融资担保平台的局部性、区域性风险不断为担保业发展敲响了警钟。事实上，担保的杠杆作用在放大信用的同时也成倍放大了政策性风险、市场性风险以及金融风险。要充分发挥政府性融资担保的积极功能，消除或控制其消极因素或负面效应。政府性融资担保机构支持服务的对象主要是弱质产业行业、弱势群体主体，或者是国家重点扶持的战略性新兴产业，如果担保风险不能得到有效防范，可能危及政治经济安全。担保作为一种制度设计和产品设计，由政府来主导，就是为了将金融杠杆和金融风险控制在可承载、可转化的能力范围内，不至于引发系统性危机。所以政府性融资担保肩负着促进担保行业正规发展、健康发展和持续发展的使命，也肩负着守住不发生系统性金融风险底线的重任。建立这样的制度目标，要将主体法与行为法有效结合，为政府性融资担保的经营主体、经营范围、杠杆倍数、服务对象等限定一个合理的范围，为全社会信用担保体系构筑一个“堤防”。因为金融是具有风险放大、快速传染与连锁反应的行业，哪怕是担保这一个环节的漏洞或是疏于监管就有可能会演变成“灰犀牛”，导致系统性金融风险的发生。政府性融资担保就要起到“隔离墙”的作用，它甚至是整个金融系统中作为特殊目的机构的重要制度载体设计。

五、提高政府性融资担保机构运行绩效

政府性融资担保制度建构既有宏观层面的考量，也有微观层面的考量，宏观层面主要是指导性的、方向性的，而微观层面的考量则要进一步具体化，有一定的操作性。两个层面的考量都为了使制度的政策效果和制度绩效能够实现最大化和最优化，尽可能符合帕累托改进目标。宏观层面主要体现在融资担保行业宏观调控上的效果，而微观层面就是为政府性融资担保的具体运行载体的设立运营提供法理依据和法律约束，其主要目的是促进融资担保机构这一载体的健康发展和长期稳定，核心就是要提高政府性融资担保机构的经营效率和经营绩能。政府性融资担保制度是财政金融制度不断改革发展过程中的产物。积极的财政政策要提升效能，更加注重精准、可持续。[1] 在制度设计中，其运行目标，应根据不同时期、不同区域、不同行业产业、不同基础条件，予以分类指导，考核的经济效益、政策性目标、可持续发展能力等三个主要方面的指标权重应能动态调整确定。为了实现运行绩效总体目标，应让三个方面两两之间利益能够互相转化。政府性融资机构运行绩效如何考量，就是微观层面的核心内容，包括运行绩效的内容构成、运行绩效的评估指标、运行绩效的评估方法与评估主体、运行绩效考核方式以及考核结果的应用等，这些内容明确之后就能在制度设计中实现提高政府性融资担保制度运行绩效的目的。再担保机构、政府性融资担保基金，是为政府性融资担保配套设计的市场主体，这几个方面应统筹谋划，综合考虑，力求提高整体运行绩效，即不能为化解政府性融资担保机构的风险而给再担保机构造成更多损失，担保基金不能无条件增资入股担保机构，应考虑整体投资回报和运行绩效。要提高运行绩效，不能不考虑有效控制运行成本。在融资担保交易中，债权人往往起决定性作用，债权人选择什么担保形式，主要决定于担保交易成本、担保强度两个因素。就债务人而言，对融资担保成本的考虑除设定成本外，还要考虑担保权设定对担保物利用造成的影响。在抵押担保中，交易成本主要包括抵押权的设定成本，抵押权的维持成本、抵押权的实现成本。担保权的实现方式，直接决定担保权实现成本。为了更好控制运行成本，政府性融资担保机构应遵循市场化、专业化运行规律。

---

〔1〕 参见《中央经济工作会议有关精神》，载《人民日报》2021 年 12 月 11 日，第 1 版。

第二节　政府性融资担保制度的基本原则

要建设完备的法律规范体系,以良法促进发展,保障善治。要坚持立改废释并举,加强重点领域、新兴领域、涉外领域立法,以推动贯彻新发展理念,构建新发展格局,加快完善深化供给侧结构性改革、促进创新驱动发展、防范化解金融风险等急需的法律法规。[1] 推进国家治理体系和治理能力现代化,就是要适应时代变化,既要改革不适应实践发展要求的体制机制、法律法规,又要不断构建新的体制机制、法律法规,使各方面制度更加科学、更加完善,实现党、国家、社会各方事务治理程序化、规范化、制度化。[2] 法律制度规范体系的建立要与经济社会发展的实际相适应,与经济社会发展的方向相耦合,用法律制度的超验性和进步性体现经济社会发展的时代性和迭代性。政府性融资担保直接与中小微企业和“三农”等重点领域,以及新兴金融等领域密切相关。通过政府作用和市场机制更好发挥财政金融杠杆作用,更好提供金融服务,更好实现财政金融的政策目标和市场价值,这是政府性融资担保制度构建的目的价值与意义凝练,也是推导政府性融资担保制度重构或完善原则的依据。从政府性融资担保制度构建的目的价值与意义,不难推导出该制度重构或完善所要遵循的基本原则。

一、实质公平原则

在政府性融资担保制度设计中的最大体现,就是要实现各类市场主体在公正平等、公开透明的环境下获得与其有效需求相匹配的有效金融服务供给,有时要从社会公平的角度而非仅局限于主体公平的角度进行制度设计,从而体现法律扶弱济困的精神。简言之,政府性融资担保制度构建要坚持有利于提高普惠金融服务质量的基本原则,这是政府性融资担保制度构建的社会原则。普惠性是政府性融资担保机构的重要定位,它推动金融弱势群体以低廉的成本、优惠的价格、便捷的渠道获得金融服务,让金融这一稀缺资源成为每一个市场主体能够雨露均沾的源头活水。普惠性不仅是一种政治性制度设计,也是一种社会性制度设计,还是一种经济性制度设计。政府性融资担保制度设计要体现国情特色、文化传统与经济性,也要遵循制度设计的初衷,推动

[1] 中共中央《法治中国建设规划(2020—2025 年)》,载《人民日报》2021 年 1 月 11 日,第 1 版。

[2] 中共中国法学会党组:《用习近平法治思想引领法治中国建设》,载《人民日报》2020 年 12 月 25 日,第 9 版。

担保资源成为每个人都能够公平获取的普惠性公共资源,如市场非歧视性原则,不能因为融资额度小、基础底子薄、抵押担保物匮乏就将申请人拒之门外,而是要根据其贷款用途是否是符合国家鼓励支持的产业范围、根据其是否属于政府允许担保的群体范围等来衡量,否则“普而不惠”或者“惠而不普”都不是制度设计的正确打开方式。提高普惠金融质量,担保的作用不可或缺,这是政府性融资担保制度建构不得不坚持的重要原则。

二、信用创造原则

诚实信用是商业伦理、社会道德,也是法治精神。遵循诚实信用原则,要建立守信联合激励和失信联合惩戒的社会信用制度体系,该体系最具有价值意义的是更好推动信用创造与价值发现,让人和物的价值得到更好体现,让社会财富得到更好增长,让信用促进资金融通、商品流通、交易实现的功能最大化,也让法律制度这一惩恶扬善、匡扶正义的“利剑”永不蒙尘。简言之,政府性融资担保制度构建要坚持有利于推动信用创造和价值发现的基本原则,这是政府性融资担保制度建构的功能原则。各种担保都检验着对财产价值的利用水平,而信用创造和价值发现是担保的基本功能作用。在制度设计过程当中,首先要评估论证这项新制度的建立完善,是更加有利于规制对象和规制主体的基本功能发挥,还是更加抑制其规制对象和规制主体基本功能发挥。在构建或完善政府性融资担保法律制度时,要坚持更好发挥政府性融资担保功能作用的原则,不断挖掘政府性融资担保的深层次内在性的经济价值与社会意义,例如,在信用创造中,担保机制能否具有比其他信用创造机制更好的政策支持或环境支撑;又如,在价值发现中,担保机制能否具有比其他价值、潜在价值发现手段更好的会计准则、核算方式、评估标准、评估依据、资产管理、交易平台、流转渠道等。政府性融资担保制度建构中就是要体现政府主导、政府支持、政府扶助、政府保障的内容,推动政府性融资担保在信用创造和价值发现中功能作用发挥得更加充分、更加深入、更加接地气。

长期以来,党中央、国务院一直重视信用体系的建设和社会信用的培育,曾为此作出过多项部署,投资过不少财力、物力,然而效果不甚理想。究其原因有多方面,但主要是信用资源整合利用不够,成本较高,效果较差。如财政、税务、工商、交通、国土、公安、教育、医疗等相关部门之间沟通、配合不够,部门之间的信息资源不能及时共享,动态维护。即使能够部分实现共享,实际运行中产生的真实准确的数据信息,却难以从信用价值的角度及时进行甄别、挖掘、筛查、分析处理、转化运用。即使以成立大数据公司等形式来推动,也难以从数据价值,尤其是信用价值角度整合好信息资源,发挥好作用。鉴于政府性融资担保的根本背书是政府信用,政府性融资担保的出资人是政府财政,投资人是各级政府,运营时需要联系的政府部门众多,能够延伸的金融服务触角很深。鉴于担保机构运营的目标是支持促进政府导向的"三农"、中小微企业、战略性新兴产业等发展,那融资担保机构就可以而且应该为更好促进信用体系建设和信用培育,更多发挥信息收集、数据处理、数据运用、评估评审、价值发现等作用而积极作为、主动作为。尤其是针对省(市)以下、县域以内、乡镇街道、社区园区等范围内的信用体系建设和信用培育工作,政府性融资担保应该从制度设计方面,为更好践行使命担当,履行社会责任,抓住信用体系建设和信用培育这个极其重要的基础性工作目标而充分发挥好积极特殊的作用。

农业是国民经济的基础,是社会稳定的"压舱石"。近年来,国家有关部门在农村产权改革方面展开深入研究,积极探索赋予农民公平分享土地增值收益的权利,赋予土地承包经营权抵押、担保权能,赋予农民住房财产权抵押、担保、转让的权能,赋予农民对集体资产股份占有、收益、有偿退出及抵押、担保、继承权。[1] 但是,如何让这些权利、权能得以收储、交易、转让、变现却是更大难题。吉林省梨树县政府性融资担保发展经验表明:以政府为主导的政府性融资担保,通过政府风险兜底的公益化、市场化运作,通过政府性融资担保对接多级资本市场,有利于发现"三农"价值,提升"三农"信用,实现"三农"信用创造,能够更好解决"三农"融资难题,促进"三农"高质量发展。

在全球数字经济、互联网经济、产业经济飞速迭代发展的背景下,可以通过政府性融资担保制度创新,引导融资担保各方,运用好现代科技手段,配置好经济社会资源,创新机制、重构模式、再造流程、拓宽渠道、优化产品,以期通过政府性融资担保,有效对接多层次资本市场,从而更好盘活闲置资产、"沉睡"资产,更优配置金融资源、社会资源,促进其在价值发现和信用创造等方面,进一步发挥出更大更好的政府性融资担保制度优势。通过大数据、云计算、区块链、量子技术、物联网等高新技术的运用,由金融科技逐渐转向科技金融,进而更好挖掘和配置潜在的信用资源。[2] 如将大量"三农""沉睡"资产、知识产权、留置权、股权、债权、数据权、私权等这类市场主体暂时无法或难以通过市场直接变现的资产或其他权益,评估定价,发现这些资产权益作为反担

---

〔1〕 参见叶兴庆:《农村经济调查与研究》(第1部),中国发展出版社2015年版,第2~54页。

〔2〕 参见唐弋夫:《区块链技术融入融资担保增信的通道及其路径研究》,载《西南政法大学学报》2020年第4期。

保物的潜在价值,进而实现对担保物价值的再发现和新利用,提高市场主体金融可获得性,自然就成为其作为金融中介存在的价值和发挥信用创造功能的底层逻辑。把大量的财政资金投入政府性融资担保中应该产生更多的投资价值,如果没有实现更多信用创造和更大投资价值发现,还出现了更多的金融风险损失,那这种制度将是失败的制度。政府性融资担保是国家资源,政府力量通过市场机制更好发挥价值的生动实践,要运用中国特色社会主义制度优势,集中各方力量,统筹各方资源,把信用体系、征信体系建设好,把金融资源融合好,把担保机制调动好,从而更好实现信用创造和价值发现。

三、资源优化配置原则

发挥市场在资源配置中的决定性作用和更好发挥政府作用都有一个重要前提,那就是要优化配置,否则政府失灵与市场失灵会交替发生,陷入“一放就乱、一管就死”的死循环。虽然法律制度是最低限度的道德要求,但合情合理、合乎公众利益更是法律制度设计更高层次的追求。简言之,政府性融资担保制度构建要坚持有利于优化配置各种金融资源的基本原则,这应该是政府性融资担保制度建构的市场原则。政府性融资担保机构的宗旨与使命,从表面来看是缓解“融资难、融资贵”问题,但其实质是依法将更多资源配置到乡村发展的重点领域和薄弱环节,配置到影响战略性新兴产业行业发展的中小微企业,它一方面要克服市场失灵,另一方面又要借助市场机制。[1] 从金融资源配置总体视角来看,政府性融资担保制度应放到整个金融服务制度中去设计和检验,让以担保牵引的各类金融资源与各类市场主体达到供给有效、需求有度、供需平衡。当担保在借助于银行体系发挥担保融资作用的同时也能借助于证券、债券、保险、信托、租赁、保理、期货交易、基金以及其他金融衍生工具,实现担保资产价值最大化的同时也能推动各类金融资源配置效率最优化。从担保资源配置的独特视角来看,担保资源作为金融资源和公共资源,遵循更好发挥政府重要作用与更好发挥市场决定作用的两性原理,实现担保资源的优化配置。重点在于优化配置政府性融资担保资源与社会性融资担保资源,因为二者的侧重点不同,前者更多遵循经济规律,按照市场经济法则实现担保资源在市场上的优化配置,将资源配置到效率更高、效益更好的实体、产业、群体和主体;而后者更加遵循社会规律,按照公平法则实现担保资源在不同利益主体之间的优化配置,将资源配置到政府主导、发展缓慢的实体、产业、群体和主体。政府性融资担保资源,如政府设立的担保基金、再担保机构、评估机构、资

---

〔1〕 参见《乡村振兴促进法》(2021 年 4 月 29 日十三届全国人大二十八次会议通过)第 65 条。

产管理公司,以及碳交所、土交所、林交所、畜交所、股交所等市场要素资源,不是不尊重市场经济规律,而是在尊重社会规律的基础上更好地运用市场经济规律来达到资源优化配置的目标。

四、现代化治理管理原则

前面研究中提出法律制度应该着重对政府性融资担保机构这个市场主体的权利、义务、责任及其在市场交易活动中的实质公平作出制度规制。这是否是在强调意思自治原则呢?意思自治原则是现代民事法律关系的重要原则。它是指责任主体在法律允许范围内,享有完全自由,在进行民事活动时,意志独立。它可以按照自己的真实意思来决定缔结合同关系,可以根据真实意愿设定、变更、终止法律关系。它为自己设定权利,也为他人承担义务,不受任何机关、组织或个人非法干涉。政府性融资担保机构作为民事行为主体,必然要能够表达自身意愿、维护自身权利、承担他人义务,不宜受太多外力干预,否则就没有持续发展能力,承担起更多法律责任和义务。政府性融资担保机构的民事行为看似可以强调意思自治原则,实则不然,这种自由不是绝对的,它要以平等原则存在和实现为前提,是一种合意可能。我国有关方面的法治理论和法治实践表明,通过完善的现代公司治理体系和治理机制来保障政府性融资担保机构的民事行为主体权利和督促其履行相应的民事行为主体义务,才能保障其更好维护权利、履行义务、承担责任,即政府性融资担保制度构建和完善要坚持有利于完善现代公司治理管理的基本原则。有利于完善现代公司治理管理是政府性融资担保制度构建或完善的原则。《公司法》《国有资产管理办法》《国有资产监督管理条例》作为规制政府性融资担保机构的法律,对公司的基本治理结构和治理框架已经明确,对公司从设立到解散的程序也作了明确规定,但是政府性融资担保机构作为一类特殊的金融机构,承担特殊的政策使命,其公司治理与管理相较一般企业或国有企业都有较大区别,所以在政府性融资担保制度建构中应将政府性融资担保机构的现代公司治理管理的机制进一步明确。政府性融资担保法律规制,是为政府实现一定的社会目的,通过法律规范对担保市场主体的行为进行约束与控制。它是"公共机关依据法律的明确规定,直接增加市场主体的权利或增加其义务的一种政府行为"。[1] 从国有金融企业"三会一层"治理结构的运行实践来看,实际上存在治理结构不完善,在治理过程中监督制约"缺位、越位、虚位、不到位"等诸多问题,由于这些并非本论文讨论的内容,在此不

---

〔1〕 参见盛学军、陈开琦:《论市场规制权》,载《现代法学》2007年第4期。

再赘述,但是它给政府性融资担保制度构建或完善提出了镜鉴,我们应进一步完善公司现代化治理管理,加大监督制约,减少政府干预,明确融资担保机构自身的权利、义务和社会责任。政府性融资担保机构究竟应该如何将“三会一层”的治理结构与现代公司治理管理机制以及政府性融资担保机构特有的目标相结合,推动政府性融资担保机构完善现代公司治理管理机制是制度设计中需要重点考量的内容。

第三节　政府性融资担保制度完善思路

在经济法的主体制度构建中,要贯穿可持续发展理念,最能体现可持续发展理念的制度至少应体现两个方面的内涵:一是作为市场主体的企业社会责任制度;二是特殊市场准入制度中的审批许可制度。它应该既是市场秩序法律中的可持续发展,又是宏观调控法律制度中的可持续发展。[1] 经过重构和不断完善起来的政府性融资担保制度,应该既要接近市场主体,又不能脱离政府管控;既要体现政府作用,又要发挥市场机制;既要服从行政管理,又要接受绩效考核;既要满足公司治理,又要适应监管约束,还要蕴含政策目标;既要激活担保物权,又要促进信用创造,还要实现价值提升;既要确保经济效益,又要确保社会效益,还要能够控制风险,更要能够可持续发展。政府性融资担保制度法理分析、演进特征、国内外实践经验,以及制度绩效相关实证研究表明:政府性融资担保制度的重构或完善,应该要能够解决好担保物权与担保物利用之间的矛盾,应充分利用并配置各种担保及其配套机制,应适应社会财富结构、经济结构、产业结构的变化,应能保障交易安全,有效控制运行成本、运行风险并能提高运行绩效;要将信用政府化、法律化,有效调动银行等金融机构积极性,然后将部分担保融资贷款资产证券化,让融资担保能够对接多层次资本市场,充分体现融资担保的价值投资意义;要妥善处理好政府与市场、公平与效率、担保功能与担保价值、担保体制与担保机制、担保机构存在与存续等法律关系,这是政府性融资担保制度完善和规制设计必须回应的主要问题、必须处理好的基本关系,当然也是该制度规制的关键所在,是重构与完善制度过程当中必须理清的主要思路。

一、妥善处理政府、市场与担保机构之间的基本关系

政府和市场代表了公平和效率,没有公平的市场不可持续,没有效率的政

---

〔1〕 参见李昌麒:《经济法理念研究》,法律出版社 2009 年版,第 187 ~ 188 页。

府难以维系。要根据政治、经济、社会条件，针对存在的现实问题，不断改革完善政府与市场作用，重点是完善市场经济体制机制，建立现代经济体系，做好配置资源。全面深化改革的重点是经济体制改革，其核心问题是要处理好政府和市场的关系，使市场在资源配置中起决定性作用和更好发挥政府作用。[1] 对适宜由市场配置的公共资源，要充分发挥市场机制作用，切实遵循价值规律，建立市场竞争优胜劣汰机制，实现资源配置效益最大化和效率最优化。[2] 政府作用、市场作用要得以更好发挥，最终需要依靠市场主体在法律制度规范下的经济行为和运营管理来实现。

政府性融资担保制度构建首先要明确政府、市场与担保机构之间的法律关系，这是制度建构的宏观基础。要发挥财政在国家治理中的基础和重要支撑作用，增强金融服务实体经济能力，健全符合高质量发展的财税金融制度。要健全具有高度适应性、竞争力、普惠性的现代金融体系，构建全面有效支持实体经济的体制机制。[3] 担保既是金融产品也是公共产品，作为金融产品的担保是一种资源要素，作为公共产品的担保又是一种政府服务。从担保作为金融准公共服务产品和促进基本公共服务均等化的作用来看，政府性融资担保天然暗含了政府促进社会公平正义的目的，是更好发挥政府作用、打造有为政府的宗旨所在，政府性融资担保可以让担保资源更好直达弱势产业行业，惠及弱势群体，满足民生需求，促进普惠金融发展。引导金融资源支持薄弱产业发展自然是政府性融资担保机构义不容辞的责任。从担保作为完善市场化要素配置机制和创新政府配置资源方式来看，政府性融资担保作为金融产品无疑是市场化高效配置的领域，即便是作为准公共服务产品，担保也适合以市场化配置的要素资源，通过市场选择和机构甄别找到真正的需求者，发现有效需求，提供有效供给，促进弱势群体和薄弱产业发展，更好发挥市场在担保资源配置中的决定性作用，这样才能保证政府性融资担保事业的可持续发展。政府性融资担保只有在有为政府与有效市场有机结合下，才能更大程度、更大深度、更大效果上发挥担保信用创造作用、价值发现作用、引导支持作用，才能更好促进经济社会发展。

---

〔1〕 参见《中共中央关于全面深化改革若干重大问题的决定》，载《人民日报》2013 年 11 月 16 日，第 1 版。

〔2〕 中共中央办公厅、国务院办公厅：《关于创新政府配置资源方式的指导意见》。

〔3〕《中华人民共和国国民经济和社会发展第十四个五年规划和 2035 年远景目标纲要》第六篇第二十一章第三节。

二、妥善处理担保物权、价值发现与信用创造之间的基本关系

担保通过增信促进资金融通和商品流通并对金融交易安全进行保护,是为了使市场机制更好配置资源。如果因为制度使担保的使用严重影响资源的利用效率,那么这种制度必须调整、重构或完善。合理的担保制度应当尽可能减少担保设定对于相关资源利用的限制。从世界和中国担保制度的演进来看,保证担保、抵押担保是对物的利用影响最小的担保方式,而质押担保作为一种物的担保形式,与追求物的利用效率的现代经济观念之间存在难以调和的矛盾,以占有为成立条件的留置权担保对于物的利用影响也很大。对此,担保制度重构或完善思路应当考虑担保与物的利用的关系。立法者应当为当事人提供更多选择,并通过科学合理的法律制度设计,引导、激励当事人理性选择对物的利用造成影响相对较小的担保方式;同时,应当尽可能在各种担保形式框架内部就某些制度进行调整或创新,以减少该项担保设定对物的利用可能造成的影响。[1] 更进一步的深入研究则表明,物的利用的更高级形态正是“价值发现”和“信用创造”。

政府性融资担保制度重构或完善,要厘清担保物权、价值发现与信用创造的关系,这是制度建构的逻辑基础。担保物权是担保行为产生的法理基础,以担保物权为基础,融资担保机构通过抵质押、反担保给债务人增信,发挥担保作为金融中介的信用创造功能。但事实表明,融资担保机构在信用创造的同时存在股东私设资金池、自担自融自用、层层嵌套关联交易等乱象。债务人在寻求担保融资时常常陷入所拥有的现实资源稀缺,所拥有的“沉睡”资产、潜在资源却尚待市场交易发现其使用价值和交换价值的困境。当市场失灵时,政府就要发挥市场纠偏、市场救济、市场补充的作用。政府的核心经济目标是帮助社会按其意愿配置资源。[2] 政府性融资担保在发挥担保信用创造的内在功能时,除要克制私利性内在冲动外,还要把控信用创造的方向和领域,秉承政府性融资担保机构设立初衷,履行好政府性融资担保机构的政策性目标和义务。政府性融资担保在处理好担保物权与信用创造的关系后,还要处理好与担保物利用、担保物价值发现之间的关系,因为政府性融资担保的债务人难以通过银行等金融市场直接获得融资的弱势群体,以中小微企业、“三农”企业以及一些创新创业主体为主,它们往往缺乏土地、厂房、门面、机器设备等传统的

---

〔1〕 参见许明月:《我国担保法制度设计应当重视的几个基本问题——基于民法、经济法和法经济学的综合视角》,载《现代法学》2005 年第 5 期。

〔2〕 [美]保罗·萨缪尔森、威廉·诺德豪斯:《经济学》,萧琛译,人民邮电出版社 2010 年版,第 279 页。

固定资产,那么政府性融资担保机构如何发现这类弱势群体的担保物的价值就变得更为重要。政府性融资担保机构通过将"三农""沉睡"资产、知识产权、留置权、数据权、私权等这类市场主体暂时无法通过市场直接变现的资产或其他权益,经过评估定价,发现这些资产权益作为反担保物的潜在价值,进而实现对担保物价值的再发现和利用,提高市场主体金融可获得性。值得补充的是,不可否认也存在不设担保物权的担保行为,它是基于对债务人市场前景、经营管理能力、诚信意识、偿债能力等综合评估后,以政府性融资担保机构为主的中介金融机构凭借专业的市场研判能力和高度的政治自觉,甚至是政府性融资担保机构抓经济工作的突出表现,是赋予债务人纯信用的融资担保。这是对担保物权的衍生应用与有益补充,更是"信用再造"和"价值再生"的新业态新模式。政府性融资担保要真正实现信用创造和价值发现,离不开管理专业化、机制市场化、手段信息化等配套制度的建立和完善。

三、妥善处理社会效益、经济效益与政策目标之间的基本关系

有学者指出,只要财产权是明确的,并且交易成本为零或者很小,那么无论开始时财产权赋予了谁,市场均衡的最终结果都会是有效率的,都能实现资源配置的帕累托最优。帕累托改进的前提是产权清晰、界定明确,但关键点是交易成本要小。交易成本是一个比较宽泛的概念,至少包括市场性经济成本、外部性社会成本以及制度性交易成本等,为了达到降低综合交易成本从而实现帕累托改进的目标,不仅要降低因信息不对称所导致的市场性经济成本,也要降低因"公地悲剧"导致的外部性社会成本,还要降低因规制阻碍干预而导致的制度性交易成本。鉴于此,降低市场性经济成本而提高经济效益、降低外部性社会成本提高社会效益、降低制度性交易成本提高政策效益在任何制度构建时都是不应忽视的前提。

政府性融资担保制度要明晰社会效益、经济效益与政策目标的关系,这是制度建构的效益基础。统筹兼顾社会效益、经济效益与政策目标是制度规则顶层设计与制定的出发点、立足点和落脚点。政府性融资担保既看重社会效益,也看重经济效益,没有社会效益不具有政府扶持的必要;没有经济效益又不具备市场可持续性;还要注重政策效益。若制度既没有提高社会效益也没有增强经济效益,还没有实现政策性目标,那制度设计就值得检视。在社会效益上,政府性融资担保是否达到了扶弱助困、支持小微、助力"三农"、扶持创新等社会目的是制度设计的社会原理;在经济效益上,政府性融资担保是否具有保本微利、风险可控、发展可持续的能力是制度设计的经济原理;在政策目标上,政府性融资担保是放任市场自发调节还是采取政府直接配置涉及政策选

择的问题，通过政府性融资担保制度建立从而确定哪些行业和产业、哪些群体受益，能否实现整个经济体系和社会体系帕累托改进是制度设计的非中性原理。只有当政府性融资担保制度既满足促进社会效益提升、经济效益提高和政策目标调整的三性原理，那么政府性融资担保制度设计才更科学、更切合实际、更可持续。要回应好上述问题，处理好上述关系，必须通过法律制度规制好政府财政资金投资入股组建起来的政府性融资担保机构的相关产权边界和归属。

四、妥善处理市场经营、风险管理与绩效评价之间的基本关系

新制度经济学的研究表明，企业与市场的本质是一样的，都作为资源配置方式和经济协调工具而存在。一般而言，企业是市场经济效率最高的组织形态，但若企业配置经济的成本高于市场配置经济的成本，企业便不具有存在的必要性，降低企业成本是企业的永恒话题。担保机构以企业形式存在具有合理性，但不具有必然性。当担保机构以企业形态存在时，就要将降低企业成本、提高企业效率作为生存底线。担保的特殊性决定了担保机构作为企业存在时的特殊性，它们不仅要考量市场经营的成本效益还要考虑风险成本与风险收益，更重要的是如何考评其绩效以实现企业配置的成本低于市场配置的成本，这是制度建构时不得不关注的重点。

政府性融资担保制度构建特别要厘清市场经营、风险管理与绩效评价的关系，这是制度建构的微观基础。这三者关系得以妥善处理的关键，应是明确政府性融资担保机构市场主体地位、主体责任，交由市场机制充分发挥其功能作用。虽然市场的种种费用加起来相当庞大，但不采用市价这个决定胜负的准则，在竞争下，社会必定会出现更为庞大的费用——租值消散。[1] 既然已然明确了融资性担保资源适合市场化配置、政府性融资担保机构适合市场化运营，即表明通过企业化将市场交易成本内部化，并具有低于市场主体分散独立交易的成本，那么如何实现以公司化治理的政府性融资担保机构的市场运行机制和企业运行机制就是制度不可或缺的重要内容，这是政府性融资担保制度设计的市场载体和主体，没有市场主体支撑的制度指向空虚、无法落地。从国有企业和国有金融企业的发展历程来看，公司治理管理始终是深化国资国企改革、供给侧结构性改革和推动国家治理体系和治理能力现代化的核心内容之一。作为政府性融资担保机构，既要释放其市场经营的灵活机制，又要增强其防风险、控风险、抗风险能力，还要进行有效的激励约束，否则既管不住也

〔1〕 参见张五常：《制度的选择》，中信出版社 2019 年版，第 72 页。

放不活，还容易造成系统性金融风险。市场拓展、运营管理、风险控制是政府性融资担保机构在自主经营、自负盈亏、自求平衡过程当中的主要活动和市场行为，政府不宜过多干预，要求不能过于苛刻。而运营绩效的评价是政府或政府部门或委托单位的事情，具有引导性、激励性和约束性，既要明确政府授权经营目的，也要发挥市场自由选择机制，还要体现机构自身发展动机，更要严格审慎监管标准，否则容易造成政府性融资担保机构盲目扩张、追求机构利益最大化或不担当不作为，不仅难以追责还易造成系统风险，不利于整个融资担保行业和金融市场的发展。

第四节　政府性融资担保法律制度框架内容

党的十八届三中全会明确提出，全面深化改革的重点集中在经济体制改革，其核心问题就是要处理好政府和市场之间的关系，使市场在资源配置中起决定性作用和更好发挥政府作用。市场决定资源配置是市场经济的一般规律，要健全社会主义市场经济体制，就必须要遵循这条规律，着力解决市场体系不完善、政府干预过多和监管不到位等问题。[1] 然而，政府的作用最终也需要借助市场主体，依靠市场机制才能得以更好发挥。既往的政府性融资担保机构运行绩效不高的主要原因就是市场主体不明确、服务对象不明确、管理责任不明晰，对市场主体的运行绩效评价不科学，主体责任难以监督和追究，这反映了整个政府性融资担保制度的制度困境和缺失。要构建好政府性融资担保制度，一定要进一步框定制度调整的对象——政府性融资担保机构等主客体范围以及主客体的行为规范，并借助绩效考核评估等手段切实推动制度绩效最大化。

人类社会发展的实践证明，依法治理是最可靠、最稳定的治理。人类制度文明演进的历史，证明了“法令行则国治，法令弛则国乱”的深刻道理。[2] 重构或完善政府性融资担保制度，从法律层面来讲，最紧迫的就是制定和完善以政府性融资担保机构法及其配套制度为主的法律规范体系，并基于这一法律规范体系推动政府性融资担保机构治理体系和治理能力现代化。法的目的价值构成了法律制度所追求的社会目的，反映法律制定和实施的宗旨，它是关于权利义务应当如何分配的权威性宣言。党的十九届五中全会提出的“社会主

---

〔1〕 参见《中共中央关于全面深化改革若干重大问题的决定》，载《人民日报》2013 年 11 月 16 日，第 1 版。

〔2〕 参见胡明：《深刻认识习近平法治思想的重大意义》，载《人民日报》2020 年 12 月 15 日，第 9 版。

义民主法治更加健全,社会公平正义进一步彰显”,[1]都属于社会主义法律制度所要保护和促进的目的价值。目的价值是多元性的,它是同人的需求的多样性和法律所调整社会关系的多样性直接联系在一起的。法律的价值更是有时代性的,由于政治经济社会文化条件的发展变化,不同时代的社会价值观不可能完全一致,反映在法律制度层面的法的目的价值也定将呈现一定的时代特征。法律制度进步的最明显标志,就是其目的价值顺应时代发展而与时俱进地合理调整。

一、政府性融资担保法律制度的立法目的

(一)给予特定行业产业倾斜性法律保护

政府性融资担保法律制度的调整对象是具有特殊功能的政府性融资担保主体和行为。政府性融资担保机构固然不同于非政府性融资担保机构,两者之间的主要区别之一就是政府性融资担保机构承担了政府提供公共服务的职能属性,它在服务对象上有其特殊性。政府性融资担保机构从服务对象上看,更加强调“三农”这一特殊行业产业,以及中小微型、科创型企业等这一特定群体对象。而非政府性融资担保机构不愿意涉足此类对象,或者只当其以显性或隐形收费抬高融资成本和服务成本从而获取超额利润时才愿意涉足。可见,政府性融资担保机构要把服务“三农”和中小微企业作为最主要的服务对象,以提高传统金融难以直接抵达的受众群体的金融可获得性,在服务能力和服务水平足以支撑的时候才可以将服务对象扩展到一般企业和个人。大多数融资担保机构在金融体系中的确发挥增信和杠杆作用。但诸多金融乱象表明,也有少数融资担保机构在金融脱实向虚、高风险金融产品层层嵌套,不断放大风险、衍生风险过程中扮演着负面的角色。所以政府性融资担保是要纠正金融市场上金融活水难以灌溉实体经济、难以覆盖弱势群体、难以直抵政府关切行业产业的市场失灵,以体现政府性融资担保机构公共性、普惠性、引导性和实体性的功能定位。公共性的功能定位是基于信用体系、征信体系非常健全的制度条件。在特殊时期或过渡阶段,可以认同政府性融资担保机构公共产品属性,但从长期来看如果虚化了市场经营主体、责任主体的属性,将无助于担保机构运行绩效的提升和政策性目标的实现。政府性融资担保机构的阶段性功能定位,以促进金融基本公共服务均等化为主要目的,让金融这一公共资源成为全社会共享的要素资源。普惠性是政府性融资担保机构紧随公共性的重要功能定位,以推动金融弱势群体以低廉的成本、优惠的价格获得金融

---

[1] 《中国共产党第十九届中央委员会第五次全体会议文件汇编》,人民出版社2020年版,建议稿。

服务,让金融这一稀缺资源成为每一个市场主体能够雨露均沾的源头活水。引导性是政府性融资担保机构继公共性和普惠性之后的关键功能定位,以促进金融业态健康化正规化发展,让金融这一牌照资源按照其设立时的经营范围,提供符合市场法治的金融服务,而不是像少数非政府性融资担保机构,异化成高利贷和"影子银行"的同伙,从而推动金融产业合规经营。实体性是与金融服务实体经济的天然本质相适应的根本功能定位,与引导性相结合,让金融这一先导资源按照政府区域发展、产业布局、乡村振兴、创新驱动、民生导向等规划部署传导到实体经济最底层,为实体经济和科技新创新提供源源不断的资金供给。

(二)实现政府性融资担保机构治理现代化

政府性融资担保机构顾名思义要体现政府的意志,实现政府主导,这就暗含了政府性融资担保机构应是以政府资本出资为主、社会资本出资为辅的资本结构,政府通过财政部门或国资部门履行出资人义务,同时享受出资人权利。当明确了以政府出资为主(或改制形成)设立公司化运营的融资担保经营主体后,进一步完善政府性融资担保机构法人治理就显得异常重要。政府性融资担保机构是市场化政府公共服务的产物,虽然其设立性质具有特殊性,但是作为设立后的市场主体应享有作为一般市场主体的权利和义务,遵从《公司法》等市场主体基本法,遵循市场规律和原则完善法人治理。近年来,部分国有企业"三重一大"决策中出现了不少违法乱纪的案件,经营管理过程中出现了一些违规违制行为,给国有资产造成了巨大损失。国有金融企业由于金融市场的波动性、金融交易时效性、金融风险隐蔽性、金融杠杆传导性等特点,出现的大案要案涉案标的大,所造成的风险和损失触目惊心。对此,完善法人治理结构,实现治理管理现代化显得异常紧迫。政府性融资担保机构作为特殊的类金融机构,治理现代化就显得更加紧迫。根据当前国资国企改革精神和全面从严治党要求,将党的领导写入章程,发挥党组织在政府性融资担保机构把方向、管大局、保落实的作用既是新发展阶段党建工作要求,也是确保政府性融资担保机构切实发挥政府性融资担保功能的意志体现,有助于风险防范和政策目标的实现。目前在政府性融资担保机构中,党委会、股东会、董事会、监事会和经理层"四会一层"治理结构已成为标配,但是治理机制的作用发挥仍道阻且长。健全完善"四会一层"现代公司治理机制既要与国际一流治理框架接轨,也要体现政府性融资担保机构的特殊属性。融资担保作为金融中介服务,杠杆倍数高、风险敞口大、风险衍生传导快、业务合作涉及主体多,需要高素质专业化团队来运营。在治理结构中,股东会层面,政府全资的股东会相对来说目标导向更为明确,但是涉及政府股东和社会股东时,如何平衡好政府股东与社会股东之间的权利义务关系,平衡好社会效益和经济效益之间的利益分歧都需要有科学合理的议事规则设计;在董事会层面,专委会的职能职责应进一步明晰,以风控为主的风险管理委员会的作用应进一步强化,人力资源委员会对经理层的授权放权与选聘考核管理作用也应进一步加强;在监事会层面,国有企业监事会往往存在监事会内部化问题,不仅不愿意暴露企业问题,反而倾向包庇问题,切实发挥好监事会作用,补齐监事会对业务运营问题、风险控制问题、违规违纪问题、资产处置问题、投资管理问题、议事决策问题等问题线索发现的功能"短板",形成跟风控体系、内控体系和合规体系相统一的大风险监督机制是完善治理机制不可或缺的要点;在经理层层面,职业经理人作为金融业的通行做法也是融资担保这一细化行业必然要遵循的市场规律,经理层的作用较为关键,经理层的选聘关口是要慎之又慎的,很多融资担保机构的风险爆发与经理层的专业经验欠缺与职业能力匮乏关系密切,高标准选好配强职业经理人团队是至关重要的一环。政府性融资担保机构缺的不是治理结构,而是需要与融资担保特殊行业属性相结合、相匹配、相适应的治理机制,这是政府性融资担保机构健康发展首要解决的制度机制问题。

(三)明晰监管主体权责边界

要健全管资本为主的国有资产监管体制,优化管资本方式,全面实行清单管理,深入开展分类授权放权,注重通过法人治理结构完善,加强事中事后监管。深化国有资本投资、运营公司改革,科学合理据实界定政府及国资监管机构、国有资本投资、运营公司和所持股企业的权利边界。健全协同高效的监管机制,严格责任追究,切实防止国有资产流失。[1] 政府性融资担保法律制度要发挥法律规制的作用就要明确政府性融资担保机构设立及其运营行为的监管主体,用监管主体的监管权夯实法律制度的法治权。融资担保从目前的监管体制看属于地方金融监管部门"7+4"监管范畴,就非政府性融资担保机构而言,其接受地方金融监管部门的业务监管和机构监管,监管条线较为清晰。但是针对政府性融资担保机构的监管,从当前的管理条线来看,存在多头监管的问题。比如,政府财政出资组建的政府性融资担保公司接受财政局管理;由交通部门出资组建的接受交通局管理;由农业部门出资组建的接受农委管理;更多情况是由国有企业出资组建,接受国资委管理……不同政府部门出资组建的政府性融资担保机构数量繁多,各个政府部门针对下属政府性融资担保机构的管理要求和考核要求不尽相同,在一个地方往往形成担保机构恶意竞争、

---

[1] 参见《中华人民共和国国民经济和社会发展第十四个五年规划和2035年远景目标纲要》第六篇第十九章第三节。

政府部门各自为政的不和谐现象。政府性融资担保机构的管理实践表明，条块分割、各自为政的行业管理格局亟待打破，建立良好的融资担保市场体系和市场秩序的当务之急是要理顺管理条线，明确管理职责。根据行政体制改革和国资国企改革的精神来看，管办分离要求行政主管部门不再设立国资公司。国资部门对国资体系的担保公司的分类管理又存在管理悖论，作为公益类企业无法调动其市场活力，作为商业类企业却又无法用利润指标进行考核；财政局作为金融类企业的管理部门和政府采购的主管部门，从政府购买公共服务和财政管理金融的角度来讲，将地方性融资担保机构整合划归至地方财政局统一管理是适得其所的。明确财政部门作为政府性融资担保机构的国资监管部门之后，很多问题可以暂时得到解决，比如，财政设立风险基金、建立保费补贴机制、增资注资等都具有更强的现实操作性。同时，财政从政府购买服务的视角更多考核政府性融资担保机构的社会效益，更有利于政府性融资担保机构坚守其功能定位。但这尚需完善行政程序法律制度，有效规范行政决策程序。行政程序法律制度对规范行政执法决策，监督与制约行政权力，减少对微观经济活动不必要的行政权力干预，进而推动政府职能转变，推进政府职权法定化等都具有基础性意义。[1] 当政府性融资担保机构的管理条线清晰后，地方金融监管部门则专注于微观审慎监管职能的发挥，确保政府性融资担保机构合规经营，这样就能形成管理与监管同向发力、协调共进的监督管理新格局，促进形成规范的融资担保市场秩序。

（四）规范政府性融资担保运行绩效的评价

政府性融资担保机构的运行主体、目标原则、功能定位与管理思路等明确之后，才能更好确定有关评价考核主体运行绩效（运营绩效）的对标指标和参考依据。国内有学者曾就我国融资性担保机构评价方法、评价体系、建设案例等进行过研究，旨在解决发展与监管中的问题，解决部分机构专业化能力较低，管理水平差距较大，部分机构违法违规经营，抽逃资本金、违规运用自有资金进行投资或直接发放贷款，进行关联交易等问题。但尚未能从更高层级，从法律制度层面进行顶层设计，从执行层面进行操作指引，以更好解决政府性融资担保制度运行绩效、机构运营绩效的提升问题。近年来，在有关乡村振兴、产业结构调整、改善营商环境、战略性新兴产业发展等方面的不少文件制度中，也有关于制度绩效、机构运行绩效考核方面的要求，但大都具有行政指令性或倡导性特点，在执行绩效考核时较难操作到位。前文研究已表明，从运营主体视角出发，社会效益、经济效益与可持续发展能力是评价政府性融资担保

[1] 参见应松年：《在法治政府建设上率先突破》，载《人民日报》2020 年 12 月 4 日，第 9 版。

机构运行绩效的主要标准,即政府性融资担保机构运行绩效评价和考核的一级指标。细分一级指标,不难构建二级指标体系。结合功能定位,公共性、普惠性、引导性与实体性可以体现社会效益;结合经营实际,竞争性、效益性、成本性、创新性可以体现经济效益;结合管理现实,合规性、稳健性、成长性与系统性可以体现可持续发展能力;评估评价政府性融资担保机构的运行绩效,也是衡量一个政府性融资担保机构最为核心的评价指标。但是仅从运营主体视角并不能完全反映一个地区政府性融资担保的培育发育程度与功能作用发挥,所以要进一步从管理条线视角,结合政策导向,体系性、结构性、功能性与协同性亦即监管绩效表现的角度来进一步展开评估评价。不结合监管绩效,难以进一步反映政府性融资担保机构的综合绩效。相对准确反映出运行绩效之后,对融资担保的规范和引导才成为可能,其制度绩效的提升才成为可能。

由此可见,对政府性融资担保运行绩效评价进行规范,其重点就是要构建好评价指标、评价体系并规范好评价方法。政府性融资担保机构运行绩效评价,是指通过建立评价指标体系,对政府性融资担保机构在社会效益、经济效益、可持续发展以及监管合规等方面进行综合评价。政府性融资担保机构的运行绩效评价工作由本级财政部门或政府性融资担保机构监管部门组织实施,原则上以一个会计年度为一个完整评价期。随着担保行业在我国社会经济发展中的作用日益提升,市场主体对担保机构高质量发展的分析评价体系需求不断增强。在担保行业中,信用评级工作已经开展了几年,对披露行业信息起到了积极的促进作用。但就发展速度很快、监管起步不久的担保行业而言,仅通过信用评级来评价担保机构履约能力等,尚不足以完整研判政府性融资担保机构是否具备可持续、高质量发展的能力,更难以研判政府性融资担保制度运行绩效。因此,建立能够全面反映政府性融资性担保机构可持续发展能力的指标体系需求日益凸显。前述研究已表明,重点需解决"为谁建""谁来建""怎么建"三个方面的现实问题。第一,要弄清楚"为谁建",以明确指标评价体系服务的对象。政府性融资担保机构运行绩效指标评价体系,主要服务于各类市场主体及主管、监管部门,比如,股东及社会公众投资者(根据指标结果来制定投资决策)、目标客户群体(根据指标结果来决定增信费用和筹资渠道)、合作金融机构(根据指标结果来决定是否进行业务合作)、主管或监管部门(根据指标结果来实施风险监管和分类管理)等。因此,政府性融资担保机构运行绩效指标评价体系的规划设计,在战略上要综合考核政府性融资担保机构、股东单位、合作金融机构、合作客户等市场主体和主管、监管部门需求的特殊性和差异性,建立多维度的政府性融资担保机构运行绩效指标评价体系。

第二,要弄清楚“谁来建”,以明确指标评价工作的组织安排。从政府性融资担保机构运行绩效指标评价体系服务对象来看,股东及社会公众投资者强调收益性;目标客户群体强调业务效率及成本费用;合作金融机构强调风险控制能力;监管部门强调规范与合规发展。相对而言,指标评价工作应由本级财政部门或政府性融资担保机构监管部门组织进行,引入专业化中介机构合作开展综合评价,目标更为中性时,可以兼顾市场各方的关注点和共同点。第三,要弄清楚“怎么建”,以规范指标体系评价方法。政府性融资担保机构运行绩效评价工作应当遵循客观、公正、公平原则,发挥正向激励作用,突出各级政府性融资担保机构聚焦支农支小、合规经营、杠杆增信等政策导向,同时兼顾健康可持续经营目标。绩效评价结果与政府性融资担保机构获得政策扶持、资金支持、薪酬激励等情况挂钩。针对政府性融资担保机构运行绩效考核权重,建议按照名单内政府性融资担保机构及名单外国有控股政府性融资担保机构进行区分考核,具体为:一是对已经纳入政府性融资担保机构名单管理(目录管理)的融资担保机构,突出政策导向、弱化盈利考核,引导名单内政府性融资担保机构回归担保主业、聚焦支农支小、降低担保费率、拓展业务规模。建议社会效益考核权重应占比50%,经济效益考核权重占比20%,可持续发展考核权重占比10%,而且其中要重点考核合规情况,监管绩效考核占比20%。二是对名单外的国有控股政府性融资担保机构,突出经营能力及可持续发展能力考核,引导名单外的国有控股政府性融资担保机构发挥逆周期调节作用,与已出台的各项政策形成合力,有效缓解小微企业“融资难、融资贵”的问题,助力做好“六稳”“六保”工作、守住不发生系统性风险底线。建议社会效益考核权重应占比25%,经济效益考核权重占比40%,可持续发展考核权重占比20%,监管绩效考核占比15%。

本级财政部门或政府性融资担保机构监管部门可以根据政府性融资担保机构在不同时期、不同地区、不同经济社会条件、不同发展阶段的不同发展重点,动态地确定经济效益、社会效益、风险管理、可持续发展等各项重点指标及其权重,并形成价值彼此互认、利益彼此转化的动态考核机制,以促进政府性融资担保制度绩效的全面提升。具体指标评价体系设计详见表7-1:

表 7－1　政府性融资担保机构运营绩效指标评价体系

指标体系				参考选择指标	参考评分标准
1. 综合绩效	1.1 运行绩效	1.1.1 社会效益	1.1.1.1 公共性	当年新增融资担保金额	当年新增融资担保金额不低于目标值；当年新增融资担保金额达到目标值的，得权重分；担保金额低于目标值的，按完成比例得分
				当年平均融资担保综合费率	当年平均融资担保综合费率不高于目标值；当年平均融资担保综合费率达到目标值的，得权重分；费率低于目标值的，在权重分基础上酌情加分；费率高于目标值的，在权重分基础上酌情减分
			1.1.1.2 普惠性	当年新增小微企业和“三农”融资担保户数	当年新增小微企业和“三农”融资担保户数不低于目标值；当年新增小微企业和“三农”融资担保户数达到目标值的，得权重分；户数高于目标值的，在权重分基础上酌情加分；户数低于目标值的，按实际完成情况，在权重分基础上酌情减分
				当年新增小微企业和“三农”融资担保金额占比	当年新增小微企业和“三农”融资担保金额占比不低于目标值；当年新增小微企业和“三农”融资担保金额占比达到目标值的，得权重分；占比高于目标值的，在权重分基础上酌情加分；占比低于目标值的，按实际完成情况，在权重分基础上酌情减分。占比目标值原则上不低于 80%
				当年新增单户 1000 万元及以下融资担保金额占比	当年新增单户 1000 万元及以下小微企业和“三农”融资担保金额占比不低于目标值；当年新增单户 1000 万元及以下小微企业和“三农”融资担保金额占比达到目标值的，得权重分；占比高于目标值的，在权重分基础上酌情加分；占比低于目标值的，在权重分基础上酌情减分。占比目标值原则上不低于 50%

续表

指标体系				参考选择指标	参考评分标准
			1.1.1.3 公平性	当年解决就业人数	当年解决就业人数不低于目标值,其中解决贫困大学生就业人数不低于目标值得权重分,高于目标值的可酌情加分;低于目标值的,在基础分上酌情减分
				当年应缴税金额	当年应缴税金额不低于目标值得权重分,高于目标值的情况可酌情加分;低于目标值的,在基础分上酌情减分
		1.1.2 经济效益	1.1.2.1 效益性	当年营业收入	当年营业收入不低于目标值得权重分,高于目标值的情况可酌情加分;低于目标值的,在基础分上酌情减分
				当年净利润	当年净利润不低于目标值得权重分,高于目标值的情况可酌情加分;低于目标值的,在基础分上酌情减分
				净资产收益率	当年净资产收益率不低于目标值得权重分,高于目标值的情况可酌情加分;低于目标值的,在基础分上酌情减分
				成本收入比	当年成本收入比控制在目标值范围内得权重分,低于目标值的情况可酌情加分;高于目标值的,在基础分上酌情减分
			1.1.2.2 创新性	非融担保收入占比	当年非融收入占比不低于目标值得权重分,高于目标值的情况可酌情加分;低于目标值的,在基础分上酌情减分
				当年创新业务品种数量	当年创新且实现落地的业务品种数量不低于目标值得权重分,高于目标值的情况可酌情加分;低于目标值的,在基础分上酌情减分

续表

指标体系				参考选择指标	参考评分标准
		1.1.3 可持续发展	1.1.3.1 合规性	当年担保代偿率	当年担保代偿率控制在合理范围,当年担保代偿率控制在上限以内的,得5分。代偿率超过上限的,酌情减分。代偿率在上限以内的均应得满分,不得鼓励代偿率越低,得分越高。经济下行期内,应适当提高代偿率上限
				当年担保损失率	当年担保损失率控制在合理范围,当年担保损失率控制在上限以内的,得权重分。损失率超过上限的,酌情减分。损失率在上限以内的均应得满分,不得鼓励损失率越低,得分越高。经济下行期内,应适当提高损失率上限
				拨备覆盖率	拨备覆盖率不低于目标值,拨备覆盖率高于或等于目标值的得权重分。拨备覆盖率低于目标值的,在基础分上酌情减分
			1.1.3.2 稳健性	国有资本保值增值率	国有资本保值增值率不低于100%,国有资本保值增值率达到或超过100%的,得权重分;保值增值率低于100%的,在权重分基础上酌情减分。结合政府性融资担保发挥逆周期调节作用情况,经济下行期内,可暂不考核该项指标或适当降低指标分值
			1.1.3.3 信用创造性	融资担保在保余额放大倍数	融资担保在保余额放大倍数不低于目标值,融资担保在保余额放大倍数达到目标值的,得权重分;放大倍数高于目标值的,在权重分基础上酌情加分;放大倍数低于目标值的,在权重分基础上酌情减分。放大倍数目标值根据机构设立年限、发展现状等合理确定
				信用主体等级	此项为加分项,若担保机构已进行信用主体评级,按信用评价等级得分,信用评价等级越高加分越高

续表

指标体系				参考选择指标	参考评分标准
			1.1.3.4 价值创造性	抵质押率	抵质押率不低于目标值,抵质押率高于或等于目标值的得权重分。抵质押率低于目标值的,在基础分上酌情减分
				代偿清收率	代偿清收率不低于目标值,代偿清收率高于或等于目标值的得权重分。代偿清收率低于目标值的,在基础分上酌情减分
	1.2 监管绩效	1.2.1 合规性		合规经营情况	各项业务规范运作的,得满分。存在偏离主业擅自扩大经营范围、重大审计问题、受到监管处罚或负面评价、发生重大风险事件等违规经营情况的,视严重程度酌情扣分
		1.2.2 安全性		风险体系建设情况	公司内部风险评估、风险预警、风险评审、风险控制、风险转化、风险补偿等运营机制及其预案建设情况。完成各项目标可得权重分,未完成可酌情扣分
		1.2.3 政策性		配套政策建设情况	公司内部完善中小微、“三农”、科技等类型融资担保模式及其配套运营机制建设情况。完成各项目标可得权重分,未完成可酌情扣分
		1.2.4 参与性		参与政府性融资担保体系建设情况	与上级担保、再担保机构开展业务合作,以及向下参股担保机构、新设分支机构及拓展业务等情况。完成各项目标可得权重分,未完成可酌情扣分
		1.2.5 协同性		“政银担”合作情况	合作银行数量及授信规模,落实银担风险分担机制、及时足额承担风险责任等情况;与当地政府落实风险分担机制等情况。完成各项目标可得权重分,未完成可酌情扣分

二、政府性融资担保法律制度的立法框架

政府性融资担保法律制度的基本结构可以是法律、条例、办法、规章、文件。制度是包含多个要素和层次的系统,不同制度在制度系统中是有各自定

位的，也是分层次的。一项行业性的制度体系包括法律法规、部门规章、一般性文件以及行业自律公约等软法。[1] 政府性融资担保完整的制度体系也包括法规、部门规章、一般性文件以及行业自律公约等。国家层面，可以基于《民法典》，由全国人大发起设立政府性融资担保机构法，并根据此法律，在国务院层面专门制定政府性融资担保机构监督管理条例（区别于 2017 年 8 月国务院颁布的《监管条例》），然后由全国金融稳定委员会或财政部制定《政府性融资性担保机构管理实施细则》或出台一系列相关的规则细则，并由全国融资担保协会制定政府性融资担保行业自律公约。地方层面，地方人民政府可结合各地实际推动地方人大立法，出台相应的管理条例与管理办法；在地方财政部门，建立相应的管理细则、绩效考核办法；在地方金融监管部门，可以考虑制定《政府性融资担保机构风险管理指引》《政府性融资担保机构监管实施细则》及其操作规程等。这样从国家层面和地方层面共同形成政府性融资担保机构的制度管理体系。

总体来看，可以建立起国家层面法律制度，如《政府性融资担保机构法》明确市场主体及其权利义务，包括在经济活动、金融交易活动中的公平正义等；修订完善条例，如《政府性融资担保机构监督管理条例》，明确政策目的性监管、合规性监管、风险性监管等内容、方式，界定经营商业性担保业务，拓展与担保业务有关的非融资性担保业务的前置条件，以及政策上限，明确违规行为及处罚标准、方法等；修订完善有关办法，如《政府性融资担保机构运营绩效考核办法》，明确考核对象、考核内容、考核指标、指标动态调整及管理、考核结果运用等；完善有关规定《政府性融资担保机构内部风险管理规定》，明确项目受理、项目论证、项目评审、风险预警、风险管控、风险处置、风险转化等；修订有关办法，如《政府性融资担保机构外部业务合作管理办法》，界定好银担合作、保担合作、担担合作等业务合作时参与合作各方的权利义务，明确外部业务合作、利益分享、风险分担等，从而建立起国家、部委、省市、部门、机构多层级、多角度、多维度地回应各主体间不同利益诉求，协调各主体共同实现政策目标的制度结构。

此外，要特别关注与风险相关指标的要素构成、数据采集、分析工具、结果运用等，尤其是不要照抄照搬银行等传统金融机构“贷款五级分类管理办法”，否则无论政府性融资担保机构的出资人、监管者，还是政府、社会、公众等，对融资担保项目及融资担保机构本身的运营风险底数将不清不明，对其潜在隐藏的风险难以洞悉预判，也更无法防范或守住不发生系统性风险的底线。对

---

〔1〕 参见黄茂钦：《论基本公共服务均等化的软法之治——以“治理”维度为研究视角》，载《现代法学》2015 年第 6 期。

政府性融资担保项目，要建立一套适合自身特点的风险分类管理制度办法，以规范对融资担保项目风险的评价标准、评价流程、动态维护、纠偏矫正等，确保风险管理科学精准、实用有效。

三、政府性融资担保法律制度的主要内容

政府性融资担保严格区别于商业性担保。如果是商业性担保，商事主体主要是市场属性，遵循市场相关的法律制度，按照市场规则去构建完善制度，发挥价值作用即可。政府性融资担保既要满足公司治理的要求，又要发挥政策性功能作用，还要主动适应监管约束，既要经济效益、社会效益，又要风险控制，更要实现可持续发展。前面几个章节的研究已经表明，我们如果抓住政府性融资担保机构这个市场主体，由此展开对这个主体权利义务和责任的制度规制，及其在金融交易活动中的实质公平的制度规制和调整，那就能够抓住主要矛盾和矛盾的主要方面，抓住主要内容。为此，笔者建议把政府性融资担保机构法作为制度重构和完善的主要内容。政府性融资担保机构法至少应包含（但不限于）以下内容：政府性融资担保机构的定义；机构设立的依据与目的；准入的条件与程序；最低资本金要求与资本金管理；机构市场定位与业务范围；服务对象；业务发展；风险管理要求；高管资格条件与资格管理，绩效考核的主体与考核结果的运用等，如图 7－1 所示。

政府性融资担保机构法
（简要参考范本）
第一章　政府性融资担保机构的基本定义
第二章　政府性融资担保机构的设立依据
第三章　政府性融资担保机构的设立目的
第四章　政府性融资担保机构的服务对象
第五章　政府性融资担保机构的经营范围
第六章　政府性融资担保机构的准入条件
第七章　政府性融资担保机构的申报程序
第八章　政府性融资担保机构的高管管理
第九章　政府性融资担保机构的资本管理
第十章　政府性融资担保机构业务发展
第十一章　政府性融资担保机构的风险管理
第十二章　政府性融资担保机构的绩效管理
第十三章　政府性融资担保机构的清算结算

图 7－1　政府性融资担保机构法参考

同时,要制定完善《政府性融资担保机构运营绩效考核管理办法》。《政府性融资担保、再担保机构绩效评价指引》(财金〔2020〕31 号)中规定的考核办法偏重机构的社会效益或政策目标,忽视机构运营中的经济效益、风险管理、可持续发展能力,也没有区分各省、市,各行业产业特殊情况等问题,我们要从更高层面设计,逐渐建立起以政府性融资担保机构运营绩效考核为准绳的考核机制。既要区别于商业性融资担保机构,也要区别于国家职能部门、行政事业单位,强化融资担保机构市场运营主体地位和功能作用。要针对不同地区、不同行业产业、不同时期、不同经济社会环境、不同发展阶段,动态调整、合理确定融资担保机构的经营效益、社会效益,以及实现政策目标、控制运营风险、确保可持续发展能力等几个方面考核指标之分值、比例、权重等。考核指标的调整和确定权利应交由主管部门并商请监管部门共同实施。应重塑考核理念、考核原则,明确考核对象、考核内容,创新考核指标设计、考核结果运用,让政府性融资担保机构的信用评级、增资注资、高管人员绩效薪酬待遇等都与运营绩效考核挂钩。该制度要让经济效益、社会效益、运营风险、政策目标与可持续发展等几大考核指标之间能够得以两两转化运用,要引导债权人、债务人、担保人(政府性融资担保机构)三者两两之间的信用、价值能够互认,从而促进社会资源整体配置趋优,金融交易综合成本走低,政策性目标借助市场机制最终得以高质量地实现。

除此之外,有关主管部门应研究制定政府性融资担保机构高管人员管理办法,在公司章程基础之上,进一步明确规定高管的年龄、学历、从业经历,以及依法合规意识、风险意识、风险管理能力、金融企业经营管理能力水平等,明确高管的选拔任用、权利义务、责任及其监督管理;制定政府性融资担保业务合作管理条例,明确规定银担合作、保担合作、政银担合作,银行、保险公司、资产管理公司、证券公司、股权基金公司等与政府性融资担保机构合作时,双方、三方或多方合作过程中各自对风险分担方式、分担比例、风险关注侧重点,以及各方其他权利义务,明确"银行 + 担保 + 保险 + 期货"等多种业务合作运营模式;制定政府性融资担保机构增资注资管理办法,明确资本金的增加注入、转让退出之条件、方式、步骤,以及国有金融资本效能管理等事项;制定抵押担保品流通交易平台管理办法规范抵押担保相关资产的收储、管理、处置、交易、变现;制定小微企业和"三农"主体财务会计模型配套改革意见,解决小微企业和"三农"主体缺乏健全、完整的财务报表和信用信息资料的难题;制定政府性融资担保机构可持续发展战略指引,明确政府性融资担保机构高质量发展、可持续发展经营理念、运营原则和实现路径。在坚持实现好政策性目标,防止非公平、不正当竞争前提之下,可以通过制度界定好"比例指标、客户对象、服务范围、核算方式”,有条件地允许政府性融资担保机构经营商业性担保业务,从事与担保有关的信用咨询、项目评估等其他业务,以进一步增强持续发展能力,更好践行政策性使命宗旨。要基于大数据、区块链、云计算、物联网等先进理论、先进技术,让政府性融资担保机构构建起科技金融服务公司的底层逻辑,更好解决信用不对称、算法不对称的金融服务“瓶颈”问题,进而统筹协调各部门职能,更优配置各方资源,建立协调配合机制,通过政府性融资担保,促进弱质产业、战略性新兴产业发展,更好实现政策目标,确保可持续发展。要强调制度价值、制度精神及其经营机制、运营模式、操作流程、业务产品能够与多层次资本市场对接,充分体现政府性融资担保机构融资担保项目价值投资的目的意义、原则方法等,从而更好提升普惠金融服务质量效率,更好保证金融服务的实质公平,更好履行金融服务经济社会的企业社会责任;制定《抵押担保登记管理办法》,进一步规范林权、土地经营权、收益权、分红权,确定“三农”闲置资产、沉睡资产等抵押担保登记部门、登记流程、登记费用;制定《政府性融资担保机构运营风险管理办法》,明确区别于银行等传统金融机构的风险分类、风险认定、风险剥离、风险缓释、风险管理、风险补偿、风险转化以及风险责任追究等,最终实现在运营风险中创造新的信用和价值;制定省(市)地方政府性融资担保机构管理条例,根据有关法律法规,结合各地产业特色和实际情况,进一步明确目标思路,明确经济效益和社会效益,以及风险控制、持续发展的重点内容和具体措施;制定政府性融资担保机构科技金融战略规划,抓住全球数字化、智能化、数智化转型发展、迭代升级之契机,运用大数据、区块链、物联网等先进技术,更好融合税务、工商、司法、教育、国土、交通等各方资源,更精准有效地处理客户信息,更好挖掘客户潜在价值,变信息资源为信息资产,解决信息不对称、算法不对称问题,从而更好实现信用创造和价值发现;制定涉及“投资+担保”“担保+信贷+投资”“投资+担保+保险”等方面的新业务合作管理办法,促进政府性融资担保向多层次资本市场有机对接,从而更好提升小微和“三农”等弱质弱势产业行业的价值;修订《政府性融资担保机构监督管理条例》,明确执行监督的管理机构、监督重点、监督队伍建设、监督方式、监督成果运用等;制定政府性融资担保从业人员尽职免责管理办法,将政策原因、不可抗力因素等带来的担保项目风险或损失,同有关人员失职渎职、操作风险、道德风险等造成的项目风险或损失情况区分开来,将代偿率、损失率控制指标内的正常风险、损失情况与经营管理能力不足、“三重一大”经营管理决策失误造成的风险、损失情况区分开来,以此调动从业人员的积极性、创造性;完善社会信用体系建设管理办法、个人征信管理办法,建立《新型农业经营主体信用体系管理办法》,加快建立协同治理机制,整合相关职能部门社会资源,推动社会信用体系建设,并更好建立起个人征信管理监督机制,从而进一步改善社会信用环境、金融生态环境;清理废除融资担保机构固定费率等制度、"三农"和小微业务占比的强制性规定制度、出资主管部门或股东单位行政指令确定的薪酬制度、某行业主管部门为本行业发展单方面提出的担保增信融资等文件;废除浮动抵押制度,建立动态质押制度,以顺应时代发展,适应供应链金融、互联网金融等金融改革深化。

此外,还应从法律上制定完善企业社会责任制度,鉴于国有金融企业产品衍生层层嵌套、风险潜藏而时滞、决策时涉及环节多流程长、涉及供应链产业链关联客户多、权责关系复杂、金融杠杆作用明显等特点,以及政府性融资担保类企业政策目标艰巨,经济效益、社会效益、运营风险等社会责任大,需要通过法律制度进一步明确该类国有金融企业的社会责任。还可以探索制定《农村金融可持续发展促进法》,对农村数智普惠金融进行规划实施,激励银行等金融机构建立服务乡村振兴金融服务机构、开发设计金融产品、培养金融服务专业人才,完善涉农金融机构治理结构和内控机制,强化农村金融分类监管责任,规范农村金融风险奖补行为,建立新型农业经营主体信用体系,创新绿色金融与农村金融统筹发展模式,修正农村金融市场与多层次资本对接的体制机制等,明确政府性融资担保在农村金融持续发展中的主体地位和特殊作用,从而更好推动经济实现均衡发展、可持续发展和包容性增长。

四、政府性融资担保法律制度的配套实施

法律的生命在于实施,法律的权威也在于实施。党的十八届四中全会对加强法律实施提出明确要求并作出具体部署,对我国建立健全高效的法治实施体系,全面推进依法治国,具有重要的现实意义。因此,为确保《政府性融资担保机构法》的实施,必须建立相应的协同机制。恩格斯曾说:"在现代国家中,法不仅必须适应于总的经济状况,不仅必须是它的表现,而且还必须是不因为内在矛盾而自己推翻自己的内部和谐一致的表现。"[1]国家治理如此,制度构建更是如此。制度外延如政党制度、政治制度、经济制度、社会制度、文化制度、军事制度等,是社会大系统的制度体现,那么社会大系统中的制度系统的制度外延与制度内涵之统一,就离不开制度协同,离不开制度的配套实施。在政府性融资担保制度协同中,重点考虑宏观调控政策、产业发展政策、风险管控政策与社会治理政策的有机联系与衔接,共同促进政府性融资担保制度效应最优化、效益最大化。政府性融资担保制度具有确保宏观调控政策顺畅

---

〔1〕 参见《马克思恩格斯选集》(第 4 卷),人民出版社 1972 年版,第 483 页。

传导的目的,同时宏观调控政策也要与政府性融资担保制度相协同,包括但不限于扶持政府性融资担保发展,从财政政策与货币政策上给予政府性融资担保以税收优惠、货币市场渠道等支持。政府性融资担保具有扶持弱质产业发展的目的,那么产业政策制定时也要考虑与政府性融资担保制度的协同,包括但不限于在产业基金上给予融资担保基金支持、引入担保的产业目录以及产业贷款中担保的运用等。担保具有社会效益,在社会治理政策制定时也要考虑与政府性融资担保制度的协同,包括但不限于社会主体在担保尽职调查中的配合义务,社区支持以及社区矫正等方面的支持。担保的风险性也要在金融行业风险管控中考虑与政府性融资担保制度协同,包括但不限于银行与担保的风险共担机制,担保与资产管理机构的风险剥离与转移等。政府性融资担保运营过程中,大多缺少抵质押物,主要靠信用担保完善融资,必须加快征信体系、信用体系相关制度建设,促进社会治理现代化。政府性融资担保机构在遴选客户、论证项目、费率定价等过程中,要引导信用环境和征信制度的完善。要结合实际建立信用修复机制和异议制度,完善诚信建设长效机制,健全覆盖全社会的征信体系,完善企业社会责任法律制度,促进企业诚实守信、合法经营,公平正义地分享政府性担保资源。

第五节　政府性融资担保法律制度协同保障机制

法律制度构建要在中国共产党领导下,坚持中国特色社会主义制度,贯彻中国特色社会主义法治理论,形成完备的法律规范体系、高效的法治实施体系、严密的法治监督体系、有力的法治保障体系,形成完善的党内法规体系,坚持依法治国、依法执政、依法行政共同推进,坚持法治国家、法治政府、法治社会一体建设,实现科学立法、严格执法、公正司法、全民守法,促进国家治理体系和治理能力现代化。[1] 如果制度的构建和执行处处依靠行政力量,时时等待法律制度完善,那这套制度的构建本身可能存在某种机制缺陷。政府性融资担保制度的构建,需要坚持正确的构建思路、构建原则,要抓住制度涉及的关键要素,凸显制度核心内容,方能实现好制度构建目标。除此之外,如果能建立起保障机制,促使政府性融资担保机构内部激励约束,外部监管到位,全过程风险防控,政策目标不偏离,不断推动自身和经济社会可持续发展,那这套制度一定是科学的、系统的、能够较好解决担保融资现实矛盾问题的,其规

---

〔1〕 参见《中共中央关于全面推进依法治国若干重大问题的决定》,载《人民日报》2014 年 10 月 29 日,第 1 版。

制的融资担保机构运营绩效也一定是最高的。

一、完善法律风险防控机制

完善法律风险防控机制,是政府性融资担保制度的风险保障。具体包括建立预警机制,完善评审机制、决策机制、转化机制、补偿机制,设立风险基金和不良资产管理处置预警机制,这些机制包括五级风险分类的风险预警,产业结构性的风险、担保杠杆的风险、资本金不足等的风险预警等,也包括机构性的、产品性的、技术类的风险预警等。要完善评审机制。包括对政府性融资担保项目风险的充分揭示、审慎评审与法律审核,这是风险把控的关键环节。要完善决策机制。由于当前风险评审委员会更多的是从财务风险的角度衡量项目是否覆盖担保风险,但是政府性融资担保作为政府创新资源配置方式,还要完善董事会决策机制,制定被风控委一次否定项目的终审制,即从地方经济发展和产业发展的维度考量对项目支持的可能性,这是融资担保作为金融工具发挥财政引导职能的要求。完善转化机制。即对已经发生风险的项目如何通过地方政府产业扶持、资管公司的收储、银行的核销等方式将风险项目转化为地方政府风投失败后要承担的成本,将不良资产剥离到不良资产处置公司或是剥离到特定目的机构,作为一种政府的长期投资,即引入桥隧模式以及“四方合作”或“六方合作”模式,实现担保资源的再生利用。完善补仓机制的核心要点是政府要建立担保风险基金,一旦项目在合规经营的前提下无法实现转化时,由政府担保风险基金拨付担保公司补偿金或是通过增加资本金的方式降低不良率。

二、健全三维监管机制

健全三维监管机制,是政府性融资担保制度的监管保障。具体包括建立国家层面的宏观审慎监管与目标监管、地方政府层面的地方属地监管与风险监管、机构层面的股东绩效考核和效益监管三维监管体系。国家层面,重点框定政府性融资担保机构的服务对象和营业范围,制定正面清单和负面清单,引导政府性融资担保进入国家宏观政策支持鼓励的产业、群体,禁止政府性融资担保机构涉足某些领域与行业,以实现国家治理目标。地方层面,除要遵从国家层面的目标监管外,还要肩负起辖区内政府性融资担保机构的机构监管与行为监管,使地方性政府性融资担保机构稳健发展;此外,地方政府在政府性融资担保机构出现风险时的救济,包括风险转移转化以及风险的共同处置,也包括协助其他地方政府共同处置跨区域性的融资担保风险追踪处置。机构层面,政府性融资担保机构作为市场主体,实行公司化运作,必然要保持公司的可持续发展。政府性融资担保机构考核指标中要包括盈利考核,但从政府性融资担保的存续来看更多地要结合政治、经济与社会多目标考核,确保政府性融资担保机构作用发挥与持续运营。对政府性融资担保机构应实施针对性实质监管,而非套用其他金融机构的监管资源、监管手段、监管方式对其进行形式监管。当然,原本主要监管银行业金融机构的银监会,却承担牵头制定政府性融资担保监管制度的责任,各地方金融监管局服务于各类非银行金融机构,却在名义上承担着担保业监管主体责任。这是隐形的混业监管,有悖中国特色的分业监管制度。此制度已逾10年。应考虑自上而下建立起国家、省、地(市、州)、县(区)的政府性融资担保监管体系。

三、建立激励约束机制

建立激励约束机制,是政府性融资担保制度的经营保障。具体包括:考核运营绩效、考虑特别贡献、安排薪酬留存、追究违约责任。政府性融资担保机构是作为市场化主体存在的,必然按照市场化的劳动用工人事制度改革的精神,推动公司经营管理市场化。绩效考核是现代企业的三大生命线之一,通过考核引导经营管理是现代公司的主要做法,由于前文已经明确了运营绩效考核的指标体系,这里不再赘述。激励机制十分重要,包括创新激励与特别激励,对创新产品、服务、业务模式以及风控机制等的员工实施创新奖励,对促进政府性融资担保功能作用发挥的员工实施特别奖励,以激发和释放广大员工的创新精神、事业精神和干事创业的活力。政府性融资担保机构还应参照金融企业的做法,建立风险预备金机制,从企业可持续经营与防范职业操作风险角度出发,反映真实的风险经营与项目收益能力,安排必要的薪酬留存,在融资担保项目解保之后予以发放。政府性融资担保机构还应采用国有企业的通常做法,在“三个区分开来”基础上,加大对违规经营投资的追责问责力度,建立起国有企业,尤其是国有金融企业不敢腐、不能腐、不想腐的长效机制。

四、建立长效发展机制

法治是现代国家治理的基本特征和根本保障,任何一个国家进行法治建设,都必须探索适合自己的法治道路。[1] 科学合理的法律制度设计,不仅要适应我国现阶段社会生产力发展水平,而且要反映我国社会生产力发展特征和趋势。所以,建立政府性融资担保机构“利当前、保长远”可持续发展机制是制度设计的长期目标,也是政府性融资担保制度的持久保障。具体包括:健全具

---

〔1〕 胡明:《深刻认识习近平法治思想的重大意义》,载《人民日报》2020年12月15日,第9版。

有高度适应性、竞争力、普惠性的现代金融体系，构建金融有效支持实体经济的体制机制。[1] 建立准入退出制度机制，有条件增资注资、动态调整绩效目标、聚力完善担保体系、有规划转型升级、加快推进智慧担保。其中，建立准入退出机制，将政府性融资担保资源更好地配置到运营效益高的机构，实现优胜劣汰、集中经营、统一运作，避免“劣币驱逐良币”，更有利于发挥政府性融资担保的规模效应与“领头羊”效应；资源向经营机制完善、运营绩效优异的政府性融资担保机构聚集和倾斜，应该是政府性融资担保机构最有效的做强做优做大的路径。即有条件对起“领头羊”作用的融资担保机构增资注资，不仅包括增加资本金也可考虑增加固定资产、投入优质资产、增加财政补助等；动态调整这类头部机构的绩效目标，比如，当头部企业（担保机构）帮助解决运营不善的政府性融资担保机构的业务存续和风险化解问题时，为了激发和保护它们的责任担当，在托管或合并重组过程中，就要考虑调整其经济指标。又如，当处于通货膨胀或是资产泡沫期时，就要考虑限制担保倍数与担保额度等，从有利于担保机构发展和地方经济发展的角度实现绩效考核的动态调整；聚力完善担保体系，包括各种类型担保机构或担保部门的设立完善，也包括各个政府层级融资担保体系的完善，还包括担保、再担保、担保保险等各类担保产业链体系的完善，实现担保风险的分散与缓释；有规划地转型升级，融资担保机构应该朝着科技金融机构方向，实现可持续发展。要稳健发展金融科技，加快金融机构数字化转型。强化监管科技运用和金融创新风险评估，探索建立创新产品纠偏和暂停机制。[2] 支持融资性担保机构向数字化、智能化转型，顺应新一代信息技术与各个产业、行业深度融合的新发展阶段，适应信用社会体系建设和数字孪生社会的新发展形态，加快推动智能风控、智能合约、智能担保、信用担保等担保新业态、新产品。要运用大数据、云计算、区块链、物联网等基础理论，借助聚合、脱敏、同人、画像，以及知识图谱、智能合约、联邦学习等前沿技术，不断完善数据所有权、基础数据管理权、数据资产管理权、原始数据采集权、原始数据管理权、业务数据管理权、数据查询权、数据分析权、数据质量管理权、数据安全管理权、数据公开发布权等制度，建立服务全国城乡的“三农”沉睡资产等传统或新型担保物的收储、管理、流转、交易变现网络系统，建立抵质押物、不良资产适时监控、预警、管理、处置等系统，促进提高担保风险管理、风险转化能力和水平，进而更好提高政府性融资担保机构运营绩效。

---

[1] 参见《中华人民共和国国民经济和社会发展第十四个五年规划和 2035 年远景目标纲要》第六篇第二十一章。

[2] 参见《中华人民共和国国民经济和社会发展第十四个五年规划和 2035 年远景目标纲要》第六篇第二十一章第三节。

面对信用环境、金融生态环境、财政金融政策环境、投融资市场、政府债务管控、金融服务质量效率、实体经济和新兴产业发展等方面尚存的困难和问题,面对政府性融资担保制度建设中尚存的短板弱项,我们可考世界一流企业治理管理的策略方法,汲取国内标杆型国有企业的先进经验,通过运营模式再造、业务流程再造、组织架构再造,通过对改革创新机制、风险控制机制、激励约束机制等方面的优化迭代;通过市场机制更好发挥政府调配资源的重要作用;通过参考"一利五率"改革理念(以利润总额、资产负债率、净资产收益率、研发经费投入强度、全员劳动生产率、营业现金比率等6个指标为主要内容的考核评价体系的建立完善),对融资担保机构展开新的价值评估和目标考核导向;通过对政府性融资担保制度的构建完善,不断提升现代治理管理水平,提升风险管理能力,提升改革创新能力,提升信用创造和价值发现能力,不断提升融资担保金融服务能力,提升经济效益和社会效益,进而更好提升高质量可持续发展能力。

第六节　本章小结

充分发挥政府性融资担保的积极功能,消除或控制其负面效应,对融资担保市场进行规制与调整,对政府性融资担保制度进行重构与完善,既是高标准市场体系建设和国际化、法治化、市场化、营商环境优化的迫切需求,也是推动金融服务实体经济增长和促进基本公共服务均等化的善治良策,更是积极有为政府在融资担保行业,更好履行宏观审慎管理与微观审慎监管职能的集中体现。针对政府性融资担保的既往制度,本文提出了"立、改、废、释"的相关建议,这对推动加快政府性融资担保制度由法理研究向法律立法的法治化、现代化进程又迈进了一大步。

本章为政府性融资担保制度的重构完善搭建了制度框架,提出了制度构建目标原则、思路方法、框架内容、结构要点与协同机制。本章首先明确了政府性融资担保机构法的设立依据、目标、服务对象、经营范围、准入条件、资格管理、资质管理、高管管理、风险管理、绩效管理等关键要点。其次对原有考核机制、考核办法提出了修订建议,以期重构与完善《政府性融资担保机构运营绩效考核办法》。新的绩效考核办法,要根据不同地区、不同产业行业、不同时期、不同经济社会环境、不同发展阶段,不同社会矛盾来确定目标任务。对政府性融资担保机构的经营效益、社会效益,以及涉及实现政策目标,控制运营风险,确保可持续发展能力等几个方面的考核指标之分值、比例、权重等,须进行合理确定并能实施动态调整。考核指标的调整和确定权利应交主管部门并商请监管部门共同实施。应重塑考核理念、考核原则，明确考核对象、考核内容，创新考核指标设计、考核结果运用，让融资担保机构的信用评级、增资注资，相关高管人员绩效、薪酬、待遇等都与运营绩效进行挂钩考核。同时，对考核目标内容、考核指标设计要体现融资担保覆盖面、融资担保率、风险控制、资本利润率、成本收入比等几大考核指标，要重点体现"经济效益、社会效益、可持续发展"三者两两之间利益转化，要引导"债权人、债务人、担保人"三者两两之间的信用和价值互认，从而促进社会资源整体配置趋优，金融交易综合成本趋降，政策性目标通过市场机制运营最终得以高质量地实现。

可持续发展离不开科技创新运用。要运用大数据、云计算、区块链、物联网等基础理论，借助聚合、脱敏、同人、画像等前沿技术，不断完善数据所有权、数据采集权、数据资产管理权、数据安全管理权等法律制度，顺应新一代信息技术与各个产业、行业深度融合的新发展阶段，适应信用社会体系建设和数字孪生社会的新发展形态，加快推动智能风控、智能合约、智能担保、信用担保等担保新业态、新产品，建立服务全国城乡的"三农"沉睡资产等传统或新型担保物的收储、管理、流转、交易变现网络系统，建立抵质押物、不良资产适时监控、预警、管理、处置等业务系统，提高担保风险管理、风险转化能力和水平，提高价值发现和信用创造能力，进而更好促进融资担保可持续发展。

本章研究进一步表明，无论从社会原理、经济原理还是制度非中性原理出发，重构与完善政府性融资担保制度，有利于财政资源金融化、金融资源普惠化、普惠金融公共化、公共产品均等化，这是政府性融资担保制度构建的迭代机理，期待能成为新一轮政府性融资担保改革发展的主要逻辑。

参考文献

一、中文类参考文献

（一）著作类

1. 许明月:《英美担保法要论》,重庆出版社 1998 年版。

2. 王鹏主编:《担保理论研究》,中国金融出版社 2005 年版。

3. 卢代富:《企业社会责任的经济学与法学分析》,法律出版社 2002 年版。

4. 张强、黄卫东主编:《社会信用体系建设的理论与实践》,湖南大学出版社 2009 年版。

5. 张其仔:《社会资本论——社会资本与经济增长》,社会科学文献出版社 2002 年版。

6. 刘俊主编:《中国农村土地法律制度创新研究》,群众出版社 2012 年版。

7. 王煜宇:《农村金融法律制度改革与创新——基于法经济学的分析范式》,法律出版社 2012 年版。

8. 张维迎:《产权、政府与信誉》,生活 · 读书 · 新知三联书店 2001 年版。

9. 肖厚国、孙鹏:《担保法律制度研究》,法律出版社 1989 年版。

10. 吕连生:《中小企业信用担保体系研究》,合肥工业大学出版社 2004 年版。

11. 金雪军、陈杭生等:《桥隧模式——架通信贷市场与资本市场的创新型贷款担保运作模式》,浙江大学出版社 2007 年版。

12. 金雪军、陈杭生等:《从桥隧模式到路衢模式——解决中小企业融资难问题的新探索》,浙江大学出版社 2009 年版。

13. 卢文鹏:《经济转型中的政府担保与财政成本》,经济科学出版社 2003 年版。

14. 卢现祥:《西方新制度经济学》,中国发展出版社 2003 年版。

15. 李昌麒主编:《经济法学》,法律出版社 2008 年版。

16. 王利明:《民法总则研究》,中国人民大学出版社 2003 年版。

17. 王利明、郭明瑞、潘维大主编:《中国民法典基本理论问题研究》,人民法院出版社 2004 年版。

18. 刘保玉、吕文江主编:《债权担保制度研究》,中国民主法治出版社 2000 年版。

19. 瞿强:《经济发展中的政策金融》,中国金融出版社 2001 年版。

20. 付子堂:《法律功能论》,中国政法大学出版社 1999 年版。

21. 沈凯:《中小企业信用担保制度研究》,知识产权出版社 2008 年版。

22. 刘新来主编:《信用担保概论与实务》(第 2 版),经济科学出版社 2006 年版。

23. 王连芬、许树柏编著:《层次分析法引论》,中国人民大学出版社 1990 年版。

24. 叶明:《经济法实质化研究》,法律出版社 2005 年版。

25. 喻敬明等编著:《国家信用管理体系》,社会科学文献出版社 2000 年版。

26. 钟怀宇:《中国土地制度变革的历史与逻辑》,西南财经大学出版社 2014 年版。

27. 刘伟、平新乔:《经济体制改革三论:产权论、均衡论、市场论》,北京大学出版社 1990 年版。

28. 李树生:《农村经济发展与金融市场化研究》,中国金融出版社 1999 年版。

29. 戴天柱:《中国财政投融资研究》,经济管理出版社 2001 年版。

30. 郭明瑞:《担保法原理与实务》,中国方正出版社 1995 年版。

31. 白钦先、曲昭光:《各国政策性金融机构比较》,中国金融出版社 1993 年版。

32. 张乃根:《法经济学——经济学视野里的法律现象》,中国政法大学出版社 2003 年版。

33. 史尚宽:《民法总论》,中国政法大学出版社 2000 年版。

34. 王泽鉴:《民法总则》,中国政法大学出版社 2001 年版。

35. 王闯:《让与担保法律制度研究》,法律出版社 2000 年版。

36. 胡玉鸿:《法学方法论导论》,山东人民出版社 2002 年版。

37. 公丕祥:《法制现代化的理论逻辑》,中国政法大学出版社 1999 年版。

38. 苏力:《法制及其本土资源》,中国政法大学出版社 1996 年版。

39. 颜厥安:《法与实践理性》,中国政法大学出版社 2003 年版。

40. 刘永富:《价值哲学的新视野》,中国社会科学出版社 2002 年版。

41. 郭明瑞、房绍坤:《新合同法原理》,中国人民大学出版社 2000 年版。

42. 王海明:《公正　平等　人道——社会治理的道德原则体系》,北京大学出版社 2000 年版。

43. 何怀宏:《公平的正义:解读罗尔斯〈正义论〉》,山东人民出版社 2002 年版。

44. 晏智杰:《亚当·斯密以前的经济学》,北京大学出版社 2003 年版。

45. 沈敏荣:《法律的不确定性——反垄断法规则分析》,法律出版社 2001 年版。

46. 罗素:《西方哲学史》(上卷),商务印书馆 1983 年版。

47. 林毓生:《政治秩序与多元社会》,联经出版事业公司 1989 年版。

48. 沈达明、梁仁洁编著:《德意志法上的法律行为》,对外贸易教育出版社 1992 年版。

49. 李开国:《民法基本问题研究》,法律出版社 1997 年版。

50. 黄茂荣:《法学方法与现代民法》,中国政法大学出版社 2001 年版。

51. 孙宪忠主编:《制定科学的民法典——中德民法典立法研讨会文集》,法律出版社 2003 年版。

52. 易军、宁红丽:《合同法分则制度研究》,人民法院出版社 2003 年版。

53. 肖厚国:《所有权的兴起与衰落》,山东人民出版社 2003 年版。

54. 白钦先、薛誉华:《各国中小企业政策性金融体系比较》,中国金融出版社 2001 年版。

55. 牛成立、文海兴主编:《融资性担保与机构评价》,中国金融出版社 2015 年版。

56. [德]柯武刚·史漫飞:《制度经济学——社会秩序与公共政策》,韩朝华译,商务印书馆 2000 年版。

57. [德]康德:《法的形而上学原理——权利的科学》,沈叔平译,商务印书馆 1991 年版。

58. [德]康德:《实践理性批判》,关文运译,商务印书馆 1960 年版。

59. [德]马克斯·韦伯:《经济与社会》(第 1 卷),阎克文译,上海世纪出版集团 2010 年版。

60. [德]马克斯·韦伯:《论经济与社会中的法律》,张乃根译,中国大百科全书出版社 1998 年版。

61. [德]马克思:《资本论》(第 1 卷),载《马克思恩格斯全集》(第 23 卷),

人民出版社 1972 年版。

62.［德］弗里德里希·卡尔·冯·萨维尼:《法律冲突与法律规则的地域和时间范围》,李双元等译,法律出版社 1999 年版。

63.［德］M. 维贝尔:《世界经济通史》,姚曾宸译,上海译文出版社 1981 年版。

64.［德］迪特尔·梅迪库斯:《德国民法总论》,邵建东译,法律出版社 2001 年版。

65.［德］卡尔·拉伦茨:《德国民法通论》(下册),王晓晔等译,法律出版社 2003 年版。

66.［德］卡尔·拉伦茨:《法学方法论》,陈爱娥译,台北,五南图书出版股份有限公司 1999 年版。

67.［德］赫尔曼·海因里希·戈森:《人类交换规律与人类行为准则的发展》,商务印书馆 1927 年版。

68.［法］埃米尔·涂尔干:《社会分工论》,渠东译,生活·读书·新知三联书店 2000 年版。

69.［法］泰勒尔:《产业组织理论》,张维迎等译,中国人民大学出版社 1997 年版。

70.［法］孟德斯鸠:《论法的精神》,张雁深译,商务印书馆 1995 年版。

71.［法］卢梭:《社会契约论》,何兆武译,商务印书馆 2005 年版。

72.［法］拉法格:《思想起源论——卡尔·马克思的经济决定论》,王子野译,三联书店 1963 年版。

73.［英］凯恩斯:《货币论》(上卷),何瑞英译,商务印书馆 1986 年版。

74.［英］亚当·斯密:《国民财富的性质和原因的研究》(上卷),郭大力、王亚兰译,商务印书馆 1972 年版。

75.［英］亚当·斯密:《国民财富的性质和原因的研究》(下卷),郭大力、王亚兰译,商务印书馆 1974 年版。

76.［英］卡尔·波兰尼:《巨变:当代政治与经济的起源》,黄树民译,社会文献科学出版社 2013 年版。

77.［英］哈特:《法律的概念》,张文显等译,中国大百科全书出版社 1996 年版。

78.［英］艾伦·斯温杰伍德:《社会学思想简史》,陈玮、冯克利译,社会科学文献出版社 1988 年版。

79.［英］伯纳德·鲍桑葵:《关于国家的哲学理论》,汪淑均译,商务印书馆 1995 年版。

80. [英]罗伊德:《法律的理念》,张茂柏译,联经出版事业公司1984年版。

81. [英]阿蒂亚:《合同法概论》,程正康等译,法律出版社1982年版。

82. [英]马尔科姆·卢瑟福:《经济学中的制度》,陈建波等译,中国社会科学出版社1999年版。

83. [英]安东尼·奥格斯:《规制:法律形式与经济学理论》,骆梅英译,中国人民大学出版社2009年版。

84. [英]查尔斯·汉普登—特纳等:《国家竞争力——创造财富的价值体系》,海南出版社1997年版。

85. [英]休谟:《人性论》,商务印书馆1983年版。

86. [美]康芒斯:《制度经济学》,于树生译,商务印书馆1997年版。

87. [美]曼瑟尔·奥尔森:《集体行动的逻辑》,陈郁译,上海人民出版社1995年版。

88. [美]贝勒斯:《法律的原则——一个规范的分析》,张文显等译,中国大百科全书出版社1996年版。

89. [美]约瑟夫·熊彼特:《经济分析史》(第3卷),杨敬年译,商务印书馆1992年版。

90. [美]保罗·克鲁格曼:《发展、地理学与经济理论》,北京大学出版社、中国人民大学出版社2000年版。

91. [美]赫尔曼·E.戴利:《超越增长:可持续发展的经济学》,诸大建等译,上海译文出版社2001年版。

92. [美]肯尼斯·阿罗:《信息经济学》,北京经济学院出版社1989年版。

93. [美]斯蒂芬·P.罗宾斯、玛丽·库尔特:《管理学》,李原等译,中国人民大学出版社2012年版。

94. [美]昂格尔:《现代社会中的法律》,吴玉章、周汉华译,中国政法大学出版社1994年版。

95. [美]本杰明·卡多佐:《司法过程的性质》,苏力译,商务印书馆1998年版。

96. [美]罗斯科·庞德:《通过法律的社会控制》,沈宗灵译,商务印书馆1984年版。

97. [美]列奥·斯特劳斯:《霍布斯的政治哲学》,申彤译,译林出版社2001年版。

98. [美]E.博登海默:《法理学:法哲学及其方法》,华夏出版社1989年版。

99. [美]凯斯·R.孙斯坦:《法律推理与政治冲突》,金朝武、胡爱平、高建勋译,法律出版社 2004 年版。

100. [美]罗纳德·I. 麦金农:《经济发展中的货币与资本》,卢骢译,上海三联书店、上海人民出版社 1997 年版。

101. [美]罗纳德·哈里·科斯:《企业、市场与法律》,盛洪、陈郁译校,格致出版社、上海人民出版社 2009 年版。

102. [美]R. 科斯等:《财产权利与制度变迁——产权学派与新制度学派译文集》,上海三联书店 1994 年版。

103. [美]理查德·波斯纳:《法律的经济分析》,蒋兆康译,法律出版社 2012 年版。

104. [美]A. 赛森斯格:《价值与义务——经验主义伦理学理论的基础》,中国人民大学出版社 1992 年版。

105. [日]近江幸治:《担保物权法》,祝娅等译,法律出版社 2000 年版。

106. [日]棚濑孝雄:《现代日本的法和秩序》,易平译,季卫审校,中国政法大学出版社 2002 年版。

107. [日]川岛武宜:《现代化与法》,申政武等译,中国政法大学出版社 1994 年版。

108. [日]植草益:《微观规制经济学》,朱绍文、明欣欣译,中国发展出版社 1992 年版。

109. [奥]维特根斯坦:《逻辑哲学论》,商务印书馆 1996 年版。

110. [挪威]卡尔·H. 博尔奇:《保险经济学》,商务印书馆 1999 年版。

111. [爱]理查德·坎蒂隆:《商业性质概论》,余永定、徐寿冠译,商务印书馆 1997 年版。

112. [意]彼罗·斯拉法主编:《李嘉图著作和通信集·论货币问题》,寿勉成译,商务印书馆 1986 年版。

113. [澳]维拉曼特:《法律导引》,上海人民出版社 2003 年版。

114. [古罗马]查士丁尼:《法学总论——法学阶梯》,商务印书馆 1989 年版。

115. [匈]卡尔·波兰尼:《巨变:当代政治经济的起源》,黄树民译,社会科学文献出版社 2013 年版。

(二)期刊类

1. 陈刚、李树、陈屹立:《人口流动对犯罪率的影响研究》,载《中国人口科学》2009 年第 4 期。

2. 冉光和等:《金融产业可持续发展理论的内涵》,载《管理世界》2004 年第 4 期。

3. 郭丽虹、王硕:《融资缺口、市场化程度与中小企业信贷可得性——基于非上市制造业企业面板数据的分析》,载《财经研究》2013 年第 12 期。

4. 郭娜:《政府? 市场? 谁更有效——中小企业融资难解决机制有效性研究》,载《金融研究》2013 年第 3 期。

5. 林毅夫、李永军:《中小金融机构发展与中小企业融资》,载《经济研究》2001 年第 1 期。

6. 张捷:《中小企业的关系型借贷与银行组织结构》,载《经济研究》2002 年第 6 期。

7. 曹凤岐:《建立和健全中小企业信用担保体系》,载《金融研究》2001 年第 5 期。

8. 许明月、林全玲:《我国担保法制度设计应当重视的几个基本问题——基于民法、经济法和经济学的综合视角》,载《现代法学》2005 年第 5 期。

9. 付俊文、赵红:《信息不对称下的中小企业信用担保数理分析》,载《财经研究》2004 年第 7 期。

10. 马松、潘珊、姚长辉:《担保机构、信贷市场结构与中小企业融资——基于信息不对称框架的理论分析》,载《经济科学》2014 年第 5 期。

11. 马松、潘珊、姚长辉:《担保机构与中小企业贷款:银行视角下的合谋还是合作?》,载《财经研究》2015 年第 7 期。

12. 王淅勤、唐子斌:《中小企业信贷决策:歧视、理性还是认知差距?》,载《财经研究》2013 年第 8 期。

13. 晏露蓉等:《创建合理高效的中小企业融资担保体系研究》,载《金融研究》2007 年第 10 期。

14. 郑军、巴曙松、徐小乐:《信用违约互换与中小企业信贷风险的分散》,载《中南财经政法大学学报》2009 年第 2 期。

15. 何韧:《银企关系如何影响中小微企业贷款抵押?》,载《经济管理》2013 年第 9 期。

16. 刘敏、丁德科:《创新我国中小企业贷款模式的对策研究》,载《管理世界》2010 年第 8 期。

17. 吴树畅:《风险状态依存、风险分散机理与相机财务治理》,载《财会月刊(理论)》2008 年第 23 期。

18. 何祖玉等:《中小企业信用担保机构系统动态仿真模型研究》,载《运筹与管理》2003 年第 6 期。

19. 熊熊、姚传伟、张永杰:《中小企业联合担保贷款的计算实验金融分析》,载《管理科学学报》2013 年第 3 期。

20. 赵岳、谭之博:《电子商务、银行信贷与中小企业融资——一个基于信息经济学的理论模型》,载《经济研究》2012 年第 7 期。

21. 王传东、王家传:《中小企业信用担保研究综述》,载《金融教学与研究》2006 年第 3 期。

22. 肖扬清:《中小企业信用担保体系:日本的经验与启示》,载《当代经济研究》2008 年第 2 期。

23. 王丽珠:《我国中小企业信用担保体系的国际借鉴——以日本为例》,载《国际金融研究》2009 年第 7 期。

24. 蔡真:《美国商业性担保机构运作经验及启示》,载《银行家》2007 年第 11 期。

25. 陈琼娣:《意大利中小企业互助担保模式的经验及借鉴》,载《南方金融》2008 年第 12 期。

26. 陈恩才、牛刚:《欧盟中小企业互助担保的制度模式及启示》,载《中国流通经济》2009 年第 4 期。

27. 文学舟、梅强、吴立平:《中小企业信用担保机构的调查与思考——基于江苏省七市信用担保机构的问卷调查》,载《管理现代化》2009 年第 8 期。

28. 张建波:《中小企业信用担保市场低效率的原因及对策》,载《华东经济管理》2009 年第 12 期。

29. 彭江波:《以互助联保为基础构建中小企业信用担保体系》,载《金融研究》2008 年第 2 期。

30. 尹惠芳、郑艳丽:《日本中小企业信用担保体系及对我国的启示》,载《日本问题研究》2005 年第 3 期。

31. 付俊文、赵红:《商业银行在信用确认基础上对担保机构的风险分担机制》,载《系统工程理论方法应用》2006 年第 12 期。

32. 杨大楷、韩其成:《民营企业商业信贷配给与相应信用担保体系完善》,载《财政研究》2003 年第 7 期。

33. 巴曙松、马天骄、尹竹青:《构建联合协调机制——中国担保业监管框架的制度选择》,载《国际贸易》2006 年第 1 期。

34. 姚永龙:《日本财政介入中小企业信用担保及其效果初析》,载《日本学刊》2005 年第 1 期。

35. “中国信用再担保制度”课题组、中国信用再担保股份有限公司筹备组:《中国信用再担保制度研究》,载《经济研究参考》2003 年第 82 期。

36. 文学舟、梅强:《中小企业信用再担保体系建设及基本框架设计》,载《企业经济》2008 年第 5 期。

37. 周宇、雷汉云:《基于 Logit 模型的信用担保风险研究》,载《山东社会科学》2008 年第 7 期。

38. 李蔚、万迪昉、袁林洁:《中小企业信用担保机构综合风险预警系统研究》,载《科研管理》2007 年第 3 期。

39. 田伟、杨军:《中小企业商业性信用担保风险的检测及控制研究》,载《现代经济》2008 年第 7 期。

40. 黄庆安:《农村信用担保机构的运行效率及其影响因素研究——基于 DEA-Tobit 两步法的实证分析》,载《东南学术》2011 年第 3 期。

41. 冀县卿、钱忠好、葛轶凡:《如何发挥农业补贴促进农户参与农地流转的靶向作用》,载《农业经济问题》2015 年第 6 期。

42. 张冰、冉光和、姚斌:《金融产业集聚与企业研发投入增长——基于金融功能视角的实证分析》,载《经济问题探索》2012 年第 11 期。

43. 白钦先、郭纲:《关于我国政策性金融理论与实践的再探索》,载《财贸经济》2000 年第 10 期。

44. 任维哲、龙丽梅:《民营中小企业信用担保体系研究》,载《西安电子科技大学学报(社会科学版)》2008 年第 1 期。

45. 巴劲松:《从浙江模式的经验看我国中小企业信用担保模式的建立》,载《上海金融》2007 年第 8 期。

46. 韩其恒、李俊青:《金融深化对个体行为及其福利的影响分析》,载《财经研究》2010 年第 6 期。

47. 李成:《金融监管理论的发展演进及其展望》,载《西安交通大学学报(社会科学版)》2008 年第 7 期。

48. 高飞:《农村土地"三权分置"的法理阐释与制度意蕴》,载《法学研究》2016 年第 3 期。

49. 冯涛、魏金明:《我国农村金融服务体系的困境及纾解》,载《南京农业大学学报(社会科学版)》2009 年第 3 期。

50. 高阳:《地方政府政策性担保支农政策有效性及风险研究》,载《财政研究》2015 年第 8 期。

51. 顾毓斌、封思贤:《国外中小企业融资担保制度》,载《世界经济与政治论坛》2001 年第 1 期。

52. 洪正、王万峰、周轶海:《道德风险、监督结构与农村融资机制设计——兼论我国农村金融体系改革》,载《财经研究》2000 年第 8 期。

53. 尹庆伟、王海净:《农村集体资产管理问题研究》,载《农业经济》2014 年第 6 期。

54. 薄伟康、蒙剑:《我国金融领域隐性担保退出研究》,载《上海金融》2007年第8期。

55. 邓胜:《浅析政策性担保业务中道德风险的成因及防范》,载《中国外资》2013年第1期。

56. 董裕平:《小企业融资担保服务的商业发展模式研究——基于粤浙两省数据的情景模拟试验分析》,载《金融研究》2009年第5期。

57. 冯明、徐华君、赵玉:《国外政策性担保体系建设镜鉴》,载《中国农村金融》2015年第3期。

58. 黄庆安:《农村信贷融资担保约束视角下的农村信用担保机制研究》,载《福建论坛(人文社会科学版)》2011年第8期。

59. 李宏伟:《我国融资担保类企业风险防范机制建设研究》,载《金融理论与实践》2012年第12期。

60. 刘睿:《金融业国家隐性担保退出研究》,载《金融研究》2007年第2期。

61. 马松、潘珊、姚长辉:《担保机构、信贷市场结构与中小企业融资——基于信息不对称框架的理论分析》,载《经济科学》2014年第5期。

62. 赵忠奎:《三权抵押融资担保法律激励探析》,载《现代经济探讨》2014年第10期。

63. 中国人民银行泉州市中心支行课题组、俞敏、刘晓芬:《我国农地金融制度构建的现实约束及障碍破解》,载《上海金融》2007年第6期。

64. 周小川:《践行党的群众路线推进包容性金融发展》,载《求是》2013年第18期。

65. 孟丽萍:《我国土地金融制度的建设与基本设想》,载《农业经济》2000年第6期。

66. 王选庆:《中国农地金融制度管理创新研究》,载《中国农村观察》2003年第3期。

67. 张维迎:《法律制度的信誉基础》,载《经济研究》2002年第1期。

68. 高鸿业:《私有制、科斯定理和产权明晰化》,载《当代思潮》1994年第5期。

69. 姚伟等:《公司治理理论前沿综述》,载《经济研究》2003年第5期。

70. 苏旺胜、施祖麟:《信用担保制度提高信贷市场绩效的理论与方案》,载《清华大学学报(哲学社会科学版)》2003年第1期。

71. 马亚军:《西方融资担保理论综述》,载《经济社会体制比较》2005年第1期。

72. 万柯、王丽慧:《关于政府隐性担保问题的研究》,载《湖北社会科学》2009年第6期。

73. 梁鸿飞:《垄断型信贷市场融资担保问题分析——以民营中小企业融资为例》,载《财经问题研究》2005年第3期。

74. 梁鸿飞:《西方信贷融资担保理论》,载《北京大学学报(哲学社会科学版)》2003年第1期。

75. 王玮、何广文、于丽先:《信用担保作用机制与政府支持农信担保的路径选择——以昆山农村合作经济投资担保公司为例》,载《经济与管理研究》2007年第11期。

76. 温信祥:《日本农村信用担保体系及启示》,载《中国金融》2013年第1期。

77. 文学舟、吴永顺:《我国政策性担保机构面临的制度约束及优化设计——基于江苏、山东、四川3省担保机构的实证分析》,载《科技管理研究》2014年第15期。

78. 徐春雷:《融资担保机构财务可持续研究》,载《金融理论与实践》2011年第9期。

79. 晏露蓉、赖永文、张斌等:《创建合理高效的中小企业融资担保体系研究》,载《金融研究》2007年第10期。

80. 虞政平:《罗马法债权理念的一般发展》,载《政法论坛》2001年第6期。

81. 朱加凤、赵元兵:《美国中小企业信用担保体系对我国的启示》,载《学术交流》2003年第2期。

82. 李艳芳:《"促进型立法"研究》,载《法学评论》2005年第3期。

83. 周国良:《关于建立和完善政策性中小企业信用担保体系的思考》,载《武汉金融》2004年第10期。

84. 陈柳钦、孙建平:《我国中小企业信用担保体系的政治经济学分析》,载《经济研究参考》2003年第62期。

85. 姜长云、孙同全、潘忠:《中国中小企业互助担保机构的发展与前景》,载《经济研究参考》2003年第69期。

86. 黄嫱:《借鉴国外经验综合研究设计我国的住房抵押贷款保险或担保体制》,载《中国房地产》2000年第7期。

87. 何广文:《中国农村金融供求特征及均衡供求的路径选择》,载《中国农村经济》2001年第10期。

88. 罗剑朝、聂强、张颖慧:《博弈与均衡:农地金融制度绩效分析》,载《中国农村观察》2003 年第 3 期。

89. 张琴:《中小企业融资中的政策性担保问题探析》,载《生产力研究》2006 年第 10 期。

90. 陈秋明:《论政策性担保公司治理结构的制度安排》,载《现代财经》2010 年第 7 期。

91. 陈秋明:《我国政策性担保公司功能定位的法律思考》,载《法学论坛》2011 年第 7 期。

92. 陈秋明:《国有独资公司:我国政策性担保机构法律形态最佳选择》,载《现代财经》2011 年第 3 期。

93. 黄桂良:《香港中小企业政策性信用担保机制的运作模式及启示》,载《南方金融》2012 年第 10 期。

94. 王怀勇、莫旻丹:《协同治理视野下的监督受托人制度创新:理论证成与现实进路》,载《新疆师范大学学报(哲学社会科学版)》2020 年第 3 期。

95. 陈乃醒:《中小企业信用担保的经济效益与指标体系》,载《经济管理》2001 年第 7 期。

96. 张承慧:《优化融资担保商业模式提升融资担保体系服务效率》,载《金融论坛》2019 年第 7 期。

97. 沈素素、杨光明:《论政府性融资再担保制度的困境及其法律规制与完善》,载《湖南行政学院学报》2017 年第 4 期。

98. 许明月:《论现代担保市场法律规制的理念与模式》,载《中国法学》2013 年第 6 期。

99. 马新彦、吴晓晨:《动态融资担保实证考察及制度构建》,载《国家检察官学院学报》2019 年第 6 期。

100. 齐欣:《融资性担保公司发展中的问题及法律对策研究》,载《当代经济》2011 年第 6 期。

101. 宋凌云、王贤彬:《重点产业政策、资源重置与产业生产率》,载《管理世界》2013 年第 12 期。

102. 陈弘毅:《中国法制现代化的历史哲学反思》,载《人大法律评论》2001 年第 1 辑。

103. 薛军:《良法何在?——论法制的价值基础》,载《比较法的研究》2001 年第 4 期。

104. 宋慧中、梁洪泉:《融资担保研究文献综述》,载《征信》2022 年第 5 期。

105. 雷曜、祝红梅、吴京:《我国普惠金融风险分担机制研究——以银担合作为例》，载《金融发展研究》2021 年第 6 期。

106. 肖夏、杨小舟：《违约率、融资成本与第三方增信效应：民营企业债样本分析》，载《金融经济学研究》2021 年第 2 期。

107. 曹永辉、卢星颖：《政府性融资担保机构的政策性支持》，载《中国金融》2020 年第 10 期。

108. 黄琦：《小微企业融资的银担合作困局——河南省融资担保行业发展研究》，载《金融理论与实践》2019 年第 1 期。

109. 石其宝：《中小企业融资担保的制度与绩效：日本的经验分析》，载《浙江金融》2009 年第 6 期。

110. 顾海峰：《制度性金融创新与我国中小企业融资担保体系发展研究》，载《南方金融》2012 年第 3 期。

111. 孟光辉：《农村产权资产融资担保方式研究》，载《农业经济问题》2013 年第 8 期。

112. 刘中杰：《论我国农村融资担保法律制度的改革与创新》，载《农业经济问题》2013 年第 1 期。

113. 白洋、胡锋：《农村土地融资担保的法律制度完善》，载《中州学刊》2021 年第 8 期。

114. 王杨、孙蕊：《乡村振兴视域下土地经营权融资担保法律制度研究》，载《中国土地科学》2021 年第 10 期。

115. 冯黎：《中美中小企业融资制度比较与借鉴》，载《财会通讯》2014 年第 5 期。

116. 李瑞雪：《网络融资担保制度建设问题研究》，载《南方金融》2014 年第 4 期。

117. 丁箐岚：《中小民营企业融资担保体系重构的创新探讨——基于融资担保制度框架改进的视角》，载《中国商贸》2011 年 23 期。

118. 孟光辉、李永坤、安康：《中国政策性农业信贷担保机构运行效率研究》，载《经济与管理评论》2022 年第 6 期。

（三）论文类

1. 彭思达：《我国政策性融资担保机构持续发展研究》，辽宁大学 2019 年硕士学位论文。

2. 葛盼盼：《政策性担保机构现实困境与制度突破——以主体资格为中心》，西南财经大学 2015 年硕士学位论文。

3. 巩俊良：《中央政府隐性担保下的我国地方政府债务风险分析》，山东大学 2016 年硕士学位论文。

4. 戚志行:《中小企业融资政策性担保研究——以上海市长宁区为例》,上海交通大学 2015 年硕士学位论文。

5. 宇红:《企业社会资本理论研究》,东北财经大学 2005 年博士学位论文。

6. 黄庆安:《农村信用担保机构运行效率研究》,福建农林大学 2010 年博士学位论文。

7. 王霞:《中小企业直接融资法律制度研究》,中国政法大学 2003 年硕士学位论文。

8. 鄢梦萱:《中小企业间接融资法律问题研究》,西南政法大学 2007 年博士学位论文。

9. 臧博:《我国融资性担保机构法律问题研究》,武汉大学 2012 年博士学位论文。

10. 汤丽娜:《我国中小企业融资信用担保法律问题研究》,华东政法大学 2011 年硕士学位论文。

11. 蒋平:《中国中小企业融资担保制度问题研究》,西南财经大学 2011 年博士学位论文。

12. 戴传利:《我国地方政府债务融资监管法律问题研究》,安徽大学 2014 年博士学位论文。

13. 肖楚钢:《我国土地经营权制度研究》,中南财经政法大学 2021 年博士学位论文。

二、外文类参考文献

1. B. R. Craig, W. E. Jackson Ⅲ & B. Thomson, *SBA-Loan Guarantees and Local Economic Growth*, Journal of Small Business Managemetn, 2007 (45).

2. L. Allan Ridings & Jr. George Haines, *Loan Cuarantees*, *Costs of Default and Benefits lo Small Firms*, Journal of Business Venturing, 2001 (16).

3. B. K. Hong, K. B. Park & T. S. Jeon, *Application Performance of Credit Guarantee and Proper Estimating of Cortribution*, Korea Institute of Public Finance (in Korean), 2003.

4. Marc Cowling & Peter Mitchel, *Note and Summary Statistics for the Loan Guarantee Scheme*, Small Business and Enterprise Development, 1997, Vol. 4.

5. K. Leo, *An Evaluation of Loan Guarantee System for S and M Firms in Korea*, The Korea Journal of Public Finance, 2006 (20).

6. Morné Nigrini & Andrie Schoombee, *Finance Ltd's Individual Credit Guarantee Scheme*, Development Southern Africa, 2002 Decemember, Vol. 19,

No. 5.

7. A. Hanley & Girma, *New Ventures and their Credit Terms*, Small Business Economics, 2006, 26.

8. Chuang-ChangChang, San-Lin Chung & Min—Teh Yu, *Loan Guarantee Portfolios and Joint Loan Guarantees with Stochastic Interest Rates*, The Quarterly Review of Economics and Finance, Vol. 46, 2006.

9. Tirole J. , *The Theory of Corporate*, Finance Princeton and Oxford: Princeton University Press, 2006.

10. Wrary & R. , *Money and Credit in Capitalist*, Economy Aldershot and Croolfield: Educational Publishing, Inc. New York, 1971.

11. McCormick, N. J. , *Reliability and Risk Analysis*, Methods and Nuclear Power Applications Academic Press, 1981.

12. Penny, Timothy J. & Steven E. Schier, *Payment Due: A Nation in Debt*, a Generation in Trouble, Westview Press Inc. , 1996.

13. Brixi, Hana Polakova & Allen Schick, *Government at Risk*, Contingent Liabilities and Fiscal Risk, The World Bank, 2002.

14. Lyon & Hastings, *Corporation Finace*, Houghton Mifflin Company, Boston-New York Chicago Dallas San Francisco, 1916.

15. Max Weber, *Economy and Society—An Outline of Interpretive Sociology*, Bedminster Press, New York, 1968.

16. Karl R. & Popper, *The Open Society and its Enemies*, Vol. 1, Princeton University Press, 1977.

17. Biancamaria Fontana & Benjamin Constant, *Political Writings*, Cambridge University Press, 1888.

18. Henry Sidgwick, *Methods of Ethics*, 7th ed. New York: Dover Publications, Inc. , 1966.

19. William K' Frankena, *Some Beliefs about Justice*, in Joel Feinberg, Hyman Gross(ed.), Philosophy of Law, Belmont California, 1975.

20. W. Kymlicka, *Liberal Individuallism and Liberal Neutrality in Shlomo Avineri and others* eds. , Communitarianism and Individualism, Oxford University Press, 1992.

21. Petersen M. A. & Rajan R. G. , *Does Distance Still Matter? The Information Revolution in Small Business Lending*, Journal of Finance, 2009, 57(6).

22. Stein J. C. ,*Information Production and Capital Allocation: Decentralized vs. Hierarchicak Firms*, Journal of Finance, 2002, 57 (5).

23. Barro R. J. ,*The Loan Market, Collateral, and Rates of Interest*, Journal of Money Credit & Banking, 1976(4).

24. Stiglitz J. E. & Weiss A. , *Credit Rationing in Markets with Imperfect Information*, American Economic Review, 1981(3).

25. ChanYuk-Shee & A. V. Thako,*Collateral and Competitive Equilibria with Moral Hazard and Private Information*, The Journal of Finance, 1987 (2).

26. Berger A. N. & Udell G. F. , *Small Business Credit Availability and Relationship Lending: The Importance of Bank Organizational Structure*, Economic Journal,2002, 112 (477).

27. Berger A. N. & Udell G. F. ,*Relationship Lending and Lines of Credit in Small Firm Finance*, Journal of Business, 1995, 68 (3).

28. Michel Gendron, Van Son Lai & Issouf Soumare, *Effects of Maturity Choices on Loan Guaranty Portfolios*, The Journal of Risk Finance, Vol. 7 No. 3, 2006.

29. Stiglitz J. E. ,*The Role of the State in Financial Markets*, Proceedings of the World Bank Annual Conference on Development Economics,1993.

30. Andrew, J. S. ,*Potential Application of Mediation to Land Use Conflicts in Small Seale Mining*,Journal of Cleaner Producion,2003.

31. Ashebir, D. M. , *Urban Agriculture in Mekelle, Tigray State, Ethiopia: Principal Charaeteristics, Opportunities and Constraints for Further Research and Development*,Cities,2007.

32. Chih-Wen Yang & Yen-Ching Sung, Constructing a Mixed-logit Model with Market.

33. *Clelia Sirami &Lluis Brotons and Ian Burfield and Jocelyn Fonderflick and Jean Louis Martin*, *Is land Abandonment Having an Impact on Biodiversity? A Meta-analytical Approach to Birddistribution Changes in the North-western Mediterranean*, Biological Conservation 2008.

34. Benmelech E. & Bergman N. K. , *Bankruptcy and the Collateral Channel*, The Journal of Finance, 2011, 66(2).

35. Booth J. R. & Booth L. C. , *Loan Collateral Decisions and Corporate Borrowing Costs*, Journal of Money, Credit and Banking, 2006, 38(1).

36. Busetta G. &Zazzaro A. , *Mutual Loan-guarantee Societies in Monopolistic*

Credit Markets with Adverse Selection, Journal of Financial Stability, 2012, 8(1).

37. Coeling M., *The Role of Loan Guarantee Schemes in Alleviating Credit Roationing in the UK*, Journal of Financial Stability, 2010, 6(1), 36 – 44.

38. Hoff K. & Stiglitz J. E., *Introduction: Imperfect Information and Rural Credit Markets-puzzles and Policy Perspectives*, World Bank Economic Review 1990, 4(3).

39. Jr. Scott J. H., *Bankruptvy, Secures Debt, and Optimal Capital Structure*, Journal of Finance, 1977, 32(1).

40. Merton R. C. & Bodie Z., *On the Management of Financial Guarantees*, Social Science Electronic Publishing, 1992, 21(4).

41. Rauh J. D., Sufi A., *Capital Structure and Debt Structure*, Social Science Electronic Publishing, 2010, 23(12).

42. Stiglitz J. E. & Weiss A., *Asymmetric Information in Credit Markets and Its Implications for Macro-economics*, Oxford Economic Papers, 1992, 44(4).

43. Uesugi I., Sakai K. & Yamashiro G. M., *The Effectiveness of Public Credit Guarantees in the Japanese Loan Market*, Pie/cis Discussion Paper, 2008, 24(4).

44. Stiglitz, Joseph E. & Andrew Weiss, *Credit Rationing in Markets with Imperfect Information*, American Economic Review, 1981, 71(3).

45. Greenwald, Bruce, Joseph Stiglitz & Andrew Weiss, *Information Imperfections in the Capital Market and Macroeconomic Fluctuations*, American Economic Review, 1984, 74/2.

46. Evans, Lewis T. & Neil C. Quigley, *Shareholder Liability Regimes, Principal-Agent Relationships, and Banking Industry Performance*, Journal of Law and Economics 38, 1995.

47. Berger A. N. dell G. F., *A More Complete Conceptual Framework for SME Finance*, Journal of Banking and Finance, 2006, 30 (11).